苏州轨道交通 1 号线工程天平车辆段

苏州轨道交通 1 号线工程天平车辆段

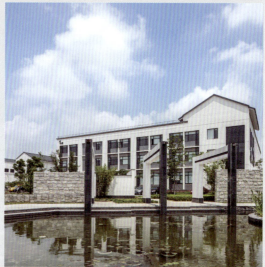

苏州轨道交通 2 号线工程太平车辆段

苏州轨道交通 2 号线工程太平车辆段

武汉市轨道交通 2 号线一期工程常青花园车辆段

☐ 昆明市轨道交通首期工程五腊村停车场
☐ 昆明市轨道交通首期工程严家山车辆段

□ 苏州轨道交通 2 号线延伸线工程桑田岛停车场
□ 苏州轨道交通 4 号线及支线工程松陵车辆段

□ 苏州轨道交通4号线及支线工程元和停车场
□ 武汉市轨道交通1号线二期工程古田车辆基地

DESIGN PRACTICE AND INNOVATION
OF URBAN RAIL TRANSIT DEPOT

城市轨道交通车辆基地
设计实践与创新

邱绍峰 缪 东 主编

人民交通出版社股份有限公司
China Communications Press Co.,Ltd.

内 容 提 要

本书系城市轨道交通建设创新技术研究与实践系列丛书之一。本书从保障城市轨道交通系统安全运行的角度阐述了车辆基地的重要性,总结了车辆基地设计流程和设计接口管理,特别是依托大量的工程实例,详细分析了设计过程及施工管理中的经验和教训,内容丰富、数据翔实、图文并茂。

本书内容与工程实践相结合,可供从事城市轨道交通建设与运营的同行参考和借鉴。

图书在版编目(CIP)数据

城市轨道交通车辆基地设计实践与创新 / 邱绍峰,缪东主编. — 北京:人民交通出版社股份有限公司,2018.4

ISBN 978-7-114-14610-7

Ⅰ.①城… Ⅱ.①邱… ②缪… Ⅲ.①城市铁路—铁路枢纽—枢纽站—设计 Ⅳ.① U291.7

中国版本图书馆 CIP 数据核字(2018)第 063799 号

书　　名:	城市轨道交通车辆基地设计实践与创新
著 作 者:	邱绍峰　缪　东
责任编辑:	王　霞　李　娜
责任校对:	张　贺
责任印制:	张　凯
出版发行:	人民交通出版社股份有限公司
地　　址:	(100011)北京市朝阳区安定门外外馆斜街 3 号
网　　址:	http://www.ccpress.com.cn
销售电话:	(010)59757973
总 经 销:	人民交通出版社股份有限公司发行部
经　　销:	各地新华书店
印　　刷:	北京印匠彩色印刷有限公司
开　　本:	787×1092　1/16
印　　张:	23
字　　数:	558 千
版　　次:	2018 年 5 月　第 1 版
印　　次:	2018 年 5 月　第 1 次印刷
书　　号:	ISBN 978-7-114-14610-7
定　　价:	168.00 元

(有印刷、装订质量问题的图书由本公司负责调换)

本书编审委员会

主编单位：中铁第四勘察设计院集团有限公司

顾　　问：朱　丹　乐建迪　熊朝辉　李重武　刘学军
　　　　　　王效文　傅萃清　吕小应　李文胜　林作忠
　　　　　　梅志山　王　峻

主　　编：邱绍峰　缪　东

副 主 编：肖　俊　张　浩　殷　勤　史明红　杨　铭

编　　委：周小斌　邱建平　郑青松　叶芹禄　张　琨
　　　　　　李加祺　李经伟　唐　静　涂汉卿　杨清林
　　　　　　范永光　姚应峰　骆礼伦　廖永亮　舒　冬
　　　　　　刘　奥　肖潜飞　夏　季　郭文浩　王　俊
　　　　　　代　刚　胡立翔　邱海波　李亚强　张　明
　　　　　　左玉东　林　飞　王　林　叶正蓬　蒲思培
　　　　　　严祥彬　杨　震　冯　帅　朱泽群　刘宗泽
　　　　　　莫　骏　周明翔　刘　辉　汪永元

序
FOREWORD

  城市轨道交通作为安全、快速、节能、环保的一种城市公共交通形式，已在国内得到了长足的发展。据不完全统计，国内开通城市轨道交通的城市已超过 30 座，正在建设和规划的城市超过了 50 座。如火如荼的建设对城市轨道交通设计和建设管理带来更高的要求，提出了系统性课题。

  中铁第四勘察设计院集团有限公司（简称：铁四院）作为国内拥有综合甲级资质的龙头设计单位，编制了《城市轨道交通车辆基地设计实践与创新》一书，非常令人欣慰。该书从一个侧面反映了设计单位对设计质量、设计安全、施工管理的重视。书中从保障城市轨道交通系统安全运行的角度阐述了车辆基地的重要性，总结了车辆基地设计流程和设计接口管理，特别是依托大量的工程实例，详细分析了设计过程及施工管理中的经验和教训，内容丰富、数据翔实、图文并茂。该书同时也反映了设计者在建设过程中的辛苦和喜乐，是一本与工程实践相结合、具有很好参考价值和借鉴作用的著作。

  车辆基地作为城市轨道交通系统的一个重要组成部分，有其设计的复杂性，涵盖专业也较多。铁四院作为城市轨道交通建设的主力军，在国内设计领域承担了大量的设计任务，也完成了高架、地下、半地下、上盖物业开发及园林景观式等不同形态车辆基地的设计。但设计永无止境，在欣慰之余，我衷心希望铁四院能在此设计领域百尺竿头继续前进，勇立潮头。随着新时代国家基本方略的确立，生态、环境、节能、土地集约利用等方面的要求会更高，希望包括铁四院在内的所有建设企业能发挥国家创新主体作用，在海绵城市、上盖物业综合开发等新理念、新形式方面做进一步的创新，做出更多的精品工程。

  简陈心曲，是为序！

中国工程院院士
2017 年 11 月 24 日

前　言
PREFACE

城市轨道交通系统是指以地铁为代表的包括单轨交通、城市现代有轨电车、中低速磁悬浮系统、直线电机车辆系统、新交通系统等种类繁多的轨道交通制式的总称。它们以快速、准点、节能、环保、安全的技术特点，成为城市公共交通的重要组成部分，受到各个国家和城市的欢迎，也成为城市公众日常出行的首选。据不完全统计，世界上有43个国家、118座城市建有地铁，建成里程总长度超过5500km；建有单轨系统的国家达到11个；而超过60个国家的近400座城市建有现代有轨电车。世界各国城市交通发展经验表明：现代化大都市应形成以轨道交通为主，各种交通工具协调发展的格局，逐步形成多层次、立体化综合交通体系。城市轨道交通可以分为三个层次：地铁交通承担城市金融、商业、经济核心地段人员疏解，轻轨等系统用于将市区与近郊住宅区连接，而市郊通勤则把城市与其远郊卫星城连接起来。拥有城市轨道交通系统已成为现代化大城市的标志之一。

在上述几种制式中，地铁具有运量大、速度快、低污染、避免地面拥挤、充分利用空间等其他交通工具所无法比拟的优势。地铁的发展对城市发展和城市结构会产生良好的影响，地铁可以和高架、地面道路联合构建高速城市交通网，地铁车站可以形成立体交通换乘中心，极大地吸引客流，促进城市公共事业、商业服务、旅游观光等行业的快速发展，形成城市发展新的中心，使城市的结构和产业布局更为合理。

由于城市、地区、服务对象和客流量的不同，城市轨道交通出现了多样化的发展趋势，除地铁外，其他类型的城市轨道交通方式也得到了蓬勃发展。

自20世纪60年代北京开始修建地铁以来，经过近半个世纪的努力，我国城市轨道的建设成就斐然。截至2017年12月，中国内地共计34个城市开通城市轨道交通并投入运营，开通城轨交通线路165条，运营线路长度达到5033km。截至2017年年末，共有62个城市的城轨交通线网规划获批（含地方政府批复的18个城市），规划线路总长7321km，而北京、上海等特大城市的开通建成总里程已跻身世界前列。

车辆段与综合基地（以下简称车辆基地）是城市轨道交通系统的重要组成部分，是保障列车安全运行、提升品质和系统维护的重要基地。目前国内已建成和在建的车辆基地已经超过400座。车辆基地由于占地面积大、投资规模高、设计接口复杂，一直受到设计单位和使用单位的高度重视。

随着城市轨道交通的发展，许多城市的轨道交通建设已逐步形成网络，车辆基地的合理资源共享、规模设置等被广泛重视；而随着运营及检修管理体制的提升，以车辆基地为载体，实现设备资源、人力资源的优化配置，提高检修效率，保障列车运行品质，实现经济效益和社会效益的最大化，也已成为城市轨道交通运用和检修的一个重要目标。

  本书的编制，依托铁四院所完成的工程设计项目，对车辆基地的设计流程、技术接口、施工管理等进行梳理，总结经验和教训，旨在与业内同行进行交流，以期进一步提高设计水平，进而推动我国城市轨道交通建设与运营水平的稳步提升。

  鉴于作者水平有限，书中难免有不妥及疏漏之处，恳请同行及读者批评指正。

编 者

2018 年 1 月

目 录
CONTENTS

第1章　概述 ... 001
    1.1　车辆基地在城市轨道交通系统中的重要地位 ... 001
    1.2　城市轨道交通车辆基地的定位 ... 002
    1.3　国内外发展现状 ... 006

第2章　城市轨道交通车辆基地设计 ... 018
    2.1　车辆基地设计基本流程 ... 018
    2.2　车辆基地总平面规划设计 ... 025
    2.3　车辆基地主要设备配置 ... 039
    2.4　相关专业设计 ... 070

第3章　城市轨道车辆基地设计管理 ... 092
    3.1　车辆基地设计接口管理 ... 092
    3.2　车辆基地总体总包管理 ... 107
    3.3　车辆基地设备接口管理 ... 120
    3.4　车辆基地配合施工管理 ... 122
    3.5　车辆基地设计变更管理 ... 131

第4章　车辆基地设计创新 ... 133
    4.1　设计方法及手段创新 ... 133
    4.2　工艺设计理念创新 ... 170
    4.3　工艺设备设施创新 ... 182
    4.4　土地资源集约利用 ... 201
    4.5　综合技术运用 ... 212
    4.6　技术延伸及拓展创新 ... 228

第5章　车辆基地工程常见问题分析 ... 269
    5.1　土建设计常见问题实例 ... 269
    5.2　机电设计常见问题实例 ... 277

第 6 章　部分已设计建成车辆基地简介 ········ 282

- 6.1　武汉市轨道交通 1 号线一期工程硚口路停车场 ········ 282
- 6.2　武汉市轨道交通 1 号线二期工程古田车辆段 ········ 283
- 6.3　武汉市轨道交通 1 号线延长段工程汉口北停车场 ········ 284
- 6.4　武汉市轨道交通 2 号线一期工程常青花园车辆段 ········ 285
- 6.5　武汉市轨道交通 2 号线一期工程中山北路停车场 ········ 287
- 6.6　武汉市轨道交通 3 号线、8 号线工程三金潭车辆段 ········ 288
- 6.7　武汉市轨道交通 4 号线二期工程黄金口停车场 ········ 290
- 6.8　苏州轨道交通 1 号线工程天平车辆段 ········ 292
- 6.9　苏州轨道交通 2 号线工程太平车辆段 ········ 294
- 6.10　苏州轨道交通 2 号线延伸线工程桑田岛停车场 ········ 297
- 6.11　苏州轨道交通 4 号线及支线工程松陵车辆段 ········ 299
- 6.12　苏州轨道交通 4 号线及支线工程元和停车场 ········ 300
- 6.13　无锡轨道交通 1 号线工程西漳车辆段 ········ 301
- 6.14　无锡轨道交通 1 号线工程雪浪停车场 ········ 303
- 6.15　无锡轨道交通 2 号线工程查桥车辆段 ········ 305
- 6.16　无锡轨道交通 2 号线工程青龙山停车场 ········ 308
- 6.17　南京地铁 3 号线工程秣周车辆段 ········ 311
- 6.18　南京地铁 3 号线工程林场停车场 ········ 316
- 6.19　南京地铁 10 号线西延线工程城西路停车场 ········ 317
- 6.20　昆明市轨道交通首期工程大梨园车辆段 ········ 319
- 6.21　昆明市轨道交通首期工程五腊村停车场 ········ 322
- 6.22　昆明市轨道交通首期工程严家山车辆段 ········ 325
- 6.23　昆明市机场轨道交通示范线工程大板桥车辆段 ········ 328
- 6.24　珠江三角洲城际快速轨道交通广佛线工程夏南车辆段 ········ 329
- 6.25　广州市轨道交通 2 号线、8 号线延长线工程大洲停车场 ········ 332
- 6.26　北京地铁 6 号线一期工程五里桥车辆段 ········ 334
- 6.27　杭州地铁 1 号线一期工程湘湖停车场 ········ 337
- 6.28　长沙市轨道交通 1 号线一期工程尚双塘车辆段 ········ 339
- 6.29　长沙市磁浮快线长沙南车辆段 ········ 342

第 7 章　总结及展望 ········ 346

参考文献 ········ 347

第 1 章 概述

1.1 车辆基地在城市轨道交通系统中的重要地位

车辆基地作为城市轨道交通配套系统,主要包括车辆段、综合维修中心、物资总库和培训中心四大基本部分,并辅以必要的办公、生活设施。国内有些城市,还将行车调度指挥中心、地铁公安分局或运营公司整合在车辆基地内。

车辆基地按属性分类见图 1.1-1。

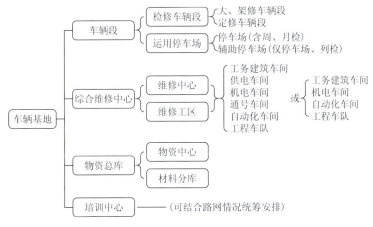

图 1.1-1 车辆基地按属性分类示意图

车辆基地按检修等级分类见图 1.1-2。

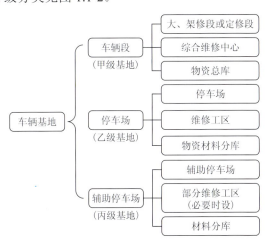

图 1.1-2 车辆基地按检修等级分类示意图

1.1.1 车辆基地是城市轨道交通系统的重要组成部分

城市轨道交通系统工程就其系统本身而言就有近30个系统，车辆基地是其中最大的系统。

（1）车辆基地涉及专业多，需要近30个专业互相配合、通力合作。

（2）车辆基地的设计牵涉面广，包括规划、水文、地质和市政管理的交通、供电、给排水、消防、环保、卫生以及园林等诸多方面。如果再考虑物业开发则会更多（图1.1-3）。

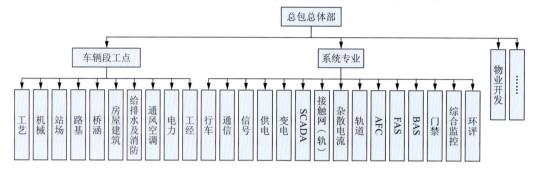

图1.1-3　车辆基地设计组织机构示意图

1.1.2 车辆基地是保障城市轨道交通系统安全运营的总后勤部

车辆段——车辆管理、运用、维修保养和检修的基地。保证按时提供技术状态良好的车辆。

维修中心——各项设备、设施的维修、保养和检修的基地。保证各项设备设施处于正常状态。

物资总库——材料、设备和各种物资的采购、保管和发送单位。保证地铁运行和维修所需的材料、设备的供应。

培训中心——职工培训和再教育的基地。保证全体员工的业务能力和技术水平的提高。

1.1.3 车辆基地占地大、投资多、对城市轨道交通工程建设影响大

车辆基地占地一般较大，停车场占地面积一般在8万～15万 m^2 之间，定临修段占地面积一般在15万～25万 m^2 之间，而作为线网性的大架修车辆段占地面积可达25万～35万 m^2。

车辆基地一般建筑面积较大，停车场建筑面积一般在3万～5万 m^2 之间，定临修段建筑面积一般在6万～8万 m^2，而作为线网性的大架修车辆段总建筑面积可达到10万～12万 m^2。

车辆基地一般投资较高，车辆基地的投资为工程投资的3%～8%。停车场投资一般在2亿～4亿元之间，定临修段投资一般在4亿～8亿元，而作为线网性的大架修车辆段可突破10亿元。

车辆基地一般建设周期较长，从初步设计开始到竣工验收截止，一般建设周期为3～5年不等。

1.2　城市轨道交通车辆基地的定位

1.2.1 车辆基地的功能

车辆基地作为轨道交通系统的运用、检修、材料和后勤保障基地，其功能应满足为整

个轨道交通系统服务的需要。车辆基地应具备以下基本功能:

1)车辆停放及日常保养功能

车辆的停放和管理,司乘人员每日出、退勤前的技术交接,运用车辆的日常维修保养(列检和月检)及一般性临时故障的处理,车辆内外部的清扫、洗刷及定期消毒等。

2)车辆检修功能

根据轨道交通车辆的检修周期,定期完成车辆的计划性修理。

3)列车救援功能

列车发生故障、事故(如脱轨、颠覆)或供电中断时,能迅速出动救援设备起复车辆,或将列车牵引至临近车站或车辆基地,尽快恢复运营秩序。

4)设备维修功能

负责车辆基地配属的各种设备除大修以外的维护和检修。

5)系统维修功能

对全线各系统包括给排水、供电、环控、通信、信号、防灾报警、自动售检票、自动扶梯等机电设备和房屋建筑、轨道、桥梁、车站等建构筑物进行维护、保养和检修等。

6)材料供应功能

负责全线系统在运营过程中所需各种材料、设备器材、备品备件、劳保用品以及其他非生产性固定资产的采购、储存、保管和供应工作。

1.2.2 车辆基地的任务范围

1)车辆段的任务范围

(1)承担配属列车的乘务、停放、列检、车内清扫、外部洗刷及定期消毒等日常维修和保养任务。

(2)承担配属列车的双周、三月检。

(3)承担配属列车的定修和临修任务。

(4)承担折返站乘务司机的换班及派出列检。

(5)承担配属列车运行中出现事故时的救援工作。

(6)负责段内设备、机具的维修和调机、工程车等的整备及维修。

(7)负责行政管理、技术管理、材料供应和后勤管理。

2)综合维修中心的任务范围

(1)承担全线电梯、自动扶梯、空调机、给排水设备、消防设备等机电设备保养维护及检修工作。

(2)承担全线供电系统各种变压器、整流器、高低压开关柜、蓄电池、接触网、电力监控设备、动力照明线路、电力电缆等保养维护、测试和检修工作。

(3)承担全线通信、信号系统保养维护和检修工作。

(4)承担全线各站自动售检票机的保养维护和检修工作。

(5)承担全线防灾报警、控制中心设备监控等系统及生产管理用计算机等设备的检修维护工作。

(6)承担全线各种房屋建筑、车站建筑、桥梁及附属设施的日常保养维护和定期检测工作。

(7)承担全线轨道、线路、扣件、道床等线路上部建筑巡检、保养和抢修。

3）物资总库的任务范围

承担全线范围内各系统运营、检修所需的各类材料、设备、备品、备件、劳保用品、钢轨、道岔以及非生产性固定资产采购、储备、保管和发放工作。

1.2.3 车辆检修修程及主要指标

1）车辆检修理念的发展

（1）车辆检修的定义

车辆检修的定义：为了保持和恢复车辆完成运营规定的功能的能力而采取的技术活动，包括维护保养和检查修理。

（2）现代检修理念的发展

轨道交通车辆检修理念的发展是随着车辆设计和制造技术的发展而发展的，现代轨道交通车辆设计和制造技术的发展主要有以下特征：

①半导体变流技术的发展，使得交流感应电机的调速技术在调速性能、效率和成本上有了飞跃性的进步，交流牵引传动技术在城市轨道交通领域被广泛采用，完全成熟。

②材料及加工技术的发展，带动了轨道交通车辆车体材料大量采用铝合金和不锈钢等重量轻、耐腐蚀的新材料。

③可靠性理论及微电子技术的发展，带动了列车控制系统和故障诊断系统的技术进步。

现代轨道交通车辆检修理念的发展也相应具有以下特征：

①由于车辆日趋复杂，技术含量越来越高，车辆的造价昂贵；同时车辆的可靠性提高，维修工作量下降，因此在维修上需要缩短车辆维修时间，提高车辆的利用率，降低车辆购置费用。"换件修"的理念广泛推广，同时，"状态修"和"在线修"等先进的维修理念开始进入实际应用。

②新技术和新材料的应用，使得车辆各系统和部件的寿命及无故障工作时间延长，同时，采用计划预防性检修制度的系统的检修周期也有延长的趋势。

③对现代轨道交通车辆，特别是交流传动车辆，有扩大检查范围，缩小修理范围的发展趋势。其中最明显的标志就是修程中"月修"和"定修"概念已变为实际意义上的"月检"和"年检"。

2）车辆检修制度

城市轨道交通车辆是机械、电气、电子、计算机等技术高度集成的产品，包含大量的复杂部件及设备。制定经济合理、切实可行的车辆检修制度，对确保车辆安全运行、降低运营成本和延长车辆寿命都具有十分重要的意义。

车辆检修制度的制定，一般应根据车辆的技术条件、线路条件、地区环境和运营条件，以及运用、检修人员的素质等多方面因素确定，并在实际运用中不断调整和完善。

车辆检修制度一般分为预防性计划检修制度和矫治性检修制度两类。由于城市轨道交通对车辆的安全性和可靠性要求非常高，因此目前国内外仍普遍采用按车辆运行周期进行的预防性计划检修制度。但在采用预防性计划检修制度的前提下，应对部分有条件的系统和部件（如电气和控制系统等）实行状态修，对低级修程（如双周检）推广采用在线修，以提高车辆的利用率，降低购车和修车成本。

3）检修修程及主要指标

（1）车辆检修修程

车辆检修周期示意图如图1.2-1所示。

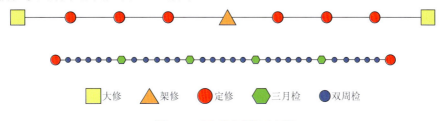

图1.2-1 车辆检修周期示意图

（2）车辆检修指标

根据《地铁设计规范》（GB 50157—2013）中规定的车辆检修周期要求（表1.2-1），确定车辆检修指标。

车辆检修修程和检修周期 表1.2-1

类　　别	检修种类	检修周期		检修时间（d）
		走行里程（万km）	时间间隔	
定期检修	大修	120	10年	35
	架修	60	5年	20
	定修	15	1.25年	7
日常维修	三月检	3	3月	2
	双周检	0.5	0.5月	0.5
	列检	—	每天或2天	—

4）各修程主要作业内容

（1）大修：对车辆包括车体在内进行全面的分解、检查及整修，结合技术改造对部分系统进行全面的更换，对车辆各系统进行全面检测、调试及试验。

（2）架修：对车辆的重要部件，特别是走行部进行分解，全面检查、修理，并更换部分部件。对车辆各系统进行全面检测、调试及试验。

（3）定修：主要进行车辆的各系统状态检查、检测，各部件全面检查、清洁、润滑以及部分部件的修理及列车的调试。

（4）三月检：主要进行车辆的重点部件及系统状态检查，部件清洁、润滑，更换磨耗件。

（5）双周检：主要对易损件和磨耗件进行检查，对部分部件进行清洁、润滑。

5）车辆检修作业方式

车辆检修作业方式有现车修和换件修两种。

现车修是将待修车上的零部件，经过修理消除其缺陷后，仍安装在原车上。这种作业方式，除报废零件需要更换外，其他零部件均等待修理后，装回原车。其优点是可减少备用零部件的数量，缺点是常因等待零件而延长停修时间。

换件修是指将待修车上分解下来的零部件，经修理后装到其他车上的修理方法。其优点是最大限度地缩短停修时间，提高修车效率；其缺点是不仅要求有足够的备用零部件，而且还要求有一定数量的互换件。

从提高修车效率出发，车辆检修宜采用以换件修为主，部分零部件现车修为辅的检修作业方式。

6）车辆运用和检修主要作业流程

（1）列车运用整备工艺流程，如图 1.2-2 所示。

图 1.2-2　列车运用整备工艺流程图

（2）列车检修工艺流程，如图 1.2-3 所示。

图 1.2-3　列车检修工艺流程图

1.3　国内外发展现状

1.3.1　国内外典型城市轨道交通车辆修程修制

1）中国城市轨交通车辆修程修制

中国各城市轨道交通车辆检修一般采用计划修，大多数城市车辆检修周期及检修停时执行《地铁设计规范》（GB 50157—2013）中规定，如表 1.2-1 所示。

（1）北京城市轨道交通车辆修程修制

为适应北京市城市轨道交通建设、运营和网络化发展需要，体现北京城市发展目标和北京地方特点，进一步促进城市轨道交通的可持续发展，根据地铁车辆的发展水平，北京市规划委员会组织相关单位编制《城市轨道交通工程设计规范》（DB 11/ 995—2013）。本规范适用于北京市行政区域内，钢轮钢轨系统和全封闭线路条件下的 A 型或 B 型车辆，设计最高运行速度为 100km/h。

北京市地方标准车辆定修作业内容分解到月检、架修的修程内完成（表 1.3-1），即在《地铁设计规范》（GB 50157—2013）的基础上取消 15 万 km 的定修修程。而架修周期缩短至 37.5 万～40 万 km，提高架修频次，重点保证走行部的行车安全；在日常维护方面，车辆入库列检人员及时在停车位进行例行检查，双周检的作业内容涵盖在列检范围内，发现问题就地处理。

北京地铁修程修制表 表1.3-1

修　程	检修周期		检修时间
	检修里程（万km）	时间间隔	停修/库停（d）
厂修	150~160	15~16年	70/60
架修	37.5~40	3~4年	24/17
月检	2	2个月	1/1
列检	—	每天或2天	—

此外，2006年北京成立京港地铁公司，引入香港地铁的投资及运营管理、检修模式。注重状态维护是香港地铁车辆保养的精髓。该公司采用的是香港地铁三线维修模式。

第一线维修：低级修程（A、B列检）。主要是功能检查，包括设备状况的检查、安全关键项目的检修，重点项目的检修、测试，小零件的更换、静动态调试和保洁工作等。

第二线维修：高级修程（架修及厂修）。主要检修范围包括车顶、驾驶室各部设备，车内装外饰，制动及风源系统，车载主要设备的检修和测试；需要厂修的部件的拆卸和安装及列车厂修后的验收和测试。

第三线维修：车辆部件的维修。对由第二线维修工作人员拆下来的部件进行维护和修理。部件主要包括车钩、贯通道、转向架装置、轮对、制动系统、空调机组、牵引电机、蓄电池、气动和电子元件等。

（2）上海城市轨道交通车辆修程修制

车辆的检修可采用日常维修和定期计划修理相结合的检修制度。车辆的检修宜从定期计划修理向均衡检修和状态检修相结合的检修制度发展。

车辆检修制度应由车辆制造商提供，厂商未能及时提供时可参照表1.3-2、表1.3-3确定。

上海城市轨道交通车辆修程修制表（大型车） 表1.3-2

类　别	检修周期		停修时间（d）	库停时间（d）
	定检里程（万km）	定检时间		
列检	—	每天	—	—
双周检	0.4	0.5月	0.5	0.5
双月检	2.0	2月	2.0	2.0
定修	10.0	1年	10.0	6.0
架修	50.0	5年	25.0	19.0
大修	100.0	10年	40.0	34.0

注：1. 表中"停修时间"和"库停时间"为每日一班制所需天数。若采用其他工作班制时，"停修时间"和"库停时间"应作相应调整。
2. 车辆检修需送另线车辆设施承担或外委时，相应停修时间应考虑回送需要时间。
3. 检修周期根据车辆运动里程、运行时间先到者办理。

上海城市轨道交通车辆修程修制表（小型车） 表1.3-3

类　别	检修周期		停修时间（d）	库停时间（d）
	定检里程（万km）	定检时间		
列检	—	每天	—	—
双周检	0.4	0.5月	0.5	0.5
三月检	2.0	3月	2.0	2.0
定修	10.0	1年	10.0	6.0
架修	50.0	5年	25.0	16.0
大修	150.0	15年	40.0	30.0

注：同表1.3-2。

上海地铁现行维修管理体制按照运营时间安排日检、双周检、双月检、架修。架修又按照使用年限、设备部件寿命进行了相应的维护更新或报废换新。

①日检：主要负责每日对车辆系统功能的现场检查，以巡视检查为主。在车辆回库期间检查，不占用库停时间。

②双周检：每2周或行驶4000km时进行检修，主要对车辆系统功能进行检测，对车辆易损件进行检查更换，保持车辆状态。库停时间为4h。

③双月检：每2个月或行驶2万km时进行检修，主要对全列车主要部件状态进行检查测试，更换使用周期短的零件。库停时间为48h。

④架修：按照时间间隔及走行公里数，分为3个维修阶段，需架车作业。

a. 架修Ⅰ：一般当车辆运营满1年或走行公里数到达10万km时，要对车辆进行局部解体，对大型部件进行细致检查、测试、修理以及镟轮作业，确保车辆整体主要性能运转正常。库停时间一般为10d。

b. 架修Ⅱ：一般指车辆运营满5年或走行公里数到达50万～60万km时，要对车辆进行基本解体。分解、清洗及检查走行部和牵引电机，修理并恢复车辆整体主要性能。库停时间为14d。

c. 架修Ⅲ：一般指车辆运营10年或走行公里数到达100万km时，对车辆全部解体，对车体和转向架整形；对电机、电气线路及轮对等部件进行分解修理；为车辆外表面重新喷漆；局部进行技术改造；内装翻新，恢复车辆基本性能，使其达到或接近新车标准。库停时间为1个月至1个半月。

（3）广州城市轨道交通车辆修程修制

广州地铁车辆维修管理模式以预防性计划修为主。维修模式分为一般性维修、架修和大修。一般性维修分为日常检查、双周检、三月检、半年检、年检、临修；以走行公里数或使用年限为指标执行架修和大修作业。通过优化车辆维修模式、调整优化人力资源、加强物资管理，使维修成本逐年降低。

为了尽量减少维修停运，提高工作效率，广州地铁车辆维修管理还采取了如下具体措施：一是对于车辆一般性维修，精简了检修规程；二是充分利用车辆库停时间完成各项检修作业，尽量延长车辆在线时间；三是安排技术支持人员跟车，除了及时处理故障外，并实时向检修车间传输故障信息，以便当晚修车班组根据故障情况做好维修准备，进一步缩短车辆故障处置时间；四是将定检及以下各修程的工作总量打散，分解为小工作包，每次库停按新编制的计划完成某些小工作包的维修工作，从而大大提高列车的利用率。

广州轨道交通车辆目前有A、B、L等多种车型，因而车辆维修体制针对不同车型进行了一定调整。在西朗、夏滘、鱼珠三个车辆段成立了A、B、L型车大修分部，已实现地铁A、B、L各车型架修以及A型车大修的自主维修能力。A型车大修分部坐落于西朗车辆段，是国内首个地铁交流传动车辆大修基地，主要负责广州地铁线网A型车辆大架修任务，具备A1、A2、A3、A4等国内外各类A型城轨车辆的大架修能力。B型车大修分部位于广州地铁三号线夏滘车辆段内，已逐步具备广州地铁B1、B2型车的架修能力，并筹备开展B3、B4型车的架修作业。即将开展的L型车大修分部坐落于广州轨道交通五号线鱼珠车辆段，主要负责四、五、六号线直线电机车辆的大、架修工作。广州地铁车辆检修修程见表1.3-4所示。

广州地铁车辆修程修制表　　　　表 1.3-4

修　程	检修周期		停修时间	
	运营时间	走行里程（万 km）	近期	远期
日检	1 天	0.02~0.04	90min	60min
双周检	2 周	0.35~0.5	1d	4h
三月检	3 月	2.5~3.5	3d	2d
半年检	6 月	6.5~8.0	3d	2d
一年检	1 年	12.5~15.0	8d	6d
两年检	2 年	23~28	8d	6d
三年检	3 年	34~40	8d	6d
架修	6 年	62~75	24d	18d
大修	12 年	125~150	36d	30d

（4）深圳城市轨道交通车辆修程修制

从资源共享和经济可行性考虑，深圳市轨道交通车辆的检修制度采用国内普遍应用的以计划修为主、状态修为辅的模式。部分车辆段受限于段场股道设置，生产组织难度很大，因此，深圳地铁进行了延长日检作业周期的尝试，可以有效减少检修任务，确保车辆检修生产组织顺畅，降低运营成本。部分深圳城市轨道交通车辆修程修制表见表 1.3-5 所示。

部分深圳城市轨道交通车辆修程修制表　　　　表 1.3-5

检修修程	检修周期	时差容限	停修时间
架修	40 万 km	±6 个月或 6 万 km	14d
C 列检	12.5 万 km	±25d	3d
B 列检	1.5 万 km	±3d	1d
A 列检	0.5 万 km	±3d	1d
五日检	5d	±1d	2h

深圳市轨道交通线网已建成大架修车辆段如表 1.3-6 所示。

深圳市轨道交通线网已建成大架修车辆段表　　　　表 1.3-6

线别	最高速度（km/h）	车型编组	车辆基地布局	车辆段性质	大架修设计规模	共享线路	建设情况	能力状况
1	80	6A	前海车辆段	路网大架修段	4.0	1、2、5	建成	饱和
3	80	6B	横岗车辆段	路网大架修段	2+2	—	建成	不饱和
4	80	6A	龙华车辆段	本线大架修段	2	4	建成	基本饱和

（5）南京城市轨道交通车辆修程修制

南京地铁借鉴国内外同行在车辆维修以及设备维护管理方面的先进经验，提出地铁车辆全效修维修模式以缓解当前日益严峻的客流压力，提高地铁车辆的维修效益。

全效修指的是通过具体分析，将原本应在某固定时间停修的作业内容（双周检、三月检、定修等检维修内容）更新整合后重新拆分，充分利用车辆运营高峰回库的窗口时间，进行较小但完整合理修程的计划性维修。全效修实质上与近年来国铁和城轨采用的"分散修"或"均衡修"方式相同，不同的是全效修维修模式从人、机、物、法、环 5 个环节入手，以车辆系统的维修经济效率、维护资源配置效率、维修工作效率和列车投运率 4 方面全面提高为目标，在维修规程的管理与重组优化上更为科学、全面。南京地铁"全效修"模式如表1.3-7所示。

南京地铁"全效修"模式　　　　表1.3-7

修　程	特殊项目	天数	地　点	工艺设备
Q1	车门尺寸调整、淋雨试验	3	月修库、洗车线	中高平台、洗车机
Q2	车体吹灰、清洁	2	吹扫线、月修库	中高平台、压缩空气、高压水源
Q3	无	1	月修库	中高平台
Q4	无	1	月修库	中高平台
Q5	无	1	月修库	中高平台
Q7	无	1	月修库	中高平台
Q8	无	1	月修库	中高平台
Q9	无	1	月修库	中高平台
Q10	无	1	月修库	中高平台
Q11	无	1	月修库	中高平台
Q12	动调、地板面高度、车钩高度、齿轮箱换油、解钩	2	月修库、试车线	中高平台、水平轨

（6）武汉城市轨道交通车辆修程修制

武汉地铁已投入运营1号线、2号线（含机场线）、3号线、4号线、6号线，除6号线采用A型车外，其余均为B型车。在建以及后续线路以A型车为主。已建成的B型车大架修基地包括：古田车辆段、常青花园车辆段、青山车辆段3处。在建或已建线路A型车大架修车辆段包括：6号线老关村车辆段、7号线野芷湖车辆段、11号线长岭山车辆段、21号线倒水河车辆段。

此外，武汉地铁利用中车集团检修资源（武汉中车集团长客轨道车辆有限公司和武汉中车株机轨道交通装备有限公司）实现转向架委外检修。另外，武汉地铁线网具备与中车集团检修资源设置联络线的条件，可实现部分大架修任务委外。

武汉中车集团长客轨道车辆有限公司位于武汉市黄陂区，一期工程已建成实施，其中包括2条新车组装流水线（每天出车2辆）、1条转向架检修流水线、3条静调试验线（6列位）、1条2km试车线。其业务范围包括：城铁车辆造修、转向架检修、城铁车辆售后、城铁车辆维保、配件生产。具备地铁车辆年大修架修300辆的能力。

武汉中车株机轨道交通装备有限公司位于江夏区大桥新区大花岭村、京广铁路西侧。厂区设有与京广铁路的联络线，其联络线从大花岭火车站南咽喉接轨，具备地铁车辆年大修架修300辆的能力。

武汉城市轨道交通车辆修程修制执行国内地铁设计规范要求，列检一般为每日都进行功能检查，隔日必须对车下进行检查。在停车列检库内设置1列位车厢地板打蜡兼补洗列位。大、架修中的转向架检修充分利用了中车集团检修资源，利用社会资源做车体内饰大修。此外，近年来武汉地铁也在进行均衡修的尝试。

（7）香港城市轨道交通车辆修程修制

香港地铁的综合管理水平一直处于世界领先地位，地铁车辆维修制度经过不断探索和经验积累后，经历了三个阶段的发展过程，第一阶段至第二阶段的发展变化见表1.3-8。

香港城市轨交通车辆检修第一阶段至第二阶段的发展变化　　　　表 1.3-8

级　别	第一阶段	第二阶段	备　注
1	日检	不做	在车厂做（车厂指不具备车辆大修功能的车辆段）
1	周检	改为 15 天	在车厂做（车厂指不具备车辆大修功能的车辆段）
1	月检	改为 45 天	在车厂做（车厂指不具备车辆大修功能的车辆段）
1	半年检	半年检	在车厂做（车厂指不具备车辆大修功能的车辆段）
1	—	一年检	在车厂做（车厂指不具备车辆大修功能的车辆段）
1	—	二年检	在车厂做（车厂指不具备车辆大修功能的车辆段）
2	一年检	在车厂做	在大修厂做
2	二年检	不做	在大修厂做
2	三年检	三年检	在大修厂做
2	小修（6 年）	小修（6 年）	在大修厂做
2	大修（12 年）	大修（12 年）	在大修厂做
3	部件修	部件修	在大修厂做或专业厂做

第一阶段：完全遵循地铁车辆制造商的检修模式，由"日检、周检、月检、半年检、一年检、二年检、三年检、六年小修、十二年大修"组成，修程种类繁多，修理间隔期短，修理工作量大。

第二阶段：取消日检，延长周检（改为 15 天检），延长月检（改为 45 天检），取消二年检。

第三阶段：分为一线检查和二线检修，一线检查以行车公里数为基础，二线检修以车辆使用年限为基础。

香港地铁车辆检修各个阶段中修程是在不断变化的。在确保可靠性目标的前提下，香港地铁车辆检修 20 年间完成了一半以时间做修程计划到以公里数做修程计划的转变；另外，检修周期也在不断延长，检修级别和检修内容安排也在根据实际情况不断进行调整，以适应车辆实际技术状态的需要。

另外，香港地铁车辆在定期检查和轻型维修中大量采用故障诊断技术，及时预测车辆各部件状态，在确保车辆可靠性前提下，减少车辆部件解体检修，提高维修的计划性和合理性。在二线整体检修过程中，利用一线检查和故障修资料，有针对性地做一些改善性维修，使二线检修不但可以恢复车辆的性能，还能消除故障根源。

2）日本城市轨道交通车辆修程修制

日本地铁车辆采用厂修与段修合修制，车辆的全部修理任务一般均在车辆段内进行。日本车辆检修的作业方式以换件修为主、现车修为辅的作业方式，因此作业效率高，停修时间短，车辆周转快。另外，为了实施大规模的车体修理（如装配新仪器、车辆的更新改造等），日本部分地铁车辆段中还设有若干条线车辆共用的工厂。日本地铁车辆的基本修程及有关指标详见表 1.3-9。

日本地铁车辆修程修制　　　　表 1.3-9

修　程	检修周期		修竣时间（d/列）
	东京营团地铁	东京都地铁、名古屋市营地铁	
日检	6 天	3 天	0.25
月检	3 月	3 月	1.0
重要部位检查	60 万 km（或 4 年）	40 万 km（或 3 年）	12~15
全面检查	8 年	6 年	18~25

3）俄罗斯城市轨道交通车辆修程修制

俄罗斯莫斯科地铁车辆维修采用厂修与段修分修制，车辆厂集中承担地铁全系统的厂修任务。车辆段承担本线车辆的定期修理（架修和定修）、日常维修（月检、技术检查、列检、清扫洗刷）及列车停放任务。莫斯科地铁现已建成13个车辆段，2个车辆厂。

俄罗斯莫斯科地铁车辆段根据线路长短而设置，一般每条线设一个车辆段，当线路长度超过30km时，可设2个车辆段。

4）新加坡城市轨道交通车辆修程修制

新加坡车辆检修规程无国内常规的对列车走行部的日检作业。新加坡城市轨道交通车辆分为日检（车内检查、保洁等）、月检、重要部位检查、全面检查4个修程。

1.3.2　国外车辆基地

1）英国地铁车辆基地

英国伦敦地铁（London Underground）是世界上最古老的地下铁道，开通150多年来，伦敦地铁有12条线路纵横交错，总长超过400km。早期线路车辆段一般采用地面设置方式，而且年代久远，车辆段设施较旧。后期建设的线路配套车辆段，如选址处于繁华地段的线路一般进行上盖物业开发。

维多利亚线（Victoria line）由西南至东北贯穿伦敦市区，1962年开始兴建，1968年正式启用，直至1970年才全线完工。该线诺森柏兰公园车辆段（Northumberland Park Depot）在七姊妹站接轨，为地面车辆段（图1.3-1、图1.3-2）。车辆段的停车列检库与检修库采用横列布置方式。

图1.3-1　诺森柏兰公园车辆段卫星图

图1.3-2　诺森柏兰公园车辆段实景图

地铁中央线是英国伦敦地铁中的一条行车路线，2016年4月26日前为世界上最长的单线地铁线路（74km），大部分路段均位于深层隧道，呈东西向贯穿伦敦市区。其中20个为地下车站，在地铁系统中的繁忙程度仅次于皮卡迪利线。为了尽可能规避其对城市空间与交通产生的负面影响，这种开发模式将地铁车辆段及综合基地的主要大型厂房布置在地下，一些人员集中的辅助办公空间布置在地上，地面置换出的剩余城市空间则依据不同的需求布置相应的建筑功能，形成与周边环境一致的城市形态。这种车辆基地开发模式充分利用地下空间，结合地下线，减少出入段线的拉坡需求，避免了地面U形槽的出现，从而在保证地铁生产工艺的同时将地面城市空间还给公众，极大地节约了城市土地，保留了原有城市空间尺度与脉络，所以通常被运用到位于城市核心地段的地铁车辆段，或因城市发展而渐渐陷入城市核心的车辆段建设和改造工程中。例如英国的怀特镇（White City）车辆段即采用这种开发模式。作为在怀特镇车辆段上部开发的建筑群，韦斯特菲尔德商场（图 1.3-3）是英国第三大、伦敦第一大的零售商业综合体，总建筑面积约 15 万 m^2，共计 270 个铺位，同时具备 4500 个小汽车停车位。围绕整个商业综合体，配套建设了伦敦地上铁的谢菲尔德布什（Shepherds' Bush）站、伦敦地铁中央线的谢菲尔德布什站、怀特镇站、伦敦地铁的哈默史密斯站与城市线的谢菲尔德布什市场（Shepherds' Bush Market）站、伍德巷站，以及新的公交总站、人行系统等，相关市

图 1.3-3 韦斯特菲尔德商场鸟瞰

政接驳设施共计花费了 2.7 亿英镑。据韦斯特菲尔德集团估算，约有 60% 的购物人群会利用公共交通到新的商业区购物或休闲娱乐。整个怀特镇的开发总共耗资 16 亿英镑，完成后的商业街，以韦斯特菲尔德商场为核心，形成了多业态、综合性的城市副中心。

2）日本地铁车辆基地

东京地铁，是服务于日本东京都区部及其周边地区的城市轨道交通系统，目前包括由东京地铁与东京都交通局两家公司共同营运的总共 13 条线路，线路总长 312.6km。东京地铁线网由东南海滨的城市中心向北、向西扇形发展，呈放射式布局，并与市郊铁路衔接联运。

东京地铁车辆段分为三个层次：第一层次为车辆段检修段，对于长度较短的线路一般设置一个检修段，而线路较长的线路则一般设置两个检修段；第二层次为车辆修理车间，一般情况下每条线路设置一个车辆修理车间，也有两三条线路共用一个车辆修理车间的情况；第三层次为车辆工厂，东京营段地铁全线一共设置两个车辆工厂，一个是小石川车辆工厂，承担银座线路、丸之内线的大规模车体修理，另一个是新木厂车辆工厂，承担银座线路、丸之内线之外的所有营团线路的大规模车体修理。

日本土地资源非常有限，无论地面车辆段还是物业开发车辆段，占地指标均比较小，一般会做上盖开发，或进行立体布置。

图 1.3-4 大阪地铁御堂筋线（M 线）车辆段卫星图

大江户线（东京地铁 12 号线），从光丘车站开始，经由都厅前，通过新宿、月岛、森下、春日、饭田桥等车站返回到都厅前，全长 40.7km，其中环形部分线路长度 28.6km。其光丘车辆段采用立体布置（三层结构），地下二层为停车库，地下一层为检修库，地面层设置转向架、空调等部件检修房屋以及综合楼等。图 1.3-4 为大阪地铁御堂筋线车辆段卫星图。

日本典型车辆配属车辆及车辆段用地指标如表 1.3-10 所示。

日本典型车辆段配属车辆及车辆段用地指标表 表 1.3-10

城 市	车辆段名称	配属车辆（辆）	占地面积（hm^2）	用地指标（m^2/辆）	备 注
东京	绫濑	410	14.18	346	
东京	中野	190	5.56	293	
东京	深川	287	8.71	303	无开发
东京	志村	400	13.76	344	住宅开发
大阪	森之宫	250	11.59	464	

3）新加坡地铁车辆基地

新加坡地铁又叫大众捷运系统（Mass Rapid Transport，简称MRT），开通于1987年，是目前世界上较为发达、高效的公共交通系统。目前新加坡地铁共有5条线，设有113个地铁车站，线路全长152.9km，为全国接近一半的人口提供出行服务。5条地铁路线包括：南北线（红线）从滨海南码头通往裕廊东，东西线（绿线）从巴西立前往西部的裕群、及支线（丹拿美拉经过博览站与樟宜机场之间），东北线（紫线）连接港湾至东北部的榜鹅，环线（橘黄线）从港湾通往多美歌和滨海湾，滨海市区线（蓝线）。

新加坡碧山车辆段是大修段，是一个功能齐全的车辆段，设置1条2km试车线，大部分列车在该车辆段内进行检修、大修。

东西线（绿线 EAST-WEST LINE）是由 SMRT 地铁有限公司营运的路线，共35个车站。东西线设樟宜车辆段（图1.3-5）、大士停车场（图1.3-6）、乌鲁班丹停车场各一座，其中樟宜车辆段占地约25hm²，可以容纳35列车；大士停车场占地约14hm²，可容纳60列车存放；乌鲁班丹停车场与南北线共用，东西线列车需由司机操作。

图1.3-5 樟宜车辆段

图1.3-6 大士停车场

南北线是由 SMRT 地铁有限公司（SMRT TRAINS LTD）营运的路线，共26个车站，全长约45.3km，由裕廊东（JURONG EAST）至滨海南码头（MARINA SOUTH PIER）。南北线设碧山车辆段及乌鲁班丹停车场各一座，其中碧山车辆段（图1.3-7）为大架修车辆段，负责南北线与东西线列车的大架修，占地约30hm²，其中维修厂房占地约12hm²，总计可以容纳59列车；乌鲁班丹停车场（图1.3-8）与东西线共用，占地约13hm²，可以存放47列车。

图1.3-7 碧山车辆段

图1.3-8 乌鲁班丹停车场

金泉车辆段（Kim Chuan Depot）（图1.3-9）其工艺设备配置基本介于国内架修段与定修段之间的水平，主要为环线与市区线配属列车提供服务。其选址位于 Kim Chuan Road 以北、Bartley Road 以南、Hougang Avenue 以西、Upper PayaLebar Road 以东所围地块内，为一座全地下车辆段，最深处在地下 24m 左右，该车辆段于 2008 年正式投入运营。

4）俄罗斯地铁车辆基地

俄罗斯莫斯科地铁，全称为列宁莫斯科市地铁系统，是公认的世界上最漂亮的地铁，按运营路线长度排名则为全球第 7 大地铁系统，按年客流量排名则为全球第四繁忙暨亚洲以外第一繁忙的地铁系统。1935 年 5 月 15 日，苏联政府出于军事方面的考虑，正式开通莫斯科地铁。地铁建设考虑了当时战时的防护要求，可供 400 余万居民掩蔽之用。莫斯科地铁建设较早，车辆段多为地面车辆段。如图 1.3-10、图 1.3-11 所示。

图 1.3-9　金泉车辆段大门

图 1.3-10　奥波隆车辆段

图 1.3-11　停车库前部

1.3.3　国内城市轨道交通车辆基地发展趋势

1）车辆修程修制发展趋势

随着城市的发展，建设车辆基地需要配备多股线路、大量的检修设备和配套设施，且需占用大量面积土地，故有必要对地铁系统的车辆、车辆检修设备及有关的技术、物资、人力资源进行共享。随着新技术的发展，采用模块化技术设计、生产的车辆，维修量明显降低，检修周期延长，并且车辆的系统、设备及零部件均朝着免维修的方向发展，为车辆检修体制或修程修制的调整和优化创造了有利条件。

在借鉴国外先进经验的基础上，结合国内实际运营经验，我国地铁车辆的检修方式逐步向状态在线检测、换件修、状态修及均衡修方向发展。

2）车辆基地物业开发趋势

传统城市轨道交通车辆基地由于其占地面积大、建筑密度低、用地强度小等特点，与日益紧张的城市土地资源之间产生了难以调和的矛盾。城市建设结合周边区域进行综合开发，已成为城市轨道交通与城市发展的必然。国内城市轨道交通车辆基地建设将呈现出工艺布置紧凑、综合物业开发、生态景观协调的发展趋势。

（1）工艺紧凑型车辆基地

由于城市轨道交通的特点，车辆基地的设置一般建设在城市边缘或城郊结合部。但随着城市的快速发展，城市用地愈发紧张。为此，车辆基地的设置规模和总平面布置应符合城市整体规划要求，在满足工程地质水文条件、供水条件的情况下，应尽量结合周边规划要求、道路规划要求，进行合理的总平面布置；在遵循工艺优先原则的前提下，应尽量减少工艺占地规模，以供商业开发或其他建设项目。例如武汉市轨道 1 号线古田车辆段（图 1.3-12、图 1.3-13）就是采用这种方式。

（2）综合物业开发车辆基地

车辆基地上盖物业开发不仅可以协调车辆基地与周边用地的关系，减少车辆基地对城市的分割作用，而且可以盘活周边地块，带来巨大商机。在中国各大城市合理解决紧缺土地资源、建设集约型城市及交通便捷城市的要求下，城市轨道交通的发展突飞猛进，地处城市核心区的大量车辆基地开始进行综合物业开发。如武汉 2 号线常青花园车辆段、中山北路停车场，苏州轨道交通 2 号线太平车辆段（图 1.3-14、图 1.3-15），无锡市轨道交通 1 号线雪浪停车场等均是国内上盖及综合开发的成功案例。成都轨道交通 7 号线的崔家店停车场为全国首例进行综合物业开发的地下两层停车场。

图 1.3-12　武汉市轨道 1 号线古田车辆段平面布置示意图

图 1.3-13　武汉市轨道 1 号线古田车辆段实景

图 1.3-14　苏州轨道交通 2 号线太平车辆段上盖物业开发实景

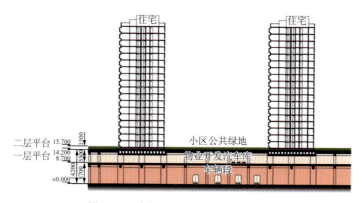

图 1.3-15　车辆段及上盖平台剖面示意图

（3）生态景观车辆基地

地铁车辆基地设计要兼顾风景区、生态底线区的要求。例如苏州轨道交通 1 号线天平车辆段段址位于天平山风景区边缘（图 1.3-16、图 1.3-17），武汉市轨道交通 11 号线长岭山车辆段、武汉市轨道交通 5 号线青菱停车场均处于生态底线区，总平面布置、建筑风格要同时符合风景区、生态底线区要求。其中，天平车辆段已建成为全国首座园林景观式车辆段，充分体现以人为本、与环境友好和谐发展的理念。

图 1.3-16　苏州轨道交通 1 号线天平车辆段鸟瞰实景

图 1.3-17　苏州轨道交通 1 号线天平车辆段综合楼实景

第 2 章 城市轨道交通车辆基地设计

2.1 车辆基地设计基本流程

车辆基地包括车辆段（停车场）、综合维修中心、物资总库、培训中心和其他生产、生活、办公等配套设施。

车辆基地的功能、布局和各项设施的配置，应根据本工程的运营需要、城市轨道交通线网车辆基地的规划布局和既有车辆基地的功能及分布情况进行合理设置，并尽可能实现线网车辆基地的资源共享。

车辆基地设计，应初、近、远期结合，分期实施。用地范围应在站场股道和房屋规划布置的基础上按远期规模确定。

车辆基地根据其作业范围分为大、架修段和定修段。大、架修段承担车辆的大修和架修及其以下修程作业；定修段承担车辆的定修及其以下修程作业；线网大、架修段应按资源共享原则，根据线网建设时序、建设规模等综合考虑进行设置。

停车场主要承担停车、列检及双周/三月检作业，必要时增加临修设施。

车辆检修宜采用日常维修和定期检修相结合的检修制度，车辆日常维修和定期检修的修程和周期应根据车辆技术条件、车辆的质量和既有车辆基地的检修经验制定。新建城市轨道交通工程的车辆检修修程和检修周期应符合表 2.1-1 的规定。

车辆检修修程和检修周期   表 2.1-1

类别	检修种类	检修周期		检修时间（d）
		走行里程（万 km）	时间间隔	
定期检修	大修	120	10 年	35
	架修	60	5 年	20
	定修	15	1.25 年	7
日常维修	三月检	3	3 月	2
	双周检	0.5	0.5 月	0.5
	列检	—	每天或两天	—

2.1.1 设计理念

（1）紧紧围绕建设"节约型城市轨道交通"这一目标开展设计，更新观念，科技创新，完善功能，保护环境，实现功能、环境、安全、经济和效益的高度统一。

（2）充分体现城市轨道交通车辆基地"以运营为本，服务至上"的精神，努力降低建设和运营成本，整合和共享资源，实现轨道交通的综合经济效益。

（3）将"先网络、后单线，先总体、后分项，先运营、后建设，先建筑、后结构，先机电、后土建"的设计理念贯彻到各个设计阶段，并注重落实在设计文件中。

（4）方便施工，减少拆迁，降低造价；重视环境保护，满足环境友好型城市轨道交通的要求。

（5）结合轨道交通车辆技术的发展，选用先进的检修工艺、检修设备。

（6）统筹研究线网车辆基地资源共享条件，力求人力资源、运营设备和设施资源、土地资源等多方面的节约、共享和综合利用。

（7）根据价值工程理论，追求工程建设目标的最佳性价比，在保证系统功能的前提下，考虑以最少的投资来实现最优的目标。

（8）轨道交通与城市规划建设相结合，同步建设，同步开发，相互促进，达到城市交通与城市建设的协调统一。

2.1.2 设计思路

车辆基地以服务运营为目的，是一项涉及专业多、接口复杂、技术难度大的系统工程，是全线建设的重点。设计应围绕将车辆基地工程建设成"工艺流程最优、工程投资最优、运营成本最优、经济效益最优"的总体目标，提出车辆基地设计的总体设计思路。

1）优化车辆基地总平面布置

总平面布置方案历来是车辆基地设计的重点，对总平面布置的设计应进行多方案比选。总平面布置应以满足轨道交通运营的功能需求为基本前提，分区明确、布局合理、占地紧凑、工艺流程顺畅。

结合段址周边既有及规划设施的高程，合理确定场坪高程，对于车辆基地的土建工程和环境结合至关重要。

2）研究车辆基地建筑形式

车辆基地应通过建筑和装饰等艺术形式，融入当地文化，体现当地特色，建筑风格力求与周边环境协调。

3）综合协调内外接口

车辆基地设计接口复杂，应制订切实可行的措施，保证车辆基地设计内部与外部接口的良好协调。

工作前期，应调查收集拟选场址周围的规划资料、水文地质情况；落实给排水、城市道路、煤气管道的引入接驳条件；研究车辆基地区域的规划要点，掌握设计的边界条件，通过综合分析，确定设计的重点、难点和控制点。

外部接口条件中，重点解决车辆基地用地红线、水系改造、高压电缆、军用电缆以及与城市规划和周边物业的协调，为车辆基地设计创造良好和稳定的边界条件；同时，研究如何避让不利因素，减少工程数量，并处理好与既有道路和规划道路以及规划市政设施的关系。

4）绿色环保、低碳节能

通过总平面布置、建筑、设备的最优设计来实现节能。设计过程中，优化总平面布置，确定合理的建筑朝向，采用合理的建筑体型系数，全面提高建筑围护结构保温、隔热和气密性能，合理设置降压变电所的位置，选择合理的通风空调制式，公共区照明灯具选用节能型荧光灯或LED灯，路灯采用太阳能供电，供水采用变频调速水泵供给，采取中水回用等措施，实现绿色环保、低碳节能的目的。

5）制定合理的设计原则和技术标准

设计应针对工程的技术特征，结合车辆基地设计的具体情况，制定先进合理的设计原则和技术标准。

6）制定合理的物业开发规划原则

（1）利用区位优势，立足环境优势，发挥政策优势，采取车辆基地上盖物业结合落地开发模式，形成城市综合体特征，将城市开发与可持续发展有机融合。

（2）基于对城市规划和车辆基地功能需求的分析，特别是对城市环境的深刻理解，结合商业建筑、绿化走廊、城市广场等要求，将车辆基地做成城市景观及文脉有机延续的一部分。

7）提供延伸性服务

设计服务除包括初步设计、招标设计、施工设计、施工配合等几个阶段的所有技术服务外，还包括以下内容：

（1）配合和参加技术和产品的调研分析。

（2）配合和参加设备及施工招标的谈判并制定合同条款。

（3）参加设备试验、试制、检验及工程施工隐检。

（4）运营期间定期进行跟踪和回访。

在上述设计理念与思路基础上，提出车辆基地设计的五项目标。

"精品"目标——技术标准合理适当、工程建设一流、运营设备先进环保的精品工程。

"人文"目标——充分体现"以人为本"的设计理念，并能够展示其人文特点。

"科技"目标——采用先进技术、先进材料、先进设备、先进工艺，为地铁车辆检修提升服务水平。

"平安"目标——采用的标准、技术方案要确保施工安全、设备安全和运营安全。

"环保"目标——把对生态环境、人文环境的影响降到最小，实现与自然共生，实现地铁与社会、生态效益的共赢发展。

2.1.3 设计原则

城市轨道交通车辆基地的设计，应根据工程的技术特征，在充分利用所选段址的地形地貌和周围环境的基础上，以确保修车质量和生产安全、满足工艺要求为前提，以努力提高作业效率、改善劳动条件、节省基建投资、降低生产成本、获取最佳综合效益为目的，确定主要设计原则如下：

（1）结合城市轨道交通线网规划、轨道交通车辆检修运用技术的发展趋势、运营组织方案、相关车辆基地及联络线设置的规划情况，综合确定车辆基地的功能定位和规模，以实现资源共享最大化的目标。

（2）以提高车辆检修运用质量和效率为目标，对车辆基地的布局、分工进行研究，合理确定车辆段和停车场的分工和设计规模。

（3）以提高车辆的利用率、减少配车数量、降低修车成本为目标，根据车辆选型总体技术特征，并参考国内城市轨道交通车辆的运用检修经验，充分考虑"状态修"和"在线修"等现代车辆维修理念和维修技术的发展，车辆检修宜采用预防性计划检修制度，同时利用车辆车载信息系统、车辆基地运用管理系统等设施，以提高检修质量和效率。

（4）在与城市总体规划相协调的情况下，结合段址周边的自然、社会和经济环境，考虑工程的技术经济性与地区的发展和保护的综合平衡，在此基础上进行车辆基地的选址研究，落实规划用地。

（5）车辆基地的总平面布置设计应符合城市规划要求，并在满足功能要求的前提下，尽量紧凑，最大限度利用土地资源，并研究考虑物业开发的可能性。

（6）车辆基地中除股道和机电设备等按近期需要设计，其余均按远期规模设计。大架修设施按分期建设考虑。

（7）出入段线的布置，应满足列车出入段能力的需要，避免切割地块，减少对市政道路、市政设施的影响，并尽量缩短列车出入段时的空走距离。

（8）车辆基地总平面布置应满足各种生产功能的要求，力求布置顺畅，避免车辆在段内迂回运行或互相干扰，尽量缩短列车在段内的空走距离。

（9）房屋及设备应根据检修作业和生产性质按系统布置，同类房屋应尽量合建，并综合考虑防火、道路、管道敷设及绿化、环保等的要求，力求布置齐整、紧凑、合理，为安全作业、文明生产创造条件。

（10）车辆基地的布置宜将停车运用部分与办公生活区、非带电的检修区分开布置，保证车流和人流互不干扰。

（11）车辆基地的锻件、铸件、热处理件、电镀件、标准件、橡胶件等零部件均外协。

（12）车辆基地设计应积极推广采用新技术、新工艺、新材料、新设备，积极推行车辆检修设备的国产化，有选择地引进国外先进技术和关键设备。设备机具宜采用国家标准系列产品，专用设备宜采用标准设备或技术成熟的非标设备。

（13）根据既有条件，考虑设置车辆基地与国铁的联络线。

（14）车辆基地的设计应注意环境保护，对产生的废气、废液、固体废弃物和噪声等应进行综合治理，并符合现行国家和地方有关规范、标准的要求。环境保护设施应与主体工程同时设计、同时施工、同时投产。

2.1.4 各阶段工作重点及关键环节

1）初步设计阶段

初步设计阶段是项目建设的关键阶段，应根据评审批复的工程可行性研究报告，在初勘资料的基础上进行。初步设计工作流程如图2.1-1所示。

（1）主要工作重点

初步设计阶段工作重点为确定各专业的总体技术方案、规模、投资，并对本专业的设计方案或重大技术问题的解决方案进行综合技术经济分析，论证技术上的适用性、可靠性和经济上的合理性，并将其主要内容纳入到本专业初步设计文件中。

（2）关键环节

①在工可设计方案基础上，对车辆基地总平面布置做进一步论证比选和优化。

②稳定各种边界条件，尤其是车辆基地用地红线，改移沟涌、道路的边界条件。

③处理协调车辆基地各专业的接口关系，以及车辆基地外部市政接入条件，稳定接口方案。

④各专业经深入论证比选确定设计方案并提出技术问题。

⑤提出全部工程数量、主要设备数量、主要材料数量、用地及拆迁数量、施工组织设计（工程筹划）并编制工程概算。

⑥确定环境保护工程技术措施方案并纳入概算。

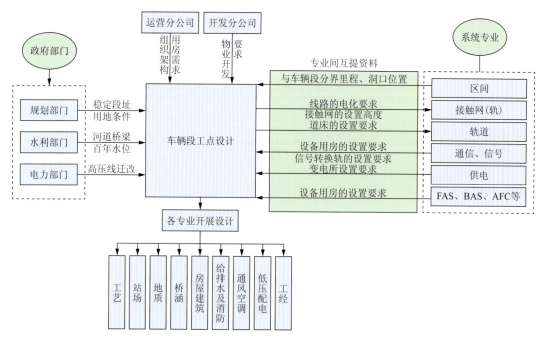

图 2.1-1 初步设计工作流程

2）招标设计阶段

招标设计文件为工程招标的依据，根据业主及总体总包单位的有关规定编制土建工程和机电工程施工招标设计文件，供业主进行施工招标；编制设备用户需求书，供业主进行甲供设备的招标工作。招标设计工作流程见图2.1-2所示。

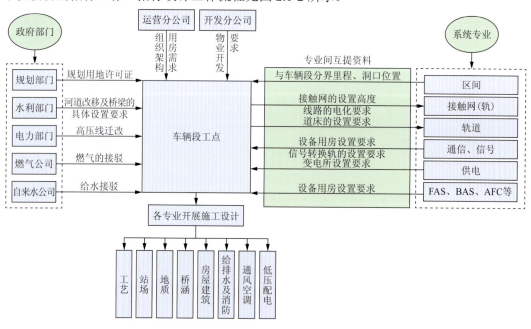

图 2.1-2 招标设计工作流程

（1）主要工作重点

招标设计阶段工作重点为根据初步设计评审意见，对车辆基地设计方案进行进一步优化，对内、外部设计接口逐项落实，细化各专业设计图纸，以保证工程量编制的准确性，满足编制招标工程量清单的要求。

对需要甲方招标的设备，编制用户需求书，提出设备主要性能要求及技术条件，以满足设备招标的需要。

（2）关键环节

①根据初步设计审查意见，进行方案的调整和优化，针对重大及关键设备进行调研，提出切实可行的设备选型方案。

②确定设备的技术条件、与土建及风水电安装工程的接口条件等。

③细化土建工程设计。

④编制甲供设备用户需求书，确定设备主要性能参数、技术条件及接口条件。

3）施工图设计阶段

施工图设计是项目具体付诸实施的依据，应根据已审查批准的初步设计、详勘或补充详勘资料进行编制。施工图设计工作流程如图2.1-3所示。

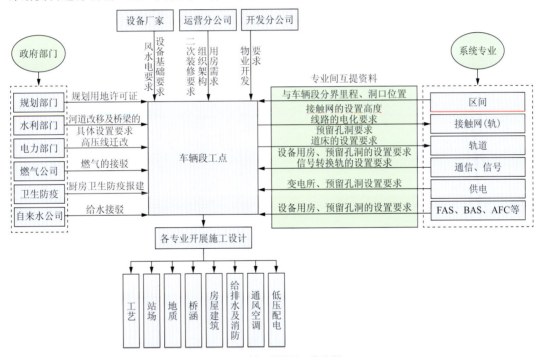

图2.1-3　施工图设计工作流程

施工图设计是在招标设计的基础上进行的更加详细、具体的设计，应出具正确、完整和详细的土建和设备安装详图，以及配套的风水电等机电设施安装图，并配以必要的详细文字说明。

（1）主要工作重点

①制定详细的内、外部设计接口实施细则，确保工程设计的完整性和实施性。

②加强室内外管线综合设计，避免各类管线的错、漏、碰、差。

③配合业主将设计文件或中间资料报送规划、市政、环保、交管、供电、通信等市政府管理部门审查，并按其审查意见修改完善。

④结构抗震超限、交通影响评价报告等配套专题报告，应委托有资质的单位配合完成。

（2）关键环节

①施工图设计应认真严格地执行和落实初步设计审查意见，并按照相关规范要求开展施工图设计。

②施工图的编制应确保与工程现场实际相符合，提供必要的设计说明、图表，详细说明施工时应注意的具体事项，要求保证其针对性和可操作性。

③正确处理车辆基地设计各专业之间的接口关系，稳定接口方案，保证施工图设计文件的完整性、准确性。

④综合管线设计是施工图设计的关键环节之一，需重点对管线的敷设方式进行研究确定，加强各类管线交叉点的协调性。

2.1.5 车辆基地的设计控制

1）总体协调，稳定边界条件

注重用地红线、场坪高程等关键边界条件的稳定，保证设计工作的顺利开展。

2）方案合理，避免反复

在设计过程中，应切实根据实际条件，加强专业设计方案的合理性、可行性、经济性，避免施工过程中反复及变更。

3）注重细节，加强实施性

关注细节设计，最大程度上使施工图反映出设计意图。

4）输入输出协调周密、到位

车辆基地设计接口繁杂，需加强输入输出接口的准确性，保证上下工序协调到位。

5）提前预判，保证效果

在设计过程中做到宏观把握，能够预判出实施效果，实现设计目标，使业主满意。

6）采用最优方案，控制工程投资

制定适度的技术标准，实施技术经济方案的比选，在不降低系统整体性能和可靠性、提高系统可维护性的前提下，优化系统设备和功能的配置，严格把控设计变更，控制和降低工程投资。

2.1.6 设计新手段应用

1）BIM设计应用

BIM技术在车辆基地工程领域的应用，主要解决传统设计手段无法高效解决的问题，极大提高城市轨道交通车辆基地的设计效率及设计质量。

2）综合总图设计

由总体专业牵头协调并完成的综合总图，是站场、工艺、建筑、给排水、室外综合管线等单项总平面布置图的综合，是协调和确定车辆基地总平面内各要素相互关系的最高级别总图。实施综合总图设计的目的是在施工图设计过程中结合各专业的相关设计要素，判定各专业平面布置和竖向布置原则，进行合理分配和协调，化解各专业设计过程中出现的矛盾和冲突，完善总平面布置中平面关系和竖向关系的协调，实现各专业的单项总图实施在施工过程中的指导。

3）设计软件应用

随着轨道交通市场扩展，任务量势必日趋增加，为提高工作效率和设计质量，相关软件的开发可用于配合设计工作。

（1）轨道交通车辆设施工作量计算软件

本软件主要用于城市轨道交通车辆基地规模计算，包括车辆检修工作量及车辆基地规模的确定，各种股道长度的计算，各检修库房尺寸的确定，用风量、用水量、用电量等工艺设计指标的计算。

该软件具有如下便捷的功能：

能方便地在界面中直接输入计算所需参数；

对计算结果进行智能化分析；

能方便地实现界面数据和 word 表格交换。

该软件计算功能齐全、程序运行可靠、界面友好、自动化程度高、结果准确、使用方便，在多个城市的轨道交通车辆基地设计中得到推广运用，极大地提高了设计效率。

（2）站场计算机辅助设计系统

站场计算机辅助设计系统具备线路设计功能和站场设备布置的功能，可实现车辆基地平纵断面设计、横断面设计、站场排水沟设计、工程数量计算等集成化设计，可用于各种段型的预可研、可研、初步设计及施工图等设计。

该系统在功能上立足辅助站场设计人员进行设计，可提供众多设计命令和工具，可提供站场设备的绘制和管理功能，真正实现在平纵断面设计完成后平面轨道及设备数量的自动计算。同时提供了强大的图面标注功能，将设计人员从烦琐的工作中解脱出来，专注于方案的选择和优化，大大提高了设计效率。

该系统还实现了与横断面的信息共享，在与其他专业的资料交换上提供了众多的符合站场设计要求及资料提交标准的表格，从设计到输出整个流程为设计人员提供了强大的工具。

2.2 车辆基地总平面规划设计

2.2.1 车辆基地功能定位对总平面规划的影响

车辆基地是城市轨道交通系统的重要组成部分。要支撑、保障一定规模的轨道交通网络安全运营，建设相当数量的车辆基地是必需的。以往，通常是每线建设一个车辆段，且功能都定位为大架修段，其主要弊端是大架修设施可能在 5~10 年内会处于闲置状态，在发挥不了投资效应的同时，还需付出一定的维护成本。随着资源节约型、环境友好型社会建设的逐步深入，从资源共享的角度，研究通过购买维修资源社会化服务或者统筹利用好网络内相关的大架修车辆段作为多线共享，以发挥大架修设施的能力、降低造价与维护费用、集约化利用土地，已成为工程设计者迫切需要考虑的问题。

从线网规划、建设规划和资源共享的角度，考虑整个线网管理的合理性和先进性；从线网的角度来定位车辆基地的功能与任务。通过合理确定各段场分工和建设规模，达到选址合理适中、控制用地规模、资源综合利用的目的。

车辆基地的规划应满足线网对于不可预见问题的适应性和使用灵活性，即考虑到由于未来维修模式可能产生的变化而引起的改造或功能调整。

2.2.2 车辆基地设计规模对总平面规划的影响

车辆基地的设计规模直接决定了用地大小及总平面规划布置。合理地确定车辆基地的规模，既能做到近、远期结合，又能保证运营方便、减少用地规模及工程量，是在总平面规划中应重点考虑的问题。

2.2.3 车辆基地选址用地与规划协调统一

城市轨道交通工程实施受建设用地的影响较大，用地能否落实直接关系到后期工程的可实施性，特别是用地规模较大的车辆基地。很多城市曾发生过因车辆基地用地不能落实，造成工程实施困难的情况。车辆基地的大宗用地很难完全落实为建设用地，其用地性质转换、规划协调需要多部门配合完成，因此，在设计阶段需充分考虑车辆基地选址布局的合理性，为用地落实和工程顺利实施创造条件。

2.2.4 车辆基地选址

1）用地应与城市总体规划协调一致

车辆基地选址应符合城市总体规划时车辆基地选址的基本条件。在城市轨道交通线网规划编制时，应根据各条线路的运营需求，纳入车辆基地的选址和用地意见；在后续各阶段设计中，应适时对车辆基地的选址和用地进行比较，取得规划部门的认可并对用地范围加以控制。

2）应有良好的接轨条件

车辆基地选址应具有良好的正线接轨条件，在满足线路坡度、平面曲线半径及信号要求的前提下，选址应尽量缩短出入段线长度，满足收发车便捷、减少空跑距离、降低运营成本。有条件时选址应尽量靠近正线，接轨站尽可能与远期行车交路折返站相结合。

同时，还应注意选址的地形地貌和周边环境，避免出入段线因穿越建筑物、构筑物或穿越河流、水域、道路而增加工程量。

3）用地面积应满足功能和布置要求，并应具有远期发展余地

车辆基地用地面积应满足功能和布置要求，并能满足远期发展需要。车辆基地对用地的长宽有特别要求：车辆基地一般地面长度不小于1500m（含试车线长度），宽度不小于300m；停车场一般地面长度不小于800m。

4）应有良好的自然排水条件

车辆基地占地面积大，排水种类多，设计中需对场坪高程留有一定的余地，为排水系统的实施提供条件，在不能完全实现自然排水时必须采用切实可行的机械排水措施。

5）应便于城市电力、给排水及各种管线的引入和城市道路的连接

市政管线的接入主要分为施工期电力线路、通信线路、给排水管线、燃气管线等，应考虑用地范围的既有情况和规划状况，满足各类管线的接驳需要。

道路的连接条件主要是满足车辆基地材料设备的运输和消防需要。车辆基地的对外道路可与既有道路或规划道路相连。

6）宜避开工程地质和水文地质不良的地段

车辆基地的大型作业车库及轨行区均有严格的轨道精度要求。主要构建筑物避开不良地质地段，是为降低工程施工难度、保证工程质量，为今后的运营创造有利条件、减少运营维护成本。当不能完全避开工程地质和水文地质不良地段时，工程必须采取适当的措施进行处理，以防患于未然。

2.2.5 车辆基地总平面布置形式

1）车辆基地与正线接轨形式

车辆基地出入线应按双线双向运行设计，并避免切割正线，有条件时可结合段型布置，实现列车调头转向作业。车辆基地出入线与正线的接轨形式，可分为单站双线接轨、两站（或一站一区间）贯通式接轨和八字接轨3种形式。

（1）单站双线接轨

出、入段线在一个站的同一端接轨，分别连通两正线，若接轨站为岛式站，则入（出）段线可同时连通左、右两正线，出（入）段线与正线立交，该方式运用较多。其优点是工程量较小，缺点是运营作业不够灵活方便。单站接轨出入段线示意图如图2.2-1所示。

（2）两站（或一站一区间）贯通式接轨

出、入段线分别在两个站（或一站一区间）

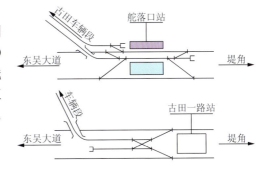

图2.2-1　单站接轨出入段线示意图

接轨，同时连通左、右两正线。辅助出入段线在正线一侧接轨，通过渡线连通另一正线。车辆基地顺向布置在两接轨站之间正线外侧，如武汉2号线常青花园车辆段。其优点是运营作业灵活方便，缺点是工程量较大。两站接轨贯通式出入段线示意图如图2.2-2所示。

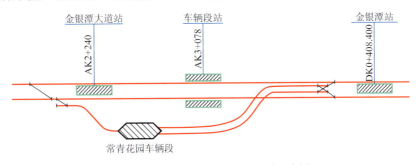

图2.2-2　两站接轨贯通式出入段线示意图

（3）两站（或一站一区间）八字接轨

出、入段线分别在两个站（或一站一区间）接轨，接轨站一般设计为岛式站，出（入）段线同时连通左、右两正线。出入段线呈"八"字形式并行入段，车辆基地与正线近似于垂直布置，如武汉1号线古田车辆段。其优点是作业灵活方便，出入段线可实现列车转向作业，缺点是工程量较大。两站八字接轨出入段线示意图如图2.2-3所示。

由于两站接轨时作业灵活，若条件许可，应尽量采用两站接轨的方式。

2）车辆基地总平面布置方案

车辆基地总平面布置按站段关系可分为贯通式布置和尽端式布置两种。贯通式布置是运用库库线贯通式布置，库两端均设置咽喉道岔区，并设置出入段线别与两个车站（或区间）接轨，两个咽喉区通过走行线连通。其主要优点是可分别向两个方向收发车，运用和检修作业顺畅方便，调车作业和出入段作业可同时进行，没有干扰，列车走行距离较短。

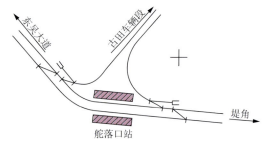

图 2.2-3　两站八字接轨出入段线示意图

主要缺点是占地较多，工程量较大。而尽端式布置只有一个方向与正线车站接轨，灵活性较贯通式稍差，但该布置方案却有着占地和工程量均较小的特点。在实际应用中，受线路条件和用地条件限制，贯通式布置方案应用较少，而尽端式布置方案的运用十分广泛。

（1）横列尽端式布置

横列尽端式布置形式是车辆基地最为常见的布置形式，采用列车运用部分与检修部分并列布置。基本特点为占地面积相对较小，布置方便，但容易形成夹角地块。段型利于运营，作业相对方便。

根据地形条件横列尽端式布置形式又分为平行尽端式布置和串列尽端式布置两种。如图 2.2-4、图 2.2-5 所示。

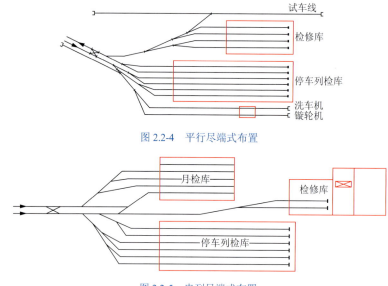

图 2.2-4　平行尽端式布置

图 2.2-5　串列尽端式布置

（2）纵列倒装式布置

此种布置形式是将列车运用部分与检修部分的咽喉逆向设置，利用段内牵出线将两部分连接。其优点是咽喉紧凑，占地面积小，利于总平面布置。其缺点是段内调车作业相对频繁，咽喉区交叉作业多。如图 2.2-6 所示。

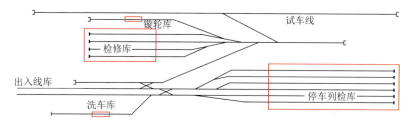

图 2.2-6　纵列倒装式布置

（3）贯通式布置

此种布置形式是车辆基地采用两站（或区间）接轨，使得两端均可收发车，达到列车出入段灵活、方便、迅速的目的。其特点是平面布置相对复杂，线路较长，占地面积偏大。如图 2.2-7 所示。

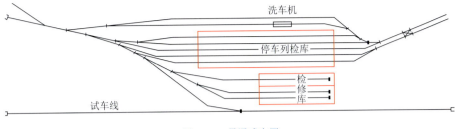

图 2.2-7　贯通式布置

3）典型车辆基地总平面布置案例

典型车辆基地总平面布置案例如图 2.2-8 ～图 2.2-14 所示。

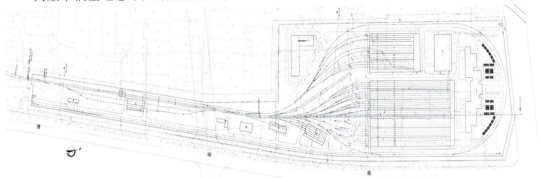

图 2.2-8　带灯泡线的横列式尽端布置

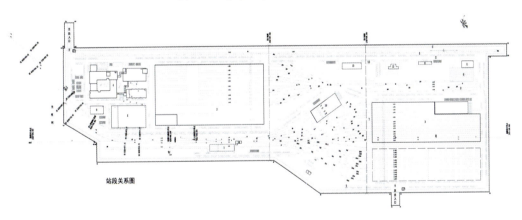

图 2.2-9　纵列倒装式布置

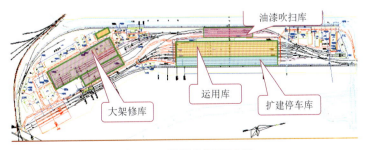

图 2.2-10　贯通式总平面布置

图 2.2-11 横列尽端式总平面效果图（一）

图 2.2-12 横列尽端式总平面效果图（二）

图 2.2-13 纵列倒装式总平面效果图（一）

图 2.2-14 纵列倒装式总平面效果图（二）

2.2.6 车辆基地场坪高程控制

车辆基地场坪高程关系到车辆基地设施安全及其与周边市政的良好衔接。同时，场坪高程作为车辆基地设计的重要内容，将直接决定设计方案的合理性和工程投资的大小。

1）确定场坪高程影响因素分析

按照《地铁设计规范》（GB 50157—2013）第 27.10.2 条规定，站场线路路肩高程应根据基地附近内涝水位和周边道路高程设计。沿海或江河附近地区车辆基地的车场线路路肩设计高程应不小于 1/100 洪水频率标准的潮水位、波浪爬高值和安全高之和。在具体工程设计中，经常会遇到车辆基地附近没有内涝水位高程、缺少临近海域或江河的 1/100 洪水频率标准的潮水位资料的情况，或者 1/100 洪水频率潮水位高程较高（较低），直接引用将会影响技术方案、工程投资的合理性，甚至工程实施的可行性。

车辆基地场坪高程的确定需要对以下因素进行分析：

（1）车辆基地防洪要求

根据规范要求，沿海或江河附近的车辆基地场坪高程需按照 1/100 洪水频率进行设计，以保证车辆基地的安全。具体设计时，需要考虑车辆基地是否已经处于防洪堤的保护范围内，若是，则不必考虑防洪的需求。

（2）内涝水位的确定

车辆基地一般位于城市郊区或城区，设计时应对段址周边城市排水系统的能力进行充分了解。以武汉为例，市内各湖泊按照连通关系分为不同水系，各水系出口均为长江。在非汛期，各水系通过闸口排入长江，汛期长江水位提升，各水系通过泵站抽排入长江，各水系均规定了控制水位，一旦超过控制水位，泵站开启抽排水至长江。设计时可以按照段址区域水系控制水位确定内涝水位高程，车辆基地的场坪高程按照内涝水位加安全高进行设计。

以上确定的内涝水位是基于湖泊的控制水位，当车辆基地距离该水系很近，且车辆基地附近地势低洼时，才具有参考意义。由于城市管网能力不足或者管网不完善，暴雨情况下无法及时排出，造成局部渍水不退的情况时有发生。所以，为了保证车辆基地的安全，场坪高程不应低于周边道路高程。具体取值原则如下：若道路起伏较小，则场坪高程可高于道路平均高程 0.5m；若道路起伏较大，则高于最低高程 0.5m。

必要时，车辆基地场坪设计高程还可以参考附近重要建筑场坪高程来确定。

（3）出入线纵断面影响

车辆基地由接轨站引出后，以一定的坡度接入车辆基地。按照《地铁设计规范》（GB 50157—2013），出入场线的最大坡度不超过 4‰。在实际工程中，由于车辆基地用地规划范围和形状限制及接轨站高程限制，为满足总平面设计方案要求，应限制车辆基地场坪高程的取值。

（4）场区排水要求

车辆基地的排水设施分别是站场排水沟、雨污水排水管和涵洞，对场坪高程的确定都有相关的要求。

①站场排水沟

车辆基地在股道间及场坪周边应设置站场排水沟，经汇集后雨水最终排向市政管网，或者自然沟渠（因车辆基地位于城市，排向自然沟渠的情况近年来极为少见）。站场排水沟一般条件下采用 0.2% 坡度，困难条件下 0.1%，排水沟终点应高于市政管网或者自然河沟。为保证排水沟雨水及时排出，场坪高程设计必须满足排水沟的设置要求。

②排水管

车辆基地设有雨污水排水管网，建筑单体屋面及路面雨水需要经排水管排出场外，生产污水经处理达标后排入城市管网，排水管的设置也需满足最小埋深、最小坡度等要求。为保证场内排水管雨水自然排出场外，车辆基地场坪的最小高程需要满足排水管网的设置要求。

③排水箱涵

车辆基地设置排水箱涵汇集基地内雨水排水，有利于站场排水沟和排水管网高程设计，排水箱涵同样需要满足最小埋深、最小坡度的要求，排水涵出口也会受到市政管网或者自然沟渠百年水位的限制。

（5）与周围市政道路衔接

车辆基地应有不少于两个通段（场）道路与外界道路联通，该道路一般按照厂矿道路设计标准设计，最大纵坡不宜大于 6%。在周边城市道路高程一定的情况下，与市政道路的连接对场坪高程高程设计有一定限制。

（6）工程费用

由于车辆基地占地大，场坪高程的提高，将大幅增加土石方工程数量，提高工程费用。因此，车辆基地场坪高程在满足上述要求外，还应尽量做到填挖平衡，有利于节省工程费用。

综上所述，在进行车辆基地总图设计时，首先应分析用地条件、接轨站高程，收集段址区域或附近历年水位资料，分析段址区域的防洪情况、工程所在区域排水路径及排水设施情况，收集既有道路、规划道路路面高程，综合分析场地排水设计条件等因素，确定场坪高程设计，做到技术方案可行、工程数量合理。

2）工程运用实例

（1）武汉市轨道交通 2 号线常青花园车辆段场坪高程专题论证

在开展常青花园车辆段设计时，未收集到 1/100 频率内涝水位数据。初步设计根据汉口地区铁路设计资料，确定车辆段场坪高程为 23.5m，审查时专家要求进行优化，减少工程数量。为此设计单位通过调查了解、收集资料，形成专题报告《常青花园车辆段场坪高程论证报告》，经专家评审后，作为场坪高程设计依据。由于常青花园车辆段场坪高程设计依据的良好运用，武汉地铁后续的段场设计中便形成了标准的设计流程。

（2）昆明市轨道交通首期工程大梨园车辆段采用阶梯高程优化竖向设计

车辆基地场坪高程必须满足防洪排涝的要求，其目的是保证铁路路基的安全。原则上轨行区和有轨道的建筑单体（运用库、检修库）等设计均受场坪高程的限制，以满足地铁车辆走行、维修和停放要求。而车辆基地内非轨行区，主要布置有办公、生活用房、物质仓库及部分没有轨道的生产用房等，此类建筑物只需满足相关物料运输、防洪及排水的要求，可不受场坪高程的限制。但在实际工程中，为了使两者之间衔接道路平缓，便利人员活动，轨行区和非轨行区设计为同一高程。

在昆明地铁首期工程大梨园车辆段设计中，结合工程实际，灵活运用车辆基地场坪高程，优化竖向设计，在段址地形起伏较大时，场内建筑物依地势而建，有效地节约了工程费用，缩短了工期。如图 2.2-15 为大梨园车辆段实景。

图 2.2-15　大梨园车辆段实景

大梨园车辆段段址内地形起伏较大，高程从 1926.5m 变化至 1948.0m，其中段址内地形高程为 1926.5m 的地块约占 30%，如采用统一场坪高程，30% 的地块内将有近 9m 高的填方工程，但是由于段址内挖方地段部分土质不能满足以挖作填的要求，填方用料需进行远程调配，因此将导致巨大的土方量及地基加固工程量，影响工程进度。同时，地基加固的沉降要求及安全性难以保证。

经研究论证，最终在满足百年一遇洪水位设计高程的前提下，结合周边道路规划，大梨园车辆段场坪高程定为 1935.0m，其中轨行区和运用库、检修库、调机工程车库等建筑按照场坪高程设计，而非轨行区的建筑高程则因地势而定，综合办公楼高程确定为 1926.4m，机加工中心为 1927.7m，物资总库为 1930.8m，均低于场坪高程。为了节约土石方，对部分有轨道的单体——洗车机库、材料棚等采用高架平台方式以达到与场坪同高，取代高路基填方方式。

车辆基地场坪高程的确定是一个较为复杂的过程，应在满足工程范围内防洪和内涝的要求前提下，充分考虑周围限制因素、排水要求及工程经济性，设置合理的场坪高程。

车辆基地场坪一般设置为同一高程，特殊条件下，也可采用阶梯高程等方式，对场坪采用不等高的竖向设计，使车辆基地设计与地形密切结合。在满足生产运营的前提下，优化的车辆基地总图设计，可以达到节省工程投资、使技术方案更合理的良好效果。

2.2.7　室外综合管线设计

1）概述

车辆基地室外管线是指敷设于车辆基地室外的各种电力、通信、信号、给水、雨水、污水、消防、燃气等专业管线。它是车辆基地基础设施的重要组成部分，构成车辆基地的"神经"和"循环系统"，担负着各种能源输送、信息传输以及各种废污的排放。各种管线的性质和传输方式不同，使得各个系统的室外管线设计在各自独立的基础上，必须考虑与其他管线的位置关系，同时室外管线大多敷设于地下，完成后将会形成一个完整、重要的隐蔽工程。

满足各专业系统的需求、方便施工作业及后期运营维护，是管线设计所应遵循的目标，因此必须在设计阶段便进行各专业及系统管线的协调，形成室外管线综合设计。

2）室外综合管线设计主要内容

综合管线设计工作主要用于协调专业管线设计，在符合各管线设计技术规范的前提下，将车辆基地内的各类管线统筹安排，发现并协调各专业管线设计中存在的矛盾，使各专业管线在车辆基地内有各自的合理位置。

综合管线图纸则用于指导施工单位的施工，管线施工必须以各专业的施工图为准。如果在配合施工阶段中碰到不同专业管线冲突的情况，则应根据现场的实施情况召集相关专业协调处理。

（1）综合管线设计流程

城市轨道交通车辆基地室外综合管线设计流程如图 2.2-16 所示。

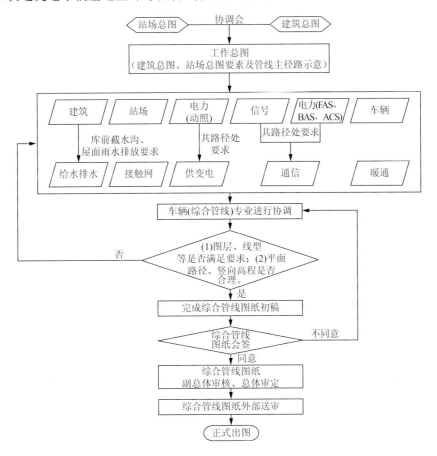

图 2.2-16 城市轨道交通车辆基地室外综合管线设计流程

注：1. 电力、给水排水等工点内专业及系统专业最终施工图需根据车辆基地室外综合管线最终图纸进行调整，并与之保持一致。
2. 车辆基地室外管线预埋管、电缆沟、井及特殊断面排水沟的建筑、结构图纸及其他各专业图纸原则上纳入各专业图册出图。

（2）设计接口

城市轨道交通车辆基地室外综合管线的设计接口关系如表 2.2-1 所示。

室外综合管线各专业设计接口表　　表 2.2-1

互提资料内容	站场	建筑	结构	车辆	供变电	电力	通信	信号	暖通	给排水	桥涵	接触网
站场总平面布置图	○			→								
建筑总平面布置图		○		→								
桥涵平面、剖面布置图				←							○	
室外综合管线工作图及主要布置原则	←	←	←	○	→	→	→	→	→	→	→	→
站场横断面图	○	→	→	→								
电力专业室外管线平面布置图				←	←	○						
强电系统室外管线平面布置图（含管沟、电缆井、埋管的详细资料）				←		○						
电力（FAS、BAS、ACS）专业室外管线平面布置图						○	→					
信号专业室外管线平面布置图							←	○				
弱电系统室外管路平面布置图（含管沟、电缆井、埋管的详细资料）				←			○					
室外给排水总平面布置图	←	←		←						○		
室外供热管、蒸汽管、热水管系统总平面布置图				←					○			
接触网立柱平面布置图及详图	←			←								○
特殊断面排水沟设置要求	○			→								
协调后的强电缆沟、电缆井断面尺寸要求等				←		○						
协调后的弱电缆沟、电缆井断面尺寸要求等				←			○					
协调完成后的室外综合管线平面图	←	←	←	○	→	→	→	→	→	→	→	→

注：图中"○"表示资料提出专业；"←"表示资料接收专业。

（3）室外综合管线常见问题处理实例

在工程设计及施工过程中，有时会出现因既有条件、现场施工情况等诸多因素使一些管线位置关系不易协调的情况，为此就需要采取一些特殊处理措施确保工程的可实施性，以下列举一些设计实例以供参考。

①重力流管道交叉高程冲突问题

在工程设计时有些管线很难避开，如雨、污管线因受各因素制约而无法相互错开则做成交叉井形式，将污水管线直接穿过交叉井，而雨水管线则在井中断开如图 2.2-17 所示。

②小管径压力管线与重力管线交叉冲突问题

可采用 4 个 45°弯头绕开如图 2.2-18 所示，若该压力管为给水管且从重力管上方走行而覆土不够时，可从排水管下方走，但给水管须做钢套管以免水质污染。

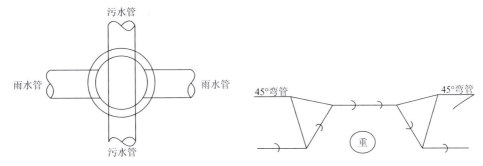

图 2.2-17　雨、污管线交叉井示意图　　　图 2.2-18　小管径压力管线与重力管线交叉示意图

③站场排水沟与下穿重力流管道高程冲突问题

为节省工程投资，车辆基地的站场排水沟一般为素混凝土沟，沟底结构较厚，如果下穿管道与沟底结构干扰，站场排水沟可局部做成钢筋混凝土排水沟，以减薄沟底结构，具体做法如图 2.2-19 所示。

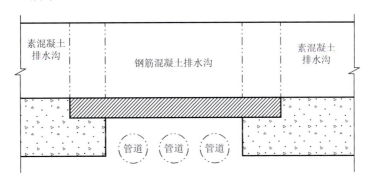

图 2.2-19　跨管道的站场排水沟示意图

④涵洞上方覆土深度问题

一般情况下，车辆基地场坪高程及段内框架排水涵顶高程均根据区域内百年洪水位计算确定。涵洞顶部设计覆土深度常成为受限制因素而使电缆沟、具有一定敷设深度要求的管道等无法从其上方通过。

对于电缆沟，可在涵洞两侧增设两个电缆井，将两电缆井之间的电缆沟调整为埋管敷设。

对于管径较小的排污管道，可预埋从涵洞侧壁穿越的防护套管，但需对涵洞侧壁采取相应封堵措施。

对于管径较大的排污管道，需在涵洞一侧增设抽升泵井，将重力流管道改为压力流管道，从而提升污水管道高程，使其从涵洞上方通过。

⑤站场排水沟与接触网立柱基础的绕避

由于咽喉区空间狭窄，而此区域正是接触网立柱布置密集的地方，因此接触网立柱的基础将不可避免会与站场排水沟走向发生冲突。根据接触网专业设计要求，接触网立柱的设置位置可调整范围较大，设计过程中应根据站场总图先期确定接触网立柱布置方案，站场排水沟按其要求避绕，无法避绕时由以下办法解决，如图 2.2-20 所示。

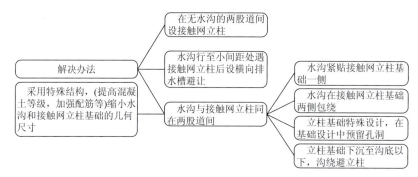

图 2.2-20　站场排水沟解决方案示意图

⑥线路两侧信号电缆的设置

在挂网区段，接触网立柱与线路之间需根据信号设备的布置要求敷设信号线路，此区域的空间位置内设置的站场排水沟、接触网立柱、信号线路以及线路道床，会影响到几种管沟敷设的几何尺寸。接触网立柱布设应按照规范和专业要求，适当放宽与线路中心的距离。信号线路的敷设方式采用加装套管直埋或采用小 U 形槽直埋，以尽量减少管沟结构尺寸，在空间上满足各种管线的布置要求。

⑦场区排水与管沟的关系问题

由于电力管沟纵向排水的需要，在部分区段其沟顶高程会高出场坪高程，因此需充分考虑电缆沟的设置对场区排水的影响，比如尽可能使电缆沟的设置靠近道路的立缘石，以减少电缆沟对场区排水的阻隔。

⑧车辆基地排水系统设计缺乏总体协调

由于前期对于场区站场排水、道路排水、建筑排水、屋面虹吸排水、景观绿化排水的分工及接口没有进行明确的总体协调，导致工程实施后，车辆基地的局部位置出现了排水不畅的情况。因此在综合管线设计之初站场专业应对车辆基地内排水方案进行梳理及协调，明确站场、室外给排水、建筑等专业的排水接口，以避免在工程实施过程中才发现设计接口的遗漏。

各专业在设计时应加强前期沟通协调，车辆基地内建筑周边由建筑专业负责设置散水沟，散水沟内的水应就近排入道路雨水系统中。对于运用库、联合车库等面积较大的单体屋面应设置虹吸排水系统。如图 2.2-21 所示为车辆基地内局部排水问题实例。

图 2.2-21　车辆基地内局部排水问题实例

关于道路排水，在轨道交通建设初期，道路路面雨水曾采用沟排形式，道路雨水排水沟则由站场专业负责设计。但由于施工单位素质个体差别较大，致使道路水沟施工质量参差不齐，不仅严重影响段内景观，而且排水效果不佳（常常出现水沟沟顶高程高于路面高程的情况）。基于以前经验总结，为了满足保护环境、美化市容的需要，目前车辆基地内道路路面雨水采用管排，由室外给排水及消防专业负责。如图2.2-22所示为车辆基地内道路排水问题实例。

图2.2-22　车辆基地内道路排水问题实例

车辆基地的道路原则上应考虑设置平缘石和立缘石，7m宽道路设置为"人"字形路面横坡，4m宽道路设置为单面坡，在平缘石处（路面横坡低点）设置雨水口，能达到排水顺畅、景观美化的效果。如图2.2-23所示为雨水沟设于平缘石位置。

对于车辆基地内站场主要道路与建筑引道衔接处，应加密设置雨水口，或者在交叉口位置设置雨水截水沟（采用格栅盖板）。

⑨景观绿化设计对排水方案的影响

图2.2-23　雨水沟设于平缘石位置

一般绿化设计可能单独招标，因此设计进度上可能滞后于综合管线。后期绿化设计单位应该充分结合车辆基地原有的整体排水方案，同时对大面积景观绿化区域设置独立的排水措施，避免出现绿化工程实施完后影响场区内排水的情况（图2.2-24～图2.2-26）。

图2.2-24　需加密设置雨水口位置　　图2.2-25　引道与主要道路衔接处的雨水截水沟

图2.2-26　车辆基地内绿化施工问题实例

⑩管沟断面设计偏大

由于设计过于保守,车辆基地内部分电缆沟的断面尺寸明显偏大,不但经济上浪费,而且挤占了其他管线的敷设空间。因此应尤其注意主路径上的供变电电缆沟及咽喉区范围内的弱电电缆沟净空尺寸的合理性。

⑪管沟过路的敷设方式

车辆基地经常出现低压配电、通信等专业管沟与道路交叉处采用盖板沟的敷设方式,使道路整体美观性受到影响;同时电缆沟盖板也未进行加强处理,车辆碾压后易破损(图 2.2-27、图 2.2-28)。

图 2.2-27　电缆沟尺寸偏大问题实例　　　　图 2.2-28　管沟穿越道路实例

为避免上述情况发生,横穿车辆基地道路的管线应尽量采用穿管敷设的方式,如电缆数量过大,则应采用隧道形式。

⑫管线入户处与结构梁的竖向关系

管线入户处高程确定需考虑房屋结构梁的位置及尺寸,避免管线高程调整影响到连接电缆沟的沟底高程及排水。图 2.2-29 所示为管线接入室内实例。

图 2.2-29　管线接入室内实例

⑬充分把握总平面布局特征

在进行车辆基地室外管线设计时,需考虑段内场坪、道路以及室内外高差对各种管线敷设的影响,采取合理的路径及敷设方式以满足管线施工的可实施性。例如昆明轨道交通首期工程的大梨园车辆基地,段内地形起伏较大,为减少场坪调整引起的土方填挖,在段内西南侧设置了柱网支撑的平台,平台下的地面高程和平台东侧的地面高程相差 9m 以上,因此段内道路为适应地面高差的变化设计了较大的坡度,道路与室外地面间设计了挡土墙。针对这种总图布局特征,在平台东侧附近设置了重力流排水管道跌水井,从而在高差变化大的地面下满足管线埋深的要求;对于弱电管线,因平台上方覆土不能满足埋管敷设要求,将敷设方式调整为电缆槽形式。

另外,总平面布置时,建筑物与道路之间的间距需满足管线敷设要求,各专业管线布置时需充分考虑室外构筑物的影响。

2.2.8 车辆基地上盖物业开发项目总平面规划

随着城市化进程的加快，土地资源稀缺的矛盾日益凸显。城市轨道交通车辆基地用地较大，实现车辆基地上盖物业开发及综合性开发已成为国家提倡及各地政府十分关注的问题（图 2.2-30）。由于受到不同客观条件的限制，在进行车辆基地上盖开发项目的总平面规划时，需重点考虑以下几个方面：

（1）开发规模、体量、建筑层高等对车辆基地布置的影响。
（2）建筑柱网布置是否满足运营要求。
（3）实施开发后，车辆基地设计规模与用地需求关系。
（4）不同交通流线与交通接驳的关系。

图 2.2-30　上盖开发车辆基地总平面典型布置

2.2.9 车辆基地总平面规划在轨道交通线网规划时应注意的问题

1）实现共址建设

相邻线路的车辆基地在有条件时应集中设置，最好能共用选址，可最大化地实现资源共享、节约土地、减少工程投资和节省运营成本。

2 条或多条线路的车辆基地共址建设，可以获得段内资源共享，主要体现在以下几个方面：

（1）大修、架修、定临修资源共享。
（2）试车线资源共享。
（3）培训中心资源共享。
（4）物资仓储资源共享。
（5）综合维修资源共享。
（6）新车装卸资源共享。
（7）救援设施资源共享。
（8）车辆回转线、联络线资源共享。
（9）动力设施、污水处理设施资源共享。
（10）市政接驳资源共享。

2）统一规划线间联络线设置方案

线网规划时，要落实车辆基地资源共享规划，分析线网车辆检修资源的规模，确定车辆基地的个数，明确各线的系统制式选择，再结合各线的建设时序安排，根据工程条件落实各线间联络线的布局，提出统一协调的线间联络线设置方案，达到线网车辆检修资源共享的目的。

2.3　车辆基地主要设备配置

城市轨道交通车辆是地铁运营的最重要的设施之一，车辆的维护和保养是决定运营安全、服务水平和质量、服务效率和成本的重要因素。工艺设备配置直接决定维护和保养的效果。目前，检修工艺设备一般划分为"三大关键设备"及"其他设备"。传统的三大关键设备是指列车清洗机、不落轮镟床和固定式架车机；"其他设备"包含的类型较多，主要有特种设备（起重机、叉车、电瓶车）、移车台、转向架检修及试验设备、大型部件检修专用工装设备、车辆限界检测装置、清洗设备、救援设备等。随着检修装备技术的发展，一些新设备如轮对踏面诊断设备、车辆基地安全运营防护管理系统、系统模拟仿真培训设备、钢轨打磨车、钢轨探伤车、综合检测车等都得到了广泛应用，大幅地提高了车辆和系统的检修质量和效率。

工艺设备在车辆基地的配置一般由车辆基地的功能决定。停车场一般以运用设备为主，主要配置列车清洗机（停车列检的规模达到12列位）及相关辅助设备，当停车场距离车辆段较远时，也可配置不落轮镟床及临修设备。定修级车辆段在运用设备的基础上，还需配备架车设备、转向架零部件的更换和维修工装设备；大架修级车辆段在定修级车辆段设备配置的基础上，还需配置架车设备（固定式架车机）、转向架检修设备、各零部件的检修试验设备等。

由于车辆基地的工艺设备种类繁多，这里仅列举若干重要设备并对其功能、技术参数、设计接口等加以说明。

2.3.1 列车清洗机

列车清洗机是在车辆基地中承担列车车体外皮清洗的自动化设备，主要对车体的侧面、端面、侧顶弧等部位进行清洗，是车辆基地三大工艺设备之一。

1）功能

列车清洗机用于车辆外皮的洗刷，主要包括机械洗刷喷淋系统、控制系统、水供给系统、压缩空气供给系统、洗涤剂供给系统、水循环系统、水过滤系统等。列车清洗机配置在段场的洗车线上，对列车两侧（包括车门和窗玻璃）、车头及车尾和车顶（无受电弓）进行洗刷，清除由于列车运用和检修导致车辆外部表面出现的灰尘、油污和其他污垢。

2）主要技术要求

列车清洗机主要包括预湿/预冷机构、列车端面刷洗机构、列车侧面及车顶刷洗机构、冲洗/清洗机构、作业信号机、停车指示牌、挡水设施、控制及报警系统、水处理循环设备（室外水池不在供货范围内）、清水供给设备、洗涤剂供给设备，设备布置如图2.3-1所示。

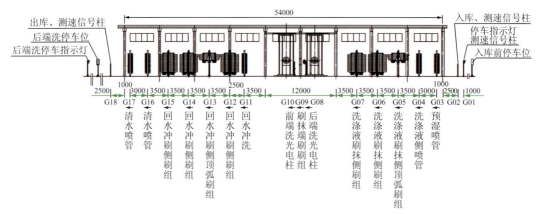

图2.3-1 列车清洗机工艺布置图（尺寸单位：mm）

(1) 预湿/预冷工位

该工位用于降低车体外表面的温度,提高湿润性。预冷管喷出扇形水柱,以充分降低车体外表面的温度,使预湿系统喷出的洗涤剂不至于挥发掉,以增强洗涤效果;预湿管喷出均匀、扇形、含有洗涤剂的水雾,预湿车体表面,喷嘴角度可调整。

(2) 列车端面刷洗工位

列车走行至端面刷洗工位后,根据指示信号停车,列车端面刷洗机构对列车的前/后端面进行刷洗清洁。列车端部清洗要求达到无死角且不与列车刮水器发生干涉,并根据值班员选定的洗刷工艺,自动确定是否加入洗涤剂。端面洗刷后,应有清水冲洗过程。

(3) 列车侧面初刷洗工位

列车以低速匀速通过侧面初刷洗工位时,列车刷洗机构对列车侧面作初刷洗,并根据值班员选定的洗刷工艺,自动确定是否加入洗涤剂。

(4) 侧面次刷洗工位

本工位为第二道侧刷洗工位,与侧面初刷洗工位的功能、材料、工艺、结构等相同,不加入洗涤剂,刷洗列车两侧,去除残留洗涤剂。

(5) 初冲洗工位

本工位用循环水冲洗残留洗涤剂,防止其干结在车辆表面上。

(6) 侧面精刷洗工位

本工位为第三道侧刷洗工位,与侧面初刷洗工位的功能、材料、工艺、结构相同,用清水刷洗列车两侧表面。

(7) 终冲洗工位

本工位为最后一道清洗工位。本工位所有装置的结构、材料、工艺与初冲洗工位的相同,用于清洗列车表面及窗户上的水渍。本工位中,可根据采用的洗刷工艺,考虑是否加入湿润剂或其他添加剂,以防止残留水干结在窗户上。

(8) 吹扫工位

为保证残余的水迹不造成车外表产生水渍,设备应具有吹扫功能,用定压风对车体外表面的残余附着水迹进行吹扫。

3) 技术接口

(1) 与车辆专业的接口

列车清洗机的选型及功能与列车的供电方式及车型密不可分。目前,国内标准地铁车辆的供电方式主要分为两种:接触网供电和接触轨供电。车辆车型主要为A型、B1型(接触轨供电)和B2型(接触网供电)。

对于采用接触网供电的车辆,目前大部分采用接触网通过洗车库的模式(少数车辆基地采用接触网不进入洗车库的模式,洗车时列车靠卷扬机或牵引车牵引)。列车清洗机由于车顶上方受受电弓及接触网的限制,一般不设顶刷,列车顶部只能靠人工清洗。

对于采用接触轨供电方式的车辆,考虑到安全因素,接触轨一般在洗车库端部断开,并在洗车库内设置三轨防护罩,防止水流打湿受电靴。列车顶部由于没有受电弓等设备可以进行洗刷,要求列车清洗机具有车顶清洗功能。

地铁列车的司机室目前多采用流线型设计,列车清洗机如何实现与不同的列车司机室的外形相匹配是非常关键的问题。为解决这一问题,列车清洗机需设置数据采集元件,采集端刷与车体接触后的数据,并在列车清洗机PLC程序中编入不同车型数据,将二者数据进行比较，得到不同车型的自动模拟车头弧线，并进行自动清洗控制，使刷轴中心线运动轨迹拟合车体端部轮廓，从而实现列车前后流线型车头表面的仿形刷洗，做到无死角刷洗。

此外，清洗剂的选用应与地铁列车的油漆相匹配，以免损伤列车油漆。一般选用中性（pH 值 6～7）、不含磷、无污染的洗涤剂。

（2）与站场专业的接口

每列车清洗一般需要 10～20min，为避免列车清洗对车辆基地其他线路运营的影响，洗车库两端线路应各具备 1 列车的有效长度。同时，为满足列车入库及出库的限界，洗车库两端至少有 1 辆车长的直线线路。站场专业需根据上述两项要求，合理布置洗车库的形式。

（3）与轨道专业的接口

为保证列车在清洗过程中的平稳性及洗车废水的回收，洗车库内一般设置整体道床。

（4）与建筑专业的接口

车辆基地一般采用单向洗车机，对洗车库的尺寸要求：主库（长×宽）一般为 54m×9m，辅跨可根据车辆基地总图布置确定。

洗刷系统与建筑专业的接口为：各刷组的土建预埋件及埋管、刷组两侧的电缆沟（一般与排水沟合设）、电缆沟至信号测速柱的埋管、端洗或顶洗刷组在结构柱子上的预埋钢板、端刷走行轨道；水循环处理系统与建筑专业的接口为：主库内的排水沟（一般与电缆沟合设）、主库至辅跨水池的水沟及埋管、水池间的埋管及孔洞、机械过滤器的预埋件；控制系统与建筑专业的接口为：控制室至列车清洗机主跨要设置观察窗户。

列车清洗机与装修的接口要求：控制室内需设置防静电地板，水循环处理池内壁需铺设耐酸碱的瓷砖，洗车库主跨内墙壁上需铺设防水瓷砖，辅跨内控制室以外部分地面需铺设地砖。考虑到人性化的设计，洗车库辅跨内应设置洗手间。根据气候条件，洗车库也可设置为棚式。

（5）与结构专业的接口

由于洗车库内铺设整体道床，整体道床的地基可按整体动载荷（车辆轴重及入库速度）条件下不开裂、不下沉处理。

另外，结构专业需考虑端洗或顶洗刷组在结构柱上的预埋钢板、端刷走行轨道、机械过滤器预埋件对相关构筑物的荷载要求。

列车清洗机为便于端刷、顶刷的安装及日后的维护和检修，在洗车库主库内需设置 2 个 1t 的电动或手动葫芦。

（6）与通风空调专业的接口

洗车库控制室需考虑通风空调设施。

（7）与给排水及消防专业的接口

列车清洗机与给排水专业的接口包含列车清洗机的水源（如自来水）：水压约 0.2MPa，水管的管径一般为 DN65；水循环处理系统过载时水池溢流水的排放：通常在洗车库水循环处理系统的周边设置污水管，接入车辆基地污水处理系统。

（8）与低压配电与照明专业的接口

列车清洗机控制室内需提供三相五线制、电压 380V、总功率 120kW 的电源。洗车库主库内的照度不小于 150lx，且照明设施需安装在侧壁上。为保证整个洗车库电气设备安全可靠地运行，系统要求进行良好的接地网设计，在洗车库周围选择 4 点作为接地点，通过 30mm×4mm 扁钢连接成环形接地网，接地电阻小于 4Ω。控制室的电气控制系统单独接地，接地电阻小于 4Ω。

（9）与信号专业的接口

在洗车库内，需设置"同意洗车"按钮，该按钮与车辆基地洗车线的开放信号系统串联。列车清洗机的操作人员在确认设备处于正常、无超限情况时，按下"同意洗车"按钮，洗车线的进路才允许列车进入。

（10）与限界专业的接口

列车清洗机的各种刷组及部件在非工作状态时，处于设备限界之外；在工作时，允许侵入限界。

（11）与接触网或接触轨的专业接口

若车辆采用接触网供电且接触网通过洗车库的方式，在洗车库的两端需设置接触网隔离开关，以保证洗车设备检修时工作人员的安全；若车辆采用接触轨供电，则接触轨需在洗车库两端断开。

综上所述，列车清洗机与各专业之间技术接口如图 2.3-2 所示。其中轨道专业与建筑专业的界面划分建议如下：平面上以整体道床线路中心线两侧各 1000mm 为分界点；纵向上以轨顶面以下 500mm 为分界点；线路两侧 1000 mm 范围以内及整体道床厚度范围（包括该范围内的所有预埋管线、轨道支撑块）为轨道专业设计，以外为建筑专业设计。

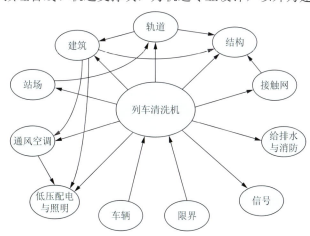

图 2.3-2　列车清洗机与各专业间技术接口

4）设备应用

目前，已建成和在建地铁项目均配置了列车清洗设备，北方地区一般设置洗车库，南方地区可设置洗车棚，如图 2.3-3、图 2.3-4 所示为实景图。

图 2.3-3　洗车棚

图 2.3-4　洗车库

2.3.2 数控不落轮镟床

数控不落轮镟床在车辆基地中主要承担车辆轮对的测量及镟修工作,是地铁车辆基地三大关键工艺设备之一。

1)功能

数控不落轮镟床主要由轨道系统、轮对驱动、轮对卡紧、刀架、刀具、测量和定位装置、电器柜、液压单元、铁屑处理系统等组成,数控不落轮镟床的结构如图2.3-5所示。下面就其主要系统进行说明。

（1）轨道系统

轨道系统是一种位于机床中央上方桥型区域的焊接钢结构,带有由点击驱动的滑动导轨。滑动导轨的位置被监控,一旦车辆移动到位,滑动导轨会从机床的中心区域后撤以空出操作者的空间。为了使轮对能够与机床的中心线对齐,轮对会被侧向移动到滑动轨前方的区域。

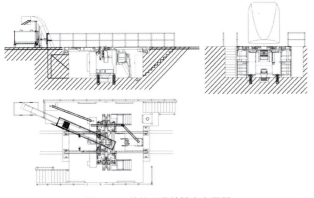

图 2.3-5 数控不落轮镟床布置图

（2）轮对驱动系统

轮对的抬升和驱动是由一种垂向浮动摩擦滚轮驱动系统实现的。

四个摩擦驱动滚轮安装在机床两侧成对布置的滚轮支撑架上。每个驱动滚轮由异步电机和安装在滚轮支撑架上的法兰齿轮来驱动,四个滚轮支撑架通过扭力轴独立安装并能够旋转。因此,张紧轴一端通过花键传动,连接至翻转单元上,另外一端可以自由旋转。

（3）测量和定位装置

测量系统包括内侧距和磨耗测量装置、直径测量装置。测量系统主要测量车轮下列几何参数:车轮直径、轮缘高度、轮缘厚度、轮对内侧距、径向跳动、端面跳动。

2)参数

（1）主要技术参数

①适应轨距:1435mm。

②轮对内侧距:1353_{-2}^{+2} mm。

③轮对直径（踏面直径、新轮）:ϕ840mm。

④可承受的最大轴重:$\geqslant$16kN。

⑤车间电源:AC 380V（±10%）50Hz;
　　　　　　AC 220V（±10%）50Hz。

⑥电机绝缘等级:F级。

⑦切削速度:无级可调（采用变频调速）。

⑧最大切削深度:$\geqslant$8mm。

⑨每刀进刀量:0.5～2mm/r。

⑩每刀最大切削断面面积:10mm^2。

（2）设备加工精度

①直径差。

加工后单轮对两个车轮之间的直径差值：≤0.10mm。

加工后同一转向架四个车轮中最大直径和最小直径的差值：≤0.10mm。

加工后轮廓几何偏差：≤0.20mm。

耦合车辆轮对最大直径差：≤0.25mm。

②旋转偏差（径向跳动）：≤0.10mm。

③端面跳动：≤0.30mm。

④轮缘高度差（踏面至轮缘顶）：≤0.20mm。

⑤轮缘宽度允差：≤0.20mm。

⑥表面光洁度：Rz 40～60μm；Ra 8～12μm。

⑦采用标准轮对重复测量精度要求：≤0.10mm。

⑧轮对两次装夹测量误差：≤0.20mm。

⑨进刀量数值显示装置精度：≤0.01mm。

⑩制动盘加工精度：满足车辆要求（待定）。

⑪一次切削就可以达到以上加工精度的要求。

（3）加工能力（生产率）

①在每次镟两刀（全轮廓镟削）的情况下，每班（8h 工作制，利用率85%）加工量不少于 12 个轮对。

②制动盘加工能力：根据机床型号确定。

③操作人员数量限定为 1 人。

3）技术接口

（1）与车辆专业接口

数控不落轮镟床的镟修对象是轮对，因此，车辆需提供轮对的踏面轮廓及镟修的标准，即镟修后单轮对两个车轮之间的直径差值、同一转向架四个车轮中最大直径和最小直径的差值、轮廓几何偏差、旋转偏差（径向跳动）、端面跳动、轮缘高度差（踏面至轮缘顶）、轮缘宽度允差、表面光洁度等。

目前轨道交通车辆的制动型式主要有电制动和机械制动，机械制动又分为踏面制动和盘形制动。对于采用踏面制动的车辆，踏面的磨耗可以通过镟修解决；对于采用盘形制动的车辆，制动盘的磨耗的维修是一个值得考虑的问题，目前制动盘的维修也一般通过数控不落轮镟床镟修解决。因此，车辆需提供机械制动的形式，如果采用盘形制动，还需提供制动的型式（如轴盘、轮盘），以便实现数控不落轮镟床镟修制动盘的功能。

随着数控不落轮镟床在车辆基地的广泛应用，其功能也在不断拓展。服务的范围从轨道交通车辆向工程车拓展。因此，车辆专业在提供轨道交通车辆的镟修要求时，同时需提供车辆基地内工程车的轮对维修标准及要求。

另外，从镟修作业的要求来看，由于轨道交通车辆的轴重较轻，为了提高切削力，需要采用轴箱下压装置。下压装置与车辆轴箱的形式密切相关。

车辆采用接触轨供电时，还需提供受电靴的详细尺寸，以便数控不落轮镟床供货商核实镟修过程中设备是否与转向架上的零部件发生干扰。

（2）与站场专业的接口

根据数控不落轮镟床的加工能力，1个轮对从地面推送至不落轮镟床到镟修完离开不落轮镟床的时间大约为36min。镟修一个转向架两个轮对的时间约为72min。为避免镟轮作业对车辆基地其他线路运营的影响，不落轮镟库两端各应具备一列车的线路有效长度，并具备库两端至少有1辆车长的直线线路，以便站场专业合理布置不落轮镟库的形式。不落轮镟库的布置形式主要有尽端式和"八字线"两种。

（3）与轨道专业接口

数控不落轮镟床安装位置处，为保证不落轮镟床的准确定位，不落轮镟库内应设置整体道床。道床及钢轨应在不落轮镟床工作基坑处断开。

（4）与建筑专业接口

目前，地铁车辆基地对不落轮镟库的尺寸要求一般不小于36m×12m（长×宽）。不落轮镟床与建筑专业的接口为：数控不落轮镟床的基坑，基坑周边的防护栏杆、从地面至基坑底的踏步，基坑底排屑器槽，集水井及盖板，基坑内主电源点至机床电源的埋管，基坑内远程网络接出点至机床的埋管，轨道中心校准块等。

因为数控不落轮镟床地基与普通土建项目不同，其地基的精确度，尤其是数控不落轮镟床地脚螺栓、轨道垫铁和轨道支撑柱地脚孔的施工精度将严重影响机床的加工精度，所以，必须严格保证施工精度。

（5）与结构专业接口

由于不落轮镟库内铺设整体道床，整体道床的地基处理可按整体动载荷（车辆轴重及速度）条件下不开裂、不下沉处理进行。

数控不落轮镟床的基坑除考虑车辆的轴重外，还需考虑数控不落轮镟床的自重。

为便于数控不落轮镟床的安装及今后的维护和检修，在不落轮镟库主库内需设置一台2t的电动单梁桥式起重机或悬挂起重机。

（6）与通风空调专业接口

数控不落轮镟库作业区需考虑通风空调设施。通风设施一般采用摇头风扇。当需设置空调时，基坑上方及四周需设置封闭顶棚。

（7）与给排水专业接口

数控不落轮镟床与给排水专业的接口为：数控不落轮镟床基坑集水井内的排水设施。由于集水井的高程较低，依靠重力排水较为困难，考虑到基坑内污水较少，因此采取机械排水设施，需配置一台小型的污水泵。

（8）与低压配电与照明专业接口

数控不落轮镟床控制室内需提供三相五线制电压380V，总功率80kV·A的电源；数控不落轮镟床作业区基坑内需考虑照明设施，一般在基坑壁上配置照明灯具；设置空调时，需设置空调插座；需考虑设备接地。

（9）与通信专业接口

为实现数控不落轮镟床与车辆基地网络的连接，便于数控不落轮镟床操作数据的远程监控及下载，在不落轮镟库内需设置网络接口。

（10）与信号专业接口

在数控不落轮镟床基坑两端及距两端一列车长+公铁两用牵引车长的位置处需设置绝缘接头各一处，以避免电流通过钢轨导入数控不落轮镟床，损坏控制系统。

(11) 与接触网业接口

在数控不落轮镟床基坑两端各一列车长 + 公铁两用牵引车长的范围内需不设置接触网或接触轨。

(12) 与公铁两用车的接口

经过调查，镟轮工在使用不落轮镟车床进行轮对镟修完毕后，可能会发生由于数控不落轮镟床的下压装置未经确认复位就直接通知公铁两用车司机动车，而出现车辆及设备损坏的安全问题。为了从技术层面尽量控制安全隐患的发生，数控不落轮镟床与公铁两用车需考虑设计安全连锁装置。

专业之间技术接口如图 2.3-6 所示。

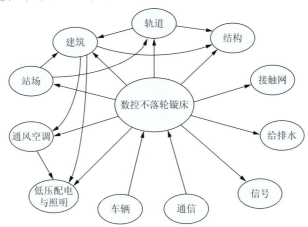

图 2.3-6　数控不落轮镟床专业间技术接口

4）设备应用

目前，已建成和在建地铁车辆基地项目均配置了数控不落轮镟床设备，主要照片如图 2.3-7 所示。

2.3.3　地坑式架车机

地下固定式架车机组用于地铁车辆转向架的更换、车辆的拆解、装配及维修，能满足编组列车在不解编状态下的同步架车作业，同时也可以对单辆车进行同步架车作业，是车辆基地关键设备之一。

图 2.3-7　数控不落轮镟床现场照片

1）功能

架车作业时，由调机或公铁两用车将列车推送到指定位置，操作人员在操作台控制架车机同步上升到设定高度；解除转向架与车体之间的连接；同步升起架车机车体托架支承车体，架车机构带转向架一同落下；推出转向架，对其进行检修作业。

地下固定式架车机组一般安装在车辆基地大、架修库内。其设备及相应的土建部分，主要包括整体道床、现场设备、设备基坑、预埋管线及远程监控。现场设备由主控制台、架车单元组成，主控制台负责架车机的命令控制，图 2.3-8 为地下固定式架车机组实物图，图 2.3-9 为地下固定式架车机组三维建模图。

 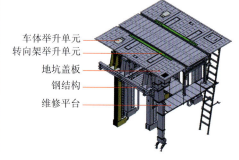

图 2.3-8 地下固定式架车机组实物图　　图 2.3-9 地下固定式架车机组三维建模图

地下固定式架车机组可以配置远程监控系统，负责监控架车机的实时动作状态，并具有实时保存数据的数据库功能。远程监控系统一般设置在车辆基地的调度中心。

2）参数

（1）基本参数

①操作方式：手动、自动。

②工作电源：3 相 5 线制 380V，AC220/380，50Hz±2%。

③设备最大噪声（1m 远处测量）：＜70dB。

④地坑盖板承重：3t 全负荷叉车。

⑤设备净质量：约 13t/ 单坑。

⑥控制电压：AC220V，DC24V。

⑦设备整机寿命：30 年。

（2）转向架举升系统

①举升载荷：1 个车位转向架架车单元，440kN。

②有效提升行程：1600mm。

③升降速度：50mm/min（±8%）。

④螺杆直径：TR75。

⑤举升柱内侧距：≥3000mm。

（3）车体举升系统

①提升力：1 个车位车体架车单元，400kN。

②提升行程：2600mm。

③升降速度：350mm/min（±8%）。

④螺杆直径：TR75。

⑤举升柱内侧距：≥3000mm。

（4）架升柱同步升降精度要求

①单组同步精度：≤4mm。

②相邻架车机组之间的高度偏差：≤6mm。

③相邻三组同步精度：≤6mm。

④相邻四组同步精度：≤6mm。

⑤相邻八组同步精度：≤10mm。

（5）驱动功率

①转向架架车单元：5.5kW。

②车体架车单元：3.0kW，合计 3.0×32=96kW。

③最大额定功率：120kW。

3）技术接口

（1）与车辆专业接口

城轨车辆由于车型不同、编组不同，车辆定距、转向架轴距、相邻两辆车转向架中心距及车体架车点位置等与地下固定式架车机组相关的技术参数各不相同，故在地下固定式架车机组施工图设计时，车辆需先进行招标工作。车辆主要技术参数如表 2.3-1 所示。

城轨车辆主要技术参数　　　表 2.3-1

项　目	车　型		
	A 型车	B 型车	C-I 型
列车编组（辆）	4～8	4～8	1～3
车辆基本宽度（mm）	3000	2800	2600
定距（mm）	15700	12600	10310
转向架固定轴距（mm）	2500	2200～2300	1850
相邻两辆车转向架中心距（mm）	7100	6920	6000
车辆长度（mm）	24400/22800	20800/19520	11575/4850/10885
车辆自重（t）	35/38	32/35	45
车体架车点（mm）	枕梁中心线位置	枕梁距转向架中心线 1418～1500	枕内距转向架中心线 1030

（2）与轨道专业接口

地下固定式架车机组安装在联合检修库内，道床类型为整体道床，钢轨类型为 50kg/m 的钢轨。架车机单元间的轨道需预留至基坑内一定的长度，及满足轨道水平度的要求，架车机设备轨道桥高程需与轨道相对应。

（3）与建筑专业接口

地下固定式架车机组设备安装在大、架修库内。库房长度需考虑地铁车辆长度、转盘、库房通道等，并留有一定的余量。库房宽度，一侧需考虑车辆通行，另一侧需考虑控制柜操作空间，建议股道间距至少为 6m，股道与墙（或柱）间距为 5m，轨道高程为 8.4m。基坑轮廓尺寸根据设备具体要求确定。架车机单元间、单元与主控制台间设置预埋电缆管。

（4）与结构专业接口

地下固定式架车机组基坑各位置承载需满足车辆载荷要求，所有载荷均没有考虑冲击载荷的影响，设计时应考虑一定的系数。基础建议采用包括结构自防水及附加防水层等多道防水层的结构，钢筋混凝土结构应考虑基础抗裂要求。

（5）与给排水专业接口

架车机基坑内设置积水坑，请考虑基坑自动排水要求。

（6）与低压配电与照明专业接口

地下固定式架车机组设备设计动力用电 20kW/辆，用电接入点至控制台，并在控制台附近设置配电箱。基坑要求设有接地扁铁，并与库内接地体相连，接地电阻要求小于 4Ω。

（7）与通信专业接口

地下固定式架车机组与车辆基地调度中心预留通信线缆 1 根，便于实时监控地下固定式架车机组动作状态，便于信息共享，统一管理（可选功能）。

专业之间技术接口如图 2.3-10 所示。

4）设备应用

目前，已建成和在建地铁项目大架修段及部分定修段均配置了地坑式架车机，主要照片如图 2.3-11 所示。

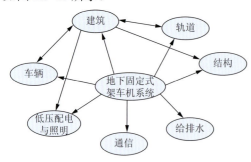

图 2.3-10　地下固定式架车机组专业间技术接口

图 2.3-11　固定式架车机现场照片

2.3.4　轮对踏面及受电弓诊断设备

设备主要用途及功能：

车辆轮对诊断测量系统能准确检测轮对几何参数和踏面擦伤。

受电弓在线监测系统能实时在线检测车辆受电弓磨耗、轮廓、中心线偏移、多向倾斜、接触网压力、车顶状态观测等情况，具有检测数据和图像的记录、分析、判断和整理功能。

轮对、受电弓在线检测系统对车辆运行产生的振动以及接触网、受电弓和变压器等产生的电磁场具有抗干扰能力，能适应轨边的环境条件，保证测量精度。

轮对、受电弓在线检测系统的应用软件具有兼容性和可扩充性，提供统一的数据管理平台和用户使用界面。

踏面擦伤探测系统采用摄像机拍摄踏面图像，通过图像识别，计算踏面擦伤、剥离掉块等情况，精确测定踏面擦伤深度。

轮对几何参数测量系统装置由 2 只激光线光源发生器、2 台高速数字摄像机、1 台开关门电机及开关门装置机器盒和安装卡具组成，在车轮通过定位传感器后，可以给轮对准确定位，当轮对到达激光测量点时系统发出检测信号，通过图象识别处理可以测量出轮缘厚度和圆周磨耗的数值。

受电弓磨耗、轮廓、中心线偏移、多向倾斜检测模块主要包括 4 个图像传感器、4 个结构光发射器、2 个高速闪光灯。所有轨边传感器的探测信号均传输给轨边检测箱，进行信号转换、系统控制和图像采集分析。本检测模块以高速闪光灯为辅助光源，用 2 台相机拍摄受电弓一边的侧端面轮廓，分析和测量碳滑板的厚度和端面的变化情况。

受电弓接触线压力检测系统包含现场校验装置和传感器信号分析软件，现场校验装置通过模拟三种不同情况下的受电弓通过状态对压力系统进行校验，软件通过校验过程建立典型测量数据库模型，以消除环境干扰。

车顶状态观测模块为车顶视频监控采集系统。

受电弓监测系统软件包括图像采集分析系统软件和控制台软件。现场照片如图 2.3-12 所示。

图 2.3-12　轮对受电弓在线监测设备照片

2.3.5　车辆基地安全运营防护管理系统

安全联锁监控系统利用各种检测手段、计算机逻辑处理、电气联锁等控制方法，满足地铁列车的安全整备作业需要，对列车进库整备进行安全指示及监控，确保接触网供断电及接触网接地的安全操作，对登顶检修作业人员进行安全防护并对作业情况进行可靠监控，防止出现由于工作人员的疏忽、精神疲倦、联系不周等人为因素造成的事故，实现人机联控确保安全的目的。

安全联锁监控系统以 PLC 网络控制系统为核心，主要由计算机控制与显示单元、自动接地单元、视频监视单元、门禁控制单元、色灯信号引导单元、安全警示单元等部分构成。

系统主要功能：

（1）通过中央控制室及现场设备，实现对高压隔离开关、信号灯、门禁系统的自动控制。

（2）隔离开关合闸及分闸与作业门指示灯、门禁、有无电显示屏、接地装置、信号灯之间具备相应的的联锁关系。

（3）以图形动画的形式实时显示各股道的动车到位状态、高压隔离开关分合闸状态、接地状态、信号灯（栏杆）状态、作业指示灯状态、报警灯状态、车顶人数等各种状态，并 24h 记录操作人的所有操作情况及设备故障信息。

（4）三层作业平台设置门禁系统，采用一人一卡，刷卡进出的方式管理登顶作业人员；同一张卡只能刷入刷出一个区域，只有在刷出该区域后才能刷入另外一个区域；登顶人数及刷卡信息实时传回后台。

（5）根据作业股道的安全条件开闭信号，引导列车进出库。当股道有列车停放时，信号栏杆降下，提示列车禁止闯入该作业股道；当股道无列车停放时，信号栏杆升起引导列车进出库。

（6）在隔离开关合闸操作之前，黄色警示灯闪烁 30s，系统自动播放合闸语音提示，在语音提示完毕后才能进行合闸操作。

（7）实时监控各股道高压隔离开关状态、各股道登顶作业情况；对作业过程实时录像，具备指定回放功能；连通管理部门办公网络，方便管理部门查看现场作业情况。

（8）作业信息记录查询功能，可通过后台数据库查询分合闸操作、登顶作业及作业时间、信号开放等作业信息。

（9）高压隔离开关分闸连锁功能：在调度员确认列车受电弓已降、操纵柜控制钥匙到位后，系统才能发出隔离开关可以分闸的指令。

（10）登顶作业联锁功能：系统配置三层平台门禁专用管理设备，只有在隔离开关分闸到位、电网接地良好的情况下三层作业平台门禁系统才能发出可以刷卡的指令，此时登顶作业人员方可刷卡登顶，同时登顶人员信息自动传回控制室。如图 2.3-13 为安全联锁监控系统平面。

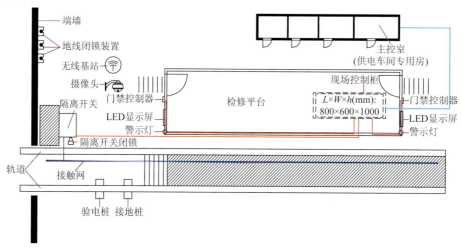

图 2.3-13　安全联锁监控系统平面布置示意图

（11）隔离开关合闸连锁功能：在调度室确认受电弓已降、电网接地撤除、登顶作业人数记录为零、三层作业平台门禁关闭良好、操纵柜工作钥匙到位后，系统才能发出隔离开关可以合闸的指令。图 2.3-14 为接地及带电显示示意图，图 2.3-15 为门禁及接地标显示示意图。

图 2.3-14　接地及带电显示　　　　图 2.3-15　门禁及接地杆

（12）高压隔离开关和接地杆的互锁功能：高压隔离开关分闸后接地杆才能挂上接触网，接地杆不复位高压隔离开关就无法合闸。

（13）具备应急电源——UPS，保证系统在供电电源断电后能持续工作半个小时。

2.3.6 主要大型检测、维修车辆

大型检测和维修车辆是综合维修中心的重要设备,因国产技术不成熟,部分设备完全依赖进口,投资巨大,所以大型检测和维修车辆的资源共享极为重要。实现资源共享的前提是各条线路之间互通。比较常见的大型检测和维修车辆有:轨道检测车(网轨检测车)、钢轨探伤车、钢轨打(铣)磨车、轨道车、接触网作业车、放线车、隧道清洗车等。

1)轨道检测车(网轨检测车)

轨道检测车是检测轨道病害的大型动态检查设备。通过轨道检测车对轨道高低、轨距、轨向、水平、扭曲等几何参数的检测,确认轨道病害状况,从而指导线路进行预防性计划维修、消除事故隐患、提高轨道平顺性、保障列车运输安全、提高舒适度等工作。当轨道检测车具有整合接触网检测功能时即为网轨检测车。

根据国内各大地铁公司的运营经验,每条线路一个月需进行一次线路检测,主要在夜间天窗时间作业,检测速度可达40km/h,但考虑到轨道车的维护保养时间(16~18d)及不同线路转线时间(6~8d),故轨检车的作业次数为5次左右,一个月合计可检测约200km的线路,约100km的营业里程。建议一台轨检车负责的线路不超过3条。城市轨道交通配置轨道检测车标准推荐为每100km营业里程配置1台。国内部分城市轨道检测车配置如表2.3-2所示。

国内部分城市轨道检测车配置一览　　　　表2.3-2

序号	城市	轨道检测车配置数量	管辖里程
1	北京	4台用,5台采购	18条线、527km,到2020年达到27条线,约1000km
2	广州	2台在用,5台采购	运营308.7km,在建262km,合计570km
3	武汉	4台	约540km
4	南京	2台在用	已运营约219km
5	苏州	1台在用,1台采购	已运营和在建合计197.8km
6	无锡	1台在用	已运营和在建合计约108km

轨道检测车的技术参数如表2.3-3所示。

检测车技术参数表　　　　表2.3-3

序号	项目	参数
1	轨距	1435mm
2	轴数	4
3	车辆整备质量	约36t
4	轴距	2000mm
5	通过最小曲线半径	135m
6	车钩中心线高度	880mm±10mm
7	车钩型式	13号车钩+ST缓冲器
8	车辆构造速度	100km/h
9	检测速度	40~80km/h
10	制动方式	具有空气制动和停放制动功能
11	外形尺寸	20530mm×2615mm×3770mm

轨道检测装置用于对线路的弹性变形和永久变形的叠加状态进行动态检测,对轨距、轨向、高低、水平、超高、三角坑、车体垂直振动加速度、车体水平振动加速度、轴箱振

动加速度、运行速度及走行距离、钢轨磨耗等参数进行检测，为线路的维修、保养提供依据。检测系统具体测试项目及测量精度如表 2.3-4 所示。

轨检项目表　　　　　　　　　　　　　　表 2.3-4

测量项目	测量范围	精度
高低不平顺	±60mm	< ±1.0mm
轨向不平顺	±100mm	< ±1.5mm
水平不平顺	±200mm	< ±1.0mm
三角坑	±100mm	< ±1.0mm
轨距	1415～1480mm	< ±0.8mm
曲率	±23°/30m	≤ 0.005%/30m
车体垂直、横向加速度	-1～1g	< ±0.01g
运行速度及走行距离	0～120km/h	< ±0.2km/h
钢轨垂直磨耗	0～15mm	< ±0.3mm
钢轨侧面磨耗	0～22mm	< ±0.3mm

接触网检测系统可对地铁刚性、柔性接触线的拉出值、平行线间距、线岔、弓网冲击硬点、导线高度、接触网压力、速度、里程等动态技术参数进行快速检测。检测系统具体测试项目及测量精度如表 2.3-5 所示。图 2.3-16 为网轨检测车。

网检项目表　　　　　　　　　　　　　　表 2.3-5

序号	检测内容		测量范围	分辨率	测量误差
1	接触线高度	刚性	3900～4500mm	1mm	±5mm
		柔性	3900～5500mm	1mm	±10mm
2	拉出值	刚性	±350mm	1mm	±5mm
		柔性	±400mm	1mm	±10mm
3	导线坡度		≤ 2.5%	—	≤ 0.1%
4	跨距高差		0～500mm	1mm	±10mm
5	接触线水平距离		±400mm	1mm	±10mm
6	接触线垂直距离		±100mm	1mm	±10mm
7	线岔及锚段关节		非工作支抬高，定量测试		
8	弓网冲击（硬点）		±200g	1g	±5g
9	弓网接触压力		±200N	1N	±5N
10	网压		DC0～2000V	1V	±5V
11	振动补偿（水平、垂直）		±200mm	0.5mm	±2mm
12	跨距		0～70m	0.5m	≤ 1m
13	速度		0～120km/h	—	±0.5km/h
14	里程		0～999km	—	±0.2m/km
15	环境指标		温度、湿度等环境指标准确测量		
16	定位管及锚段关节识别率		不低于 99%		

2）钢轨打（铣）磨车

钢轨打磨车是对钢轨、轨头进行打磨，以消除钢轨波浪磨耗、擦伤、飞边等问题，提高轨面平顺度，改善轮轨关系的专用设备。钢轨打磨车按照作业原理的不同可分为打磨车和铣磨车，目前关键设备尚未实现国产化，基本依赖进口。

打磨头正常打磨一根钢轨的轨面，通常需要64条（对8头或16头）或60条（对10头或20头）折线组成全断面的打磨。打磨车在轨道上打磨时，对两根钢轨同步进行打磨，打磨车的磨头数量对半分配于两根钢轨上。每单程打磨作业前，打磨车的磨头相对轨面的打磨位置进行设定调整。每单程打磨作业只能完成轨面4条或8条（5条或10条）折线的打磨作业。根据打磨车配置的磨头数量，确定打磨往返作业次数，最终完成钢轨轨面60、64条折线的全断面打磨作业。

图 2.3-16　网轨检测车

不同头数钢轨打磨车适用的地铁线路长度计算结果如表 2.3-6 所示。

不同头数钢轨打磨车计算结果表　　　　表 2.3-6

项　目	8 头	10 头	16 头	20 头
每次完整打磨往返单程数	20	16	12	10
每次可打磨公里数	1.2km	1.5km	2.0km	2.4km
年打磨里程	72km	90km	120km	144km
适用的地铁线路长度	24km	30km	40km	48km

上述计算为理论计算，计算值与实际运用存在一定的偏差，根据各大城市配置情况，每 100km 配置 1 台打磨车较为常见。

打磨车主要技术参数如表 2.3-7 所示。

打磨车技术参数表　　　　表 2.3-7

1. 设备基本参数	
轨距	1435mm
设备最大轴重	≤13t
车钩	满足同 13B 型车钩连挂要求
车钩中心线高度（距轨面）	880 mm±10 mm
磨头数	16～20 个
2. 设备行走参数	
设备最低持续自行速度	≤8 km/h
设备最高运行速度	≥60 km/h
设备最小通过曲线半径	≤150 m
设备最大允许坡度	≥4%
挂钩速度	≤5 km/h
设备常用制动减速度	≥0.9 m/s²
设备紧急制动减速度	≥1.2 m/s²
3. 设备磨轨作业参数	
设备最高磨轨作业速度	≥8 km/h
设备最低磨轨作业速度	≤3 km/h
打磨作业速度误差	≤±0.5km/h
设备最小打磨曲线半径	≤150 m
设备最大打磨坡度	≥4%
打磨角度范围（靠轨道中心钢轨内侧为负）	至少达到 −70°～+15°

续上表

4. 轨道打磨质量	
轨廓精度	≤ ±0.2 mm
轨面纵向平直度	≤ 0.1 mm/400 mm
轨面粗糙度 Ra	≤ 12.5 μm
5. 噪声和废气排放参数	
司机室噪声（任何工况下）	≤ 78 dB（A）
设备外噪声（任何工况下，距设备 30m 处）	≤ 80 dB（A）
发动机废气排放	不低于 EURO Ⅲ、美国 Tier Ⅲ或与之相当的标准

打磨车打磨一次需往复作业 15～20 遍，打磨作业速度在 3～10km/h，打磨效率约为 1km/天窗时间，年作业量约 100km，单台打磨车打磨负责 2～3 条线较为合理。铣磨车作业速度约为 0.7km/h，但其作业一次即可达到所需的作业精度，打磨作业效率约为 2km/天窗，同精度打磨效率是打磨车的 2 倍以上，单台管辖范围可达 200km。

打磨车的作业机构为端面重载磨削砂轮，砂轮功率的 80% 变为热量，断面磨削粉尘以 100m/s 的速度向 360°方向飞出，收集较为困难，因此在地铁隧道打磨作业中，需通过风机进行隧道通风，但隧道中仍存在大量粉尘，影响设备安全和作业人员的身体健康。而铣磨车圆周成型铣刀一次切削掉钢轨病害的 99% 部分，加工过程中不产生粉尘及发热，粉尘在砂轮的切线方向，很容易收集。

打磨车（图 2.3-17）和铣磨车（图 2.3-18）在城市轨道交通项目中均有一定的配置，具体与各城市轨道交通的建设资金、运营习惯、线网规模有关。打磨车和铣磨车的修复性施工成本、预防性施工成本及基本性能对比如表 2.3-8～表 2.3-10 所示。

图 2.3-17　钢轨打磨车

图 2.3-18　钢轨铣磨车

修复性施工成本对比表　　　　　表 2.3-8

序　号	内　容	铣磨车	打磨车
1	时间成本	0.5 h/km	10h/km
2	易耗件	2400 元/km	15000 元/km
3	隧道清洗费	0	122500 元/km
4	人工及油料费	1912 元/km	20133 元/km
	共计	4312 元/km	157633 元/km

预防性施工成本 表 2.3-9

序号	内容	铣磨车	打磨车
1	时间成本	0.5h/km	1.7h/km
2	易耗件	1400 元/km	2600 元/km
3	隧道清洗费	0	122500 元/km
4	人工及油料费	1912 元/km	3725 元/km
	共计	3312 元/km	128825 元/km

打磨车、铣磨车性能对比表 表 2.3-10

序号	对比内容	铣磨车	打磨车
1	作业单元	专利圆周式铣削技术,作业单元为一次成型铣轮,铣轮的滚爬方向与钢轨纵向方向相同。铣轮径向面上安装有嵌入式的合金铣刀。作业单元由电机驱动	通过高压(液压)作用将砂轮紧按在轨面上,砂轮沿着轨面横向方向排列,以包络整个轮廓。砂轮的旋转方向也是横向的
2	作业控制	可通过检测设备检测,计算机控制切削深度,一次切削成型	只是设定打磨砂轮的下压力,但随着钢轨外形和其他参数的变化,打磨掉的金属量是随时变化的
3	作业效率	一遍通过即可完成作业,轨面切削深度为 0.3~1.5mm,轨距角处切削深度为 0.3~3mm。彻底清除 0.5mm 的波磨,作业效率可达 500m/h 以上	(受磨头数量限制)通过调整角度形成轨头轮廓,对钢轨进行往复打磨,一次打磨量很少,彻底消除 0.5mm 的波磨一般需要打磨 15 遍左右(20 磨头),作业效率平均在 150m/h
4	作业精度	横断面轮廓精度为:±0.2mm 纵向平顺性作业精度: 30mm<λ≤100mm:±0.01mm 100mm<λ≤300mm:±0.03mm 300mm<λ≤1000mm:±0.1mm	横断面轮廓精度为:±0.3mm λ≤200mm:±0.02mm λ>200mm:尚未确认
5	轨面质量	轨面光洁度可达到 3~5μm;400mm 波长范围内的所有纵向波磨都可被彻底消除;轨面不会出现微沟纹、斑痕、鱼腹状图案、应力集中层	砂轮时刻处在变化的高压(液压)的作用下,会在钢轨轨面留下微沟纹、斑痕、鱼腹状图案;打磨后的钢轨表面硬度依然不均匀,应力集中层依然存在,这些都是导致新一轮纵向波磨快速出现的重要诱因
6	轨面烧蓝	钢轨表面不会出现过热现象。铣削作业过程中产生的热量 90% 被铁屑吸收,5% 被铣刀刀粒吸收,只有 5% 的热量才由钢轨吸收	传统的打磨列车因其作业方式的不同,钢轨轨面会出现烧蓝现象,钢轨的金相组织也发生了有害的改变
7	火星	采用柔和的切削方式且能保证 99% 的铁屑回收,作业过程中不会出现火星飞溅,无火灾危险	作业砂轮对钢轨采取的是高压下的横向、高速旋转打磨,火星飞溅在所难免。打磨车作业时需要时刻注意防火,并为此需要携带大量的消防水源
8	灰尘	切削下来的金属废料为片状铁屑,且铁屑的飞溅方向与高压(气旋式)回收装置的吸入方向相同,如此能保证 99% 的铁屑回收率	金属废料呈灰尘状。因砂轮打磨的方向横向于钢轨及列车前进方向,很难做到高效率的灰尘回收。灰尘会对操作人员造成很大伤害,且遗留下来的金属灰尘可能对电气线路造成损害。为能适当地降低灰尘弥漫,需要携带大量的水
9	噪声	作业噪声低于 78dB(A);铣削作业后,线路的运行噪声能显著降低	司机室内噪声 78dB(A),轨道中心周围 30 米范围噪声 80dB(A)

续上表

序　号	对比内容	铣磨车	打磨车
10	作业限制	作业限制少。轨道的电气附件、道口、桥梁护轨等轨道附件对作业单元（铣轮）的运行及作业没有任何影响；一年四季都可作业，满足的环境温度为－10～＋40℃	为了实现打磨砂轮的不同排列方式以便更好地包络整个轨头轮廓，作业时需拆除限制砂轮运动的轨道附件。同时，因为打磨车作业需携带水源，所以当环境温度低于0℃时便不能上线作业
11	整备时间	整备时间短，一次通过即可完成作业，无顺铣或逆铣的差别	作业现场整备时间较长，而且施工后需要较长的时间清洁整个车辆

国内部分城市打（铣）磨车配置如表2.3-11所示。

国内部分城市打（铣）磨车配置一览　　　　表2.3-11

序号	城市	打（铣）磨车配置数量	管辖里程
1	北京	3台打磨车在用，9台采购，主要以铣磨车为主	18条线，合计527km，到2020年达到27条线，约1000km
2	广州	打磨车，3台在用，2台采购	运营308.7km，在建262km，合计570km
3	武汉	打磨车1台在用，并准备采购1台铣磨车	约540km
4	南京	打磨车，2台在用	已运营约219km
5	苏州	打磨车，1台在用，1台采购	已运营和在建合计197.8km
6	无锡	打磨车，1台在用	已运营和在建合计约108km

3）探伤车

钢轨探伤车（图2.3-19）用于线路的钢轨探伤，分为大型探伤车和小型探伤车。大型探伤车探伤作业速度为30～40km/h，设备单价较高；小型探伤车（作为校验伤损使用）探伤作业速度为15～20km/h，设备单价较低。

图2.3-19　钢轨探伤车

在新钢轨质量控制较好的前提下，轨道交通线路运营的初期一般采用小型的手推式探伤小车进行周期性钢轨探伤。但是从国内轨道交通的运营经验来看，一些线路在开通的2～3年内就考虑使用大型钢轨探伤车进行周期探伤。主要原因有两个方面：一是人工探伤在夜间进行，正是工人最疲劳的时段，人工探伤容易漏检；二是小型设备探伤效率低，无法满足作业要求。

根据国内城市轨道交通线路的运营现状，每250km配置1台较为常见，钢轨探伤周期为1次/(3～4周)，小曲线半径较多的线路探伤周期为1次/(1～2周)，正线、到发线线路和道岔的钢轨探伤周期与轨型、年通过总质量有关。具体如表2.3-12所示。

正线、到发线线路和道岔的钢轨探伤周期　　　　表2.3-12

年通过总质量 (Mt·km/km)	轨型		
	75kg/m 60kg/m	50kg/m	40kg/m
<25	—	40	40
25～50	40	35	30

续上表

年通过总质量	轨型		
（Mt·km/km）	75kg/m 60kg/m	50kg/m	40kg/m
50～80	35	30	—
≥80	30	—	—

大型探伤车按探伤方式的不同分为轮式探伤和滑靴式探伤，目前较为常见的为轮式探伤，相对于滑靴式探伤，轮式探伤对轨道的适应性更强、维护成本更低。其基本参数如表 2.3-13 所示。

探伤车基本参数表 表 2.3-13

序　号	项　目	参　数
1	通过最小曲线半径	200m
2	可检测轨型	43～75 kg/m 钢轨及其各种型号的道岔区（辙叉及尖轨刨切部分除外）
3	检测速度	30～80km/h
4	检出率	检出率不小于80%，误报率不大于20%
5	探测精度	钢轨头部任意位置横向裂纹：直径φ8mm 平底孔当量 钢轨头部及轨腰垂直劈裂：裂纹高度20mm 钢轨头部及轨腰纵向水平裂纹：最小面积10mm×15mm 螺栓孔裂纹：裂纹长度8mm 焊接接头内部伤损：裂纹直径φ8mm

小型钢轨探伤车（图 2.3-20）是适用于国铁、地铁及城市有轨线路伤损无损检测要求的小型、智能化轨道检测车辆，其特点在于模块化设计、自驱动行驶、结构紧凑、紧急情况下可以模块化拆解撤离线路。相比我国钢轨探伤检测的现状，小型探伤车其检测效率是手持式探伤仪的 5 倍以上，使用和维护成本远低于大型钢轨探伤车，性价比优势非常明显，是对当前我国钢轨探伤工务手段的一种必要补充。

图 2.3-20　小型钢轨探伤车

4）轨道车、平车、携吊平车

轨道车主要用于抢修和临修作业时运输机具、人员和材料，使用频率较高，规划时每条线宜独立配设。轨道车（图 2.3-21）一般与平车（图 2.3-22）、携吊平车（图 2.3-23）配合使用，每条线路均配置一套轨道车组。具体参数如表 2.3-14 和表 2.3-15 所示。

图 2.3-21　轨道车

图 2.3-22　平车

图 2.3-23　携吊平车

轨道车技术参数　　　　　　　　　　　　　　表 2.3-14

序　号	项　目	参　数
1	轨距	1435^{+6}_{-2} mm
2	功率	444kW
3	最小持续速度	3km/h、5km/h、8km/h
4	脱轨系数 Q/P	≤0.8
5	牵引制动减速	1m/s²
6	紧急制动减速	1.2m/s²
7	电源制式	AC380/AC220 50Hz
8	车钩	13号B车钩，锻造尾框，带MT-3缓冲器
9	轴重	≤140kN
10	传动形式	液力—机械、液力传动
11	制动方式	空气制动及停放制动
12	单机紧急制动距离	≤400m
13	通过最小曲线半径	110m
14	车钩中心线高度（距轨面）	880mm±10mm
15	挂钩速度	≤5km/h
16	最高运行速度	60km/h
17	构造速度	80km/h
18	车辆形式	内走廊式
19	使用寿命	30 年

平车、携吊平车技术参数　　　　　　　　　　表 2.3-15

序　号	内　容	参　数
1	轨距	1435 mm
2	额定载质量	30t
3	轴重	≤140kN
4	地板面高度	1100mm
5	通过最小曲率半径（水平）	100m
6	轮径	840mm
7	车钩形式	13B 车钩
8	车钩中心线高度	880mm±10 mm
9	制动方式	空气制动+手动停放制动
10	随车吊台数	2
11	最大起吊质量（单吊）	≥3t
12	脱轨系数 Q/P	≤0.8

5）接触网作业车、放线车

接触网作业车（图 2.3-24）主要用于接触网的小型抢修和临修作业时对机具、人员和材料的运输，使用频率较高，具有较强的时效性，规划时每条线宜独立配设。目前国内城市轨道交通基本上各线分别配置接触网作业车、放线车（图 2.3-25）、平板车、携吊平板各 1 套。具体参数如表 2.3-16 和表 2.3-17 所示。

图 2.3-24　接触网作业车

图 2.3-25　接触网放线车

接触网作业车技术参数表　　　　　　　　　　表 2.3-16

序　号	内　容	参　数
1	轨距	1435mm
2	轴重	≤140kN
3	传动形式	液力—机械、液力传动
4	发动机功率	不小于 260kW
5	最高运行速度	80km/h
6	通过最小曲线半径	110m
7	脱轨系数 Q/P	≤0.8
8	制动方式	空气制动及停放制动
9	车钩中心线高度（距轨面）	880mm±10mm

接触网放线车技术参数表　　　　　　　　　　表 2.3-17

序　号	内　容	参　数
1	轨距	1435mm
2	轴重	≤140kN
3	平车载质量	30t
4	最高运行速度	80km/h
5	通过最小曲线半径	110m
6	制动方式	空气制动及停放制动
7	车钩中心线距轨面高度	880mm±10mm
8	线盘数量	3 个
9	放线架能安装的线盘最大尺寸	ϕ2500mm×1000mm　2 个 ϕ2300mm×1600mm　1 个
10	最大放线张力	12kN

6）隧道清洗车

隧道清洗车（图 2.3-26）主要用于地下线路的隧道清洗和维修作业。隧道清洗车由主车架、转向架、制动系统、钩缓装置、车体、柴油发电机组、水罐、高低压水泵单元、轨道清洗装置、隧道清洗装置和水管路等组成。

图 2.3-26　隧道清洗车（水洗）

隧道清洁分为道床部分的清洁、隧道墙壁部分的清洁以及隧道顶部的清洁。隧道清洗车的工作速度为 5km/h，在 5h 的天窗作业时间内，扣除往返运行时间和准备等辅助作业时间，实际有效作业时间通常为 3h，平均一个天窗时间清洗约 15km 隧道。按 1 个季度（3 个月）对隧道进行一次清洗，1 台隧道清洗车一个季度的作业能力约为 225km。表 2.3-18 为采用常见水洗方式的隧道清洗车参数。

整车主要技术参数　　　　　　　　　　　　　　　　表 2.3-18

序号	内容	参数
1	轨距	1435mm
2	车辆定距	9000mm
3	转向架固定轴距	1800mm
4	轮径	ϕ840mm
5	通过最小曲线半径	100m
6	最高运行速度	80km/h
7	自重	约 29t
8	水罐容积	25m^3（水 22m^3，清洗液 3m^3）
9	制动方式	空气制动及停车手制动
10	制动管标准压力	500kPa
11	钩缓装置	13B 下作用车钩＋ST 型缓冲器
12	车钩中心线距轨面高度	880mm±10mm
13	铁地板上表面距轨面高度	1128mm
14	底架尺寸（长×宽）	14200mm×2760mm
15	外形尺寸（长×宽×高）	15130mm×2760mm×3675mm

7）桥梁检测车

桥梁检测车（图 2.3-27、图 2.3-28）主要用于铁路桥梁的检查和简单维修作业。桥梁按材料分类可分为钢梁、圬工梁及钢混结合梁。不同材料的桥梁其病害的内容不同，在梁体的不同部位病害项目也不一样。一般地，桥梁的病害主要为梁体病害、支座病害、墩台病害和其他附属设施病害。桥梁检测车主要是针对这些病害对以下几个方面进行检查或简单维修：

（1）裂纹的检查。

（2）混凝土内部空隙的检查。

（3）混凝土抗压强度的检查。

（4）活动支座辊轴纵向位移的侧梁。

（5）板式橡胶支座的检查。

（6）结合梁、钢梁焊缝裂纹的检查。
（7）高强度螺栓的检查。
（8）钢梁裂纹的检查。

图 2.3-27　桥梁检测车（吊篮式）　　　　图 2.3-28　桥梁检测车（平台式）

2.3.7　物资总库系统设备

根据各城市轨道交通的发展，物资总库逐步向物流中心的趋势发展。随着轨道交通网络化运营，对车辆配件、机电设备配件、劳保等物资的需求量会越来越大。如果采用计算机管理系统对各管理层面重新整合，实现管理信息化，将配件购置、运送、使用、管理几个环节有机结合起来，实现更加理想的信息交换和传递，打破各部门独立、信息分散的管理状况，那将会大大提高信息的应用水平，提升服务水平和能力，提高效率，节省运营成本。

物资总库承担了轨道交通车辆基地、综合维修中心及其他各部门运营和检修所需的各类材料、设备、备品配件、机具、劳保用品，以及其他非生产性固定资产的采购、储备、保管和发放工作。物资总库由综合材料库、材料棚及材料装卸线组成。综合材料库分为大件物品存放区、恒温恒湿仓库、立体仓库区及辅助控制区；材料装卸线主要配置的设备是电动单梁桥式起重机，用于材料的装卸。图 2.3-29 为物资总库典型平面布置图。

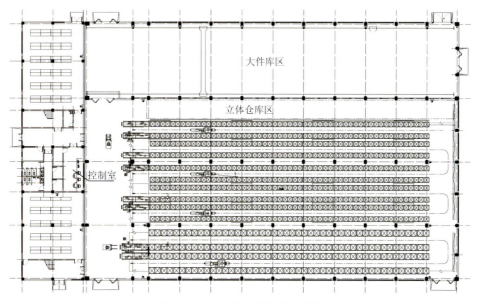

图 2.3-29　物资总库典型平面布置图

1）大件物品存放区

大件物品存放区主要配置有电动单梁起重机和货架（图2.3-30、图2.3-31、图2.3-32）。其中电动单梁起重机用于材料的装卸，中、重型货架及悬臂货架用于货物的存放。大件物品主要有供电机柜、保温材料、管件、电缆卷筒、车辆空气弹簧、接触轨罩、支架、电梯部件等。

图 2.3-30　大件物品存放区

图 2.3-31　大件存放区重型货架

图 2.3-32　大件存放区悬臂货架

2）立体仓库区

立体仓库区主要配置的车辆主要有载货汽车、客货两用车、叉车、手动液压搬运车等。立体仓库区可分为自动化立体仓库和非自动化立体仓库，考虑到自动化立体仓库对空间利用率高、节省用地，目前国内大部分城市设置自动化立体仓库；而非自动化库成本低、操作简单，部分城市如南京等，则倾向于非自动化库。非自动化作业模式可分为：普通货架＋前移式叉车、窄巷道＋三向叉车。

（1）自动化库

自动化仓库（图2.3-33、图2.3-34）根据出入库作业方式的不同，可分为自由吊吊运、穿梭车运输、链式输送机等方式。工艺方案对比如表2.3-19所示。

图 2.3-33　自动化库立体货架

图 2.3-34　自动化库立体仓库储物

自动化仓库出入库作业方式优缺点对比表　　表 2.3-19

设备种类	优点	缺点
自由吊吊运	1. 使用方式灵活，便于从货车、地面运输货物至输送机； 2. 结构简单，稳定可靠； 3. 可同时上、卸货物，效率较高	每个巷道2条需配置2台链条输送机，总的成本高
穿梭车运输	1. 使用叉车将货物运输至穿梭车，穿梭车自动运输货物至输送机； 2. 上货自动化程度高	上货卸货均需占用穿梭车，各巷道无法同时出货
链式输送机运输	1. 使用叉车上货，可固定使用一处上货点，便于货物尺寸超限检测； 2. 上货自动化程度高	1. 上货卸货均需占用输送机，各巷道无法同时出货； 2. 作业效率低

以上三种出入库作业方式在国内均有采用，均可作为物资总库的入库作业方案。由于自由吊吊运方式作业更灵活、便利，推荐采用自由吊方案。

自动化立体仓库配置主要有堆垛机、出入库输送系统、托盘货箱等，主要用于货物的出入库及存放。

（2）普通货架+前移式叉车

采用普通货架结合前移式叉车进行货物的存取，考虑到叉车转向，货架之间应有3.1m左右的距离。如图2.3-35所示为普通货架+前移式叉车。

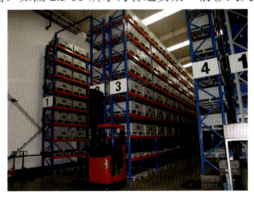 

图 2.3-35　普通货架+前移式叉车

（3）窄巷道+三向叉车

三向叉车不进行转向便可存取货物，因此窄巷道货架间距较普通货架+前移式叉车小，一般为1.9m。窄巷道货架四周有高约200mm的导轨做为叉车的引导系统，减少叉车司机因人为因素而对货架产生的危险。

自动化库、普通货架+前移式叉车、窄巷道+三向叉车三种模式在全国城市轨道交通均有一定的应用，三者各项指标对比如表2.3-20所示。

自动化库、普通货架+前移式叉车、窄巷道+三向叉车作业指标对比表　　表 2.3-20

仓库类型	货位数量（个）（1500m²）	成本	维护成本	安全隐患	对操作人员要求	人员配置（人/工班）	系统故障	实际作业效率
自动化库	约1900	较高	高	低，人员不进入货架区	自动化程度高，操作较简单	5	频繁（故障点较多，出入库系统、控制系统、堆垛机等均会存在故障）	5mim

续上表

仓库类型	货位数量（个）（1500m²）	成本	维护成本	安全隐患	对操作人员要求	人员配置（人/工班）	系统故障	实际作业效率
货架+前移式叉车	约1400	较低	低	高，人员进入货架区	要求配备专业叉车司机，要求操作熟练	8	一般（故障主要由叉车引起，但叉车可互为备用）	4min
窄巷道+三向叉车	约2100	低	中	高，人员进入货架区	要求配备专业叉车司机，要求操作熟练	8	一般（故障主要由叉车引起，但叉车可互为备用）	4min

3）恒温恒湿区

对温湿度有严格要求的物品，如通信、信号精密仪器、时钟接口板、芯片等，需保持湿度在60%以下，温度控制在15°～25°之间，需单独存放在恒温恒湿房间。恒温恒湿间主要配置平货架，用于货物的存放。如图2.3-36所示为恒温恒湿间平货架。

4）辅助控制区

辅助控制区主要是对堆垛机运行的控制、出入库货物的记录等，主要的设备有微型计算机、控制柜、RF手持终端、标签打印机、普通打印机、票据打印机等。如图2.3-37所示为控制室。

图2.3-36　恒温恒湿间平货架

图2.3-37　控制室

5）材料棚及材料装卸线

在靠近综合材料库的位置设置材料装卸线及材料棚（图2.3-38），用于存放钢轨、扣件、垫板（图2.3-39）等无须特殊维护的大型备件。材料棚一般配置5t或10t的电动单梁起重机，用于物资吊装。

图2.3-38　材料棚

图2.3-39　垫板

2.3.8 司机模拟驾驶培训设备

司机模拟驾驶培训设备一般设置在车辆基地的培训中心内，主要负责组织和管理列车司机的培训和技术教育。司机模拟驾驶培训设备根据功能分为带运动平台和不带运动平台两种，主要包括车辆运行仿真、运行环境仿真、信号系统仿真、培训系统、故障或突发事件的模拟。

1）车辆运行仿真

（1）运行模式

主要包括以下内容：

方向选择（前进位、零位、后退位）；

工况变化（牵引、惰行、制动）；

牵引加速度、制动减速度的线性无级设定。

（2）运行条件

①运行仿真模型一般包括下述运行条件：

线路坡度及曲线半径；

车辆自重和不同情况下的乘客负载情况；

牵引供电；

牵引电机的特性和状态；

电制动、机械制动的特性与状态；

综合制动和制动反应时间；

不同情况下的轮轨粘着系数；

车轮空转情况；

停放制动特性和应用；

在露天、桥梁等不同路段的运行阻力；

雨天、大弯道等不同情况下的轮轨黏着系数。

②列车运行仿真模型应当能够完全地融入仿真软件之中，能够接收如下数据和状态：

线路数据（如：轨道的坡度、曲线半径等）；

车辆参数（如：自重、牵引电机特性等）；

受训司机的操作（如：车辆控制器手柄位置等）；

教员系统发出的控制（如：轮对抱死等故障状态）；

虚拟车辆设备系统的操作。

（3）牵引特性

应能够正确地仿真列车的牵引特性。

（4）制动特性

①应能够正确地仿真列车的制动特性，如电制动、空气制动。

②应能够正确仿真不同环境下（雨天、大弯道等）的不同黏着力。

2）运行环境仿真

（1）环境功能仿真

①视觉系统

视觉系统采用计算机生成图像（CGI）的方式实现，模拟列车各种速度的运行情况，可以进行故障、事故、突发事件、气候条件的模拟以及不同进路运行时信号显示的模拟。

②听觉系统

采用数字音频技术实现列车驾驶相关的声音仿真。

③体感系统

仿真驾驶实训系统主要包含长度不低于5m 1:1的真实车体，包括仿真司机室（司机操纵台及附属设备）、仿真客室和客室门、多通道弧形幕投影系统和 1 套教员控制系统等设备。

（2）环境性能仿真

系统采用实际工程线路几何数据作为仿真设计及仿真运行的依据。线路数据包括线路几何信息（坡道、曲率等）、所有运行相关线路设备（信号灯、道岔、线路区段等）、车站几何信息等。

3）信号系统仿真

（1）信号系统运行仿真

能够实现中央自动控制。

能够实现中央人工控制。

能够实现司机车载进路控制。

能够实现现地控制盘控制。

能够实现人工控制。

（2）列车定位仿真

能够模拟信标定位功能。

能够模拟计轴定位功能。

（3）车场调度运行仿真

能够模拟列车出库运行仿真功能。

能够模拟列车入库运行仿真功能。

能够模拟列车库内转线运行仿真功能。

（4）道口信号系统仿真

能够模拟道口优先控制策略。

能够模拟道口信号控制功能。

（5）折返运行仿真

能够实现列车折返运行仿真功能。

能够实现折返进路排列功能。

（6）车载控制仿真

能够模拟车载限速曲线仿真功能。

能够实现列车运行速度防护仿真功能。

能够实现列车停站倒计时仿真功能。

能够模拟列车进路控制功能。

能够模拟交叉路口控制功能。

4）培训功能

（1）培训目的

①培训新职司机及现有司机

驾驶仿真培训系统主要用于列车司机的培训。通过司机驾驶仿真培训系统的培训，可以使新司机在安全、经济的前提下迅速掌握有轨电车的操纵方法及列车在各种状态下的性能特点，可以使现有司机的操纵经验、技术得到进一步的验证和提高。

②训练驾驶技巧

通过司机驾驶仿真培训系统的培训，新老司机可以掌握在不同条件下的平稳操纵和优化操纵方法，训练司机在常规情况下的熟练驾驶技巧。

③紧急状态下的驾驶训练

仿真各种突发事件,如线路障碍物、信号灯故障、错误报警、设备机械故障等,提高司机在紧急状态下处理各种紧急状况的应变能力。

④对不同信号的反应

列车驾驶仿真培训系统可以仿真正常和异常信号,及信号机的不同显示方式,使司机熟悉、了解各种信号的含义和对应的操作方法。

⑤列车进路的确认

列车驾驶仿真培训系统采用逼真的三维视景模拟有轨电车正常运行线路和进出车站的运行线路,使学员能够在驾驶仿真培训系统上熟悉各种线路,掌握在不同线路上列车运行的特点,提高驾驶技术。

(2)功能设置

①教员功能

采用教员系统对仿真培训进行管理和监控。

仿真器系统采用教员系统课程驱动。

系统以课程为基础进行培训设计。

培训课程预先设计并可以保存。

课程内容包括可以随时起动的出站位置、进路、信号显示、乘客负载情况和突发事件状态模拟,用于控制驾驶仿真器的运行情况。

②主动式观摩功能

观摩学员可通过该系统在仿真培训过程中进行跟车观摩学习。

③过程记录

以数据的方式记录和存储仿真驾驶过程中发生的所有操作和事件。

④闭路监视功能

在驾驶仿真器司机室设置视频闭路监控系统,用于监视培训过程。监视的内容以数字化的方式保存,并可进行回放。

⑤评价系统

评价系统可对受训者的操纵行为进行客观评价。

用户应能够对评价系统的扣分标准进行修改与设置。

5)故障/突发事件的模拟

(1)功能

故障和突发事件的管理功能,包括可设置的故障和突发事件的添加、编辑、删除。

培训课程的编制中,故障和突发事件的离线(或预先)设置功能。

模拟运行中,故障和突发事件的实时设置与撤销功能。

模拟运行中,培训课程中预先设置的故障和突发事件的适时触发功能。

故障和突发事件的排除和处理功能。

对故障和突发事件排除和处理过程的评价功能。

(2)故障的类型

①列车内部故障或突发事件

控制系统故障。

牵引系统故障(长大坡道出现列车部分牵引电机故障)。

制动系统故障（长大坡道上的列车出现紧急制动）。
通信系统故障。
电源系统故障。
空调故障。
车门故障。
通信系统故障。
车载信号系统故障。
辅助电路故障。
②运行环境故障
轨道信号设备故障（计轴器、信标、信号灯等故障）。
供电系统故障。
线路异常（行人/汽车堵塞、线路中央出现宠物、强光照射有轨电车司机室）。
操作失误引起的异常。
③突发事件
站区突发事件（如：候车乘客坠轨、行人、车辆、动物占用轨道）。
行车区间突发事件（如：轨道上有障碍物、积水）。
天气变化（如：雨天、雾天等）。
（3）故障/突发事件信息的内容应包括
①故障/突发事件名称、编号。
②故障/突发事件类型。
③故障/突发事件发生条件或起动标准。

6）设备应用

司机模拟驾驶培训设备在城市轨道交通广泛应用，带运动平台的司机模拟驾驶培训设备如图 2.3-40 所示，不带运动平台的司机模拟驾驶培训设备如图 2.3-41 所示。

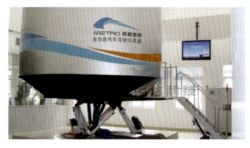
图 2.3-40　带运动平台的司机模拟驾驶培训设备

图 2.3-41　不带运动平台的司机模拟驾驶培训设备

2.4　相关专业设计

2.4.1　站场

1）线路平面及纵断面
（1）平面
①最小曲线半径：出入线一般情况 A 型车为 250m，B 型车为 200m，困难情况为 150m。

车场线不应小于150m,其中使用调机作业的牵出线不宜小于300m。试车线应为平直线路,困难时线路端部可根据该线段的试车速度设置适当的曲线。试车线的其他技术标准应与正线标准一致。

②出入线平面圆曲线与直线之间应根据曲线半径、超高设置及设计速度等因素设置缓和曲线。

③出入线上两相邻曲线间的夹直线最小长度(无超高):A型车不应小于25m,B型车不应小于20m;车场线上的夹直线长度不宜小于3m。

④道岔应设在直线地段,道岔两端与平、竖曲线端部应保持一定的直线距离,其值不应小于5m,车场线可减少到3m。

⑤正线道岔型号不应小于9号,车场线应采用7号道岔。

⑥设置单渡线和交叉渡线的线间距应按下列规定确定:9号道岔单渡线≥4.2m,交叉渡线采用5m;7号道岔采用5.0m。

⑦道岔间插入短轨尽量采用标准短轨,以方便铺设和养护维修。

⑧咽喉区线束尽可能以同库房的股道为同一线束,尽可能拉开水沟和接触网在相同两股道之间时的线间距。

(2)纵断面

①出入线:最大坡度宜不大于35‰(不考虑坡度折减)。

②车场线:车场内的库(棚)线宜设在平坡道上,库外停放车的线路坡度不应设在坡度大于1.5‰的坡道上。

③道岔宜设在不大于5‰的坡道上,咽喉区道岔坡度不宜大于3‰。在困难地段应采用无砟道床,尖轨后端为固定接头的道岔,可设在不大于10‰的坡道上。

④碎石道床线路竖曲线不得与平面缓和曲线重叠;当不设平面缓和曲线时,竖曲线不得与超高顺坡段重叠。

⑤线路坡段长度不宜小于远期列车长度,并应满足相邻竖曲线间的夹直线长度的要求,其夹直线长度不应小于50m。

⑥两相邻坡段的坡度代数差等于或者大于2‰时,应设圆曲线型的竖曲线连接,出入线及车场线的竖曲线半径为2000m半径。

2)场坪高程的确定

(1)路基路肩设计高程应高出线路通过地段的最高地下水位和最高地面积水水位,并加上毛细水强烈上升高度和有害冻胀深度或蒸发强烈影响深度,因此应再加0.5m。若采取降低水位、设计毛细水隔断层等措施时,可不受此限制。

(2)当路肩高程受洪水水位或潮水水位控制时,应计算其设计水位。设计洪水频率或重现期应符合下列规定:

①设计洪水频率标准应采用1/100。当观测洪水位(含调查洪水)频率小于设计洪水频率时,应按观测洪水频率设计;当观测洪水频率小于1/300时,应按1/300频率设计。

②在淤积严重或有特殊要求的水库地段,应根据多年运营和水害情况在可行性研究阶段确定。

(3)站场的路堤高度受洪水控制时,站内正线的路肩高程、临河站场最外侧站线路基面边缘的高程应根据河流的具体情况,分别考虑壅水(包括河道卡口或建筑物造成的壅水、河湾水面超高)、波浪侵袭、斜水流局部冲高、河床淤积等影响的高度。其最低高程应高出设计水位加上述所规定的各项影响后至少 0.5m。波浪侵袭高度与斜水流局部冲高取两者之较大者。困难时临河站场最外侧站线路基面边缘的高程可不计波浪及壅水高度，按不低于设计水位加 0.5m 设计即可。

（4）车辆基地及停车场场坪路肩设计高程在满足上述防洪要求的基础上，还应参照周边规划及通段道路，结合车辆基地排水设计等情况综合确定，并尽量做到填挖平衡，减少工程量。

（5）场坪高程主要受内涝水位控制时，应根据内涝水位、周边道路、土方填挖平衡，并在排水出水口顺畅的前提下，外加 0.5m 的安全值，确定场坪高程，并通过专家评审最终确认。

3）其他技术要求

（1）站场排水沟设计

①站场排水沟断面尺寸的确定。

站场股道间排水沟、侧沟、天沟的横断面宜按 1/50 洪水频率的流量进行计算，沟顶应高出设计水位 0.2m，急流槽下游的侧沟应加大断面。

②排水沟尺寸、墙身材料及盖板类型。

站场排水沟尺寸墙身材料建议采用 C25 混凝土，除穿越股道的横向排水槽外，站场水沟盖板建议采用高强复合盖板或镀锌钢格栅盖板。

③站场纵向排水沟的坡度不应小于 2‰，困难条件下不应小于 1‰，穿越线路的横向排水槽坡度不应小于 5‰。

④一般路堤两侧坡脚外不小于 1.0m 设排水沟，其沟底宽不小于 0.4m，沟深不小于 0.6m。路堑外应设置单侧或双侧天沟，天沟内边缘至堑顶距离不宜小于 5m，当天沟采取加固防渗时，不应小于 2m。

⑤咽喉区两侧，与道路临近的站场排水沟，宜根据道路高程设置碴顶式纵向排水槽。

⑥一般情况下，场坪四周路肩外坡脚均应设置矩形盖板排水沟，收集排放周边雨水。

⑦咽喉区股道间距大于或等于 12m 时，建议设置 2 条排水沟，排水沟距线路中心线 3.5m（图 2.4-1）。

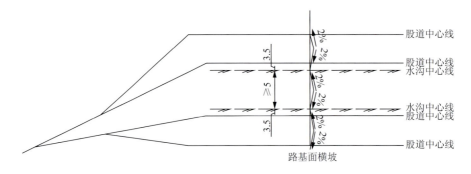

图 2.4-1　排水沟设置示意图（一）（尺寸单位：m）

⑧最外侧股道与道路临近时，两者间距建议不小于 4.0m，股道外侧不设置排水沟，将排水沟设置在股道内侧（图 2.4-2）。

⑨道路采用管网排水以满足美观需要。

⑩股道间线间距较小处的站场排水沟，水沟两侧宜设置挡碴墙。

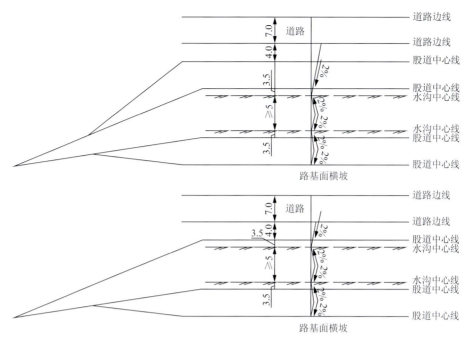

图 2.4-2 排水沟设置示意图（二）（尺寸单位：m）

（2）站场排水与外部排水系统的衔接

①采用站场水沟将车辆基地内雨水排入周边自然水系，必须按 1/50 洪水频率流量计算水沟的横断面尺寸。

②采用管涵将车辆基地内雨水排入市政雨水管网，由给排水专业设计。

③从隧道或者 U 型槽内爬上地面的出入线路基两侧应设侧沟，洞口或者槽口应设截水沟并在附近设排水泵房，以防地面雨水灌入地铁。

④车辆基地内应有两个或两个以上排水出处，并尽可能减少排水沟长度。

⑤预留工程排水。

预留工程四周的排水需要与城市外部排水系统连通，以防积水。

（3）站场路基横断面设计

①碎石道床区

a. 路基面一般设置成单面坡，一个坡面的最大线路数量不超过 3 条。

b. 路基面横向坡度一般设置为 2%，困难条件下不小于 1%。

c. 路基面宽度及填料按路基专业要求设计，出入线路肩半宽不得小于 3.75m，车场线路肩半宽不得小于 3m。

②库棚区

a. 路基面全部为平坡。

b. 库房边界线范围内填料一般按结构专业要求设计，库房范围外填料按路基专业要求设计。

（4）站场道路设计

①车辆基地内道路平面

车辆基地应设不少于两个出入口与外界公路（或城市道路）连接。车辆基地内道路应适应生产工艺流程需要，并与线路、管系、绿化和环境等布置相协调，满足运输、消防、安全和卫生等方面的要求。

当基地道路平面交叉时，宜为正交；当需要斜交时，交叉角不宜小于45°。

车辆基地采用公路运输车辆时，车辆运输路径的道路转弯半径、载重、通行高度和卸车条件等应符合公路运输的要求；钢轨由公路运输进入车辆基地卸装场地时，道路设计应满足25m长度的钢轨运输要求。

站场道路主要道路宽7m，次要道路宽4m；库房边的圆曲线半径不小于6m，其他地段圆曲线半径不小于9m。

与主要道路衔接的平交道宽度一般为7m；与次要道路衔接的平交道宽度一般宽为4m；运用库和联合车库前的平交道，一般不小于10m。

②车辆基地内道路纵断面

站场道路临近库房设置时，该区域设置起伏坡时坡长宜设置为100m，坡度不大于0.2%。局部地段可采用较短坡长的平坡，坡长宜采用50m。站场道路纵断面设计同时需满足建筑基本开门要求，即路面低于轨顶0.3m左右，而从库门到站场道路，建筑专业允许不大于1/12的坡度设计。其他区域的站场道路，坡长宜不小于100m，坡度宜不大于0.2%。

平交道纵断面宜设置为平坡，路面与轨面高程等高。平交道与其他道路衔接地段，其钢轨外侧至变坡点长度（不包含竖曲线）不应小于16m，连接平台的纵坡不宜大于3%；困难条件下，不应大于5%。

车辆基地需设置2处通段道路，设计标准与段内主要道路相同，与外部市政道路衔接时，必须满足平顺、美观及排水要求。

③道路横断面

站场道路车辆基地内道路横断面尽量采用"人"字坡，坡度宜为2%。

与通往库房大门的道路相交叉时，此段站场道路宜采用单面坡，从库门方向往道路方向横向顺向刷坡，站场道路在此处宜设置横坡过渡段，避免排水的最低点刚好在交叉口处，如图2.4-3所示。

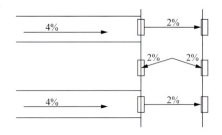

图2.4-3 道路横断面设置示意图

2.4.2 路基

1）路基宽度及线上标准

设计荷载按地铁轨道结构和车辆的轴重、轴距等参数计算，并用换算土柱来代替。正线非渗水土路基道床厚度0.45m，岩石、渗水土路基道床厚度0.30m，道床顶面宽3.30m，道床边坡坡率1:1.75，站线道床顶面宽2.90m，道床边坡坡率1:1.5，路肩宽度为0.60m。

路基面宽度应根据线路数目、线间距、轨道结构尺寸、曲线加宽、路肩宽度等计算确定。站线的路基面宽度按站场专业有关规范执行。

区间正线路基面宽度，按表2.4-1采用。

一般路基无缝线路直线地段路基面宽度（m） 表2.4-1

单 线		双 线	
非渗水土	岩石、渗水土	非渗水土	岩石、渗水土
7.1	6.5	12.1	11.5

注：1. 非无缝线路地段上表数值减0.10m；
　　2. 本表双线线间距为5.0m，线间距变化时路基面宽度应随之而变。

区间曲线地段的路基面宽度，单线应在曲线外侧，双线应在外股曲线外侧按表 2.4-2 的数值加宽，加宽值在缓和曲线范围内线性递减。

曲线地段路基面加宽值　　　表 2.4-2

曲线半径 R（m）	路基面外侧加宽值（m）
$R < 600$	0.5
$600 \leq R < 800$	0.4
$800 \leq R \leq 1000$	0.3
$1000 < R \leq 2000$	0.2
$2000 \leq R \leq 5000$	0.1

注：无缝线路 $R < 800$m、有缝线路 $R < 600$m 的曲线外侧路基面应在上表中加宽值基础上增加 0.1m。

2）路基面形状

（1）路基面形状为三角形路拱，由路基中心线向两侧设 4% 的人字排水坡。曲线加宽时，路基面仍保持三角形。

（2）车辆基地等站线路基面应设有倾向排水系统的横向坡度。根据路基宽度、排水要求和路基填挖情况，可设计为一面坡、两面坡或锯齿形坡的横断面。

3）路基基床及路基填筑

（1）路基基床划分为基床表层及底层，由路肩施工高程至其下 0.5m 为基床表层，表层下 1.5m 为基床底层。基床底层的顶部和基床以下填料部位的顶部设 4% 的人字排水坡。

（2）路基基床及基床以下部分的填料及其压实标准等技术要求按照《地铁设计规范》（GB 50157—2013）的有关规定办理，填料分类按《铁路路基设计规范》（TB 10001—2016）执行。

①基床表层采用 A、B 组填料（不含砂类土）或级配碎石，路肩处厚 0.5m，路基设干砌片石护肩加固，表面采用 M10 水泥砂浆抹面。

②基床底层及以下部位填料可选用 A、B、C 组填料。当基床底层使用 B 组填料中的中砂黏土及 C 组填料中的粉黏土、粉土和碎石土、圆砾土、角砾土中的细粒土的含量大于 30% 时，其塑性指数不得大于 12，液限不得大于 32%。路堤浸水部位的填料，应选用渗水土填料。

③压实标准：对细粒土、粉砂、改良土采用压实系数和地基系数作为控制指标，对砂类土（粉砂除外）采用相对密度和地基系数作为控制指标，对砾石土、碎石土、级配碎石采用地基系数作为控制指标。

a. 路基基床表层，砾石土、碎石土的地基系数 $K_{30} \geq 1.4$MPa/cm；级配碎石的地基系数 $K_{30} \geq 1.5$MPa/cm。

b. 路基基床底层，细粒土的压实系数 $K_h \geq 0.91$，地基系数 $K_{30} \geq 0.9$MPa/cm；砂类土的地基系数 $K_{30} \geq 1.1$MPa/cm，相对密度 $D_r \geq 0.75$；砾石土、碎石土的地基系数 $K_{30} \geq 1.2$MPa/cm。

c. 路基基床以下部位，不浸水部分，细粒土的压实系数 $K_h \geq 0.90$，地基系数 $K_{30} \geq 0.8$MPa/cm；砂类土的地基系数 $K_{30} \geq 0.8$MPa/cm，相对密度 $D_r \geq 0.7$；砾石土、碎石土的地基系数 $K_{30} \geq 1.1$MPa/cm。浸水部分，砂类土的地基系数 $K_{30} \geq 0.8$MPa/cm，相对密度 $D_r \geq 0.7$；砾石土、碎石土的地基系数 $K_{30} \geq 1.1$MPa/cm。

（3）高度小于基床厚度的低路堤，基床表层厚度范围内天然地基的土质及密实度应符合规范要求。基床底层厚度范围内天然地基的静力触探比贯入阻力 P_s 值不得小于 1.2MPa

或天然地基容许承载力 $[\sigma]$ 不应小于 0.15MPa，否则应进行换填、改良或加固处理。

4）路堤边坡形式、坡度及防护

边坡坡率为 1:1.5～1:1.75，坡脚一般设高 1～2m 的脚墙；边坡高度 $H \leq 6$m，坡面采用喷播植草和灌木防护或立体植被网、混凝土空心砖内植草和灌木防护；边坡高度 $H > 6$m，坡面采用浆砌片石或混凝土拱形截水骨架内空心砖植草防护，边坡 3.0m 范围铺设双向土工格栅。

5）路堑边坡坡率及防护

（1）不同岩土性质的路堑边坡坡率建议值如表 2.4-3 所示。

路堑边坡坡度　　　　　　　　　　　　表 2.4-3

岩土类别	边坡高度（m）	边坡坡度（率）
中风化软质岩石	15～20	1:0.5～1:1
强风化～全风化岩石	12～15	1:1～1:1.5
砂石土、圆砾土、卵石土	12～15	1:1～1:1.75
黏土、粉质黏土、粉土	10～12	1:1.25～1:1.5
膨胀土	<6	1:1.5～1:1.75
膨胀土	6～10	1:1.75～1:2.0

（2）路堑边坡防护。

一般土质路堑边坡高度 $H \leq 3$m，坡面采用立体植被网植草防护或空心砖内植草护坡；当土质路堑边坡高度 >3m 时，坡脚设矮挡土墙，坡面采用浆砌片石或混凝土拱形截水骨架内空心砖植草防护。

6）路基工后沉降控制要求

路基的工后沉降量应满足以下要求：碎石道床地段不应大于 20cm，路桥过渡段不应大于 10cm，沉降速率均不应大于 5cm/年；铺设整体道床地段路基工后不均匀沉降量不应超过扣件允许的调高量，路桥或路隧交界处差异沉降不应大于 10mm。

7）浸水路基

受水塘（库）及内涝水位影响的路基，根据水位变化情况、浸泡时间等因素，采用放缓边坡坡率的方法，坡面采用种植草灌、干砌片石、浆砌片石等的方式来加固防护工程措施。

8）路基个别设计原则

路基个别设计主要有边坡防护路基、软土、松软土路基、侵限路基、膨胀土路基等。

（1）边坡防护路基

路堤、路堑坡面以绿色防护为主，坡面一般采用 C25 混凝土拱型截水骨架内铺空心砖内喷播植草+灌木防护，灌木窝距 0.6m×0.6m，每窝二株。其中路堤边坡（高大于 3m）每 0.6m 铺一层抗拉强度不小于 25kN 的土工格栅补强。

为避免大量挖方需设置支挡工程收坡时，设计应视具体的界限要求、地形地质条件等因素综合分析，采用重力式挡墙、桩板墙+锚杆、锚索框架等挡护措施。

（2）软土、松软土路基

路基基底为软弱土层时，应进行地基稳定检算，稳定安全系数不考虑轨道与列车荷载时，应不小于 1.2；考虑轨道与列车荷载时，应不小于 1.15。检算如满足要求，对地表淤泥等软弱土应采取清除、换填等措施处理；当工后沉降不满足要求时，基底一般采用 CFG 桩复合地基、管桩桩网结构、深层搅拌桩和旋喷桩等措施加固。

（3）侵限路基

对于位于道路建筑等既有建筑附近的路基地段，没有放坡条件，则根据地基条件、填筑高度、界限要求等情况，采用支挡收坡。路堤支挡工程设计应考虑路基面的道床及轨道、车辆荷载等因素，设计视具体的界限要求、地形地质条件等因素综合分析，一般采用重力式挡土墙、格宾墙、桩基挡墙、加筋土挡墙或悬臂式挡墙等支挡措施。根据《铁路路基支挡结构设计规范》(TB 10025—2006)，作用在墙背上的主动土压力按库仑理论计算，挡土墙抗滑稳定系数K_c不应小于1.3，抗倾覆稳定系数K_o不应小于1.6，偏心距（m）土质地基不应大于$B/6$，岩石地基不应大于$B/4$。

（4）膨胀土路基

膨胀土地段基床表层全部换填符合要求的填料，基床底层采用符合要求的A、B组填料换填，换填厚度0.5~1.0m，换填底采用复合土工膜封闭，并加强地下水的引排。边坡加强防护和排水（表2.4-4）。

膨胀土路堑边坡坡度 表2.4-4

边坡高度（m）	膨 胀 性			
	弱	中	弱	中
	边坡坡率		边坡平台（m）	
<6	1:1.5	1:1.5~1:1.75	—	—

注：1. 膨胀土路堑的控制高度、边坡坡率及边坡平台视土质及膨胀土性质等情况综合考虑，按"膨胀土路堑边坡坡度表"采用。
2. 路堑边坡高小于6m时一般采用拱形截水骨架内铺空心砖内喷播植草＋灌木防护，边坡采用膨胀土生态改性改良剂改良加固。
3. 膨胀土地段应加强排水设施，完善并贯通截、排水工程，根据地表、地下水发育情况，坡脚设置盲沟，边坡设置支撑渗沟。

9）路基排水

一般在路堤两侧坡脚外不小于1.0m处设排水沟。挖方路堑应于路肩两侧设置侧沟，路堑堑顶外2.0m设置天沟，其沟底宽不小于0.4m，沟深不小于0.6m。对路基有危害的地下水，应根据地下水类型、含水层的埋藏深度、地层的渗透性等条件，设置暗沟（管）、渗沟等地下排水设施将有害的地下水引排入城市排水系统内。其中侧沟、排水沟、天沟的纵坡坡度不应小于2‰。

2.4.3 桥涵

（1）涵洞结构应构造简单、力求标准化，以便控制整体质量、缩短施工周期。涵洞的出、入口尽量按敞口设计，尽量避免设计成有压涵。

（2）列车活载：按车辆资料确定。

（3）采用设计洪水频率：涵洞1/100。

（4）涵洞宜设计为无压的。无压涵洞洞内设计频率水位的净空高度按表2.4-5确定。

涵洞净空高度 表2.4-5

涵洞结构净高 H（m）	涵洞类型		
	圆 涵	拱 涵	矩 形 涵
≤3	≥$H/4$	≥$H/4$	≥$H/6$
>3	≥0.75m	≥0.75m	≥0.50m

（5）涵洞宜采用框架涵。涵洞可设单孔或双孔，如技术上和经济上均适宜，可多于两孔。

（6）为便于维修，涵洞内净高不低于1.5m。

（7）涵洞出入口应设端墙或翼墙，其式样和尺寸应使涵洞具有相应的过水能力，并能保证涵洞处路基的稳定。

（8）置于非岩石地基上的涵洞，每隔2～5m应设沉降缝一处。沉降缝应以有弹性和不透水的材料填塞。岩石地基上的涵洞可不设沉降缝。

（9）涵洞出入口一定范围内的沟床、路基坡面、锥体填方均应铺砌加固。

（10）排洪涵洞两侧设路基检查台阶。

（11）涵洞基础应计算工后沉降，其工后沉降不应大于100mm。涵洞的工后沉降量不满足上述要求时，应进行地基处理。

（12）建筑材料的选用、混凝土的配合比、施工、养护等工艺均应遵照《铁路混凝土结构耐久性设计规范》（TB 10005—2010）办理。

（13）为避免涵内积水，涵内应设置排水纵坡，排水纵坡坡度不宜小于3‰。

（14）连接涵洞与站场排水沟的排水管高程宜尽量抬高。

2.4.4 建筑

1）总图

（1）本着节约用地的原则，对单体尽量进行整合。

（2）总平面设计及单体建筑设计，前期应充分考虑建筑周边屋面及地面雨水汇排水、各类工艺及设备管线布局等所需要的场地高程、用地宽度、道路宽度、排水沟走向等因素，使整体设计有序进行。

（3）应尽量将各种检查井、雨水井等置于隐蔽处，当这些井处在人行道及广场等铺装地面时，应整齐排列并结合景观设计对井口进行处理。

（4）建筑单体间距应满足车辆通行、管线布置及消防通道设置、防火间距等要求。

（5）消防车道下的管道和暗沟应能承受大型消防车的荷载。

（6）景观绿化设计以经济实用为主，办公生活区可做重点绿化，布置一些景观花木及小品，厂房周边栽植不影响消防的小树和草坪。道路两侧路缘石建议采用成品混凝土或大理石路缘石。

（7）场区运输道路及消防道路，主入口道路宽度不得小于10m（不含人行道、路缘石、排水边沟），主干道路宽度不得小于7m，次干道不得小于4m，并均需呈环状布置。如考虑新车运输条件，则转弯半径不能小于28m，主次干道道路转弯半径不得小于9m，尽头式消防车道应设置回车道或回车场，回车场的尺寸不应小于12.0m×12.0m，当回车场供大型消防车使用时，尺寸不宜小于18.0m×18.0m。

（8）消防车道与厂房（仓库）、民用建筑之间不应设置妨碍消防车作业的障碍物。

（9）污水处理站、给水加压站、危险品库不宜设置围墙，用绿化景观进行遮挡及美化。

（10）当车辆基地设计有边坡时，边坡应预留出门卫位置。

2）单体建筑设计的技术要求

（1）单体设计

①甲类厂房及仓库应进行泄爆计算，优先考虑屋顶泄爆。

②单体设计室内地面比室外地坪低时，高差处墙面迎水面及室内地坪均应按半地下室构造做防水处理。

③公共卫生间的男女厕所应分开设置盥洗间（卫生间前室）并应满足视线遮挡要求（从门前各角度不得直视便位）。

④建筑物内设吊车时，柱网布置应充分考虑吊车插入距及设备限界要求。

⑤变电所及跟随所室内地坪应比室外地坪至少高出 1m 以上，便于今后设备维修机运输，也能最大限度保证设备的防淹要求。

⑥物资总库需要考虑大货车进出条件，其货车通行出入口处道路转弯半径不得小于 12m，且库内门净宽及净高需满足货车通行的要求。

⑦运用库主跨与辅跨之间为天井时，天井内地面需重点设计有效的雨水排水措施。

（2）消防设计

按火灾危险性分类如下。

运用库：主跨按照戊类厂房设计；辅跨按照多层民用建筑设计。

检修库：主跨及辅跨一层除楼梯间外按照丁类厂房考虑。

物资总库：主跨及辅跨一层除楼梯间外按照丙类仓库设计。

调机工程车库：按照丙类厂房设计，边跨按照多层民用建筑设计。

材料棚：按照戊类仓库设计。

蓄电池间：酸性蓄电池充电间按照甲类厂房设计，碱性蓄电池间为戊类。

牵引降压变电所、跟随所：按照丙类厂房设计（如采用干式变压器为丁类厂房，如采用油浸变压器为丙类厂房）。

动调试验间、垃圾站、门卫：按照民用建筑设计。

危险品库：按照甲类仓库设计。

洗车库、污水处理场：按照丁类厂房设计。

（3）建筑节能设计

①运用库、检修库、物资总库、调机及工程车库边跨建议进行节能设计。

②蓄电池间、牵引降压变电所、污水处理站、洗车库仅屋顶考虑节能措施，部分办公、值班房间按照外墙内保温进行节能设计。

③门卫、综合楼均应做节能设计。

（4）外装修及立面造型

①外墙变形缝材料和色彩处理应满足立面美观要求，淡化视觉注意力。

②外立面建议采用内排水，直接排至截水沟。

③综合楼如外墙采用外挂石材或墙砖幕墙时，雨水管置于外挂石材或墙砖幕墙内。如雨水管设置室内，应避让电力、通信、信号设备用房。

④同一外立面上，雨棚高度应尽量统一。

（5）门窗及玻璃幕墙

①厂房采用的提升门、卷帘门、折叠门等大型工业门建议采用手动开启，具体门形式根据工艺要求确定，加工厂商应保证其安全可靠性。

②办公及生活用房外窗的可开启面积不应小于窗面积的 30%，透明幕墙应具有可开启部分或设有通风换气装置。厂房侧窗可开启面积不宜少于 60%，窗尺寸应考虑抗风性能要求，单樘窗高不宜超过 2.4m，开启窗应有限位装置。

③玻璃幕墙由专业公司进行二次设计，设计院对其图纸进行审核确认。但设计院应对玻璃幕墙的轮廓尺寸、分格及开启、玻璃与梃料的类型及颜色、装饰构件以及其他要求进行设计控制。

④车辆（包括电瓶车、货车、手推车）通行道路上的门不能有凸出地面的门槛。

（6）屋面

①重力雨水排水系统雨水管均不得外露，采用内排水，并做包管处理。

②单体建筑中设置了室外排水沟时，雨水管直接接至室外排水沟或室外截水沟。

③雨水管不应有过多弯头，当遇有建筑腰线或其他突出墙面装饰物时，雨水管应直通穿过而不应绕行。

④钢筋混凝土雨棚不得采用泄水孔进行排水，优先采用有组织排水（雨水管）。

⑤库房主跨未设出屋面楼梯间时，应设计室外钢爬梯，房屋高度大于 6m 时应采用带护笼钢爬梯。

⑥大库屋顶建议采用成品通风天窗。

（7）沟、盖板

①建筑散水外排水边沟建议采用镀锌钢格栅盖板，排水沟采用砖砌排水沟。

②库前截水沟，采用镀锌钢格栅盖板，需满足 10t 车辆通行荷载的要求。

③室外电缆沟的所有沟沿及钢筋混凝土盖板均建议采用角钢进行包边。

④库内排水沟及电缆沟盖板，建议采用无机复合盖板，满足作业车辆通行要求荷载。如遇消防车道需满足荷载要求，建议采用带角钢包边钢筋混凝土盖板。

（8）其他

①围墙设计时，应处理好围墙与道路及边坡的关系，不得出现围墙顶高程接近或低于临近路面高程的现象。

②室外综合管线中室外电缆沟、电缆井之间预埋管线，及穿入各单体室内预埋管线均应封堵。

③变电所设计中，人员疏散门采用甲级防火门，所有设备房间窗均应采用固定甲级防火窗。

2.4.5　结构

1）主要技术标准及控制标准

（1）主要技术标准

①房屋按 50 年设计基准期进行设计。

②建筑结构安全等级为二级，建筑重要性系数 1.0。

③建筑物抗震设防类别：牵引变电所为重点设防类，应提高一度采取抗震构造措施；其余均为标准设防类。

④根据《混凝土结构设计规范》（GB 50010—2010），上部结构混凝土结构的环境类别按"一类"设计，地下室及基础部分按"二 a 类"或"二 b 类"设计。根据《混凝土结构耐久性设计规范》（GB/T 50476—2008），上部结构混凝土结构的环境类别按" I-A"设计，地下室及基础部分按" I-B"或" I-C"设计。

（2）控制标准

①根据《建筑设计防火规范》（GB 50016—2014），车辆基地房屋建筑构件的耐火等级均为二级。

②钢筋混凝土结构的裂缝控制等级为三级，露天环境下及地下室底板和壁板允许裂缝宽度为 0.2mm，室内环境一般构件允许裂缝宽度为 0.3mm。

2）结构设计

（1）结构体系

①厂房跨度超过 40m，宜采用网架；跨度在 30～40m 之间，宜采用桁架；跨度在 30～12m 之间，宜采用门式刚架；跨度小于 12m，采用混凝土结构。网架和桁架均宜采用混凝土柱，网架及桁架与柱顶连接宜采用铰接节点。

②综合楼等多层及高层房屋一般采用框架结构、框架剪力墙结构、剪力墙结构或其他合适的结构体系。

③上盖开发建筑柱网建议控制在 13～14m，跨两轨或单轨设置柱网，尽量保证柱能落地。

（2）伸缩缝、沉降缝和防震缝

根据具体的建筑平面，设置变形缝和防震缝，将建筑划分为不同的结构单元。

（3）基础设计

①基础设计应根据地勘报告确定。房屋柱下一般采用钻孔灌注桩、预应力混凝土管桩，独立基础或条形基础；面积较小房屋应优先选用浅基础；变电所及物资总库货架区可根据地质情况考虑筏板基础的适用性。

②道床及检修地沟基础的确定：当持力层位于道床及检修地沟埋置深度范围内时，道床及检修地沟基础可利用天然地基；如遇回填土较厚，埋深下有软弱土、淤泥质土或欠固结土层等情况时，道床及检修地沟基础建议采用预应力混凝土管桩。

③设备基础和柱下基础以外的地面结构和土质条件好的天然地基，可在进行回填土、分层碾压等措施后，采用建筑地坪做法；如遇回填土较厚，埋深下有软弱土、淤泥质土或欠固结土层等情况时，应作换填处理或选用 CFG 桩、水泥土搅拌桩和管桩等桩基处理，还可以考虑采用架空结构板处理。

（4）专业接口

①吊车、架车机、镟轮、洗车等设备

a. 吊车跨度与房屋跨度相互关系一般为：

$$房屋柱中心距-1.5m=吊车跨度$$

b. 应明确说明梁式吊车或桥式吊车、起重量、轨道型号、轨顶高程、吊车与屋面梁净空要求等。

c. 应明确说明架车机为移动式或固定式，起重量等。

d. 镟轮设备基坑、洗车设备应根据设备招标资料提供。

e. 检修库，列检库或月检库内钢检修平台，总体应要求厂家提供柱定位、柱底荷载等，应由结构专业进行基础设计。

f. 屋面梁底悬挂防护网、接触网等设备，接触网专业应提供荷载及定位，结构设计时应充分考虑荷载。

g. 房屋屋面放置设备应根据通信、信号和暖通等设备专业提供设备荷载（是否考虑动力系数）、定位、基础要求等进行设计。

h. 工艺或相关专业应提供厂房内或室内堆载或放置设备荷载及定位，结构专业应进行相应的地基处理或加固。

②轨道

库内整体道床、检修地沟基础设计与轨道专业分工界限一般为相对高程 -0.500。

③孔洞资料

电力专业应提供变电所、跟随所孔洞；其他相关专业也应结合建筑平面提供开洞，埋管等资料。

2.4.6 电力

1）一般原则

（1）动力与照明配电系统容量应按远期最大负荷设计，并考虑一定的裕量。动力与照明配电系统采用三相四线制配电，并根据情况采用 TN-S、TN-C-S、TT 型接地保护系统。

（2）电气设备电压波动范围：正常情况下，电气设备端子供电电压偏差允许值为 +5%～-5%；特殊情况下，电气设备端子供电电压偏差允许值为 +5%～-10%。

2）负荷分类及供电方式

（1）一级负荷及供电方式：应急照明、所用电、通信、信号、FAS、BAS、综合监控系统、消防水系统等为一级负荷，设双回路供电。其中两路电源分别引自变电所两段母线，两路电源在线路末端自动切换。

（2）二级负荷及供电方式：车辆基地工艺设备、污水处理站负荷、正常照明负荷等为二级负荷，由变电所低压母线以单回路供电。

（3）三级负荷及供电方式：电开水器、保洁电源等一、二级负荷以外的其他负荷。正常时由变电所三级负荷母线引一回电源至设备配电箱或电源箱，当供电系统为非正常运行方式时，应将其切除。

3）动力配电系统及配电原则

（1）动力配电系统及配电原则

动力配电系统由变电所低压柜直接配电至供电点与车间配电室分配至供电点的方式相结合，并以放射式配电为主、树干式配电为辅。低压配电级数一般不超过三级。

一级负荷及变电所临近的负荷一般采用由变电所直接供电的方式。

负荷大且集中的地方设低压配电室，由低压配电室向各设备供电，当车间负荷点较多、较大时，采用密集型母线以插接箱的形式供电。

电气设备电压波动范围：正常情况下，电气设备端子供电电压偏差允许值为 +5%～-5%；特殊情况下，电气设备端子供电电压偏差允许值为 +5%～-10%。

（2）控制及信号

车辆基地内的通风空调等设备设置就近的手动控制，消防泵、排烟风机等设备由 FAS 系统控制和就地控制。

（3）照明设计

车辆基地室内照明分为生产厂房工作照明、地沟工作照明、局部照明、办公及公共用房照明、应急照明等。光源均采用高压钠灯。车辆基地场咽喉区、道路设置室外照明，咽喉区采用升降式高杆灯照明，道路采用柱灯照明。

①照明设计原则

车辆基地内设工作照明，照明电源由降压所的低压配电屏供电，以不同母线段分别引至各部门、车间的配电箱进行供电。照明系统采用放射式和树干式相结合的供电方式，大型厂房内照明由变电所不同母线段的两路电源交叉供电。

联合车库、运用库、综合楼、信号楼及综合检修楼等大中型建筑物内的应急照明由各单体建筑物内设置的 EPS 供电，其余建筑的应急照明均选用带蓄电池的照明灯具。

安全电压照明：检查坑（台）设 24V 安全工作照明，由 220/24V 安全变压器供电，其电源由照明配电箱单独回路供电。

车辆基地联合车库、工程车库、综合楼等场所的照度考虑《建筑照明设计标准》（GB 50034—2013）、《城市轨道交通照明》（GB/T 16275—2008）设计，采用各规范中的高标准值。

②照明控制

大型库房、室外照明等区域应设置智能照明控制，以达到节能的目的；小型生产厂房照明一般在配电室（箱）控制；生产办公及生活房屋照明应分散就地控制。

4）主要设备的选择与安装

设备选择国产化优质产品，并按满足该城市地铁环境、技术先进、节能、便于安装维护的标准进行选择。

低压开关柜、应急照明电源装置均选用成套设备。动力照明配电箱采用落地或挂墙安装。高大厂房一般采用光源为金属卤化物光源的广照型工厂灯。道岔处采用高压钠灯加强照明，室外道路采用风光互补型道路灯，一般办公区灯具以荧光灯为主，火灾时仍需运行的设备电源电缆应选用矿物绝缘电缆。

室外电缆一般采用沿电缆沟敷设，其余电线电缆采用沿电缆桥架或穿钢管、PVC 管明、暗敷设方式。

5）防雷及接地

（1）车辆基地建筑物电气设备工作及防雷接地工作由低压配电及照明专业负责设计。接地电阻不应大于 1Ω。

（2）低压系统根据情况采用 TN-S、TN-C-S、TT 系统，所有电气设备的金属外壳和金属管线均与 PE 线可靠连接。

6）其他规定

（1）室内（办公房间、司机公寓、会议室等）配电箱的设置标准

原则上不在办公生活用房内设置配电箱，应结合建筑物形式，考虑设置分楼层单独配电间和总配电箱。配电间可考虑与电缆井合并设置，如房间内需设置配电箱，考虑配电箱采用 PZ30 嵌入式安装箱体，同时与装修专业协商，是否可以考虑软装修方式予以隐蔽。

（2）库内配电柜或配电箱的配置标准

①配电箱安装高度应以方便检修、操作为原则。

②一般配电箱、控制箱安装高度是底边距屋内装修完成面 1.3m，高度大于或等于 800mm 的配电箱应考虑顶边的安装高度距屋内地面装修完成面不大于 2.0m，宜落地安装或者用钢架支撑安装。

③考虑到大库内照明控制区域较多，可考虑采用智能照明系统控制方式，减少布线，合理控制。智能照明控制应包含顶面照明、检修地沟照明，同时考虑火灾时应急照明的强启（前提是应急照明采用无极灯）。照明控制以股道为单位设置，智能照明尽可能采用触摸屏控制面板形式，面板设置位置以常用通道处集中控制为主、分散控制为辅，具体设置位置结合建筑物形式综合考虑。

（3）场区投光灯塔设置标准

按照《城市轨道交通照明》(GB/T 16275—2008)规定，车辆基地车场线照度要求不小于5lx，试车线、道岔区照度要求不小于10lx。如果由于轨道设置集中，导致轨道间设置照明灯具空间较小且布线困难，一般考虑在轨道密集区域（尤其是道岔区域）设置高杆投光灯塔进行站场照明，投光灯塔设置应以道岔区照明为主、站场车场线照明为辅的原则进行设计。试车线、普通车场线的照明可与段内主干道路照明结合考虑。投光灯塔仅在咽喉区设置2座，库后厂区不设置。

（4）其他

①主干径路可采用电缆沟；支线径路电缆根数大于4根及以上时采用电缆沟，小于4根时采用排管直埋形式进行设计。

②室内装修标准通常结合地铁公司的具体要求确定。对于精装修的单体建筑灯具选择通常由装修设计负责选型确定；对于简单装修的单体建筑，有吊顶的位置优先考虑采用嵌入式安装灯具，灯具优先考虑采用管吊形式安装和简易控照荧光灯。

③室外配电柜的防护等级要求，可以采用IP42的防护等级并加装防雨罩及防飘雨措施，箱体接缝处要求连接紧密，箱门处及线缆进出孔洞处应做好防水处理。

④室外配电箱的防护等级要求，可以采用IP65以上的防护等级。

⑤在大库和负荷较大的单体应设单独低压配电间，在配电间内设置配电柜进行二级配电，由降压变电所分别按总动力负荷、总照明负荷、消防类负荷、一级负荷四类接引总电源回路。对于小单体，动力照明负荷可采用树干式配电。

⑥检查地沟内低压照明灯具应统一规格和形式，线缆敷设方式统一为暗埋敷设，需提醒施工单位结合土建进度做好预埋预留工作。除检修坑外，如检修平台等位置的不满足安装高度的灯具也应采用安全等级电压。

⑦除按常规布置外，提前与运营及精装修设计沟通协商，做好特殊要求的布置。当房间使用性质变化后，应由相关专业通知低压配电专业增加或减少房间的插座，并相应调整灯具。

⑧办公场所不设置维修插座箱。维修插座箱设置高度为0.5m以下，要求施工单位暗装。

2.4.7 通风与空调

1) 一般要求

（1）通风空调系统应为工艺设备提供合适的温度、湿度环境，控制部分精密场所的空气品质，收集、排除生产过程中产生的有害气体、粉尘、烟尘和余热，同时能为车辆基地的工作人员提供舒适的工作环境。火灾时通风空调系统应能迅速有效进行防排烟运行，保障人员安全疏散。

（2）空调采暖系统应合理规划冷热源配置，站在统筹规划、资源共享、综合利用、环保节能的高度选择优化的制冷、制热方式和动力系统。

（3）通风空调系统设计应在满足运营要求的前提下力求简洁，同时系统设计时应采取相应的节能措施。集中空调系统应设置自动控制系统。

（4）对环境控制参数相差大的工艺设备用房和办公管理用房的通风空调系统宜分开设置。24h运行的弱电房间，空调系统应保证运行的安全、可靠。

（5）通风空调系统设计应满足运行安全、技术先进、性能可靠、节省空间、便于安装和维护、高效节能的要求，且设备本体自动控制性能高，同时通风空调设备综合国产化率应达到85%以上。

(6) 综合楼公寓卫生间应设直通屋面的通风井（公寓设在顶层，且卫生间靠外墙时可不采用），厨房宜设于底层并预留好竖向烟道。

2) 主要设备选型要求

(1) 计算值、设计值和设备选型值的要求

通风空调系统的设备在选型前均应根据成熟的理论进行计算得出计算值，然后在计算值的基础上考虑适当的安全系数作为系统的设计参数（设计值），设备选型时应按设计值要求供应商提供相应的设备，其设备的参数不应小于设计值且正偏差不应大于5%。

(2) 主要设备选型要求

设计所选择的关键设备、材料等应是经地铁或类似工程使用过的技术先进、安全可靠、运转稳定、高效低能耗的环保设备。各设备的具体要求如下：

①风机

风机的静压比一般应大于60%。

②防火阀

通风空调系统防火阀和有特殊工艺要求的防火阀（全自动防烟防火阀、全自动排烟防火阀等）应具有与FAS监控接口功能。

3) 设备消声、减振、管材及防腐保温要求

(1) 消声和减振设计要求

产生主要噪声和振动的设备应在建筑和结构设计配合中考虑消声和减振措施。

通风机、空调器等设备是产生噪声和振动的主要设备，在设计中应根据实际情况，优先选择噪声小，运转平稳的产品。

通风空调系统应根据噪音计算结果确定是否采取消声措施，风管、水管与设备连接处均应设置减振措施。

(2) 管道材料

管道材料暂定如下：

厨房风管采用1.5mm厚不锈钢版风管焊接（有吊顶时）或镀锌钢板螺旋圆/扁风管（无吊顶时），与吸顶式排气扇连接的风管采用铝箔聚酯膜复合柔性风管，其他所有风管应采用双面彩钢复合风管（不燃A级，耐火时间1h）。

空调水管采用内外热镀锌钢管、不锈钢管等优质管材，分管径不同分别采用螺纹和卡箍连接；空调冷凝水管采用内外涂塑钢管丝接。

(3) 防腐保温要求

管道设备支吊架等均需做除锈防腐处理，防腐采用刷防锈漆两道，明装的管道、支架还需加刷调和漆两道。

空调冷媒管、冷凝水管和排烟风管穿越其他房间处均应采取保温隔热措施。保温材料采用橡塑，保温厚度按计算确定。

2.4.8 给水排水、消防及气体灭火系统

1) 一般规定

(1) 给水排水、消防及气体灭火系统的设计应符合安全、可靠、经济、适用、卫生、节能等基本要求，并应尽量利用市政既有设施。给水系统必须满足生产、生活及消防用水

对水量、水压和水质的要求，同时应坚持综合利用、节约用水的原则。

（2）消防贯彻"以防为主、防消结合"的消防设计原则，并按全线同一时间内仅发生一处火灾设计。

（3）车辆基地各建筑物应配备完善可靠的消防系统，确保能迅速有效地扑灭各种火灾。消防设计按现行《建筑设计防火规范》（GB 50016—2014）、《消防给水及消火栓系统技术规范》（GB 50974—2014）等规范执行。

（4）所有给排水管道不应穿过变电所、通信信号机房、控制室等电气设备用房。金属给排水管道及相关设备，应采取防止杂散电流腐蚀的措施。所有水管穿越砼墙时要加套管，穿越沉降缝、变形缝时应采取相应措施。所有配置的消防设施附近均不应有遮挡物遮挡。

（5）室内消火栓管网的最高处宜安装自动排气阀。超过 80m 的长直水管段宜安装波纹管补偿器，以补偿管道的热膨胀，其补偿量应根据计算得出。

（6）设计中凡与城市给排水系统的接驳问题，均应与城市相关管理部门协商解决，并形成书面意见。

2）系统组成和主要功能

（1）系统组成

给水排水系统由生产、生活给水系统和排水系统组成，消防系统由消防给水系统、气体灭火系统（或其他自动灭火系统）和建筑灭火器组成。

（2）系统功能

①生产、生活给水系统

给水系统应满足车辆基地各单体建筑的生产、生活及消防设施的水量、水压和水质要求，当市政管网不能满足要求时，应采取贮存、加压、处理措施。

②排水系统的功能

排水系统应能及时排出轨道交通运营过程中产生的各种污、废水和雨水等，各类污、废水的排放应符合国家现行排水标准的规定。

③消防系统的功能

消防给水系统、气体灭火系统（或其他自动灭火系统）和建筑灭火器应能迅速有效地扑灭各类火灾，以确保轨道交通的正常运营。

3）系统设计

（1）生产、生活给水系统

①用水量可按下列标准确定：

工作人员生活用水量按 50L/（班·人）计（含开水供应），小时变化系数为 2.0。

职工食堂用水量按 20L/（班·人）计，小时变化系数为 1.5。

职工淋浴用水量按 40L/（班·人）计，每次延续时间为 1h。

生产工艺用水量按生产工艺的要求确定。

不同类别的附属建筑用水量按《建筑给水排水设计规范（2009 年版）》（GB 50015—2003）确定。

绿化及道路冲洗水量按 2L/（$m^2 \cdot d$）计。

未预见用水量和管网漏水量之和按车辆基地内生产、生活最高日用水量的 15% 计。

②给水系统形式：

水源采用城市自来水（市政供水压力按水务集团提供的水压资料考虑），段场内设置消防水池和生活水池（有效容积经计算确定），水池附近设置给水加压泵房，自来水经过加压、消毒后供段内生活、生产、消防用水。室外生活生产管网和消防管网宜单独设置。当生活生产管网和消防管网共用时各单体消防引入管上应设置倒流防止器。

车辆基地各单体的生产、生活给水均引自段内室外供水管网，引入管上应设置水表单独计量。生产、生活给水系统呈支状布置。

室外供水管网的水量、水质、水压应均符合工作人员饮用水、冲洗用水、生产用水的要求。段场内个别的单栋高层建筑应在室内设置加压给水设备，对室外供水管网压力不能满足的楼层供应生产、生活用水，水源仍引自室外给水管网。

车辆基地的司机公寓、员工公寓、集中浴室设置集中热水供应系统：

各系统采用太阳能辅助空气源热泵热水机组制备热水。太阳能集热器、空气源热泵、系统循环泵及热水箱置于屋面上。热水循环管路均采用同程式，热水回水泵应设在较低位置。

各值班室配套的卫生间、分散的淋浴间设置 80L 家用型电热水器一台，供应值班人员洗浴（附近有集中浴室的可不设）。

开水间设电开水器供应各办公、工班人员开水饮用。

（2）排水系统

①排水量可按下列标准确定

工作人员生活排水量按生活用水量的 95% 考虑。

冲洗和消防废水量与用水量相同。

生产设备排水量按所选设备的生产工艺的情况确定。

结构渗漏水量由结构专业提供，根据施工方法而确定。

地下建筑露天出入口排水泵房的雨水排放设计按当地 50 年一遇暴雨强度计算、集流时间按 5min 计算；地面建筑的屋面雨水排放设计按当地 10 年一遇暴雨重现期计算、集流时间按 5～10min 进行计算；场地及道路雨水排放设计暴雨重现期则按照 3 年计算、集流时间按照 10min 进行计算；排水工程与溢流设施的总排水能力不应小于 10 年暴雨重现期的雨水量。

②排水系统形式

a. 排水体制

粪便污水及厕所冲洗水等生活污水经化粪池处理后就近排入城市污水系统。化粪池采用无机玻璃钢成品使用寿命应大于 50 年。

结构渗漏水、事故水以及生产和消防等废水应分类集中后就近排入城市污水系统。

场地雨水应就近排入城市雨水系统。

若城市排水体制为合流制，则地铁的污水、废水及雨水应分类集中后排入城市的合流管网，并应满足排放标准。

屋面雨水应采用虹吸雨水排放系统，有条件时应考虑雨水回收利用，可用于绿化浇灌、建筑中水、洗车等。

b. 压力排水

变电所的地下或半地下电缆夹层、车辆检修坑、消防电梯基坑、地下停车库、试车线、电缆沟等低洼处不能自流排水或可能产生雨水倒灌的部位应设局部排水泵。

场地排水泵站的设备布置和起重设备的选配等应按照国家现行的《室外排水设计规范》的规定执行。

压力排水排至地面压力井消能后接入室外排水管网。

集水池应保证集水坑排水管的接入，接入管最低点以下 0.1 m 高度范围的容积不应计入有效水深。

检修地沟排水汇水坑（沉砂坑）与集水池连通的球墨铸铁管应在土建结构施工时预埋，其管径为 DN250，并坡向集水池一侧（坡度 >0.01），在汇水坑内的排水管起点应设不锈钢格栅。

集水池底设 10% 的坡度坡向潜水泵吸水坑，吸水坑的大小应满足水泵安装要求。

（3）消防系统的构成

车辆基地的消防系统设施包括室外消防消火栓给水系统、室内消火栓给水系统、自动灭火系统（自动喷水灭火系统、气体灭火系统、悬挂式超细干粉灭火系统等）、建筑灭火器。

地面建筑应按照现行《建筑设计防火规范》配备消防系统。

①消防给水系统

消防用水量标准：

车辆基地内消防按同一时间发生一次火灾考虑，消防贮水按发生一次火灾最大消防用水量考虑，各单体建筑物消防用水量标准按照相对应的规范执行。

②消火栓、自喷系统的布置要求

室外消防管网应单独设置，按环状布置应能满足最不利建筑的全部消防用水量。室外消火栓沿道路设置，间距不超过 120m，其中综合楼、物资总库、运用库及联合车库室外消火栓布置间距为 50m。在距水泵接合器 15～40m 范围内，应设与接合器供水量相当的地上式室外消火栓。场内有消防要求的建筑物均需处于消防官网保护范围内。

各室内消防管均从室外消防环管引入，室内消火栓大于 10 个且室外消防水量大于 15L 的单体应从室外消防环管上引入两路消防给水管并在室内成环布置。单栋的高层建筑可在建筑内或附近设置消防水池及消防泵房，屋顶设置消防水箱。

消火栓的布置应满足两股水柱同时到达任何部位，每股水柱最小流量及充实水柱最小长度应依据建筑层高计算。

消火栓口的静水压力不超过 0.8MPa，出水压力不大于 0.5MPa。

综合楼、其他单体辅跨办公区域的消火栓箱应全部暗装，其他区域则宜半暗装或明装。消火栓箱和消防器材箱的安装不宜在防火隔墙上开孔，执行困难时应在开孔处加设与防火隔墙同样级别的防火板进行防火封堵。

室内消防系统应在室外设置消防水泵接合器，其数量应满足火灾时供给消防系统全部流量要求。

设置自动喷水灭火系统的建筑，宜在室内设置消防泵房及消防水池，在屋面设置消防水箱（可与消火栓系统合用）及水箱增压泵组。自动喷水灭火系统的布置应按相关设计规范、验收规范执行。

③气体灭火系统

对所选的灭火剂，除应能及时扑灭电气设备火灾，且不对电气设备造成二次灾害外，尚应考虑毒性对人的危害并满足环保等方面的要求。

气体灭火系统应选用安全、成熟可靠、技术先进、经济且易于维护管理的灭火系统。

气体灭火系统的保护范围是车辆基地中的地下的变配电房间、蓄电池室等以及高层内的跟随所。

被保护的设备用房应集中布置，气体灭火系统设备间的布置宜靠近保护区，门向外开启，并应直接通向室外或疏散走道，面积暂按 15～20m²/ 套系统考虑。

气体灭火系统的灭火介质暂按混合惰性气体 IG-541。

物质总库的立体仓储区应设置自动灭火系统。

④灭火器的配置

按《建筑灭火器配置设计规范》（GB 50140—2005）确定。

根据实际计算布置灭火器，每个灭火器箱应配置自救面具 2 套。

1 个灭火器设置点的灭火器不应少于 2 具，不宜多于 5 具。

（4）给排水设备控制要求、方式和显示

①生产、生活给水系统

生产、生活变频给水设备应在车辆基地消防控制室显示每台水泵的启/停状态信号、水泵故障状态信号、手/自动状态信号及水池水位信号。

②消火栓给水系统

控制和操作按《消防给水及消火栓系统技术规范》第 11 章执行。

③自喷给水系统

自喷系统动作时，消防泵组将根据气压罐压力变化情况自动开启。车辆基地消防控制室显示水流指示器、压力开关、信号阀、水泵、消防水池及消防水箱水位信号，并能控制水泵、电磁阀、电动阀等的操作。

④超细干粉自动灭火系统

超细干粉自动灭火系统设有自动控制、手动控制两种启动方式。自动控制系统在收到 FAS 的火灾信号后启动。

⑤气体灭火系统

气体灭火系统由管网系统和操作、控制系统组成。气体灭火系统要求同时具有自动控制、手动控制和紧急机械操作三种启动方式。气体灭火系统控制盘可采用独立控制或集中控制的方式。

在气体灭火防护区内，应设置喷射报警、警告标志、疏散指示标志并配套呼吸器械等以确保人员能迅速撤离并防止人员进入有害气体的场所。

（5）给排水管材及保温

①给水及消防管

给水管：室内生产、生活给水管均采用薄壁不锈钢管，双卡压连接；室外部分采用大于等于 DN100 采用球墨铸铁管，柔性橡胶圈连接；室外小于 DN100 则采用 PE 管，热熔连接；特殊地段采用钢管；热水管采用薄壁不锈钢管。

消防管：室外采用球墨铸铁管，承插连接；室内采用消防专用内外涂塑钢管，≥ DN80 的沟槽连接，≤ DN65 的螺纹连接；自喷管道采用热镀锌钢管。

库房内敷设水管、室外明露水管及热水管材及水箱等附件均采用橡塑材料防冻保温，外敷保护层。

②排水管

室外雨水管管径≤ d500 采用 HD-PE 双壁缠绕排水管，热熔连接，或钢带 HDPE 波纹排水管，橡胶圈接口；管径＞ d500 时采用Ⅱ级钢筋混凝土管，"O"形橡胶圈接口。

室外污（废）水管采用 HDPE 双壁缠绕排水管，承插连接，过股道处采用Ⅱ级钢筋混凝土管。

室内有压管采用内外涂塑钢管，管径≤DN65 时螺纹接口，管径≥DN80 时采用沟槽连接。

室内无压管除检修地沟引入废水集水池的预埋排水管采用球墨给水铸铁管外，其余均采用 HD-PE 排水管，电熔管箍连接。

（6）主要设备选型和要求

给排水设备应采用技术先进、可靠性高、高效节能、结构简单、规格统一、便于安装调试和运营维护的产品，在满足系统功能的条件下立足于设备国产化，要求国产化率不低于 85%。

消防器材的选型应严格按照国家相关规范、规定办理。

2.4.9 其他系统专业

1）接触网（轨）

（1）供电分段及电连接

车辆基地接触网（轨）供电分区应根据不同功能需求的供电独立性要求划分，尽量改善车辆出入段径路供电保障水平，加强各车辆运用分区的供电灵活性。试车线应单独供电，涉及车辆运用的相邻供电分区之间应设置电分段和联络（隔离）开关，所有电动隔离开关均应纳入车场隔离开关监控系统中。

①车辆基地出入段线与正线间设电分段。

②车辆基地各供电分区之间设电分段。

③洗车库的库前及库后各设电分段。

④车辆基地其他各库线入口处设电分段。

⑤电分段采用接触轨自然断口形式。

（2）安全与防护

①若车辆基地内月检库及静调库内采用滑触线，对各股道滑触线需分别配置专用的滑触线控制柜。

②对停车列检库库内停车位接触轨侧的受流器安装专用防护罩。

③接触轨在与道路平交处中断，接触轨带电体距离道路边缘不小于 3m。

④在车辆基地内相邻供电分区衔接处的防护罩上设置标识。

⑤不落轮镟库及其两端不小于一列车长度 + 工程车长度范围内不设接触轨。

⑥在车辆基地设置接触轨带电显示装置。

⑦车辆基地接触轨设置紧急控制开关（EPB），以备紧急情况下将接触轨断电。所有紧急控制开关均应纳入电力监控。设置原则如下：

EPB 紧急按钮箱应安装于车辆基地电化轨道线路附近操作人员能及时观察和操作处，当按下车辆基地 EPB 紧急按钮时，EPB 紧急按钮通过控制电缆连至库内的继电器控制箱，通过继电器控制箱进行信号集中中继、隔离转换后输出直接跳闸信号至车辆基地混合变电所的相关直流 1500V 馈线断路器，驱动对应的直流断路器直接紧急跳闸并闭锁其合闸。

2）通信

（1）车辆基地内直通电话：车辆基地的信号、运转、列检值班员能与本车辆基地内的有关人员进行直接通话，车辆基地内各值班员之间能直接通话。

（2）子钟设在车辆基地运用库、综合控制室等重要房间内。子钟采用双面或单面显示，子钟脱离母钟能独立工作。

3）信号

（1）车辆基地另设微机联锁设备，纳入正线 ATS 监督。

（2）车辆基地信号室内设备的接地接入综合接地系统，接地电阻值满足≤1Ω。

4）FAS

（1）车辆基地大型停车库和检修库、重要材料库、生产和办公用房设置电气火灾监控系统，电气火灾监控系统报警用于提醒电气火灾隐患，非人为确认不自动切断供电电源。

（2）动力照明系统设置消防电源监控系统，对消防设备的电源进行实时监控。

（3）在车辆基地等相关地面建筑单独设置消防广播。车辆基地广播系统的设置应符合《火灾自动报警系统设计规范》（GB 50116—2013）的相关要求。

5）ACS

（1）门禁系统在车站级与综合监控系统互连，在控制中心设置中央级门禁系统服务器，在车辆基地设置门禁系统授权工作站，负责门禁系统授权。

（2）车辆基地门禁系统应纳入正线门禁系统。

第 3 章 城市轨道车辆基地设计管理

3.1 车辆基地设计接口管理

车辆基地工程设计接口是指车辆基地内部各专业间的接口关系、专业与相关系统设计之间的接口关系（包括土建工程设计资料、设备接口资料、设备基础预留预埋资料、系统接口资料等）。

3.1.1 车辆基地工点内部各专业之间的接口关系

车辆基地工点内部各专业之间的接口关系见表 3.1-1。

车辆基地工点内部各专业接口表　　　表 3.1-1

专业名称	相关接口专业	输入资料	输出资料	备注
工艺	站场	站场平面布置图（车辆基地场坪高程、道路布置及高程）； 站场横断面资料	工艺总平面要求； 车辆基地设置规模及牵出线，洗车线等有效长要求	
	建筑	车辆基地建筑总平面图布置图； 车辆基地竖向设计图； 各建筑单体设计图； 车辆基地景观设计图； 各单体平面布置图	各建筑尺寸、楼房层数、布置要求； 车辆基地人员总数； 景观设计要求； 车辆基地构筑物数量及要求； 车辆基地最大当班人数； 乘务员公寓数量； 沟、槽、管、洞及预埋件资料； 电缆沟设置要求	
	结构	室外电缆沟布置资料	检查坑设置要求； 大型设备基础资料； 沟、槽、管、洞及预埋件资料； 电缆沟设置要求	
	低压配电与动力照明	变电所位置及平面布置； 高杆灯位置资料； 室外管线布置资料	各单体建筑车间及办公房屋动力用电和照明要求（用房要求、负荷容量、负荷等级、设备电源引入位置、电源接口界面方式、接地要求、设备平面布置、控制要求等）； 各单体建筑车间及办公房屋照明要求（含特殊场所）	
	通风空调	室外管线布置资料	各车间及办公房屋通风空调要求（温度、湿度及有害气体处理）； 各车间、库房的生产，生活用水要求	

续上表

专业名称	相关接口专业	输入资料	输出资料	备注
工艺	给排水及消防	确定给排水及消防用水量及设备布置要求； 室外管线布置资料	生产用水量； 生产生活污水的性质及数量； 部分生产废水的回收处理要求	
	综合维修	综合维修用房布置要求		
	工经	站后编制原则	估算或概算	
站场	路基	路基加固与处理平面图、横断面图； 支挡结构设计图	站场平面布置图； 路基横断面设计图	
	桥涵	桥涵长度资料	站场平、纵面布置图； 站场横断面资料； 桥涵位置资料	
	建筑	屋面排水排入站场排水沟的位置资料； 车辆基地建筑平面布置图	站场平面布置图	
	给排水及消防	电缆沟积水井排入站场排水沟位置	室外排水沟等的平面布置图	
	综合维修	工程车库设置要求	站场平面布置图	
	工经	工程数量要求	工程数量	
路基	桥涵	桥涵设计里程及分界里程； 桥涵基础处理方案	桥涵范围过渡段处理方案	
	工经	工程数量要求	工程数量	
桥涵	低压配电与动力照明	电缆敷设要求	桥涵平面布置图； 桥涵照明要求	
	给排水及消防	管线挂桥涵或穿越桥涵是预留孔洞要求	桥涵平面布置图	
	工经	工程数量要求	工程数量	
建筑	站场	站场平面布置图	建筑平面布置图	
	结构		建筑空间对结构的要求； 楼板预留孔洞位置，各建筑预埋件的位置及荷载要求	
	低压配电与动力照明	配电用房设置要求； 单体内电缆井设置要求	门、窗配电及控制要求； 各单体平面布置图	
	给排水及消防	设备载荷、预埋件设置及沟槽管洞要求； 污水处理站等房屋的用房要求	各单体平面布置图	
	通风空调	室内给排水、通风空调设备用房要求； 设备载荷、预埋件设置及沟槽管洞要求	各单体平面布置图； 建筑物防火类别	
	综合维修	各建筑尺寸、楼房层数、布置要求； 大型设备基础资料； 沟、槽、管、洞及预埋件资料； 电缆沟设置要求	各单体平面布置图	
	工经	工程数量要求	工程数量（与结构专业合编）	

续上表

专业名称	相关接口专业	输 入 资 料	输 出 资 料	备注
结构	站场	站场平面布置图		
	低压配电与动力照明	室外电缆沟尺寸资料；室内预埋件资料		
	通风空调	室内预埋件、预留孔洞资料、风道资料；通风设备重荷载及设备位置		
	给排水及消防	给水所地下水池资料；室内预埋件资料		
	综合维修	室内预埋件、预留孔洞资料；通风设备重荷载及设备位置		
	工经	工程数量要求	工程数量（与建筑专业合编）	
隧道	站场	出入段线平、纵断面图	U形槽分界里程或线、场分界里程	
	工经	工程数量要求	工程数量	
低压配电与动力照明	站场		高杆灯位置资料	
	通风空调	负荷容量、负荷等级、负荷位置以及相关控制要求	电气设备平面布置图；电气设备房间发热量、温湿度要求；电力管线平面图	
	给排水及消防	负荷容量、负荷等级、负荷位置以及相关控制要求		
	综合维修	负荷容量、负荷等级、负荷位置等要求		
	工经	站后编制原则	估算及概算	
给排水及消防	结构		设备基础安装要求；含孔洞、基础预埋件资料	
	通风空调	单体建筑内生产废水及生活污水排出点位置、高程及管径资料；各单体给水接入位置及管径资料	给、排水设备及管理用房工艺要求	
	工经	站后编制原则	估算及概算	
通风空调	综合维修	综合维修相关房屋通风及给水要求		
	工经	站后编制原则	估算及概算	
综合维修	工经	站后编制原则	估算及概算	

3.1.2 车辆基地工点与其他相关专业和系统之间的接口关系

车辆基地工点与其他相关专业和系统之间的接口关系见表3.1-2。

车辆基地工点与其他相关专业和系统之间的接口表　　　表3.1-2

专业名称	相关系统	接口内容
车辆基地	线路	出入段线接轨点及接轨方式；出入段线轨道技术条件与全线轨道的标准相协调；出入段线与接轨站土建工程分界
	隧道	出入段线与车辆基地分界里程
	勘察	地质初勘、详勘报告；横断面测量资料

续上表

专业名称	相关系统	接口内容
车辆基地	行车	行车交路； 运用车数量
	车辆	车辆主要技术参数
	供电	工艺总平面布置； 车辆基地电化范围； 变电所房屋、风水电、预留孔洞及预埋件资料； 供电车间房屋要求； 供电电缆沟（井）的土建及排水要求； 杂散电流防护及接地要求； 站场总平面； 建筑总平面布置； 变压器容量和负荷表； 管线综合布置
	通信	工艺总平面布置； 车辆基地与综合基地各专业对通信的要求； 通信房屋设置、建筑空间尺寸要求、风水电资料； 通信专业沟槽管洞、预埋件、管井要求； 车辆基地站场平面布置图； 出、入段线平、纵断面图； 管线综合布置
	接触网（轨）	车辆工艺对接触网（轨）系统电气分段、检修开关配置、导线高度、安全联锁等方面的设计要求； 静调电源柜设计及提出车辆检修配电的要求； 车辆基地内建筑结构预留接触网（轨）安装条件的要求； 接触网（轨）电缆沟（井）的土建及排水要求； 车辆基地内接触网（轨）房屋、用电、电缆管沟、预留孔洞、基础及预埋件资料等要求； 总平面布置； 与接触网（轨）安装条件有关的房屋建筑、结构及桥梁结构图； 与接触网支柱基础有关的地质条件和路基设计图； 管线综合布置
	信号	工艺总平面布置； 信号房屋设置、建筑空间尺寸要求、风水电资料； 信号专业沟槽管洞、预埋件、管井要求； 车辆基地站场平面布置图； 出、入段线平、纵断面图； 车辆基地道岔类型表、道岔轨道配轨表、警冲标位置； 车辆基地电化范围； 管线综合布置
	轨道	工艺总平面布置； 车辆基地范围内配轨设计、道岔、扣件设计； 整体道床及过渡段； 检查坑轨道扣件及安装； 库内外平过道

续上表

专业名称	相关系统	接口内容
车辆基地	轨道	库内外车挡； 线路标志； 轨道维修、养护； 杂散电流防护； 轨道电路； 管线综合布置
	限界	建筑总图； 车辆基地限界图
	综合监控系统	车辆基地与综合监控系统的接口位置、形式及要求； 综合监控系统房建及风水电资料； 综合监控系统沟槽管洞及预埋件
	电梯扶梯	电梯井道及机房的房建和风水电资料； 电梯井道及机房的沟槽管洞和预埋件
	AFC、FAS、ACS、BAS 及综合监控	专业用房房建及风水电资料； 沟槽管洞及预埋件资料； 对房屋建筑配置要求； 建筑空间尺寸要求

3.1.3 车辆基地各专业互提设计接口资料细化

1）站场线路专业提交设计接口资料

（1）初步设计

出入段线线路平面图（1:2000），图上除地形、地貌、地物外，还应绘制道路及道路交叉口规划中心及红线宽度，还应标明中线里程（公里标及百米标）、线间距、交点坐标、平曲线编号、曲线起终点里程、曲线要素（转角、曲线半径、切线长、缓和曲线长度、圆曲线长度）；标明接轨车站的名称及初定位置，车站站台中心里程、站间距、辅助线位置及长度；标明坐标网格及坐标值；标明大、中、小桥梁及涵洞里程桩号及形式；标明全互通或分离式立交及平面交叉布置形式等。

线路纵、横断面图（竖向比例为1:200或1:500，纵向比例为1:2000或1:5000），图上应标明地面自然高程、地面线、设计线、地质分界线、地质概况及所示图例、线路里程（公里标及百米标）、长短断链、轨面设计坡度、轨面设计高程（变坡点）、竖曲线半径、切线长度及竖曲线修正矢距。

站场纵断面资料、横断面资料和轨顶、场坪高程。

用地、征地红线位置参数。

工程数量。

（2）施工图设计

线路平面图（1:500），应提供的内容同初步设计。

线路纵、横断面图，应提供的内容同初步设计，还应加大纵横向比例并补充提供各平面曲线间的夹直线长度。

交点坐标及曲线要素表、出入段线接轨车站站台中心里程及三维坐标、方位角表、区间通道里程表。

用地、征地红线位置参数。

工程数量。

2）桥涵专业提交设计接口资料

（1）初步设计

桥梁平面图，图上应标明轨道中心线（右线）里程（公里标及百米标）、桥梁中心线位置、台尾里程、平曲线要素（起止点及交点里程和坐标、半径、切线长、曲线长、矢距）、标明桥长、桥宽、曲线梁缝尺寸、曲线桥中心线与线路中心线的偏移值。

桥梁立面图，图上应标明桥墩台中心线位置及间距、路面中心线（轨面）的原地及设计高程、纵坡、竖曲线要素、基础深度、墩顶垫石及基底高程、桥长、梁长、桥高、固定支座及活动支座、地质分界线。

桥梁横断面图，图上应标明桥中心线、曲线桥桥中心线的偏移值、墩顶、基底高程、桥断面尺寸、墩高、墩身、基础尺寸、预留管线、泄水孔位置、地质分界线。

排水涵洞平面布置图、涵洞半平面—半基顶截面图、涵洞中心纵断面、洞口正面图。

工程数量。

（2）施工图设计

应提供的内容同初步设计，此外还应补充提供各类结构构造图及相应的大样图。

工程数量。

3）隧道专业提交设计接口资料

（1）初步设计

出入段线隧道洞口里程及高程资料。

出入段线隧道洞口横断面图。

出入段线隧道纵断面图。

出入段线区间泵房位置（里程）、结构布置简图。

工程数量。

（2）施工图设计

出入段线隧道洞口里程及高程资料。

出入段线隧道洞口横断面图。

出入段线隧道纵断面图。

出入段线区间泵房位置（里程）、详细结构布置图。

工程数量。

4）路基专业提交设计接口资料

（1）初步设计

场区范围内（不含房建基础）地基加固方案、路基基床设计、路基边坡防护、挡墙设计分界点、工程数量。

（2）施工图设计

场区范围内（不含房建基础）地基加固方案、路基基床设计、路基边坡防护、挡墙设计分界点、地质填图、工程数量。

5）工艺专业提交设计接口资料

（1）向建筑、结构专业提交

①初步设计

工艺设计总图。

车辆基地设计定员、工作班制。

工艺设备及办公用房要求、工艺设备布置图、主要设备重量、起重机轨面高程、设备基础要求等。

②施工图设计

提供的内容同初步设计，此外还应补充提供各类设备基础的土建要求详图及不同检修设施对土建的要求。

管道穿基础、穿墙及楼板预留孔洞位置及尺寸。

预埋管（件）的位置、尺寸。

（2）向低压配电与动力照明专业提交

①初步设计

工艺设计总图。

主要工艺设备布置图，附电力设备负荷明细表。

维修插座箱、工作制度，控制要求。

工艺特殊照明。

②施工图设计

提供的内容同初步设计，此外还应补充提供各类设备详细的用电接入点。

（3）向通风空调专业提交

工艺设计总图。

有通风要求的房间布置图及设备台数、功率、工作制度。

有空调要求的房间名称及位置。

（4）向给排水及消防专业提交

工艺设计总图。

车辆基地设计定员、工作班制。

车辆基地用水量、排水量及排水性质。

（5）向站场专业提交

工艺布置总图及相关要求。

6）建筑专业提交设计接口资料

（1）初步设计

对有关专业的特殊要求（特殊的防雷要求等）。

建（构）筑物位置、层数、新设计的建（构）筑物的正负零相应的绝对高程（或设计高程）、新建/构筑物的定位尺寸/角点坐标。

各楼层（含夹层及地下室）平面图，图上应标明房间名称、定位轴线及定位尺寸、门窗、楼梯位置、高程及必要的控制尺寸（含各专业管线出入单体建筑电缆井、电缆沟设置位置、方式等）。

主要立面图、含夹层或楼梯间位置的剖面图，图上应标明层高、室内外高差等。

风向频率玫瑰图、指北针、比例尺。

路网、管线网及其参数。

围墙、雨水排水截水资料、室外台阶、停车坪、铺装广场及其他构筑物。

建（构）筑物一览表。

用地面积、建筑面积、容积率。

必要的设计说明、工程数量。

（2）施工图设计

应提供的内容同初步设计，并加注细部尺寸、作法、大样外，并补充提供与各专业有关的室内配置图（如卫生间、厨房大样等），必要时应提供对装修的要求。

工程数量。

7）结构专业提交设计接口资料

（1）初步设计

定位轴线及柱网、剪力墙布置图。

楼板、梁、柱、剪力墙拟定截面及定位尺寸，如所定尺寸不能满足建筑要求时，应向建筑专业说明并协调解决。

基础及地梁平面图。

工程数量。

（2）施工图设计

应提供的内容同初步设计，此外还应补充提供楼板、梁、柱剪力墙已定截面及定位尺寸。

工程数量。

8）给排水及消防专业提交设计接口资料

（1）向建筑、结构专业提交

①初步设计

以水专业为主体的建（构）筑物的主要尺寸、工艺设备布置图、主要设备重量。

②施工图设计

以给排水专业为主体的建（构）筑物平剖面图、主要设备重量，以及水箱、管道的保温要求。

设备的地脚螺栓预留尺寸。

管道穿基础、穿墙及楼板预留孔洞位置及尺寸。

预埋管（件）的位置、尺寸。

消火栓的位置、预留洞尺寸。

（2）向低压配电与动力照明专业提交

①初步设计

主要建（构）筑物（主要泵站、污水处理场等）的工艺设备布置图。

设备负荷、工作制度，控制要求。

工艺特殊照明。

消防方案及控制要求。

②施工图设计

主要建（构）筑物平剖面图，附电力设备负荷明细表。

设备、水位控制、工艺特殊照明等要求及安装地点。

选用电动阀门的型号、规格，配套电机的型号、功率、数量，有关技术性能及安装地点等。

消防工艺布置及控制要求。

（3）向通风空调专业提交

①初步设计

有通风要求的房间布置图及设备台数、功率、工作制度。

有通风要求的投药间及药剂仓库的药剂名称、性质、溶液浓度、药剂仓库的堆存量等。

有通风要求的其他房间名称及位置。

②施工图设计

有通风要求的泵房平剖面图、设备明细表，风口位置。

其他内容同初步设计。

（4）向线路站场、隧道专业提交

排水泵房的位置（里程）、设备布置平剖面图。

轨道下预埋管的里程、规格、高程。

9）低压配电与动力照明专业提交设计接口资料

（1）向建筑、结构专业提交

①初步设计

变电所平面布置图。

主要设备名称、重量。

对建筑物隔热、防水、防震、排水、通风、采光等要求。

②施工图设计

设备安装基础尺寸、安装方式。

电缆沟平面位置、剖面尺寸及有关要求。

预留孔（洞）、预埋件位置、尺寸要求。

其他内容同初步设计。

（2）向通风空调专业提交

设备发热量。

废气排放量。

最高和最低允许温度、湿度。

空气洁净要求。

（3）向给排水及消防专业提交

①初步设计

各室用水地点。

用水量及对水质、水压的要求。

②施工图设计

用水量及水质、水压要求。

供水、排水位置、高程等要求。

消防要求。

（4）向隧道专业提供

区间电缆数量、规格及敷设要求。

区间隧道预留孔、预埋管的数量、位置及规格。

（5）向站场线路专业提供

轨道下的预埋管的数量、规格及敷设要求。

预留孔、预埋管的数量、位置及规格。

10）通风空调专业提交设计接口资料

（1）向建筑、结构专业提交

①初步设计

设备用房大小高度及位置要求。

设备布置图及设备荷重，提出建筑物的防潮、隔热、隔音、防震、通风、采光及吊装等要求。

②施工图设计

设备用房面积的大小、高度及位置要求、管道敷设位置等。

设备布置图、剖面图、设备基础、预留洞、预埋件及地沟图。

设备荷重及大型设备吊装资料（如预留孔洞、预埋吊钩等）。

建筑物的防潮、隔热、隔音、防震、通风、采光、防火、防爆等要求。

（2）向低压配电与动力照明专业提交

①初步设计

工艺布置图。

设备名称、台数。

用电容量、电压数据。

工作制度、设备控制方式。

②施工图设计

工艺布置图、剖面图。

设备名称、台数。

用电容量、用电点位置。

工作制度、设备控制方式。

（3）向给排水及消防专业提交

①初步设计

用水量及水压要求。

排水量及排水点。

②施工图设计

排水量、用水量及水压。

用水、排水点位置及排水性质。

3.1.4　车辆基地设计接口表

轨道交通车辆基地工程基本涵盖轨道交通项目所有专业系统，其设计接口关系汇总如表 3.1-3 所示。

设计接口表

表 3.1-3

专业分工		行车	地路/路基	线路	轨道	桥梁/桥涵	站场	建筑/车辆段建筑	结构/车辆段结构	车辆	限界	供电	变电	接触网（轨）	电力监控	低压配电与动力照明	通信	信号	火灾自动报警	环境与设备监控	AFC	电磁兼容/杂散电流防护	暖通/气体灭火	通信/安防	建筑/厨房设计	建筑/二次装修	暖通/通风空调	机械/电梯	机械/综合维修	环工/给排水及消防	综合监控	电力/门禁	通信/办公自动化	工经
轨道专业分工	行车			√	√		√			√							√	√																√
	路基			√	√	√	√																											√
	线路	√	√		√	√	√			√	√			√																				√
	轨道	√	√	√			√			√	√			√				√				√												√
	桥涵		√	√										√								√												√
	站场	√	√	√	√					√				√			√	√				√												√
	车辆段建筑				√				√	√				√								√		√	√	√	√	√	√	√				√
	车辆段结构				√			√														√												√
	车辆	√		√	√		√	√			√			√				√																√
	限界			√	√					√				√																				√
	供电												√	√	√	√																		√
	变电											√		√	√	√																		√
	接触网（轨）			√	√	√		√		√		√	√									√												√
	电力监控												√			√	√			√											√	√		√
	低压配电与动力照明							√							√					√						√	√	√	√	√		√		√
	通信	√					√	√		√					√	√		√	√	√	√			√		√					√	√	√	√

续上表

专业分工		专业分工																								
		行车					站场	建筑	结构	车辆	供电	变电	接触网	电力	电力	通信	信号	电力	电力	AFC	电磁兼容	暖通	通信	建筑	建筑	暖通	机械	机械	环工	综合监控	电力	通信	工经
		轨道专业分工																								
		行车	路基	线路	轨道	桥涵	站场	车辆段建筑	车辆段结构	车辆	限界	供电	变电	接触网（轨）	电力监控	低压配电与动力照明	通信	信号	火灾自动报警	环境与设备监控	AFC	杂散电流防护	气体灭火	安防	厨房设计	二次装修	通风空调	电梯	综合维修	给排水及消防	综合监控	门禁	办公自动化	工经
信号	火灾自动报警	√																√																√
电力	环境与设备监控	√	√		√		√	√	√	√			√		√	√				√														√
电力	AFC			√																															
AFC	杂散电流				√					√			√	√																				√
电磁兼容	气体灭火							√	√																									√
暖通	安防						√	√	√																									√
通信	厨房设计							√	√							√																		√
建筑	二次装修							√					√		√	√	√																	√
建筑	通风空调							√	√							√																		√
暖通	电梯							√	√																			√						√
机械	综合维修							√	√	√				√		√																		√
机械	给排水及消防						√	√	√																		√							√
环工	综合监控							√							√	√											√							√
综合监控	门禁							√	√						√					√												√		√
电力	办公自动化							√							√																		√	√
通信	工经	√	√	√	√	√	√	√	√	√																								

3.1.5 车辆基地外部接口管理与协调

1）外部接口管理

车辆基地工点设计单位在外部接口的管理与协调上应首先强调与相关部门的积极沟通。但鉴于政府部门的对口原则，应充分利用总包总体部的总体协调功能和业主的主导作用，以便在各设计阶段取得重要的输入依据及设计基础资料。

为了避免由于用地、拆迁、管线拆改等不定因素影响所引起的设计方案的变更，造成工期拖延及投资增加，应特别加强与规划、国土、市政、交通、环保、消防等有关部门的技术协调，及早进行各项工程建设手续的报建工作，在施工招标前落实永久及临时用地条件、市政接口条件、管线迁改方案等问题，以确保工程设计的稳定性和可实施性。

2）外部接口部门

参照多个城市政府有关部门分工及工程建设管理有关审批备案事项规定，并综合多个城市轨道交通建设外部接口管理经验，归纳车辆基地工程外部主要接口部门及事项如表 3.1-4 所示。

车辆基地工程设计外部接口表   表 3.1-4

序号	相关部门	职能	所需资料	接口内容	备注
1	市规划局	城市道路、用地、铁路、河湖等的规划；初步设计的审查和批复；工程规划意见书；建设用地规划许可证；建设工程规划许可证	审批文件；项目建议书及批文附件，与项目有关的纪要和公文；可行性研究报告批复意见、环评报告	车辆基地的位置确定及用地；段址的用地规划和所在地区城市规划要求；段内及附近的地下管线资料；段址周围道路既有及规划情况；车辆基地与既有或规划道路的接驳；工程施工用地，弃土场地等用地规划落实	报建工作由设计单位提供报建图纸，具体报建工作由业主完成
2	市国土资源局	建设项目用地预审；具体建设项目用地审批	可行性研究报告；立项及规划主管部门批复意见；规划许可证及红线图；初步设计文件批复	土地性质的确定及变更	设计单位提供用地指标、位置等资料，具体报审工作由业主完成
3	市发展改革委员会	可行性研究报告批复；联合规划委对初步设计批复	工可报告；初步设计图纸；总概算；各工点及系统的分项概算		设计单位提供工可、初步设计正式文件
4	市建设局	施工图设计文件审查结果备案；建筑工程施工许可核准；白蚁防治	建设用地规划许可证和建设工程规划许可证；施工图设计文件或施工图设计文件审查合格证书；施工组织设计	车辆基地占地及规划情况	设计单位提供平面图等资料，业主完成报建及办理工作

续上表

序号	相关部门	职能	所需资料	接口内容	备注
5	国家及市环保局	环评报告批复；特殊敏感点的性质和特殊要求及审查	环评报告	按批复要求完善噪音、废水废气等的处理措施	环评专业提供环评报告
6	市公安局/消防支队	消防鉴审；对地铁消防和救援提出要求；对地铁消防进行管理	初步设计相关专业消防专册图纸	消防报建及验收；公安派出所的设置	设计单位提供图纸等资料，业主组织消防报建
7	市/区水利局	河道管理范围内的挖掘、改移、占用	设计方案；规划部门意见	临时河道的改移	设计单位的设计方案及具体的施工方案需征得水利部门同意
8	市政管线专业公司	改装、拆除、迁移燃气设施；改装、拆除、迁移城市公共供水设施；城市排水许可及改动排水设施；迁移、拆除城市道路照明设施；上水的报装审批和外网接入方案设计；排水的报装审批和外网接入方案设计；临时和永久改移管线的设计和施工；临近管线的加固方案确认	燃气用量；供水管径要求；污废水量；车辆基地位置、接入条件；用水量、排水量；临近管线的加固方案	段址内的给排水、燃气、电力管线及设施的改移、接驳；管线改移的设计和实施	设计单位仅完成与管线公司的接口对接工作，业主对管线改迁、设计均委托专业管线公司进行，但迁改方案最好提供给设计单位
9	市电力局（供电公司）	外部市电网接入本工程的供电系统方案；用电量报装的审批	施工临时用电方案；用电数量	临时施工用电	由业主单位协调施工临时用电
10	省、市地震局	地震灾害报告中提出的防治措施的落实	工程抗震设计资料	对房屋结构的要求	设计单位按地震部门意见完成相关设计

3）重要外部接口的落实

（1）车辆基地建设条件的落实

①全面了解车辆基地的土地性质及用地规划

与市国土部门了解当前的国家土地政策、车辆基地的土地性质及用地归属，特别是注意涉及集体土地及国家重要部门的用地；与市、区规划部门了解车辆基地的用地规划，特别是了解在建项目、待建项目及规划项目；根据掌握的资料与规划部门一起对出入线进行调整，初步确定用地条件；如用地条件许可，即可争取规划部门同意车辆基地进行综合开发。

②落实用地条件

根据掌握的资料及与规划部门的协商，稳定设计方案；在总体设计方案确定后，征询规划部门及用地单位的意见；用地单位不同意则可请规划部门出面协商，如协商不成则需进行方案调整。

③确定车辆基地的永久及临时用地范围

在初步设计完成后，应与规划部门协商，划定车辆基地的永久及临时用地范围。

④办理各种用地、规划审批手续

在初步设计完成后，根据划定的用地范围，向规划部门申报规划意见书，并根据规划意见书与用地单位签定用地协议。在施工之前，根据用地协议及规划部门意见，向规划部门申报规划用地许可证，该许可证是土地使用的合法依据，并可据此实施拆迁工作。在施工图完成之后，向规划部门申报工程规划许可证。

⑤落实用地及规划报审工作程序

如图 3.1-1 所示。

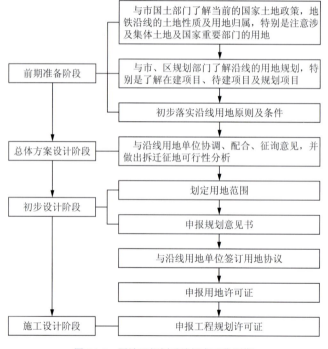

图 3.1-1　用地及规划手续报审工作程序

（2）管线迁改加固方案的落实

①管线资料的落实

工程施工应确保地下管线资料详实、准确，管线调查应分阶段进行，特别注意前期调查的准确性，以保证方案的可实施性及对投资的控制。

在前期准备阶段，首先由管线调查单位进行地下管线资料的收集及调查；在方案设计阶段，由设计单位与各管线专业公司进行管线资料的核实；在施工之前，由施工单位对施工影响范围内的管线进行详查，并发出施工通告，由各专业公司进行现场确认。

②管线迁改方案的确定

方案设计中，设计单位应与各专业公司对管线迁改方案的可行性进行咨询；总体设计方案确定后,由各专业公司提供管线的迁改方案;然后请有资质的单位根据各专业公司的方案进行管线综合,并申请规划部门进行审批。

③管线迁改的实施

施工之前,根据施工单位最新调查的管线资料,重新调整管线综合,然后根据管线综合,由业主确定的各管线施工单位进行管线迁改的设计和施工。

④管线拆改移工作程序

如图 3.1-2 所示。

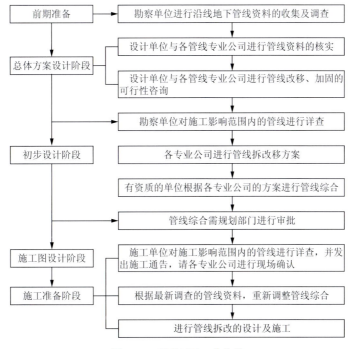

图 3.1-2　管线迁改工作流程

(3) 车辆基地范围百年洪水位的落实

在车辆基地选址明确后,应与当地水利、规划部门沟通明确段址范围的百年洪水位资料,在初步设计完成前应敦促业主向水利和规划部门收集正式的百年洪水位资料,如当地水利和规划部门无法提供段址范围内的百年洪水位资料,应由业主委托当地水利研究部门出具段址范围的百年洪水位计算报告。

3.2　车辆基地总体总包管理

总包管理的目标是:根据不同设计阶段的特点,通过合同管理、计划管理、技术管理三项总包管理措施,实现设计进度、质量、投资三控制,体现出社会、环境、经济三个效益与服务、效率、成本三个指标的良好结合。

总包管理工作将贯穿设计全过程,包括初步设计、施工图设计、配合施工及安装调试阶段的协调配合。通过建立系统完善的设计总包管理制度体系和高效有序的设计总包管理机制,规范设计管理活动、明确设计管理流程、落实设计资源需求、加强产品质量控制、细化设计进度安排、限额设计投资目标、服务工程建设管理,减轻业主工程管理压力,提高工程管理效率，对参与本工程的各勘察、设计单位贯彻业主要求的设计服务、设计成果实施全过程、全方位的管理、控制和协调，将业主提出的目标进行综合分解展开，制订实施计划并组织落实。通过管理工作的制度化、规范化和信息化，确保设计的总体性、完整性、统一性。总包管理的重点在于以 ISO 9001 为指导，采用先进的设计管理模式，调动全员的积极性和创造性，实施设计管理的程序，理顺各种内外接口，保证设计工作有条不紊地按业主要求顺利实施。

3.2.1 车辆基地设计管理模式及组织架构

1）管理模式

（1）轨道交通工程设计管理采用分级管理模式：即分为业主管理→设计监理管理→总体总包管理→设计管理。车辆基地在接受总体总包管理时，同样采用上述分级管理模式。

（2）对于设计的指令、工期策划、成果要求等内容，管理流程自上而下，业主委托设计总体总包单位制订设计任务书、总包管理办法、设计指令、技术标准、功能要求、投资限额、工期策划、图纸管理规定、设计成果组成、成果审查程序、编制通用图、标准图等，经设计监理审查修改完善后报业主审批，再由总体总包单位下发单项设计单位执行。车辆基地工点设计单位为具体执行单位之一。

（3）对于设计的中间成果、正式成果，管理流程自下而上，工点设计单位应当严格把关并承担相应设计责任。

（4）对于接口、方案选定等内容，管理流程是双向的，既有业主下达的内容，也有总体总包单位提出经业主同意的内容，或是多次协调稳定的内容。

（5）车辆基地工点设计单位根据设计合同，按照设计管理模式和流程建立相应的组织架构，加强设计管理，并根据需要（由业主）组织审图单位及专项咨询单位针对设计中存在的技术问题进行咨询、审查，咨询报告和审查意见由业主通过设计总体总包单位发出。

（6）业主授予设计总体总包单位设计技术管理权限，因此其设计技术指令对车辆基地设计单位具有直接约束力。车辆基地工点单位作为设计管理的一个管理环节，对车辆基地设计的总体性、完整性、统一性、技术进步性及经济合理性全面负责。

（7）业主管理重点在目标、计划、组织、功能、成果方面。设计总体总包单位管理重点在设计工作的过程控制、功能平衡、接口协调、设计成果质量方面，给予车辆基地设计单位技术指导；对车辆基地设计单位的各种方案、建议进行审查把关，控制方案的可实施性和经济性，保证业主意图和各种决策意见的贯彻；预审设计成果文件，提交预审意见供业主决策。

2）各级管理单位职责划分

各级管理单位职责划分见表 3.2-1。

各级管理单位职责划分一览表 表 3.2-1

层次	管理定位	职 责	权 利	利 益
业主	领导、决策	审定设计管理和技术决策重大事项； 审定本工程设计管理体系，并监督其高效有序运作； 为本工程设计工作开展理顺外部接口； 根据合同约定及时支付设计费； 协助设计总体总包单位与工程相关部门沟通，配合设计总包管理部开展报建工作	对本工程技术、管理、投资、进度等决策事项享有最终决策权	社会效益、环境效益、经济效益三大建设目标的圆满实现

续上表

层次	管理定位	职责	权利	利益
设计监理单位	设计文件审查	按照合同规定向业主提交有深度的建设性意见； 负责在各主要设计阶段成果审查前，提供相应的预审报告素材	代表业主根据批准的设计工作计划及要求，负责对设计技术、质量、进度、投资等各项工作的管控和协调； 重大管理事项的建议权	设计监理费用收入； 企业业绩和声誉的提升； 人员技术管理能力的培养和提高
设计总体总包单位	设计管理设计服务	对工程设计的总体性、完整性、统一性、适时性、经济性、合理性和技术进步全面负责； 建立设计总包管理制度体系，规范设计管理流程，各项管理工作高效有序，保证建设目标的顺利实现； 指导和监督各单项设计单位工作的开展，保证设计全过程受控	本工程技术、质量、进度、投资、信息等各项工作的管理权； 重大管理事项建议权； 设计费支付申请的审核权； 对单项设计单位的考核奖、罚权	设计总体总包费用收入； 企业业绩和声誉的提升； 人员技术管理能力的培养和提高
车辆基地设计单位	设计服务	按照设计总体总包单位的要求，高质量完成所承担设计工作，设计产品合格率100%，设计后期服务及时到位	按合同约定获得约定收入； 按合同中约定享有的其他权力	设计费收入（包括重大设计变更补偿费用、限额设计奖罚费用）； 企业业绩和声誉的提升； 人员技术管理能力的培养和提高

3.2.2 车辆基地设计人员管理

1）人员管理要求

车辆基地设计单位必须按设计合同进行人员配备，并将设计人员详细情况报业主备案，否则业主有权按相应合同条款、设计考核管理办法对设计单位进行处罚。

为保持参与工程设计人员的稳定，除业主认为不能满足设计要求提出更换设计人员外，原则上初步设计、施工图设计、施工配合各阶段的设计工作人员不得更换。如有特殊情况确需更换，将更换理由和替代人的专业简历以书面形式报业主批准，更换人员的专业水平不得低于被更换人员的水平。

当车辆基地设计单位进度、质量出现重大问题，且长期未能有效改进时，总体总包单位可建议业主约谈设计单位主管领导，明确整改措施。

2）计划与进度管理

设计综合进度计划是设计过程总的计划，包括初步设计阶段、施工图设计阶段、施工配合阶段。根据业主下发的车辆基地工程一级计划或关键控制点（里程碑），总体总包单位结合各单项设计单位详细计划安排编制全线工程总设计计划（二级计划），并根据一级计划的调整及时更新，同时上报设计监理、业主单位审批。

3）设计进度控制

（1）车辆基地设计单位应积极配合业主和总体单位进行进度检查，方式是会议或巡检。主要检查车辆基地设计单位的工作进度是否与整体设计相协调，互提技术资料是否及时，出图计划和图纸内容是否满足工程需要，关键点的设计是否能按计划完成等。每次检查后形成简报，以便及时解决、落实检查中出现的问题，通报设计开展情况。

（2）按照总体总包单位建立的设计例会制度和设计周报、月报制度，车辆基地设计单位相关人员应参加设计例会、技术研讨会、协调会等，并按要求报送设计周报、月报。

（3）车辆基地设计单位应根据设计开展的实际情况，每周填报进度计划表，总包组汇总审核后以周报形式上报设计监理、业主单位。

（4）车辆基地设计单位结合设计开展情况，须编制当月进度报告和下月计划安排，总体总包单位汇总后于月底前以简报形式报设计监理、业主单位。

（5）车辆基地设计单位须编制年度进度报告和设计工作计划报总体总包单位，总体总包单位汇总后上报设计监理、业主单位，内容包括当年总体设计进度报告及后续计划，报告形式同月进度报告。

（6）车辆基地设计单位应根据设计进度计划表中确定的关键点，通过组织及人员保证等措施，确保投入的人力、物力能满足设计工作进度的需要，确保关键点的设计工作按计划完成。

4）关键点控制

（1）总体总包单位对车辆基地设计单位设计工作关键点进行重点检查，并根据设计进展的实际情况提出相应的意见、要求。发现偏离时应及时通知业主要求车辆基地设计单位调整人员、调整计划和调整工作部署。

（2）车辆基地设计单位在设计总体总包单位制定的设计工作整体进度网络图的基础上，确定其中的关键点，加强过程控制确保关键点设计按进度计划完成，使整个设计工作处于受控的状态。

（3）车辆基地设计单位应按设计总体总包单位根据业主要求的进度制定的工作计划、组织保证措施，确保投入的人力、物力能满足设计工作的需要，确保关键点的设计工作按计划完成。

（4）无论何种原因影响到关键点设计进度时，业主提出或下达的关于消除影响，保证进度的措施、指令，车辆基地设计单位必须采取相应的组织措施、技术措施加以执行，并接受业主的检查。

（5）关键点设计工作受客观原因限制（或非车辆基地设计单位责任的原因）而无法按计划完成的，车辆基地设计单位应及时上报设计总体总包单位，由总体总包单位通知业主，说明原因和协调情况，及时解决，消除影响。

5）管理要求

（1）计划管理

①业主下达《工期总策划》后，车辆基地设计单位应编制相应的设计计划，如未达到要求，督促相关人员完成工作。

②业主、总体总包设计单位下达各阶段开放设计指令后，车辆基地设计单位上报《各专业出图计划》给总体总包组，业主检查总体总包组是否按要求编制《各专业出图计划》，如未达到要求，督促相关人员完成工作。

（2）进度控制管理

①总体总包单位和车辆基地设计单位应根据各自的设计计划，建立计划跟踪体系，记录阶段性里程碑完成时间。建立《设计进度管理台账》。对于工程进行过程中发生的由总体总包设计单位下达的每一项任务、重大工作安排，工作的完成情况，均应该登记，作为

以后考核的依据。

②根据跟踪记录,分析里程碑时间提前或延误的原因,为当月的进度报告提供数据支持。将车辆基地设计单位的进度报告纳入考核评定的依据,作为年度考核的指标进行打分。对没有进行计划跟踪管理的单位给予一定处罚。

③定期组织相关人员到现场巡检,检查车辆基地设计单位设计人员实际到位情况,设计计划完成情况,将巡检情况录入《设计进度管理台帐》。对于车辆基地设计单位未能有效履行合同的情况,以工作联系单的形式通报,上报业主、监理单位,下达设计单位。

3.2.3 车辆基地设计质量控制

1)工作内容

设计质量管理的主要工作内容包括:质量管理体系、质量方针、质量目标、技术管理组织架构、技术指令与技术信息的传递与反馈、设计图纸会签以及咨询单位审查意见、业主审查意见、各级政府部门审查意见的落实。

2)质量管理体系

车辆基地设计单位,按 GB/T 19001—2000 和 ISO 9001—2000 建立质量管理体系,制定质量方针、质量目标,在设计的全过程中贯彻执行并开展设计工作。

3)技术管理组织体系

(1)总体总包单位制定各专业技术要求和技术标准,处理各专业之间技术接口,并对项目的合同、设计质量、设计计划与进度进行全面的管理。车辆基地设计单位负责组织完成车辆基地工程的初步设计和施工图设计。

(2)车辆基地设计单位应成立设计总体组(下称总体组),总体组在技术上服从总体总包单位的管理,执行总体总包项目部的技术指令,按所在单位质量管理体系完成各阶段、各专业设计。

(3)总体总包项目部与总体组的技术管理组织架构如图 3.2-1 所示,图中的实线表示部门(人员)与部门(人员)之间技术指令或技术信息的传递与反馈路径,原则上不应逾越。

4)设计质量控制职责划分

总体院作为一级技术质量责任人,总体总包设计单位作为二级技术质量责任人,车辆基地设计负责人作为三级技术质量责任人,各级技术质量责任人按合同要求分别履行各自职责,分层协调管理。

所有在单项设计中有遗漏或不明确的地方,由总体总包进行协调设计,保证设计合同的闭口。

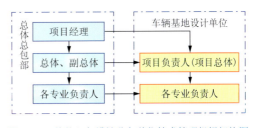

图 3.2-1 总体部与设计分包单位技术管理组织架构图

5)设计质量控制要点

(1)质量管理流程

质量管理流程如图 3.2-2 所示。

(2)设计输入控制

①设计输入控制流程,如图 3.2-3 所示。

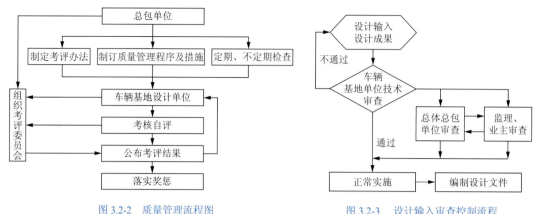

图 3.2-2 质量管理流程图　　图 3.2-3 设计输入审查控制流程

②设计输入分类如下：

a. 设计依据：设计任务书，设计合同，国家相关技术政策、规范等，业主特定功能需求。

b. 设计文件所涉及的规划、管线、拆迁、地质、绿化、交通、水利等设计输入基础资料。

c. 总体组组织编写的质量管理、技术指导文件（包括通用图）。

d. 单位间、专业间互提技术资料单。

e. 前阶段设计成果。

③设计输入职责划分如下：

a. 总体院。

汇总车辆基地设计单位提出的设计基础资料清单，配合业主搜集相关资料，接收由业主提供的设计输入基础资料，组织车辆基地设计单位审查确认。

业主特定功能需求由总体组通过方案审查、统一技术标准制定、会议纪要等方式得到有效落实。

总体组组织编写质量管理、技术指导文件，经业主审批后，下发车辆基地设计单位。

b. 车辆基地设计单位。

输入设计任务书，设计合同。

输入国家相关技术政策、规范等并确保其合理性、有效性。

提出设计基础资料清单，接收由总体总包单位转发的设计基础资料，并进行审查确认。

接收总包单位编制的质量管理、技术指导文件，并得到有效贯彻执行。

编制互提资料单、技术联系单，经内部各级技术负责人、各专业负责人校核、审核、会签并确保其正确性、完整性。

审查前阶段设计成果并确保其准确性、有效性。

（3）设计输出控制

①设计输出应满足输入的要求，包括设计总说明书、设计图纸、资料、电子文件等。

②车辆基地设计单位应按所在单位质量管理体系完成内部设计文件审查并签署，方可将设计图纸提交设计总承包会签和审定。

③总承包方应组织总体、副总体和系统负责人对设计文件及设计图纸审查并会签。

④全线初步设计文件需经专家评审通过后方可作为下一步设计依据。

⑤施工图纸需经总承包单位、设计监理审查盖章后，方可将图纸报送施工图强制性审查单位。

（4）设计方案审查

①设计方案审查流程如图 3.2-4 所示。

②设计方案审查分类。

a. 初步设计阶段方案审查，主要由业主组织的专家组、相关管理部门及产权单位进行审查。

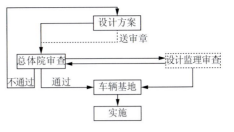

图 3.2-4　方案审查控制流程

b. 施工设计阶段方案审查，主要由总包单位对车辆基地设计方案对专家审查意见的落实情况进行审查。

c. 施工设计配合阶段方案审查，主要由总体组对引起工程量有较大调整、设计方案有重大变化的设计变更方案进行审查。

③设计方案审查形式和时机。

a. 初步方案设计阶段审查形式均为设计文件加汇报评审会。业主、相关管理部门及产权单位、专家组方案审查前，由总包单位组织车辆基地设计单位进行设计文件编制和评审会汇报准备。审查时机详见初步方案设计阶段计划进度表。

b. 初步设计阶段方案审查形式均为设计文件加汇报评审会，总包单位组织车辆基地设计单位进行设计文件编制和评审会汇报准备。

c. 施工设计阶段方案审查形式采用书面设计文件审查形式，审查时机为初步设计专家审查意见落实后、向业主呈报实施方案前。

d. 施工设计配合阶段，车辆基地单位以业主变更指令单为依据，编制设计变更方案书面文件，经总体组方案审查确认后，方可进行变更设计施工图编制，审查时机为变更设计施工图编制前。

（5）审查意见的落实

①车辆基地设计单位完成的设计文件，应接受业主委托的各级审查，主要包括设计监理审查、业主审查和各级政府部门审查。

②车辆基地设计单位应认真研究，逐条落实，并书面答复相关审查部门的审查意见。

③总包组负责转发业主和监理单位的批准的书面审查意见，车辆基地设计单位应妥善保存。

④对于设计过程中遇到的重大技术问题和重大原则问题，车辆基地设计单位应及时书面向总体总包设计单位，并向咨询单位、业主反映，以便及时决策。

6）设计文件质量评定

（1）评定范围

评定范围为车辆基地工程设计的各系统（专业文件）。

（2）评定标准

①设计文件必须符合设计合同和可行性研究审批意见的要求，如有变动，必须有充分论据，并得到可研审批部门或业主的批准。

②设计文件必须符合国家或地方现行规范、规程及有关规定的要求。

③设计文件必须符合批复的规划要求。

④设计文件必须符合《设计技术要求》《系统对土建的要求》《文件编制统一规定》

三个文件的要求，且附件齐全，无漏项。

⑤严格执行正式批复的专家审查意见及业主单位对重大技术问题的决议。

⑥方案比选项目齐全，数据正确可靠。不遗漏主要比较方案及节省工程量较大的方案，工程量计算符合精度要求且无遗漏。推荐的方案论据充分、技术上可行、经济上合理。设备系统国产化率达到规定要求。

⑦采用的基础资料准确可靠，采用的计算方法、指标、系数合理，选用的标准规模恰当，工程量计算结果、设备数量等符合深度要求且不漏项。

⑧概算不重项、不漏项，费率、章节不出错误，严格按照总体组下发的经业主批准的概算编制办法执行。

⑨设计图纸会签。为保证设计文件质量，凡与其他专业有技术关联的图纸，原则上提资专业均应会签受资专业图纸，由总体组织相关专业进行对图和会签。具体会签管理见会签制度。

（3）评定方法

①车辆基地设计单位成立设计文件质量评定小组，负责本单位设计文件的自评，自评按上述评定标准逐条打分形式进行，自评结果填《设计文件质量评定表》并报总体总包单位。

②总体总包单位成立由质量管理工程师牵头。由设计总体、副总体及技术顾问组人员参与的设计文件质量评定小组负责设计文件质量等级的评定，评定形式亦按打分形式进行，评定结果由设计总体汇总，填《设计文件质量评定结果汇总表》并报设计监理及业主单位审查、审定。

7）质量记录和质量信息反馈

（1）在设计过程中，应认真填写质量过程控制的书面记录，便于追踪核查。这些书面记录有《设计技术联系单》《互提资料联系单》《会签记录》《设计文件审查单》《技术会议记录》《总体组审查意见表》等。

（2）通过例会制度和日常检查制度等管理制度，加强对设计质量的过程控制，进行严格的设计审查，确保每一阶段设计工作的质量。

3.2.4 车辆基地设计投资控制

1）限额设计管理制度

主要管理工作如下：

（1）结合业主管理意图和本工程实际情况，车辆基地上报总体总包单位，由总体总包单位制定限额设计管理细则，报业主批准后作为本工程设计管理的基本原则。

（2）根据限额设计管理要求，配合总体总包单位和业主将必要的内容纳入合同文本中，切实保证限额设计管理约束的法律效力。

（3）定期根据设计工作进展情况，检查限额设计目标的执行情况，及时对影响投资控制的因素进行分析，采取有效措施，保证工程投资控制在预定目标范围内。

（4）车辆基地设计单位配合总体总包部门对限额设计目标执行情况按照确定的原则进行最终的审核确认，提出奖罚建议意见，报业主审批。

2）限额设计管理职责分工

如图 3.2-5 所示。

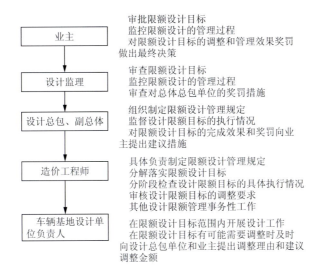

图 3.2-5 管理职能分工示意图

3）限额设计管理工作流程图

如图 3.2-6 所示。

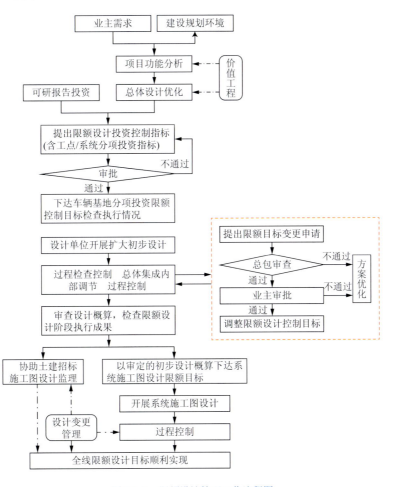

图 3.2-6 限额设计管理工作流程图

4）限额设计管理

（1）总体设计阶段

①功能分析：识别业主功能需求要点，明确项目总体设计的总目标，分解匹配并确定各工点系统功能目标。

②各专业围绕识别功能开展设计优化。

③依照当地价格水平进行详细投资估算，估算指标精度应与设计方案深度相符。

④分析项目总投资及分项投资指标，并与类似工程进行比较，研究分析差异，确定下一步方案优化重点。

⑤总体设计初步成果完成时组织价值工程专题讨论，对项目功能、成本效益情况进行全面评估。

⑥进行项目投资风险分析和经济评价，为业主融资方案优化和投资控制提供决策支持。

⑦确定限额设计总指标和分项指标。

（2）初步设计阶段

①方案深化，并对投资有重要影响的方案进行多方案经济比选。

②编制确定本项目设计概算编制原则，统一投资计算办法。

③对设计方案进行总体审查，重要方案可邀请外部专家论证，寻找方案功能成本性价比的最优匹配。

④检查设计过程的限额设计执行情况，重点检查设计方案和重大设备选型。

⑤检查设计方案和外部规划衔接条件的稳定性。

⑥评审确认初步设计概算，并对投资指标进一步对比分析。

（3）施工图设计阶段

①在设计概算投资限额范围内，进一步深化方案和技术经济分析论证，对超限额的设计方案必须分析原因，不合理提高预定功能标准或投资浪费的设计方案一律否决。

②严格设计变更管理，对设计变更必须结合对项目功能的影响，进行多方案经济比选，控制投资在限额范围内。

（4）后期服务阶段

①严格设计变更管理。

②总结分析工程限额设计执行情况和效果。

③为业主提供有价值的投资管理技术支持和管理服务建议。

3.2.5 车辆基地设计安全管理

1）建立设计方案安全专项审查制度

在设计过程中，结合住建部颁布的《城市轨道交通质量安全管理指南》对设计方案进行安全专项审查，保证设计方案的安全可靠。

（1）初步设计阶段

通过专业评审对设计原则、计算方法、结构选型、施工方法、重要风险源专项措施等方面认真把关，协助总体总包对重大技术问题进行决策。

（2）施工图设计阶段

针对施工安全风险较大的基坑工程和暗挖工程项目集中组织专项审查。

（3）施工配合阶段

针对有重大变更的技术方案集中组织专项综合审查。

2）建立施工现场巡查制度

（1）巡查组组织架构

巡查组由总体总包、车辆基地设计安全员组成。巡查组每月对车辆基地开工项目进行现场巡查。现场巡查是一项避免工程安全事故的主动措施，借助车辆基地设计单位专业技术骨干的丰富工程经验排除安全隐患，提高项目组的现场服务水平，同时使车辆基地设计单位负责人掌握施工现场第一手情况，据此作出合理的判断决策，从而提高设计安全性能。

（2）巡查工作内容

协助施工监理排除施工现场的安全隐患。

检查现场的设计变更、洽商是否存在安全隐患。

协助项目组解决现场的重大技术问题。

编写巡查工作报告。

3）车辆基地设计单位安全控制责任

由总体总包单位组织车辆基地设计单位开展从事前识别、施工过程中控制、事后督促实施整改等各项工作，为地铁工程建设重大风险源的控制提供技术保障。车辆基地设计单位安全控制责任如下：

（1）在工程设计、变更设计阶段，设计单位对工程项目在实施过程中涉及的重大风险源进行辨别，在设计文件中明确提出对重大风险源的控制指标和控制措施，并进行设计交底。

（2）参与重大风险源专项施工方案的审查，并在施工过程中监督各项措施的落实执行情况，结合现场实际情况不断改进和优化设计方案，并将存在的安全隐患及时通知监理单位。

（3）建立、建全应急预案，在工程事故发生后，协助施工单位研究解决治理过程中的重大问题，配合相关单位做好治理工作，并做好事故分析及总结工作。

（4）建立项目风险源档案，按时作好各种安全管理资料的归档整理工作。

3.2.6 车辆基地信息、资料管理

1）收发图纸的工作内容

（1）设计管理信息

业主、咨询单位、总体总包设计单位以及车辆基地设计单位在承担车辆基地工程设计中所传递的非正式设计成果如中间成果（含电子文件），必需使用联系单，并按表上内容把文件名称、发送数量、发往单位填写清楚，并在发件和收件处签署名字。

（2）正式设计成果

①设计文件分类

图纸分为：送审图、施工图、招标设计图、基坑审查资料（如有）、其他（包括初步设计、总体设计、施工图预算等资料）。

②设计文件提交的份数

设计单位提交的图纸资料应先送总体总包单位资料室，文件份数应符合合同规定或满足业主要求。

③设计文件的要求

施工图及招标设计图纸内每页应盖有设计单位出图专用章。建筑专业的图纸，应有作

为建筑专业负责人的注册建筑师在说明目录、总平面图及主要的平面、立面、剖面图上的签字，并有加盖的执业专用章；结构专业的图纸，应有作为结构专业负责人的注册结构工程师在图纸的目录页的签字，并有加盖的执业专用章。

初步设计文件应设扉页，扉页应有单位名称、资质证书的等级及编号，单位负责人、总建筑（工程）师、项目负责人、各专业负责人的名单（印刷体）及签字，并盖有单位出图专用章和注册建筑（工程）师执业专用章。

基坑审查资料（如有）必须装订成 A3 文本，设计图纸应尽量采用 A3 图幅，扉页上有设计院的院长、总工、项目负责人、设计、校核、审核人的名单（印刷体）及签字，并盖设计单位出图章。

施工图应按总体总包项目部下发的有关规定与内容完成，并按工点、专业、分项成套出图，每套图纸都应有封面，以目录或子目录为首页装订成册上交。

上交的资料、图纸需填写资料、图纸交付联单，以待存查。并在专业的图纸目录文件清单上明确每次提交图纸的时间、数量、规格，以便业主、项目部总包组对出图进度、增加图纸的数量及费用等的管理。

车辆基地设计单位应定期（每季度初）列出作废的图纸、资料清单，确保工程不因对设计图纸、资料的不当使用而产生质量问题。

（3）设计变更的文件

车辆基地设计单位必须明确设计变更的分类、申报及审批程序，结构专业的变更图纸必须有作为专业负责人的注册结构师在每页的图签内的签字和加盖的执业专用章。

①设计变更内容

凡考虑初步设计审查委员会审查意见后，优化原初步设计方案并经总体总包单位、咨询单位、业主同意后的设计图纸的变动的内容。

变更已经业主审定的中标设计方案（图纸）的内容。

施工图会审后，在施工过程中，无论何故引起的变更施工图的任何内容。

②设计变更的审核签署、审核时效

变更申请报告均由总体组组织审核并签署审查意见，总包组负责督促执行及转发。

总体在组织审核及是否同意工程变更的时间一般为 2～3 个工作日。

未附业主批准的"申请报告"而发出的"设计变更通知单"一律无效。

2）收发电子文件的工作内容

电子文件的管理包括与纸质文件同时提交的电子文件的管理和阶段设计完成后的电子文档的归档管理。电子文件分为设计类电子文件和收发文类电子文件两类。

（1）两类信息在提供纸质文件的同时，必须提供一一对应的电子文件，绝对不允许出现电子文件与纸质文件最终版本不一致的情况。各单位按本单位电子文件档案管理要求进行电子文件的归档工作。

（2）归档电子文件的要求。

①格式要求：设计图等图形电子文件必须为 DWG 格式，电脑建筑效果图、数码照片、扫描照片等应为 JPG 格式，案卷目录、卷内目录、数据表格等应采用 Excel 格式，报告、文件应采用 Word 格式。

②命名要求：电子文件命名必须与纸质文件对应，且字符之间不得有空格；设计图等图形文件以每张图纸的编号为文件名，并采用大写字母且不允许有汉字，装订成一册的图

形文件放在一个文件夹内，以册名（汉字）为文件夹名。

③刻写要求：凡需刻盘存档的电子文件须采用金质一次写光盘。每张光盘刻写电子文件不宜太满，应留有一定空间。刻录归档的电子文件应是压缩文件。

④签署要求：提交电子文件前应按照纸质文件的签署将所有签名补充输入。

3）电子文件的使用规定

电子文件特别是正式成果的电子文件，严禁私自拷贝，确属工作需要的应在征得总体同意的前提下在总体部办理相关手续。

3.2.7 车辆基地设计方案及设计文件审查

1）设计方案、文件审查的内容

（1）根据各阶段的设计成果，总体审查文件的内容主要有工程设计技术要求、总体设计和初步设计。

①在总体设计阶段中，重点研究方案的可行性、规模的控制与周边关系的协调。

②在初步设计阶段应抓住方案研究和比选这一重点，协调各专业配合。一般车辆基地设计方案的落实，以车辆基地设计单位为主，但总包总体和相关专业负责人也要随时了解和掌握情况，并定期组织会审，以达到以点带面的目的。

（2）初步设计阶段主要的重大方案设计，需报总体总包项目部，并经总体总包项目部组织会审，提出推荐方案，做好比选方案（同精度），不遗漏有价值的方案。

①对设计中出现的各种技术问题，总体组应权衡利弊，统揽全局考虑，及时慎重地逐个解决。超前具体确定设计文件的组成与内容、说明书撰写纲要或目录，以便各专业在编写设计指导书和设计过程中，能够做到心中有数，逐步完成和高质量地提供总文件的素材。

②设计告一段落后，应配合总包组组织质量检查，做出全面分析和评价，最后逐级审签。印刷后按规定分发，待阶段评审鉴定。

2）主要工作程序

（1）在各阶段设计工作开始前，总体总包项目部应编制设计、设计原则、综合进度表、统一技术规定等指导性文件，提出并会审重要设计方案。

（2）工程设计技术要求完成后，由总包组牵头，会同监理单位并邀请业主参加，对工程设计技术要求进行评审。总体组根据评审意见修改完善后报业主，由业主组织的有关专家进行审查，根据审查意见修改完善后装订成册，由审查委员会组织的全国专家审查。

（3）在总体设计阶段，车辆基地设计单位在收到总体总包项目部下发的通过审查的技术要求后，进行车辆基地的方案设计，总体总包定期会同业主和监理单位对车辆基地设计单位进行检查和方案的评审，重点审查车辆基地方案的可行性、规模的控制及周边关系的协调。

（4）在初步设计阶段，由总体总包项目部对车辆基地设计单位设计，定期组织业主、监理单位等相关单位进行会审，提出推荐方案，做好比选方案（同精度），不遗漏有价值的方案，重点控制好规模和标准。

（5）车辆基地设计单位配合总包组在各阶段都应做好设计方案评审前的准备工作，特别是设计技术要求、总体设计和初步设计等。

（6）对评审鉴定中的专家意见，要组织各专业进行详细分析，了解吃透，提出整改和贯彻落实意见，并提请业主、监理单位确认，作为下一阶段的工作依据。

3）设计方案审查流程

如图 3.2-7 所示。

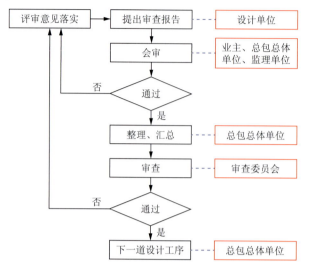

图 3.2-7　设计方案审查流程图

3.3　车辆基地设备接口管理

车辆基地检修工艺设备众多，其中主要设备有数控不落轮镟床、地下固定式架车机、列车清洗机、内燃机车、轨道平板（吊）车、接触网作业车、磨轨车（铣磨车）、起重机、车辆复位救援设备、静调电源设备、叉车、搬运车、充放电机、假台车、车辆各部件的检修设备等。

3.3.1　列车清洗机

1）应重点关注土建预留预埋

列车清洗机由洗刷系统、水循环系统、压缩空气系统、电控系统、监视系统和吹扫烘干等几部分系统组成。由于各种立刷、立柱、给水以及泵组等预留预埋孔洞较多，在设计时要特别留意。

列车清洗机室外也需要设置相关电控系统，与控制室连通。室外的预留预埋也应特别关注。

2）与信号专业的接口

洗车线的线路由车辆基地的信号系统负责控制，要求与信号专业沟通好洗车模式，是必须回库后才能洗车还是可直接从出入段线进入洗车线。如果信号专业未设置该工况，将造成后续洗车作业不便。

3）与牵引供电专业的接口

当采用接触网供电时，一般采用带电式通过清洗方式，该工况下洗车线区段的接触网高度应尽量高，主要是保证清洗车头、车尾时旋转的刷毛不要侵入接触网的安全距离范围内。同时列车清洗机端洗的机架上端仍应设置机械和电气的双重最高限位，使得端洗架运行到最高点后不再向上运行，以保证系统的安全。牵引供电专业应在洗车线设置隔离开关，在列车清洗机检修及停用时切断牵引供电，保证作业人员的人身安全。

当车辆采用接触轨受电，则从安全角度考虑，接触轨不进库，而库外接触轨的布置应保证列车在整个洗车过程中最少有一辆动车能够受电，以提供作业过程中的牵引动力。

3.3.2 数控不落轮镟床

1）与车辆的接口

除了一般要求外，主要是明确是否需要加工制动盘，明确轮对轴箱的安装方式及尺寸，并提供车轮踏面的廓形图纸作为供货商加工程序的编程依据。

2）与供电专业的接口

不落轮镟床镟修作业依靠公铁两用车牵引，为了防止接触网系统的回流电传导到机床，损坏机床的控制系统，在机床两端的轨道应设置轨道绝缘设施，要求在不落轮镟床前要保证不小于一列车长＋工程车长度的无电区，同时设置轨道绝缘节。

3）与通风空调专业的接口

夏季不落轮镟床镟修作业时，基坑内温度较高，工作人员在内部工作环境较差，因此需要配置空调与通风设施，设计时应征求运营部门意见。

3.3.3 地下固定式架车机

1）应重点关注土建基坑的围护结构设计

地下固定式架车机由于每列车两个转向架下面都需要举升单元，因此基坑较多，且基坑深度在 6m 左右。这些基坑如果和库房同期施工，围护结构比较简单，如果不同期施工，围护结构就比较复杂，同时要保证已建库房桩基承台免受干扰。

2）与电力专业的接口

低压配电专业需要根据地下式架车机的功率要求，提供三相交流电源和接地装置。特别应注意，地下固定式架车机的多台电机是同时启动的，启动瞬间电流较大，配电设计时应合理选用开关型号，避免发生设备启动时压降过大而导致出现开关跳闸的现象。

3）与轨道专业的接口

地下固定式架车机的轨道与设备基础坑外的库内轨道相连接，双方应明确轨道的分断点，在施工时一般先铺设好库内轨道，并预留有一定余量，待安装地下式架车机时，再按需要切断。

3.3.4 物资总库

物资总库与土建、电力、通信、信息、暖通、消防等专业应有相应接口。

1）与土建专业接口

该专业接口有基础载荷要求、沉降要求、地面平整度要求、门窗要求、室内净高要求、大件区起重机轮压要求、管线预埋要求等。土建专业需特别注意立体仓库区地面基础，需满足整个立体货架的载荷，且不允许出现不均匀的沉降。窗户应尽量设置在距离地面 2.5m 以上的位置，避免光线对条形码读取以及其他光电传感器正常工作的影响。

2）与电力专业的接口

（1）电力专业需考虑整个物资库的用电，立体仓库区应设电源 1 处。用电要求为 TN-S、380VAC±10%、50HZ±1HZ、三相五线制。地线与零线采用端子汇流排形式，地线与零线严格分开，立体仓库接地，其中接地电阻为 3Ω，以满足建筑防雷的规范。

（2）控制值班室需配置电脑和控制柜的用电插座。

（3）大件存放区需考虑起重机的用电，设置滑触线供电开关箱（三相五线制、380V），同时考虑叉车充电电源。

3）与通信、信息专业接口

（1）控制室需考虑设置电话。

（2）立体仓库控制室、办公室考虑网络端口，当需要与轨道公司 EM 管理系统实现联结时，应进行相应接口的匹配和规划。

（3）考虑设置仓库监视系统。

4）与暖通专业的接口

（1）立体仓库控制值班室需考虑空调。

（2）电子电器、仪器仪表、恒温恒湿存放间需保持湿度在 60% 以下，温度控制在 15°～25°之间。

（3）考虑污水池（洗手池）的设置。

（4）若有车辆基地物资库上盖，则需考虑在立体仓库区设置湿度及温度自动控制设备。

5）与消防专业的接口

立体仓库一般为丙类仓库，需考虑设置合适的消防系统。

3.3.5 其他设备

由于磨轨车、铣磨车等重型设备需要到正线作业，因此应特别注意高架区间桥梁跨度的设置，应将这些重型设备的平面布置及轴重早期提供给桥梁专业进行荷载效验。

对于起重类设备应要求供货商在建成的库房中实际测量完跨度尺寸后再生产，避免出现运输到现场安装不了的情况。

总之，工艺设备基础施工前，设计单位应携同设备供货商单位共同在技术交底会上主讲施工及接口要求。土建施工完成后，由设备供货商对土建、电力等接口进行逐项检查并签字确认，期间由土建施工和土建监理单位配合。

3.4 车辆基地配合施工管理

3.4.1 城市轨道交通车辆基地设计组织机构

城市轨道交通车辆基地工点与其他系统专业一样，由全线总体总包部进行设计管理（含配合施工），设计组织机构示意图如图 3-4-1 所示。

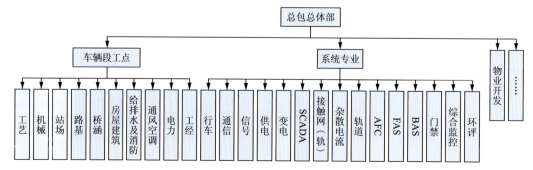

图 3.4-1　车辆基地设计组织机构示意图

3.4.2 配合施工各岗位职责

1）总体设计负责人

（1）参加中间检查及验收，贯彻落实中间检查及验收意见。

（2）负责填写《勘察设计技术履历簿》，负责组织编写项目技术总结和资料整理归档。

（3）主持项目组的生产技术会议，并督促、检查会议决定的落实，协调各专业间的接口关系。

（4）深入了解专业设计负责人等的配合施工工作情况，及时协调解决生产、技术中的具体问题。

（5）组织有关人员进行现场技术交底等，参与配合施工工作，按变更设计批准权限，协调和解决变更设计中的重大技术问题严格执行设计变更申报程序。

（6）及时处理本项目中发生的涉及有关质量、环境、职业安全健康方面的重大问题或事故，及时向轨道交通项目部、集团公司和建设单位报告，并妥善做好事故的分析工作。

（7）参加竣工验交工作，参加设计回访，组织编写回访报告。

2）专业设计负责人

（1）认真贯彻国家、行业主管部门及地方政府的有关质量、环境、职业健康安全的法律、法规，并在配合施工中遵照执行。

（2）审核本专业变更设计资料、图纸，并签署后按规定向上送审，负责对上级审查意见组织修改，负责变更设计等各项资料的立卷归档工作。

（3）对本专业变更设计文件的正确性、安全性、工程数量的真实性负主要责任。

（4）参加设计文件的评审、技术交底、配合施工、设计回访，编写专业技术总结。

（5）负责定期组织识别和评价本专业涉及的环境因素、危险源，在配合施工阶段协助制定有关质量、环境、职业健康安全的管理措施和应急预案，并做好与本专业有关的记录。

（6）组织处理与本专业有关的技术问题。

3）配合施工技术人员

（1）认真执行质量、环境、职业健康安全管理体系文件，对本设计组管辖的施工工作负责。

（2）熟悉并认真贯彻执行国家及行业有关工程质量、环境保护、健康安全方面的法律、法规、技术规范、规程及相关要求，遵守地方法规，做好在驻地的办公场所和生产活动中的环境保护和健康安全工作。

（3）负责做好配合施工中本专业的技术指导、差错纠正、优化设计和投资控制工作，认真做好各项工作记录和会议记录。

（4）严格执行项目变更设计管理办法及建设单位（业主）有关变更设计的规定，按照建设单位的要求及时办理变更设计。

（5）负责建立本专业的变更设计台帐，做好变更设计资料的分类、整理和保管工作，确保变更设计资料的齐全性和可追溯性。

（6）加强团队合作，及时登记、处理现场的来文、来函和会议纪要，做好各种信息的收集、反馈和沟通工作。做好有关本专业的报表、归档及工作总结。

（7）参加建设单位或相关部门组织召开的各类会议，并做好会议记录和信息反馈。

（8）参加工程施工质量验收和竣工验收。

3.4.3 配合施工主要工作内容、方法及一般原则

1）主要工作内容

（1）现场配合

在配合施工期间，配合施工人员应主动、高效、优质地服务施工、服务业主、服务建设项目。根据建设、施工单位等的要求，按规定参加现场核实，及时处理现场施工中存在的技术性问题。

负责与建设、咨询、施工、监理等沟通联系，做好协调、接待和服务工作，参加现场有关的办公会、协调会。

（2）技术交底及图纸会审

根据建设单位计划，各专业设计负责人应根据交底工程的重要性确定具体参加人员，技术交底组原则上应由专业设计负责人参加，如果需要更换，必须是对该项设计比较了解、有同等技术水平的专业人员。技术交底前应作好准备工作，包括交底的深广度和必备的设计文件和图纸，及时编制专业技术交底材料或报告，技术交底文件应包含工程基本概况、设计采用标准、规范，主要设计原则，其他专业设计接口说明，采用的通用图、参考图目录，施工注意事项。

开工前，根据建设单位安排，由监理单位组织技术交底工作，相关专业负责人参加技术交底会议。参加技术交底会议的人员应本着维护设计文件的原则，说明设计意图，向建设、施工、监理等单位介绍工程设计概况、技术重难点、重点工程及施工注意事项、协议签订情况、环境保护要求、工期及投资情况、新材料、新工艺、新设备应用情况等，特别要交待"安全施工、质量控制"的相关注意事项，以保证工程建设顺利进行。对重难点、高风险和采用新技术的工程项目应组织专项技术交底会议。

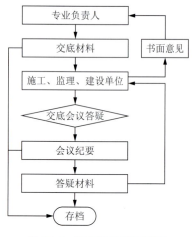

图 3.4-2 设计交底流程示意图

参加技术交底会议的人员应认真听取建设、施工、监理等单位提出的问题，耐心解答和说明相关技术问题，对设计文件中的差、错、漏、碰等问题承诺予以纠正并对建设、施工、监理单位提出的问题进行图纸会审、答疑。一时难以解决的问题，应认真讨论，必要时经现场调查后，再予以确定。如图 3.4-2 所示为设计交底流程示意图。

（3）变更设计

经业主单位审核批准的施工图，任何单位和个人不得擅自变更。确需变更的，应严格执行当地轨道公司的变更设计管理办法及流程，必须坚持"先批准、后实施，先设计、后施工"的原则，必须深入调查研究、充分论证，本着精打细算、节约投资、尽量减少废弃工程、不断优化设计和保证施工进度需要的原则进行。

变更设计内部过程应遵循有关程序要求，严禁未经授权越级或跨专业进行设计变更。由单一专业引起的变更设计，变更设计由责任专业负责办理。变更设计如引起其他专业发生变更时，应及时、主动与项目总体、相关专业技术人员沟通、协调，会同相关专业技术人员共同办理。

变更设计的相关专业人员要参加变更设计专题会议，同时做好变更设计资料管理，建立变更设计台帐。如图 3.4-3 所示为变更设计流程图。

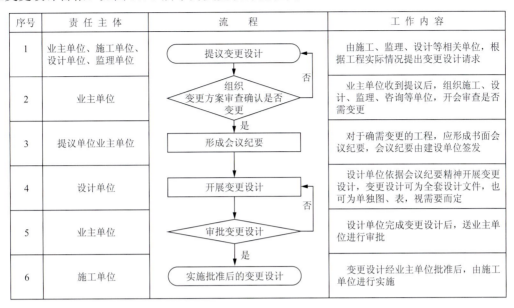

图 3.4-3 变更设计流程图

（4）现场洽商单、技术核定单

不涉及工程费用增减的优化设计、对设计文件和图纸中的差、错、漏、碰的更正以及需给施工单位的必要说明等，应按相关表格要求，由项目总体批准后发向施工及监理单位。需要说明的是：各地轨道公司对现场洽单、技术核定的说法、流程可能并不一致，但现场洽商、技术核定工作主要是对图纸中不明确的部分进行解释、说明，相关洽商、核定内容应不涉及方案的改变。

（5）工程验收

按业主单位要求和相关规范规定参与施工质量验收工作，严格执行有关的国家验收规范和验收标准，对施工质量验收工作中存在的设计问题提出解决方案和督促整改落实，必要时根据业主单位要求对施工质量问题提出整改的设计措施。

验收过程中应分清存在问题的原因，参加验收人员在签署时要严格把关。对验收过程中提出的问题，参加验收人员要逐级汇报。参加验收工程的人员建议如下，如当地业主单位有要求的则按当地要求执行。如图 3.4-4 为工程验收流程示意图。

①单位工程

项目总体、专业设计负责人及配合施工技术人员参加。

②分部工程

项目总体、专业设计负责人或配合施工技术人员参加。

③分项工程

原则上设计单位不参加，如需参加由专业设计负责人或配合施工技术人员参加。

④隐蔽工程

如桥涵基础、挡墙基础等隐蔽工程的验收，由专业设计负责人或配合施工技术人员参加。

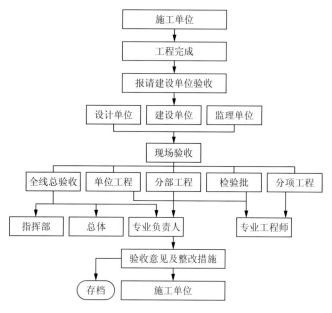

图 3.4-4　工程验收流程示意图

2）配合施工的主要方法

配合施工工作应在熟悉设计图、基础资料及现场情况的基础上进行，应贯彻"动态设计、信息化施工"的原则，应与施工单位建立信息反馈制度。施工单位在施工中应注意核对现场情况，发现实际情况与设计不符时，应及时通报业主单位专业工程师、监理工程师和项目总体或专业设计负责人三方，以便对设计进行调整，保证工程质量和安全。

到现场按"一看""二听""三拍照""四比对"和"五建议"五步进行。

一看：观察现场场地情况，看施工单位施工纪录、描述是否规范，检查施工工艺是否符合规范、标准，了解实际工程情况。

二听：听取现场监理、工程技术人员及施工人员的施工汇报。

三拍照：对现场施工机械、工地现场、工程实际进展状况进行实物数码拍照留底，保存拍摄日期。对有尺寸要求的工程项目应使用卷尺、笔记本等作为参照物。

四比对：与设计资料进行现场对比。

五建议：在结合现场实际核查情况与设计资料比对的基础上作出准确的判断，现场施工与设计图不符时，应提出处理意见或提出变更设计意见。

3）配合施工的一般原则

（1）熟悉规范、规定

设计、施工及验收规范、规定、标准是轨道交通建设的纲领性文件，配合施工人员应必备，并在工作过程中应用。配合施工人员除严格执行国家法规、专业常用规范、标准，同时应执行业主单位颁发的各项规定。

（2）研读设计文件、图纸

设计文件、图纸是铁路施工的依据，同时也是配合施工人员现场工作的依据。配合施工人员应充分研究相关设计图纸，熟悉和了解设计意图，掌握各种处理措施的机理、施工注意事项、试验检测要求、质量验收标准等，掌握现场不良地质、特殊岩土工点分布情况，将本工程的难点和危险点作为工作的重点进行现场指导和质量监督。

(3) 清楚技术交底内容

技术交底是对设计的完善和解释。现场配合施工人员应清楚技术交底内容，对于业主、施工、监理等单位提出的相关问题应了解解答和处理内容，特别应做好重要工点现场技术交底工作，对重难点、复杂、高风险或采用新技术、新标准、新结构、新工艺的工程，应在开工前到现场进行专题技术交底，解释设计意图，说明工程实施的具体方案、方法以及技术措施，并参与、指导现场试验工作。

(4) 掌握配合施工程序

配合施工人员应熟练掌握有关配合施工管理程序。配合施工人员应根据集团公司公司规定、建设项目特点和单位内部管理制度，制定施工现场设计配合施工细则，配合做好现场重大事项处理工作。对需要变更设计应及时向建设单位提出变更设计建议，对设计文件的执行情况进行跟踪，按验收标准规定参与隐蔽工程、分项、分部、单位工程的验收工作，按规定参加工程检查，落实突发事件应急机制，配合做好突发事件应急处理工作。

(5) 深入、了解施工现场

配合施工人员应建立与业主、施工、监理单位的定期沟通机制，积极深入施工现场，主动了解施工、试验、检验情况，检查施工工艺是否满足设计要求，及时发现、解决施工过程中存在的问题，指导施工单位完善施工方案，确保设计配合工作有序推进。

同时配合施工人员对现场施工质量有监督、纠正的职责，发现问题应及时采取相应的措施和方法通过合理的渠道反映，并指导监督整改。

(6) 遵循信息反馈制度

配合施工过程中，应做好定期汇报制度，对现场发生的各工程事项应做好信息登记工作，并作出原因分析，及时向相关部门汇报。

对于在配合施工中现场突发重大技术问题或突发险情，应第一时间向相关单位反馈及报告，同时做好现场资料保存和影像资料收集，并应按照相关程序要求及时与参建单位共同处置问题。

对各种汇报材料或电话应做好记录、登记，并及时填写技术履历簿。

3.4.4 各专业配合施工主要工作内容

1) 站场专业

配合施工主要内容有：出入段线及段内站场线路平纵断面、段内段外道路、站场排水、填挖方数量等相关工程。

2) 路基专业

配合施工主要内容有：路基基床、路堤填筑、路堑挖方、填料改良、支挡工程、地基处理、路基边坡加固防护、清淤清表等相关工程。

3) 桥涵专业

配合施工主要内容有：排水涵洞、铁路桥梁（出入段线）、公路桥梁（出入口）等相关工程。

4) 建筑、结构专业

配合施工主要内容有：生产、生活房屋（含地基处理），相关专业配套的构筑物（设备基础、电缆沟、井，特殊断面的排水井）等相关工程。

5）电力专业

配合施工主要内容有：动力供配电、照明供配电、接地与防雷等相关工程。

6）暖通专业

暖通配合施工主要内容有：生产、生活、办公房屋等的通风、空调及防排烟，室内给排水及消防，燃气工程，采暖锅炉房等相关工程。

7）室外给排水专业

室外给排水专业配合施工主要内容有：污水处理站设备，室外生产废水、生活雨污水、给水及消防等相关工程。

8）车辆专业

（1）车辆专业配合施工的主要内容

配合施工主要内容有：车辆基地工艺设备、室外综合管线、综合总图等。

（2）配合施工人员的组成

一般是参与该项目设计的主要设计者：专业设计负责人、参与该项目较长时间且承担较多设计任务的设计人员。

（3）技术交底

①施工交底时介绍工程规模、设计内容、工艺流程、设备配置等相关情况，同时针对重要的建（构）筑物、设备功能与特点、周边情况等进行重点介绍。

②对施工单位本专业的设计内容应进行详细的设计交底，设计人员应对设计中的关键技术问题、复杂节点、施工注意事项等技术要求提出书面的交底大纲，对施工中易出现的问题和风险源提出设计要求及预防建议。

③对施工、监理单位提出的设计文件中存在的问题和施工中存在的难题进行解答并书面回复，同时结合现场情况给出合理化施工的建议，确保设计意图能完全被施工人员掌握领会。

（4）图纸会审

参加由监理单位组织的图纸会审，重点应是对业主、施工、监理提出的图纸问题和疑问进行解答。本专业需要注意的是结合涉及图纸核查现场的设备基础和安装条件，排查本专业与各专业之间的接口衔接，以避免在施工过程才发现相关问题。

（5）现场巡查和工地例会

配合施工人员应严格执行现场巡查制度，同时应根据施工进度情况组织不同专业，针对现场实际情况，不定期赴现场处理问题。现场巡查结果建议做好现场记录，重要问题应在设计例会进行通报。

（6）设计变更

①经建设单位审核批准的施工图，任何单位和个人不得擅自变更，确需变更的，必须依据轨道公司下发的《设计变更管理办法》及其他相关规定办理，严格遵守"先批准，后变更；先变更，后施工"的纪律。

变更设计按《设计过程控制程序》有关要求办理。

②变更设计必须深入调查研究、充分论证，本着精打细算、节约投资、不断优化设计和保证施工进度需要的原则进行。变更设计应充分考虑设备、材料的订货和供应情况，以及本工程和相关后序工程施工进展情况，尽量减少废弃工程，避免造成设备、材料的积压和延误工期的情况出现。

③由单一专业引起的变更设计，变更设计由该专业负责办理。

④变更设计如引起其他专业发生变更时，应及时、主动与相关专业技术人员沟通、协调，提供可追溯性的互提资料，会同相关专业技术人员共同办理或由原设计专业办理。

⑤变更设计原则上不允许跨专业和越级办理，紧急情况应经授权后方可办理。当临时决定由替代人员赴现场处理问题（含配合施工、变更设计等）时，责任单位领导应遵循下列原则：

明确替代人的责任权限及对处理问题的注意事项（含联络渠道、接口关系，重大问题请示汇报等）；由原责任人移交相关文件资料并介绍相应情况，其替代人员要认真履行职责，对经办的工作负责。

需要特别注意的是，一般车辆基地工艺设备是甲供设备，原则上施工图完成前需要进行甲供设备设计联络，相关土建基础、风、水、电的详细要求在设计联络中均有详细要求，各相关专业应按照其要求完成设计。在现场配合施工中产生的大量设计变更的都是由相关专业的差、漏、错所引起，也有少量问题是由于施工单位按照涉及图纸实施后发现无法满足工艺设备的安装要求。但由于现场整改难度及费用较大，因此需要工艺设备进行适应性调整，这个时候就需要工艺专业在与业主充分沟通的前提下发起相关工艺设备的设计变更。

在配合施工过程中应注意对于变更设计做到事前请示、过程汇报、事后跟踪，以保证业主能清楚地了解变更的发生、发展，同时设计人员在日常巡查工地现场时应重点检查设计变更内容在施工中的落实情况。对设计变更按申请——设计——审图——出图的程序执行。

建立设计变更管理台帐，变更设计文件要按贯标逐级送审，特别对变更理由、变更原因等，要斟词酌句，认真推敲，经得起审计。

（7）工程验收

工程验收是设计配合的最后一环，在验收工作中，对照图纸检查现场实施情况，检查现场是否满足设计意图，是否存在施工质量缺陷，是否存在工程遗漏等情况。对构件尺寸、限界、预留孔洞、预埋件等机械进行重点检查。

①工程质量验收的划分

工程质量验收划分为单位（子单位）工程、分部（子分部）工程、分项工程和检验批验收。通常车辆基地范围内的工程，按房建、站场及道路、桥梁、室外建筑环境、室外安装等分别划分为子单位工程。原则上每一座房屋划分为一个子单位工程，但规模较小的也可能合并为一个子单位工程。

工程施工质量验收按《建筑工程施工质量验收统一标准》（GB 50300—2013）、《地下铁道工程施工及验收规范》（2003 版）（GB 50299—1999）及其他国家相关的施工及验收规范进行。在施工单位自行质量检查评定的基础上，参与建设活动的有关单位根据相关标准共同对检验批、分项、分部、单位（子单位）工程的质量以书面形式对工程质量是否达到合格做出确认。

②工程质量验收的程序

a. 准备工作。

a）分部工程完工后，施工单位应按照国家有关验收标准及规范全面检查工程质量、整理工程技术资料、提交监理单位审核。

b）监理单位应对工程技术资料进行审核，并对工程实体进行检查。检查合格后，总监理工程师签署意见并向轨道公司建设部门申请验收。

c）监理单位通知勘察、设计、施工、建设单位进行验收，并须提前将验收时间、地点书面通知质量监督机构（监督员）到场实施验收监督。

d）施工单位、监理单位在工程验收前还必须准备好分部工程质量自评报告、分部工程质量评估报告，在验收会议时发放给各参加单位。

b.验收程序。

a）施工单位做工程质量自评报告，简单介绍工程概况、工程实体及资料整理完成情况、质量控制、工程的自检、自评情况、目前遗留的工程、问题等。

b）监理单位做分部工程质量评估报告，介绍工程监理情况、质量控制及工程质量验收核定情况、目前遗留的问题等。

c）与会人员分组检查：

工程实体组：按不同专业分组现场检查，主要对实体进行观感质量检查，必要时进行现场实测实量；文件资料组（包括科技档案、声像档案）：由轨道公司办公室档案资料部门牵头，对施工单位提交的工程档案进行检查。

d）勘察、设计单位介绍设计和施工配合情况，指出施工单位的施工是否满足设计要求和仍存在的问题，并对该工程的质量是否通过验收提出意见。

e）各检查组负责人汇报小组检查情况，指出必须整改的问题，并安排专人做记录，填写工程验收记录表。

f）综合各检查组意见，对工程质量和各管理环节等方面作出全面评价。

g）质量监督机构对工程质量验收的组织形式、验收程序、执行验收标准等情况实施监督。

h）监理单位负责编写验收会议纪要，将要求整改的问题记录在案并负责整改问题的跟踪检查。

3.4.5　配合施工中的会议类型，各会议记录、纪要以及存档要求

为了统一归档程序、方便档案的保管利用，在配合施工过程中所形成的技术文件材料均按配合施工阶段归档，各专业资料归档责任人为各专业负责人，相关配合施工人员应积极配合。

为了确保配合施工技术档案的完整性，配合施工项目部应对在配合施工过程中所形成的技术文件资料，按以下规定进行归档，归档责任人为各专业配合施工负责人，归档时限一般为工程项目初验后半年内完成。

具体组卷办法：

（1）涉及到全线的说明和来往公文、纪要、协议等按时间顺序组卷。

（2）变更设计及其他技术资料分专业按工点分专业组卷。

（3）变更设计文件（技术资料）的组成顺序如下。

①来往公文、纪要、协议等。

②变更设计提议单、审批单、通知单。

③互提资料。

④勘察材料。

⑤设计及计算资料。

⑥概算资料。
⑦设计图纸(含蓝图、腊底图)。
⑧其他资料。

3.5　车辆基地设计变更管理

3.5.1　设计变更的定义

以有效施工图作为变更的分界,无论何种原因引起的有效施工图纸(即设计单位、总体单位、咨询单位及业主四方同时盖章通过的施工图纸)会审时的内容变化以及之后所发生的施工图纸的内容变化均为设计变更。

3.5.2　变更设计的原则

变更设计应严格遵守设计审批程序,控制概算投资;应符合有关技术标准和设计规范;应符合节约资源、提高质量、利于营运、缩短工期和降低工程造价等原则。

3.5.3　设计变更的分类

设计变更分类各地不同,一般分为3～4类。

变更金额应以预算额为计算依据,预算额度归为哪一类变更,则按哪一类变更执行。

设计变更性质及内容如下:

(1)由于建设规模、技术标准、基本原则、线位、站位、基本工法、设备系统的功能、运营条件等重大技术方案的改变引起施工图内容的变更。

(2)变更经设计联络后供货合同确定的主要设备类型(指影响系统功能的部分)及重要系统功能。

(3)改变了局部设计原则,不降低技术标准和使用功能,技术方案简单,施工图工程量变化较少,但影响了不同专业的技术条件和工程量的变更。

(4)为完善工程接口必须进行的设计变更。

(5)不改变设计原则,不降低技术标准和使用功能,技术方案简单,施工图的工程量变化小,且不影响其他专业的技术条件和工程量的变更。

(6)在机电安装工程中,设备安装位置、基础预埋件、电缆桥架、槽管及径路等的变更。

3.5.4　设计变更的提出

(1)承包商鉴于现场实际情况的变化或出于施工便利、施工设备限制等原因,要求变更原设计。

(2)监理工程师或其驻地代表,根据施工现场各方面的情况,综合考虑认为需要变更设计。

(3)原设计单位对原设计有新的考虑,或为进一步完善设计等提出变更设计。

(4)由设计咨询提出变更设计要求。

(5)由业主提出变更设计要求。

(6)所有设计变更均由书面形式提出,按要求的程序由设计工点进行变更设计及其他相关工作。

3.5.5 变更申请报告的填报

(1) 填报变更申请报告的格式应严格按规定的格式、内容、程序填写,附件要完整。

设计变更申请单一般由工点设计单位填报,对涉及到全线总体性或系统性的变更则应由总体设计单位填报。

(2) 关于填报内容,申请报告表中要阐明变更理由(变更项目的必要性和技术合理性)、列出变更范围、注明施工图工程量及预算变化。各项目变更申请表中均需正面说明是否有连带性变更,如有,应列出变更所带来的连带性变更等内容。

3.5.6 变更申请报告的审批

(1) 设计变更"申请报告"由设计单位提出,送设计总包总体单位及设计咨询单位签署意见后,送业主主管部门审查。

(2) 业主应尽快召集相关技术、财务、计划、审计等部门进行评审,其中重大设计变更应报各地规定的相应级别的机构或部门进行审查。

(3) 变更申请审查的内容:对变更项目的必要性、技术合理性、变更范围、工程量及投资变化引起的连带变更内容等方面进行认真审查,并在相应的报表上填写书面审查意见。

3.5.7 设计变更的执行

(1) 各类设计变更经业主召开审查会同意后,进行变更立项,有的地方还需进行财政部门备案。

(2) 变更立项审批后,由业主设计主管部门通知设计单位进行变更设计,并进行各级审查和咨询(强审)。

(3) 变更设计全部完成后,设计单位按相应规定的形式交付给有关单位进行施工。

第 4 章
车辆基地设计创新

4.1 设计方法及手段创新

4.1.1 综合总图集成设计

1）概述

总图设计是城市轨道交通车辆基地设计中不可缺少的内容。目前，各大设计院都沿袭了工艺、站场、建筑、给排水、电力专业各自设计本专业总图的做法。由于各专业总图设计的侧重点和完成时间不尽相同，专业总图间难免出现不统一、不协调之处。

在普遍调研的基础上，表 4.1-1 列举了车辆基地总图设计存在的典型问题。

车辆基地总图设计典型问题表 表 4.1-1

项目名称	总图设计存在的典型问题	问题涉及专业
广佛线夏南车辆段	电缆明沟与室外构筑物基础冲突，综合管线未协调到位	工艺
	道路坡度设计不当，路面雨水篦子较少，局部道路雨水排水不畅	站场、给排水
	单体散水没有与站场雨水排放系统连通	建筑、给排水
	局部道路与周边场坪高差较大，需设置挡墙	站场、建筑
无锡 1 号线西漳车辆段	通信管沟与供电管沟设置冲突，综合管线未协调到位	工艺
	通信、供电管沟从室外引入室内的设置冲突，综合管线未协调到位	工艺
	室外道路高程与建筑物室内高程不协调	站场、建筑
	车库与道路边距离不够，车辆无法转弯	建筑
	站场排水沟距离道路太近，路缘石与站场排水沟形成一个陡坡	站场
武汉 2 号线常青花园车辆段	电缆明沟与室外构筑物基础冲突，综合管线未协调到位	工艺
	车辆段试车线旁的主干道坡度设置起伏过大，使得路面整体不美观	站场
	上盖区域雨水排放未与车辆段雨水排放系统连通，盖下道路未考虑飘落雨水的排放	站场、建筑、给排水
	洗车库两端平过道与库旁场区道路高程不一致，库旁道路过高后，致使道路上井盖设计高程低于路面高程	站场、建筑
	电缆明沟在库前穿过时，与库门外坡道冲突	工艺、供电、电力
苏州 1 号线天平车辆段	段内汽车停车位与路灯在不同设计阶段完成，现场实施后，路灯立于停车位上	总体、建筑、电力
	站场排水沟、电缆沟等与道路交叉处仍采用明沟做法，一方面破坏了道路的整体美观性，另一方面盖板易损坏	总体、站场、供电、电力等
	景观设计采用微地形，但地形高程未与给排水专业协调，造成部分区域排水不畅	总体、建筑

续上表

项目名称	总图设计存在的典型问题	问题涉及专业
北京6号线五里桥车辆段	站场排水沟与接触网立柱基础冲突，多处排水沟截面被立柱基础占用1/2以上，综合管线未协调到位	工艺
	供电电缆沟与站场沟平面相交无明确处理方案	工艺
	消防栓采用地面明装形式，不符合北方设置要求	给排水
	规划的车辆运输线路弯道转弯半径偏小	站场
	给水池、消防水池顶面高于地面0.6m，且需覆土1m以上，影响场区景观效果	给排水
杭州1号线湘湖停车场	供电电缆沟与排水框架涵冲突，综合管线未协调到位	工艺
	绕运用库场的场区主干道坡度起伏较大	站场
	库房周边采用沟排系统（不美观，且影响绿化设计）	站场、建筑
	洗车线旁的站场排水沟紧贴场区主干道，道路与站场排水沟间产生较大高差	站场
	综合楼室内高程与北侧室外高程相差较大	建筑、站场

由表 4.1-1 可见，车辆基地总图设计问题主要涉及站场排水、竖向设计、专业间的接口设计内容冲突等。

综合总图的研究目的在于结合各专业相关设计要素，判定各专业平面布置和竖向布置的合理性与准确性，进行必要的协调，化解各专业设计过程中出现的矛盾和冲突。综合总图应具备总平面布置中对平面关系和竖向关系的协调指导作用，并能够配合各专业单项总图，对工程施工起到指导作用。

2）综合总图设计组成内容

（1）综合总图设计参与专业及分工

综合总图设计由工艺专业负责完成，参与专业为有总图设计内容的相关专业，详见表 4.1-2。

综合总图设计参与专业及分工表　　表 4.1-2

序号	专业名称	设计分工
1	总图（工艺）	负责组织协调冲突，并完成综合总图
2	站场	负责完成站场总图、横、纵断面图、场内主、次干道设计图
3	建筑	负责完成建筑总图、竖向设计图、场内除干道外的其他道路设计图
4	电力	负责完成室外动力照明布置图
5	供电	与电力专业一起，完成室外电缆沟布置图
6	给排水	负责完成室外给排水总图
7	接触网	负责完成接触网布置图
8	工艺	负责完成工艺总图、室外工艺管线图、室外综合管线设计图

（2）综合总图设计流程

在初步设计阶段，各专业的设计深度尚不满足开展综合总图设计的条件，因此综合总图设计工作应在施工图设计阶段一次完成。图 4.1-1 为综合总图设计流程示意图。

（3）设计图纸组成及深度要求

综合总图设计内容包含图面要素和表格要素，表达深度包含单体建筑的定位及轴线尺寸、用地界及围墙范围、站场线路的技术参数、站场道路的技术参数、管沟路径及节点高程、接触网立柱定位、室外构筑物的种类、数量及定位等。

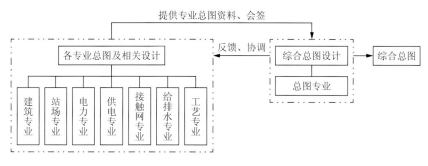

图 4.1-1　综合总图设计流程示意图

（4）综合总图设计要点及注意事项

①综合总图设计要点

综合总图设计的要点在于重点解决总图设计中最容易产生的四个问题：

a. 站场排水问题。

b. 站场竖向设计问题。

c. 专业间的接口设计内容冲突问题。

d. 各专业设计的完整性、总体性问题。

此外，综合总图的绘制过程也是一个发现问题和解决问题的过程，其重要性并不低于专业成品，因此需做好过程控制。

②综合总图设计注意事项

综合总图设计应注意以下事项：

a. 开展综合总图设计前，向各专业明确综合总图设计的原则、文件技术要求和统一规定。

b. 保证接受和使用的是最新资料。

c. 积极主动地与相关专业沟通协调问题，可以采用资料提供单或专题协调会议等形式。

d. 认真消化各专业图纸，养成良好的制图习惯，做好图层、图幅和图面的管理以便快捷地操作与修改，做好中间过程的保存。

e. 严格执行会签程序，确保总图册内综合总图和专业总图的一致性。部分先期完成的专业施工图，如在总图册内有所调整，应在说明内对调整部分进行说明。

f. 推进综合总图制图的标准化，向各专业提出合理的建议及要求。

综合总图设计已应用在武汉市轨道交通 2 号线常青花园车辆段、苏州轨道交通 2 号线太平车辆段、昆明市轨道交通 1 号线大梨园车辆段等多个车辆基地工程中。通过开展综合总图设计，及时发现了专业总图间的冲突和错漏，并立即进行了协调与纠正，提高了设计质量，保障了工程的顺利实施。

4.1.2　城市轨道交通车辆基地工艺设备数据库

城市轨道交通车辆基地根据检修工艺的需要而配备的机电设备数量、种类较多，如架车机、起重机、洗车机、移车台、各种零部件搬运工具及各种检测、检修、试验设备等。在工艺设备概算编制过程中往往根据已掌握的设备信息进行编制，存在着某单项设备概算指标偏高或偏低的情况，也经常出现相同类型工艺设备概算因人而异的情况，不利于标准化、规范化。

建立一个适于用户选择的工艺设备数据库，可以方便地进行工艺设备浏览、选定、重定向输出，更方便地进行数据更新、增减与维护，有利于统一设备价格，同时也方便设计人员了解设备的接口要求。

1）系统定位

根据系统模块化设计思想，将城市轨道交通车辆基地工艺设备数据库的功能划分为如下几个模块，如图 4.1-2 所示。软件主界面如图 4.1-3 所示。

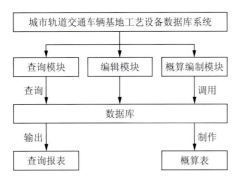

图 4.1-2　软件功能模块划分

图 4.1-3　软件主界面

（1）查询模块：在此模块中设计人员可以输入设备名称或厂家，通过调用数据库得到需要查询的设备信息。

（2）编辑模块：管理人员通过该模块可对既有数据库进行维护。

（3）概算编制模块：设计人员通过该模块可调用数据库来编制概算文件。

2）功能说明

（1）权限管理

根据不同用户的需求，将软件的操作权限分为两种：管理人员和设计人员。

①管理人员：可根据收集到的设备信息对数据库进行编辑、修改和更新，需要定期更新数据库内容，以确保数据库中数据的时效性及可靠性。

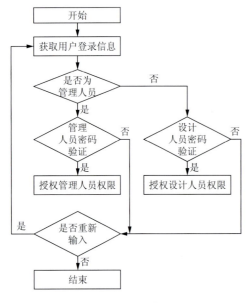

图 4.1-4　权限管理模块框图

②设计人员：可通过该数据库平台方便地编制工艺设备概算，并自动创建机械设备数量表。

上述分类的程序实现流程如图 4.1-4 所示。

（2）数据查询

对于数据查询，首先由设计人员在操作界面上输入需要查询或检索的信息，软件将以此信息作为关键字在数据库中对应的属性中进行检索，并在完成所有信息检索后，在输出界面上告知设计人员是否检索到所需要的信息，然后将查询结果输出。查询模块框图如图 4.1-5 所示。

查询模式下可对设备或厂家进行模糊查询，即在设计人员输入查询信息（产品名称或生产厂家）后，软件平台即以该信息作为关键字在设备的名称或生产厂家属性中进行搜索。如图 4.1-6 所示。

图 4.1-5　查询模块框图　　　　图 4.1-6　输入产品名称查询结果

（3）概算编制

对于概算编制，设计人员依次录入相关设备，程序自动调用数据库系统来查询设备价格，确定后将该信息录入到概算表中，录入完后即可生成完整的概算表。如图 4.1-7 所示为概算制作模块框图，如图 4.1-8 为概算制作界面。

图 4.1-7　概算制作模块框图　　　　图 4.1-8　概算制作界面

（4）数据库管理

对于数据管理有两种操作模式，一种是更新既有设备信息，一种是新增设备。对于更新既有设备信息，首先需检索查询既有设备信息，然后变更相关资料；对于新增设备信息则是向既有数据库中录入新的设备信息。如图 4.1-9 所示。

3）应用实例

"车辆基地工艺设备数据库系统"操作包括三个步骤：数据查询、数据库管理、概算制作。

（1）第一步：数据查询

点击主界面上的"简单查询"进行数据查询，弹出"设备查询"界面，如图 4.1-10 所示。在该界面上，可以通过输入产品名称或生产厂家来查询设备。系统支持模糊查询，例如输入"架车机"即可查询到移动式架车机、整体式架车机组、洗车机等设备，如图 4.1-11 所示。

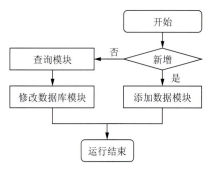
图 4.1-9　管理模块框图

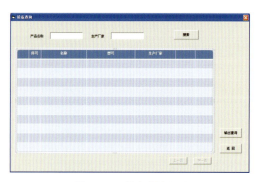
图 4.1-10　设备查询界面

图 4.1-11　模糊查询

点击"查看详情"可以查询该设备详细信息，如图 4.1-12 所示。若该设备数据信息中含有附件，可双击附件查看附件信息，如图 4.1-13 所示。

图 4.1-12　设备详情　　　　　　　　　　　图 4.1-13　下载附件

设计人员可点击"输出查询"生成报表，报表中包含所有符合查询条件的设备信息。例如生产厂家条件中输入"四方"后，再点击"输出查询"即可输出所有生产厂家为青岛四方车辆研究所的产品信息，如图 4.1-14 所示。

（2）第二步：数据库管理

管理人员可点击主界面上的"设备管理"对数据库进行维护和更新。点击"设备管理"后将弹出如图 4.1-15 所示的"设备管理"界面。

若需对既有数据库进行维护，可通过输入产品名称或生产厂家来查询设备（支持模糊查询）。如图 4.1-16 所示。待查询到该设备后，点击"修改"或"删除"对该设备进行操作。如图 4.1-17 所示。

图 4.1-14　查询结果报表

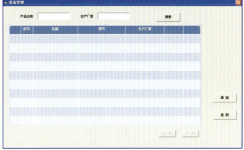
图 4.1-15　设备管理

图 4.1-16　设备管理

图 4.1-17　设备信息修改

管理人员也可以通过点击"添加"来增加设备信息，如图 4.1-18 所示。在"设备添加"选项卡中点击"添加附件"增加相关资料，如图 4.1-19 所示。附件添加成功的提示如图 4.1-20 所示。

图 4.1-18　设备添加

图 4.1-19　添加附件

图 4.1-20　附件添加成功

（3）第三步：概算制作

设计人员可点击"概算制作"来编制车辆基地的概算文件。如图 4.1-21 所示。设计人员首先需点击"生成概算文件"，生成 excel 报表。如图 4.1-22 所示。

图 4.1-21　概算制作界面

图 4.1-22　工艺设备概算表

在生成概算报表后，可向概算表中增加设备，例如需增加仿真培训系统，则在概算制作界面中产品名称栏输入培训，然后搜索到该设备，在搜索到该设备后需继续输入该设备配置数量，然后再点击"添加记录"，则完成了添加该项设备概算。如图4.1-23、图4.1-24所示。

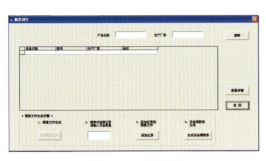

图 4.1-23　概算制作

图 4.1-24　概算表

依次录入车辆基地中所有设备之后即完成了概算表的编制。概算完成后，通过点击"生成设备概数表"，如图4.1-19所示，可实现车辆基地机械设备概数表的创建。

该系统的应用提高了工艺设计效率及规范性，促进了工艺设计水平提升。

4.1.3　物资总库布点优化平台

1）系统定位

随着城市轨道交通的高速发展，大城市的规划线路都将达到10条以上，物资总库的优化布局必将是城市轨道交通未来的发展趋势。为了满足城市轨道交通物资配送的需求，同时节省成本，人们开发了城市轨道交通物资总库布点优化平台。

根据平台的需求以及软件模块化的设计思想，将平台的功能划分为如图4.1-25所示的几个模块。

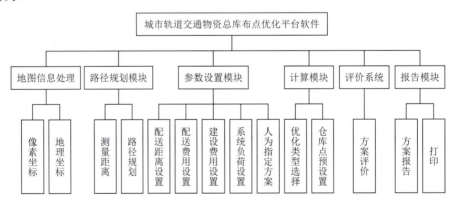

图 4.1-25　软件功能模块划分

2）功能说明

为了满足不同线路对于物资的需求，考虑采用汽车由物资总库向各条线路的车辆基地进行物资的派送。为了能够快速地配送到目的地，且能够适应不同城市的交通情况，平台应具备以下功能：

（1）平台能根据给定的城市的轨道交通线网图自动计算出各备选库之间的距离，不受车辆基地个数的限制。

（2）平台能适应不同线网规模的情况，快速、真实、准确地得出设计方案。

（3）平台有友好的人机交互界面，用户通过简单的输入参数和点击鼠标，就能进行物资总库的优化设计。

（4）在设计结果输出方面，除了输出最佳方案外，还能输出其他几个备选方案，并有直观的饼图、柱状图和图片等形式来显示最佳方案。

（5）建立方案评价系统，将经济因素、技术指标和环境人文因素的影响结合起来进行综合评价，实现以人为本的设计思想，使优化结果更贴近于实际工程需要。

3）应用实例

以武汉城市轨道交通物资总库布局为例，进行实例演示。

武汉城市轨道交通线网规划了 8 个车辆基地，打开软件后进入地理信息处理界面，导入城市轨道交通的规划图以及车辆基地位置及数量。如图 4.1-26 所示。

导入图片后的界面如图 4.1-27 所示。

调用路径规划函数，计算物资总库的间距 D_{ij}，如图 4.1-28 所示。

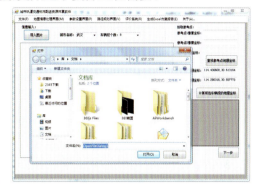

图 4.1-26　导入图片界面

图 4.1-27　城市轨道交通规划图信息处理

图 4.1-28　调用自定义静态网页计算车辆基地配送路径

将物资总库间距 D_{ij} 写入距离矩阵中，按最短距离法进行聚类重组，如下。

（1）根据车辆基地的数量建立一个 8×8 的距离矩阵，因 2 个车辆基地距离是一定的，故距离矩阵是 1 个对称矩阵，进行分析时取其下三角部分进行分析即可，如表 4.1-3 所示。

根据车辆基地数量建立的距离矩阵　　　　表 4.1-3

候选总库	1	2	3	4	5	6	7	8
1	0							
2	14.132	0						
3	18.759	4.627	0					
4	26.41	24.225	21.53	0				
5	27.628	25.443	23.603	29.378	0			
6	18.802	21.439	26.066	31.841	8.826	0		
7	5.888	8.245	12.872	21.959	23.177	14.351	0	
8	31.232	29.048	26.352	23.409	5.97	12.43	26.781	0

（2）采用最短距离法进行物资总库的聚类重组，经过 4 次重组后，形成了物资总库候选簇群 {1，7，2，3}、4、{5，8}、6。

（3）每个簇内物资总库的选取方法采用的是最短距离法，计算如下：

分别计算簇内 i 点与其他各点 j 的距离和 $\sum d_{ij}$，找出最小的距离和 $\min\sum d_{ij}$，则第 i 点即为中心点。以簇 {1，7，2，3} 的物资总库选取为例：

$$\sum_{j=7,2,3} d_{1j} = d_{17} + d_{12} + d_{13} = 5.888 + 14.132 + 18.759 = 38.779$$

$$\sum_{j=1,2,3} d_{7j} = d_{71} + d_{72} + d_{73} = 5.888 + 8.245 + 12.872 = 27.005$$

$$\sum_{j=1,7,3} d_{2j} = d_{21} + d_{27} + d_{23} = 14.132 + 8.245 + 4.627 = 27.004$$

$$\sum_{j=1,7,2} d_{3j} = d_{31} + d_{37} + d_{32} = 18.759 + 12.872 + 4.627 = 36.257$$

则 $\min\sum d_{ij} = \sum_{j=1,7,3} d_{2j} = 27.004$，故选取第 2 点为中心点，即簇 {1，7，2，3} 的物资总库为 2。

通过预先设定的配送费用参数，计算相应方案的配送成本。具体如图 4.1-29、图 4.1-30 所示。

然后进行计算结果的输出及评价，如图 4.1-31 所示。

图 4.1-29　参数输入界面　　　　　　　　　图 4.1-30　参数设计及计算

图 4.1-31　计算结果输出及评价

由软件计算结果得到，根据武汉市城市轨道交通的规划，建立 5 个物资总库进行地铁系统配件的配送是比较合理的。

整个平台计算速度快，从物资总库规划点输入至最终方案的输出，整个过程花时约 5 min。该软件是全国首个能实现地铁物资总库布局分析的平台，布局分析快、结果准确直观。

4.1.4 资源共享系统

由于各城市轨道交通公司管理模式和设计人员素质的不同，车辆基地建设过程中出现了一些设计变更。本次软件主要是总结已建及在建车辆基地现场所出的问题，形成数据库，把现场图片和图纸相结合，使设计人员形成直观的印象，避免类似问题重现，对相关专业也可以进行帮助。

1）系统定位

该软件能直观方便地对已建成车辆基地变更情况进行汇总，同时具备检索、查阅、分析等功能，也能为后续车辆基地设计提供良好的借鉴作用。

该软件采用基于关键字的模糊查询技术实现数据的检索，根据用户需要整理相关变更的资料（含原因分析、后续建议、相关照片等），还可依据不同分类方法（如车辆基地名称、专业、原因、变更金额）进行查询分析。

根据系统模块化设计思想，将资源共享系统的功能划分为如下几个模块，如图 4.1-32 所示。软件主界面如图 4.1-33 所示。

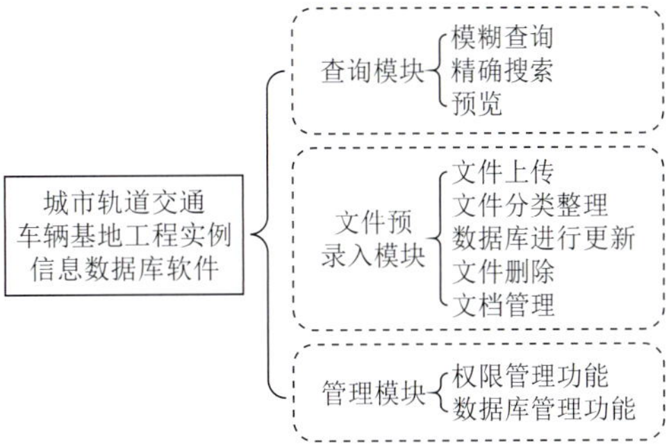

2）具体功能说明

图 4.1-32 软件功能模块划分

（1）查询功能

本模块的主要功能是通过输入车辆基地名称、专业、出现问题的部位或设备名称来查询工程实例。例如在查询栏中输入"＊窗＊"即可查询到所有与窗户相关的问题实例。如图 4.1-34 所示。

图 4.1-33 软件主界面　　　　　　　图 4.1-34 查询功能使用界面

（2）查看与下载

本模块的主要功能是对文件的查看与下载。查询到具体工程实例后右键点击该文件，左键点击"查看"即可查询到具体工程实例，且预览后可对文件进行下载，如图 4.1-35 所示。

（3）管理功能

数据库帐号分为管理员帐户和普通账户，分别设置不同的权限。

①管理员账户

可根据收集到的设备信息对数据库进行编辑、修改和更新，需要定期更新数据库内容，以确保数据库中数据的时效性及可靠性。

管理员账户可对数据库中的文件进行修改、更新、删除，并对预录入区域的文件进行审核、整理。通过审核的上传至数据库中供设计人员参考，未通过审核的文件则定期清理出预录入区域。

②普通账户

能通过该数据库平台根据自己的需求检索、查阅、下载相应资料，也能将自己的文件资料上传至预录入区域，等待管理人员审核，同时也能将自己上传至预录入区域的文件资料删除。

上述分类的程序实现流程如图 4.1-36 所示。

 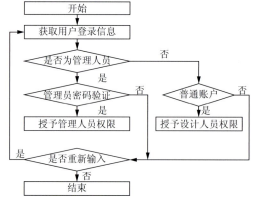

图 4.1-35　文件查看功能使用界面　　　　图 4.1-36　权限管理模块框图

（4）数据库文件管理

根据车辆基地设计的经验，车辆基地工程实例信息数据库关于建设过程中出现的问题的分类见表 4.1-4。

数据库问题分类表　　　　表 4.1-4

序　号	问 题 分 类	
1	总图	总图布置出现的问题
		室外构筑物相关问题
2	工艺	工艺互提的问题
		工艺布置的问题
		工艺设备的问题
3	综合管线	室内管线问题
		室外管线问题
4	接口	内部接口问题
		外部接口问题
5	配套专业	站场问题
		路基问题
		桥涵问题
		建筑问题
		结构问题
		电力问题

续上表

序号	问题分类	
5	配套专业	给排水问题
		暖通问题
		装修问题
		工经问题
		系统问题
6	其他	各阶段专题
		设计变更管理
		其他

三层目录的命名规则为"×××（城市名称）—×××（车辆基地名称）—×××（专业）"；三层目录中文件的命名规则为"×××（车辆基地名称）—×××（专业）—×××（出问题部位或设备名称）"。

为方便查询，软件对每个文件进行了属性的定义，通过查询属性即可搜索到文件。如图 4.1-37 所示。

3）应用实例

（1）文件的预录管理

普通用户需新增文件只能在预录入区域中，管理人员可进入需要添加文件的目录中，点击"打开"按钮。如图 4.1-38 所示。

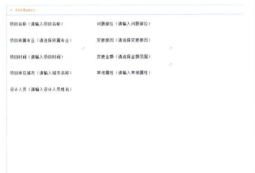

图 4.1-37　文件属性示意图

图 4.1-38　在预录入区域上传文件

随后会弹出创建文件对话框，点击"浏览"按钮。如图 4.1-39 所示。

选择需要添加的文件，点击"打开"按钮即可。如图 4.1-40 所示。

图 4.1-39　创建文件

图 4.1-40　"打开"窗口

若需删除该用户上传至预录入区域的文件，右键所需删除文件，点击"删除"按钮后点击"确定"即可。如图 4.1-41 所示。

图 4.1-41　文件删除

（2）查询

通过输入车辆基地名称、专业、出现问题的部位或设备名称来查询工程实例，可进行模糊查询。例如在查询栏中输入"*窗*"即可查询到所有与窗户相关的问题实例。如图 4.1-42 所示。

在查询栏中输入"*建筑*"即可查询到建筑专业的所有问题实例。如图 4.1-43 所示。

图 4.1-42　"*窗*"模糊查询图

图 4.1-43　"*建筑*"模糊查询图

还可以多个关键字并列模糊查询，在查询栏输入"*湘湖**窗*"即可查询到湘湖停车场所有与窗户相关的问题。如图 4.1-44 所示。

（3）查看与下载

查询到的文件可以进行预览，查询到具体工程实例后右键点击该文件，左键点击"查看"即可。如图 4.1-45 所示。

查询到具体工程实例并预览后觉得有下载文件的必要时，右键点击该文件，左键点击"下载"即可。如图 4.1-46 所示。

本系统实现了对已建及在建车辆基地现场所出的问题的总结及统计。把现场图片和图纸相结合，使设计人员形成直观的印象，可避免

图 4.1-44　"*湘湖**窗*"模糊查询图

类似问题重现。同时，该系统能直观方便地对已建成车辆基地变更情况进行汇总，并具备检索、查阅、分析等功能，也能为后续车辆基地的设计提供良好的借鉴作用。

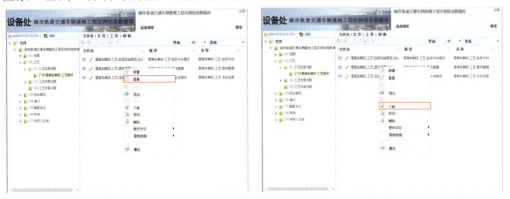

图 4.1-45　查看文件　　　　　　　　　图 4.1-46　下载文件

4.1.5　计算机辅助站场设计系统

1）系统定位

计算机辅助站场设计系统用于站场设计，实现了站场平面、纵断面、横断面等设计和站场工程量计算广泛应用于普速、客运专线、高速铁路、城市轨道交通等各种速度目标值铁路的设计，且适用于预可研、可研、初步设计、施工图设计的各个阶段。

2）功能说明

城市轨道交通车辆基地设计主要应用计算机辅助站场设计系统中的平面纵断面模块和横断面模块。

（1）平面纵断面模块

提供众多城市轨道交通车辆基地平面辅助设计工具，如图 4.1-47 为平面纵断面设计模块操作界面示例。

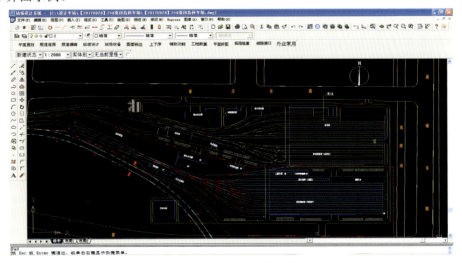

图 4.1-47　平面纵断面设计模块操作界面示例

其主要功能如下：

①设计任意复杂的站场平面股道。

②按照设计需要对平面股道赋予设计信息，为站场横断面设计提供基础数据。

③辅助设计人员快速完成复杂边界条件下的车辆基地平面设计，并具有线路平面动态设计功能。

④快速赋予和编辑任意股道纵断面信息，实现了股道平面与纵断面的一体化设计。

⑤具有丰富的站场用设备实体库，有利于对实体赋予相应的设计信息。

⑥建立多个里程系统，并可自动进行相关的坐标计算。

⑦方便的坐标标注功能和平面图附表自动生成功能能够根据不同的比例尺要求调整文字及显示，最大限度地减少了图面整理工作量。

⑧强大的排水系统设计功能可读取横断面排水沟信息，并能将设计结果反馈到横断面模块。

⑨具有方便的用地界设计功能。

⑩按照专业资料互提的要求，提供符合专业上下序要求的表格。

⑪基于航测图数据创建数字地模，并具有切取横断面、地面纵断面数据的功能。

（2）横断面模块

如图 4.1-48 为横断面设计模块操作界面示例。横断面模块主要功能如下：

①勘测资料的输入功能及其他软件（线路横断面、航测断面、托普康电子手簿断面）横断面测量资料的导入、导出功能。

②横断面自动设计功能，包括区间路基的自动设计功能及预可研阶段横断面自动设计功能。

③单个断面的设计功能，包括多路基面设计、路基分层填筑设计、包心路基设计。

④断面复制功能。可将当前断面的所有或部分坡面复制到其他断面中去，实现相似断面的快速设计。

⑤地质特设资料的图形接口功能。交互地将地质特设的图形实体作为标注的形式导入到数据库中，从而实现对地质特设数据的统一管理。

⑥排水沟自动更新功能。横断面的排水沟可导入到平面图，在平面图中进行排水沟设计后，再将沟的形状及编号、坡率、沟底高程等信息反馈到横断面上，横断面可根据这些信息自动对各个断面上的水沟进行更新。

⑦出图功能，包括断面排版、断面裁剪、全站出图三个功能。

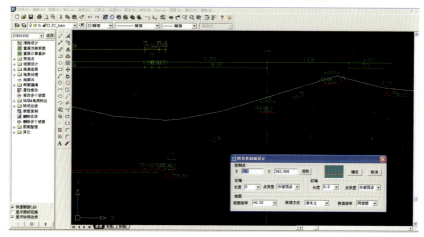

图 4.1-48　横断面设计模块操作界面示例

4.1.6 工作量计算软件

1）软件的功能

本软件主要用于城市轨道交通车辆基地规模计算，检修库及股道长度计算，主要检修车间工作量的计算，用风量、用水量、用电量等工艺指标的计算。

该软件具有如下便捷的功能：

（1）能方便地在界面中直接输入计算所需参数。

（2）可对计算结果进行智能化分析。

（3）能方便地实现界面数据和word表格交换。

2）软件的界面介绍

（1）软件登录界面

软件启动后，弹出登录界面如图4.1-49所示。

界面主要由"用户名"和"密码"输入框，"确定"及"取消"命令按钮及软件的版权声明、版本号共6部分组成。

（2）计算选择界面

计算选择界面如图4.1-50所示。

图4.1-49　登录界面　　　　图4.1-50　计算选择界面

该界面共列出"车辆基地规模计算"、"检修库及股道长度计算"和"主要检修车间工作量计算"三项选择按钮，用户可以选择任何一个选择按钮然后点击"确定"进行计算。

（3）车辆基地工作量计算总界面

车辆基地工作量计算总界面如图4.1-51所示。

图4.1-51　车辆基地规模计算软件总界面

3）软件的应用

该软件已在城市轨道交通车辆基地设计过程中广泛应用，大大提高了设计的效率和质量。

4.1.7 工艺总图辅助设计软件

在城市轨道交通车辆基地设计前期阶段，受各种制约因素影响，需要多次优化调整总图方案。设计人员利用 CAD 功能进行总图绘制，但存在诸多问题：第一，手动绘制复杂元素容易出错，如不同型号道岔、交叉渡线、反向曲线等；第二，重复工作量大，设计效率低，如围墙、车挡、道路等。

工艺总图辅助设计软件采用 CAD 二次开发，提供了一系列快速制图功能，可有效提高总图绘制效率。

1）系统定位

工艺总图辅助设计软件实现了总图元素的标准化和信息化，软件包含股道、道岔、道路、图表、车辆等十类 70 多项功能。如表 4.1-5 所示。

软件部分功能列表　　　　表 4.1-5

分类	序号	功能	分类	序号	功能
道岔工具	1	岔心法道岔	库线工具	1	运用库
	2	岔前端部法道岔		2	检修库
	3	岔后端部法道岔		3	洗车库
	4	交叉渡线		4	镟轮库
	5	生成警冲标		5	调机工程车库
	6	生成信号机		6	通用库房
	7	统计道岔数量		7	统计库房信息
股道工具	1	生成股道	图表工具	1	设计主要指标表
	2	标记股道		2	房屋表
	3	显示股道信息		3	室外构筑物表
	4	隐藏股道信息		4	股道表
	5	修改股道属性		5	生成图框
	6	统计股道长度	车辆工具	1	生成车辆轮廓
	7	选择全部股道		2	沿股道生成车辆轮廓

软件支持 Windows XP/7、32/64 位操作系统，核心层包括道路计算模型、库房计算模型等内部算法，服务层包含 AutoCAD DLL、C# GDI+ 等工具，应用层为面向用户的操作及命令，软件框架图如图 4.1-52 所示。

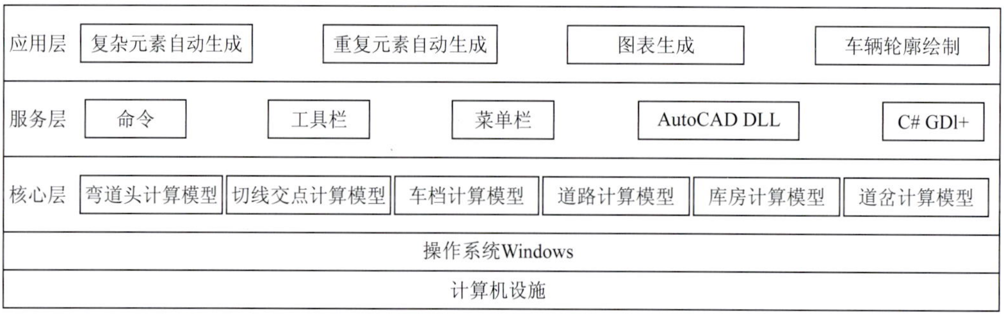

应用层	复杂元素自动生成	重复元素自动生成	图表生成	车辆轮廓绘制
服务层	命令　　工具栏	菜单栏	AutoCAD DLL	C# GDI+
核心层	弯道头计算模型　切线交点计算模型	车档计算模型　道路计算模型	库房计算模型	道岔计算模型
	操作系统 Windows			
	计算机设施			

图 4.1-52　软件框架图

软件欢迎界面如图 4.1-53 所示。

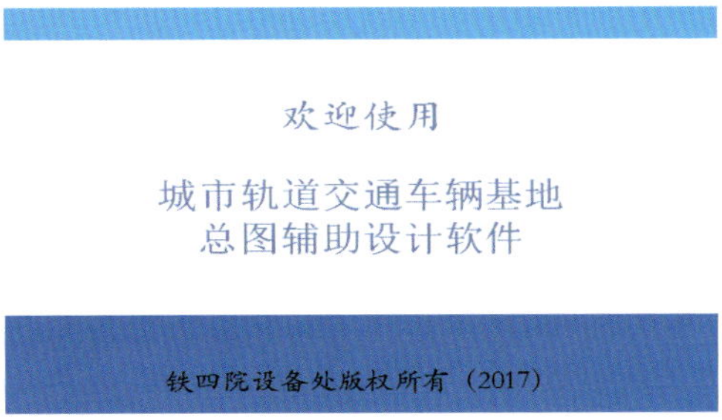

欢迎使用

城市轨道交通车辆基地
总图辅助设计软件

铁四院设备处版权所有（2017）

图 4.1-53　软件欢迎界面

2）具体功能说明

工艺总图辅助设计软件具有重复元素快速绘制、复杂元素参数化绘制、深度定制智能化、图形标准化与信息化等功能，软件功能模块划分图如图 4.1-54 所示。

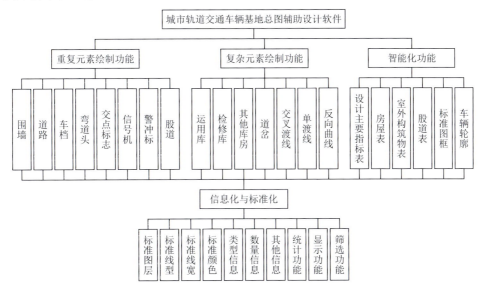

图 4.1-54　软件功能模块划分图

（1）重复元素快速绘制。道路、围墙、车挡等元素线条单一，但数量较多，需要重复操作，软件只需用户输入相应参数，如图 4.1-55 所示，然后通过内部建立的几何模型，如图 4.1-56 所示，即可快速完成重复图形的绘制。

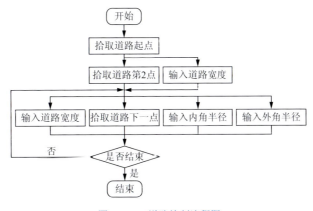

图 4.1-55　道路绘制流程图

（2）复杂元素参数化绘制。不同型号道岔、交叉渡线、反向曲线等复杂元素绘制较繁琐，软件同样简化了绘制过程，如图 4.1-57 所示，通过参数设置及软件内部进行计算，如图 4.1-58，可快速完成复杂图形的绘制。

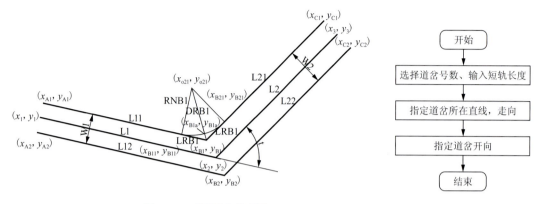

图 4.1-56 道路几何模型图　　　　　　　　图 4.1-57 道岔操作流程图

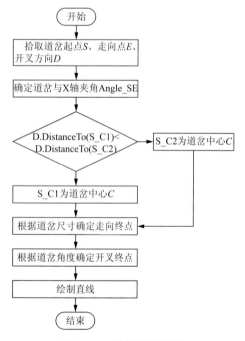

图 4.1-58 道岔绘制流程图

（3）深度定制智能化。软件可自动生成"四表"（房屋表、股道表、构筑物表、技术指标表）、图框、车辆轮廓等。

房屋表工具可以自动提取 AutoCAD 图中房屋的信息，通过内置的标准格式，自动生成符合制图标准的房屋表，同时具有编辑修改功能。房屋表界面如图 4.1-59 所示。

车辆工具包含了车辆轮廓的生成功能。用户指定车辆的类型、编组形式、供电方式、视角等参数后，软件自动生成相应的车辆轮廓图，车辆参数选择界面如图 4.1-60 所示。

（4）图形标准化与信息化。软件生成的不同元素均带有特定的图层、线型、线宽、颜色和信息。图形标准化使复杂的总图变得层次分明，便于操作和修改；而特定的信息方便分类、统计和提取数据，并能辅助完成各类智能化操作。标准图层列表如图 4.1-61 所示。

图 4.1-59 房屋表界面

图 4.1-60　车辆选择界面　　　　　　　　　　图 4.1-61　标准图层列表

3）应用情况介绍

工艺总图辅助设计软件已在金义东市域轨道交通塘雅车辆段、官塘下停车场、金华至兰溪市域轨道交通龙乾南街车辆段、宁波地铁 3 号线首南车辆段等车辆基地工程设计中得到应用，使用结果表明，软件用户界面友好，自动化程度高，功能实用，较大提高了车辆基地总图设计的效率。

4.1.8　工艺辅助车间成图软件

车辆基地的工艺辅助车间主要包含检查库、整备库、轮对踏面检测棚、空压机间、蓄电池间、危险品库、机车外皮清洗机及操作间、镟轮库、调机及工程车库等十几个工艺辅助车间，相同类型的工艺车间其功能布局大同小异。在此之前，工艺车间主要以标准图辅助设计作为提高效率的手段，但是由于参数变化范围大，标准图设计的适用范围十分有限，通过辅助车间成图软件来提高绘图效率，是一个新的有效手段。

1）系统定位

工艺辅助车间成图技术是建立在 AutoCAD 二次开发的基础上，通过对 CAD 进行二次开发，将车间相关模块进行参数化，以数据驱动 CAD 进行自动绘图。

本系统的框架分为 4 个部分（图 4.1-62），分别为硬件层（含操作系统、硬件系统）、执行层、控制层、用户层。其中执行层和控制层由辅助车间成图软件来实现，硬件层主要包括软件的运行环境，用户层表示用户输入的数据。

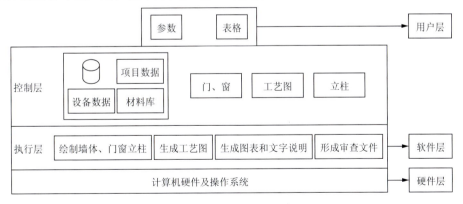

图 4.1-62　软件架构层次示意图

本类软件可以通过表格、界面参数等多种形式输入参数，通过调用 CAD 可以完成辅助车间图形的绘制，辅助车间的图形包括：建筑示意、工艺装备基础、管线以及图表等元素。

2）功能说明——以空压机间为例

空压机间参数化成图软件的主界面如图4.1-63所示。

图4.1-63 软件主界面

进入软件后，软件界面分为四个部分：设计流程树、菜单栏、工作界面、信息栏。

设计流程树中显示了空压机间设计的各个阶段，从设计流程树中可以进入设计各个流程的工作界面。菜单栏显示了项目信息、设备信息、软件信息、以及帮助的功能，从项目信息和设备信息中，可以调出项目和设备的相关界面，通过该界面可以添加、修改项目和设备的信息。信息栏显示了该项目的设计人员、项目名称和阶段等信息。

（1）图层控制

为了实现软件生成图形的标准化，本软件利用了绘图模板，所有图形只能利用既有模板所创建的图层进行绘图。

通过编程，将模板中的图层赋予给程序中的图层对象，然后通过激活不同图层，将图形绘制在不同的图层上，实现图形的区别显示。用户可以通过修改模板来定义不同图层的参数。

（2）设备、材料管理

为了能通过软件自动生成设备表和材料表，本软件通过对Access数据库的调用，实现了设备、材料信息的管理，从而能按条生成设备表和材料表。

设备管理界面主要功能是通过关键词搜索设备的型号及规格，同时具备增加新设备、编辑设备参数、删除设备等功能，如图4.1-64所示，设备界面可提供这些单个设备的管理功能，同时也可在后台直接批量修改数据库的数据，来实现设备信息的管理。

用同样的方式，可以对材料的信息进行管理。其管理界面如图4.1-65所示。

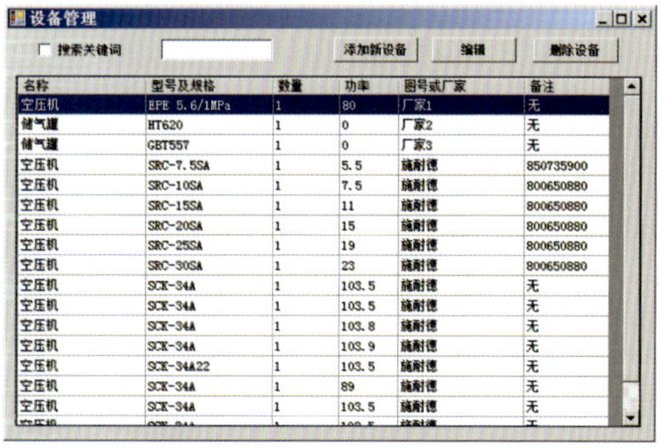

图4.1-64 设备管理界面 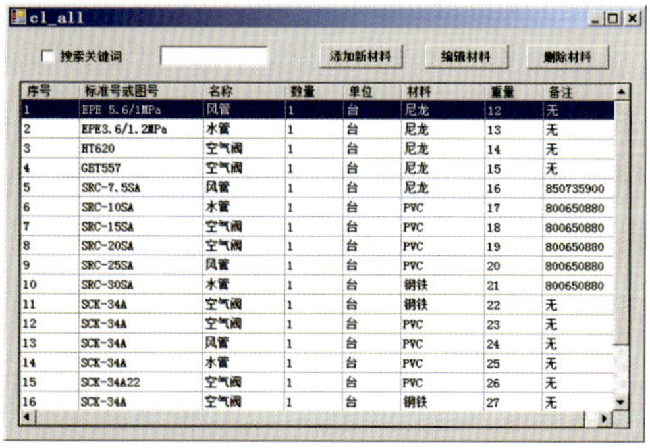　　　　图4.1-65 材料管理界面

（3）项目信息管理

点击项目信息录入，可以调出项目信息编辑界面，可输入项目设计阶段、相关人员、设计日期等相关信息，为批量出图标题栏的设计提供内容。项目信息除工程图标题栏需要之外，软件界面及形成的送审文件也需要。

（4）送审功能

送审功能是在图形绘制完成后，在提资界面，根据前期输入信息，一键生产送审单的功能。

（5）一键成图功能

软件可通过一键成图功能，直接生成 2 台位、3 台位空压机间标准图，同时还可以通过导入标准模板的空压机参数表，来生成指定的空压机间。

通过一键生成功能实现参数化绘图的过程中，如果软件的流程化限制功能失效，则需要通过重置后，流程化功能方能生效。

3）应用情况介绍

自该软件使用以来，在长沙地铁 3 号线洋湖垸车辆段、蒙华铁路襄州机务段、汉十铁路襄阳南动车运用所等项目中应用了空压机间参数化成图软件。

试用结果表明，本软件包含了流程化参数输入，一键参数输入两种绘图模式，实现了空压机间工艺设备布置图的绘制，包括：常用空压机间设备型号、参数的录入、存储、编辑；管线布置、设备表、材料表、图框的生成；图形预览并生成 dwg 文件。

4.1.9 BIM 设计

1）概述

（1）BIM 系统简介

BIM 系统是一种全新的信息化管理系统，目前正越来越多应用于建筑行业中，它的全称为 Building Information Management，既建造信息模型，要求参建各方在设计、施工、项目管理、项目运营等各个过程中将所有信息整合在统一的数据库中，通过数字信息仿真模拟建筑物所具有的真实信息，为建筑的全生命周期管理提供平台。在整个系统的运行过程中，要求业主、设计方、监理方、总包方、分包方、供应方多渠道和多方位的协调，并要求通过网上文件管理协同平台进行日常维护和管理。如图 4.1-66 所示为 BIM 信息贯穿全生命周期。

图 4.1-66　BIM 信息贯穿全生命周期

BIM 系统其核心是通过三维设计获得工程信息模型和几乎所有与设计相关的设计数据，可以持续即时地提供项目设计范围、进度以及成本信息，这些信息完整可靠、质量高并且完全协调。通过工程信息模型可以使得：

①交付速度加快（节省时间）。

②协调性加强（减少错误）。

③成本降低（节省资金）。

④生产效率提高。

⑤工作质量上升。

⑥收益和商业机会增多。

⑦沟通时间减少。

在建设工程生命周期三个主要阶段（即设计、施工和管理）的每个阶段中，建设工程信息模型均允许访问以下完整的关键信息：

①设计阶段——设计、进度以及预算信息。

②施工阶段——质量、进度以及成本信息。

③管理阶段——性能、使用情况以及财务信息。

使用 BIM 技术可以使规划、设计（初步设计、技术设计、施工图）、竞标、建造、经营、管理各个环节信息连贯一致，包括设计与几何图形、成本、进度信息等。该方法以参数化三维模型为核心，原理是尽可能将建设工程过程中的修改提前到项目前期（施工以前），同时使建设全过程（方案、设计、建造、营运）的信息保持一致。具体内容包括：

①BIM 涵盖了全面的信息：可以有效地访问有关设计与几何图形、成本、进度信息，所有这些关键信息均可立即获得，从而可以更快更有效地制定项目相关决策。

②BIM 降低设计和文档的工作量和错误：允许项目团队在设计或文档编制过程中随时对项目做出更改，三维工程模型能自动关联协调二维图纸的不当表达和疏漏，省去了繁重、低价值的反复协调与人工检查工作，提高检查质量。这使项目团队可将更多时间投入项目关键问题。

③BIM 更加方便修改和减少修改错误：BIM 模型只要对项目做出更改，由此产生的所有结果都会在整个项目中自动协调，创建关键项目交付件（例如可视化文档和管理机构审批文档）更加省时省力，因此可以更快更好地交付工作。同时信息模型提供的自动协调更改功能可以消除协调错误，能提高工作整体质量。

④BIM 为施工阶段提供更多信息，提高效率、节约成本、更易沟通：BIM 模型可以同步提供有关建筑质量、进度以及成本的信息，施工人员可以促进建筑的量化，以进行评估和工程估价，并生成最新评估与施工规划。同时，计划产出结果或实际产出结果易于分析和理解，并且施工人员可以迅速为业主制定展示场地使用情况或更新调整情况的规划，从而和业主进行沟通，将施工过程对业主的运营和人员的影响降到最低。此外，BIM 模型还能提高文档质量，改善施工规划，从而节省施工中在过程与管理问题上投入的时间与资金。最终结果就是，BIM 模型可以保障施工的顺利完成，提高工程质量，能将业主更多的施工资金投入到建筑，而非行政和管理中。

⑤BIM 在工程建设生命周期的管理阶段的价值：BIM 可同步提供有关建筑、设备使用情况或性能已用时间以及财务方面的信息。工程建设模型可提供数字更新记录，并改善搬迁规划与管理以及重要财务数据。这些全面的信息可以提高建筑运营过程中的收益与成本管理水平，同时还将用于例如搬迁管理、环境分析、能量分析、数字综合成本估算以及更新阶段规划。

（2）BIM 组织架构及流程

轨道交通车辆基地 BIM 解决方案，在车辆检修设施的整个生命周期中，形成一个唯一的、带有丰富信息的 BIM 模型。在设计→施工→运维过程中，模型信息被各个单位、部门不断添加、编辑和校正。同时，BIM 模型信息在不同阶段为不同单位和部门服务，提供包括图纸、相关报表和视频漫游、实景在内的多样化成果，再现等全方位、多维度信息。

车辆基地 BIM 解决方案以 MicroStation+ ProjectWise（以下简称 PW）协同工作平台，解决模型快速创建、管线综合与碰撞点检测、工程造价全过程管理、交互式全信息浏览及模拟、成果交付等关键技术问题，将车辆基地信息内容管理、权限管理、流程管理、标准管理等贯穿于车辆基地的全生命周期管理之中。

城市轨道交通车辆基地 BIM 解决方案组织架构及设计流程，如图 4.1-67 和图 4.1-68 所示。

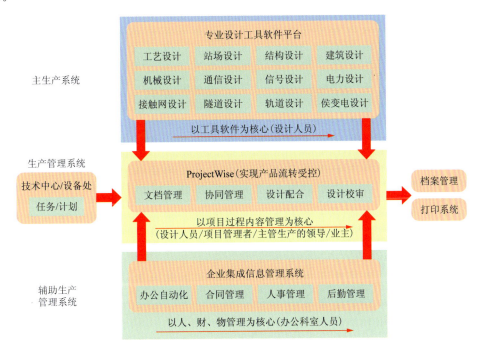

图 4.1-67　城市轨道交通车辆基地 BIM 解决方案组织架构

（3）BIM 解决方案主要研究内容

车辆基地 BIM 解决方案研究内容涵盖工艺、站场、地质路基、桥梁、隧道、轨道、建筑、结构、暖通、给排水消防、强电、弱电、机械、工程经济等多个专业，工作内容如下。

车辆基地红线范围内原有道路、水系改造设计；车辆基地的工艺设计；车辆基地范围内房屋建筑、室内外构筑物以及预埋件和预留孔洞设计；车辆基地范围内的站场、线路、路基、通风空调、给排水和消防、低压配电（含动力和照明）等系统工程的设计；车辆基地围墙范围内绿化景观的规划和设计；车辆基地的综合管线、特殊电缆沟、电缆井的土建设计；车辆基地概算及工程筹划编制；由各系统专业配套完成的通信系统、信号系统、综合监控（ISCS）、主变电站系统、供电系统（与低压配电的接口的功能变压器 0.4kV 低压侧端子为界）、自动售检票系统（AFC）、轨道系统、FAS/BAS 系统、门禁（ACS）系统的设计；上盖开发车辆基地设计工作则还包含综合开发的方案设计及相关的协调与配合。

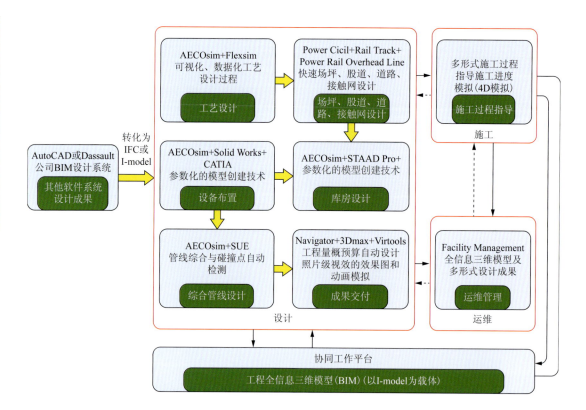

图 4.1-68 城市轨道交通车辆基地 BIM 解决方案设计流程图

在车辆基地建设各阶段工作重点及成果如表 4.1-6 所示。

车辆基地 BIM 解决方案各阶段工作重点及主要成果汇总表　　　表 4.1-6

设计阶段		实现目标	工作重点	工作成果形式
设计	投标	实现投标方案的快速清晰化展示	模型的快速构建技术研究 模型的展示方法研究	效果图 漫游视频
	初步设计	方案展示 二维出图 工程量统计	初步设计 BIM 设计流程研究 初步设计 BIM 设计成果交付方法与标准研究	二维图纸 工程量清单
	施工图	二维出图 工程量统计 设计问题核查	施工图 BIM 设计流程研究 施工图 BIM 设计 成果交付方法与标准研究	二维图纸 工程量清单
施工		施工过程可视化指导	BIM 施工方法研究	施工指导模型
运维		运维可视化指导	运维方法研究	运维指导模型

通过车辆基地 BIM 解决方案，各专业实现协同设计和成果共享。其中主要专业研究内容分述如下。

①工艺专业研究内容。

工艺专业作为车辆基地的总体专业，通过研究建立工艺设备 BIM 模型库（图 4.1-69）、工艺流程仿真方法（图 4.1-70）、物流过程仿真（图 4.1-71）及评价方法，实现车辆工艺设计、综合管线设计、综合总图设计。

图 4.1-69　工艺设备 BIM 模型库构建

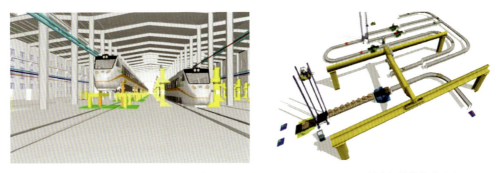

图 4.1-70　车辆基地工艺流程仿真　　　　图 4.1-71　转向架检修物流仿真

②站场专业研究内容。

与建筑、结构等专业相集成，建立站场平面布置与上建模型，如股道、道岔、道砟模型，及股道线下如基床表层、基床底层、基床以下路提、路堑边坡模型；建立站台、场坪模型；建立排水设备模型，包括横向排水槽、纵向排水槽、排水沟等。如图 4.1-72 所示为站场专业设计流程。

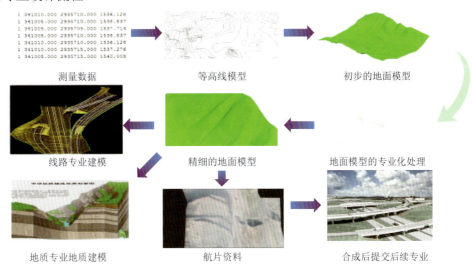

图 4.1-72　站场专业设计流程

③地质路基专业研究内容。

根据地形图、地质平面图、地质纵断面、地质横断面以及勘探资料等数据，建立精细的三维地质模型，模型精度达到二维地质资料精度。沿勘探线剖切三维模型，得到断面和二维地质断面比较，进行验证和三维地质模型地质体的碰撞检测，检测各地质体间是否存在缝隙或者相交的情况。

通过工程地质数据库实现地质勘探项目的优化管理，通过对工程地质数据的管理和分析实现工程地质数据的挖掘和大数据综合应用，实现勘察地质专业和下游专业基于 BIM

的协同,实现勘察地质专业的互联网+。如图4.1-73为站场专业线性工程设计流程,如图4.1-74为工程地质系统设计流程。

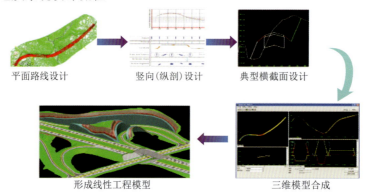

图4.1-73　站场专业线性工程设计流程

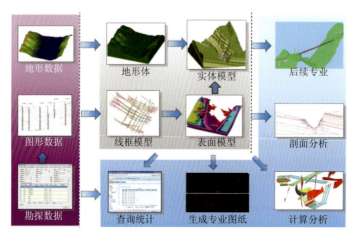

图4.1-74　工程地质系统设计流程

④建筑专业研究内容。

可实现可视化三维设计、变动关联及拓扑建模、参数化构件(参数化门、窗、楼梯、屋架等)、组合构件(组合墙体、柜体等);可快速生成可实施合理建筑方案,并形成可作为载体的三维模型和可视化支撑平台;可实时进行专业间协同并检查碰撞,并优化设计方案。如图4.1-75为建筑变动关联及拓扑建模。

图4.1-75　建筑变动关联及拓扑建模

⑤结构专业研究内容。

创建及管理所有通用结构构件(支持20多种国际通用型钢截面及中国断面库)和参

数化的结构放置工具；配置及二次开发生成符合国内标准的平立面图，实现结构的钢筋图及钢筋表的生成（图 4.1-76）。

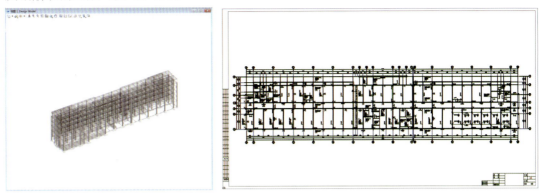

图 4.1-76　结构钢筋图及钢筋表生成

依据 IFC 的工业标准，ABD 与下列软件可以进行完全的数据交换。与建筑专业合理分工，共同完成结构专业 BIM 设计；通过工作集的划分，可从整体项目中提取结构构件，方便进行受力分析；通过展示模型细部全三维实体钢筋大样，结合传统平面图纸使用，可提升施工配合效果。

⑥暖通、给排水消防、强电、弱电专业研究内容。

建立施工图深度的机电 BIM 模型，用于管线、风阀与土建协调孔、洞预留位置；用于建立电缆以及桥架模型；用于建立精细化的 BIM 模型，进行管线综合与碰撞检查，及时发现管线与结构构件之间的碰撞、各专业的管线碰撞等问题。

2）BIM 解决方案关键技术

（1）协同管理技术

充分利用 BIM 技术的联动性特点，采用 PW 协同管理平台对车辆基地的信息进行集中、有效的管理，使不同单位和部门、不同空间区域的设计、建设、管理人员在集中、统一的环境下协同工作，提升工作效率。图 4.1-77 为 PW 协同管理及网络框架，图 4.1-78 为 PW 协同管理界面。

图 4.1-77　PW 协同管理软件系统及网络架构

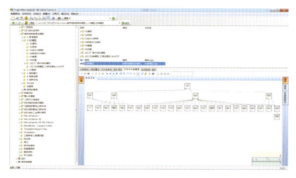

图 4.1-78　PW 协同管理界面

为模块化、标准化开展车辆基地设计工作，构建资源共享生产技术管理平台（图 4.1-79），将车辆基地成果集中存储。

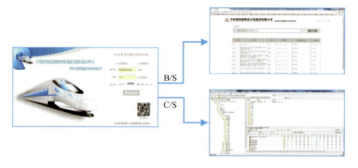

图 4.1-79　轨道交通车辆基地资源共享平台

（2）BIM 模型快速创建技术

①各专业 BIM 模型参数化创建技术

车辆基地设计涉及专业多，BIM 模型数量成千上万，通过参数化的模型创建技术，各专业能够快速进行模型的创建与修改，大幅提高工作效率。如图 4.1-80～图 4.1-87 所示。

 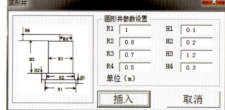

图 4.1-80　管线模型快速创建

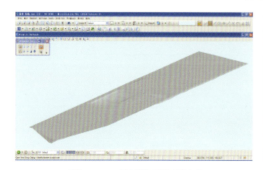 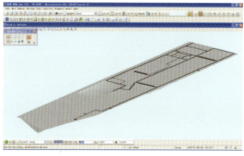

图 4.1-81　场坪模型快速创建　　　　　　图 4.1-82　道路模型快速创建

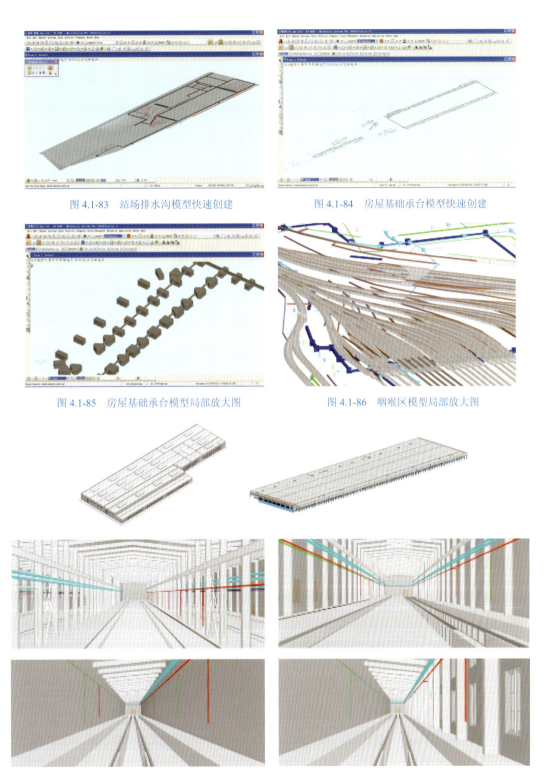

图 4.1-83 站场排水沟模型快速创建　　图 4.1-84 房屋基础承台模型快速创建

图 4.1-85 房屋基础承台模型局部放大图　　图 4.1-86 咽喉区模型局部放大图

图 4.1-87 检修库及室内模型局部放大图

②工艺检修设备 BIM 模型创建技术

进行工艺检修设备 BIM 模型的创建，可针对车辆基地技术特点对设备进行适应性改造，为优化工艺检修流水线节拍和提升检修效率提供了有效的技术支撑。工艺检修设备

BIM 模型创建示例见图 4.1-88 ～图 4.1-90 所示。

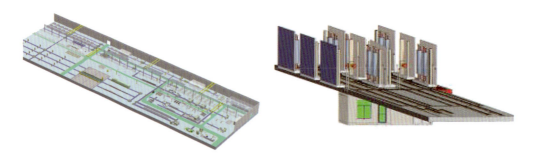

图 4.1-88　转向架检修流水线节拍分析　　　　　　图 4.1-89　双层洗车机

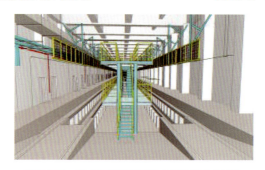

图 4.1-90　集成工艺的钢结构立体检修作业平台

（3）管线综合与碰撞点自动检测技术

设计、建设过程中，由人工逐个排查管线碰撞点，耗时长、效率低。研发的《轨道交通车辆检修库三维设计软件》和《轨道交通车辆基地室外综合管线设计系统》，在创建 BIM 全信息模型的基础上，在真实模拟的 3D 空间中，通过碰撞检查模块进行最接近物理实际的碰撞检查，实现对 BIM 模型硬碰撞和软碰撞的检测、查看和管理。根据多种检查规则对三维模型中的管路、设备、结构等三维实体进行碰撞检查，并列出碰撞检查结果报表以及碰撞局部图，使设计人员能够快速、实时地查询碰撞节点并修改，减少工程设计及施工中的差、漏、碰、错。管线碰撞检测如图 4.1-91、图 4.1-92 所示。

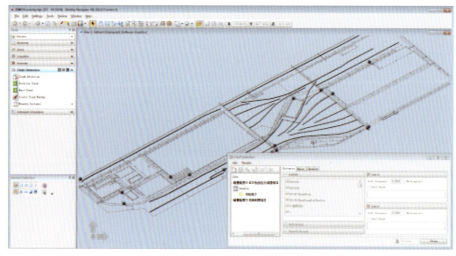

图 4.1-91　室外综合管线碰撞检测

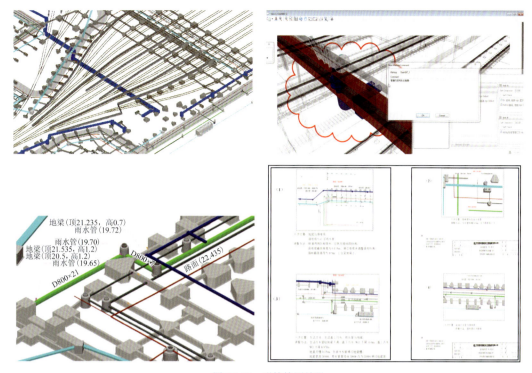

图 4.1-92 碰撞检测结果

（4）工程造价全过程管理技术

BIM 信息模型使项目关联各方造价人员能便捷快速的获取 BIM 数据，快速完成车辆基地工程量统计，准确率达 100%。统计数据可直接用于施工招标，同时还可辅助施工方合理、精确地安排人、材、设备等资源计划。车辆基地工程造价全过程管理系统架构图如图 4.1-93 所示，图 4.1-94 为车辆基地检修库消防管道工程量统计示例。

图 4.1-93 车辆基地造价全过程管理系统架构图

（5）交互式全信息浏览及模拟技术

① 3D 浏览和动画模拟技术。

通过可视化界面使操作人员能够观察、操纵、研究、浏览、探索、过滤、发现、理解大规模数据，并与之方便交互、自由浏览，从而极其有效地发现、核准、校验内部的信息特征和规律，为项目建设提供技术支撑，实现"所见即所得"。

交互式全信息 3D 浏览包括：相机视角设置和视图保存，消隐、线框和光滑渲染等显示模式下的动态浏览，推进、拉出、旋转、仰视、俯视和平移等视角操作，行走和飞行漫游等。相关 3D 浏览效果如图 4.1-95、图 4.1-96 所示。

暖通、给排水BIM模型　　　　　　　　消防管BIM模型信息

图 4.1-94　车辆检修设施检修库消防管道工程量统计示例

图 4.1-95　检修库室内设计实时浏览　　　图 4.1-96　检修库室外设计实时浏览

动画模拟技术用于检验、核查、优化各个细节，使车辆检修设施的工艺设计可视、科学、合理。如图 4.1-97 所示为检修库内车体分离动画模拟。

图 4.1-97　车体分离过程动画模拟

②施工进度模拟（4D 模拟）技术。

传统施工进度管理虽然有详细的进度计划以及网络图、横道图等技术做支撑，但工程项目进度管理过程仍存在诸多问题，往往难以达到预期目标。

使用BIM技术虚拟施工过程，能够直观、快速地将施工计划与实际进展进行对比，使工程参建各方便捷、快速地跟踪项目进度，减少了返工和整改工程量，缩短了建设周期（图4.1-98）。通过将建筑模型附加进度计划的虚拟建造，能够直接生成与施工进度计划相关联的材料和资金供应计划，并在施工阶段开始之前与业主和供货商进行沟通，从而保证施工过程中资金和材料的充分供应，避免因资金和材料的不到位对施工进度产生的影响。图4.1-99、图4.1-100分别为施工进度模拟实施过程及施工过程模拟。

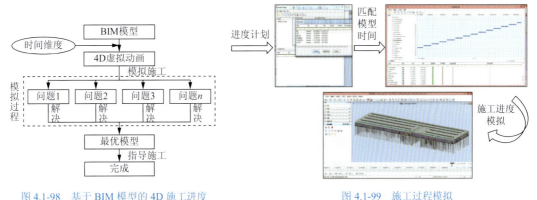

图4.1-98 基于BIM模型的4D施工进度管理模拟实施过程

图4.1-99 施工过程模拟

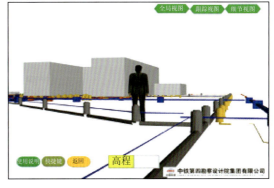

图4.1-100 运用库施工动画模拟

（6）成果交付技术

①多形式成果交付。

依托BIM云服务器协同设计平台搭载BIM模型信息，以IFC标准统一模型数据格式，制定车辆检修设施设计交付系列标准。通过BIM云服务器对外提供客户端，使各参与方实时查看车辆检修设施BIM成果，并交付最终数据模型。

在城轨车辆检修设施中实现侵入式漫游技术，提交交互式漫游成果，快速、高效检查设计问题。交付成果包含完整的BIM信息模型、可联动二维图纸、3D动态PDF、各类型报表、动态仿真视频等。图4.1-101为交付式漫游画面。图4.1-102为可联动二维设计图纸。图4.1-103为不落轮镟床设备安装交付模拟。

图4.1-101 交付式漫游画面

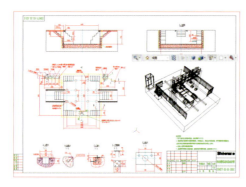 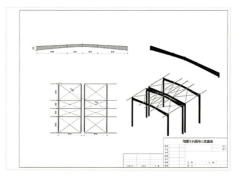

图 4.1-102　可联动二维设计图纸

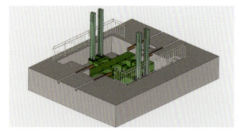

图 4.1-103　不落轮镟床设备安装交付模拟

②照片级视效的效果图。

提供更直接、多角度、多维度的表达和感受，如图 4.1-104、图 4.1-105 所示，通过创建材质（如纹理贴图、凹凸贴图、动态贴图和多层材质），通过多种高级仿真渲染支持的精细、光线跟踪、光能辐射和微粒子跟踪，通过多种光源模式等技术，实现强大的渲染表现。

图 4.1-104　车辆基地全景放大图　　　　图 4.1-105　车辆基地检修库渲染图

3）BIM 解决方案实施典型应用成果

应用 BIM 解决方案，采用阈值检测算法对城轨车辆检修设施室外综合管线进行碰撞检查，实现硬碰撞和软碰撞的自动检测。同时，在城轨车辆检修设施建设全生命周期内，通过模型快速创建技术、管线综合与碰撞点检测技术、工程造价全过程管理技术、交互式全信息浏览及模拟技术、成果交付技术等，解决了一系列建设难题。目前，BIM 解决方案已推广应用于 100 余个车辆基地建设中，赢得了参建各方的一致好评。武汉地铁 2 号线常青花园车辆段是国内外首个采用 BIM 解决方案实施的地铁车辆检修设施，已于 2012 年 10 月顺利投产运营，表 4.1-7 展示了 BIM 设计与现场实景的对比。

BIM 设计与现场实景对比　　　　表 4.1-7

一、总图设计

续上表

二、厂房设计
1. 运用库

2. 双周三月检库

3. 检修库
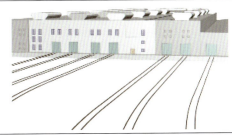 
4. 大架修库

5. 转向架轮轴检修间
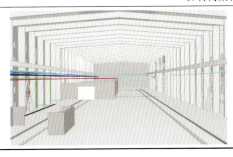 

续上表

三、综合管线设计
1. 室外综合管线设计节点一
2. 室外综合管线设计节点二
3. 运用库室内综合管线设计节点一
4. 运用库室内综合管线设计节点二

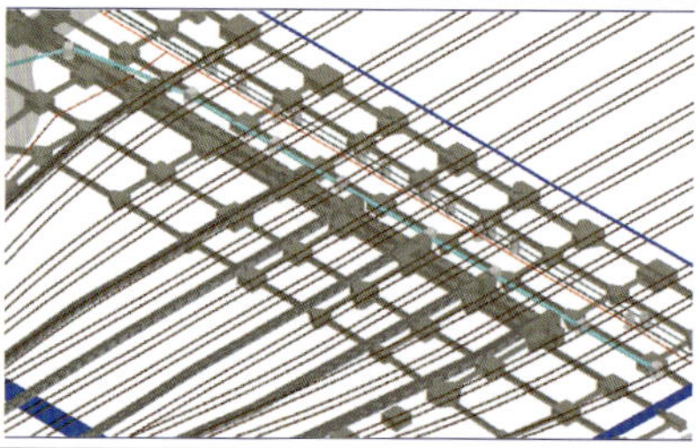

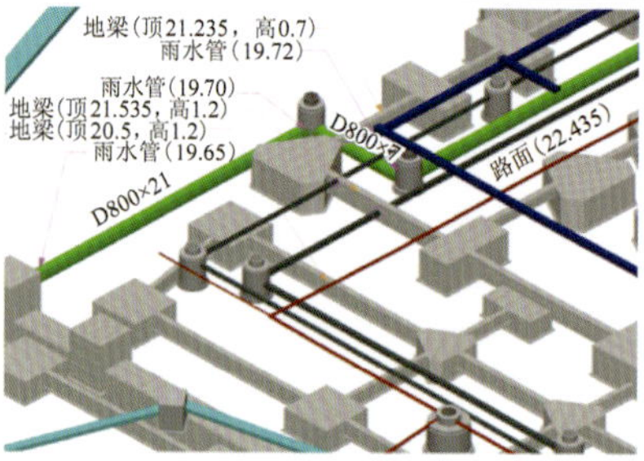

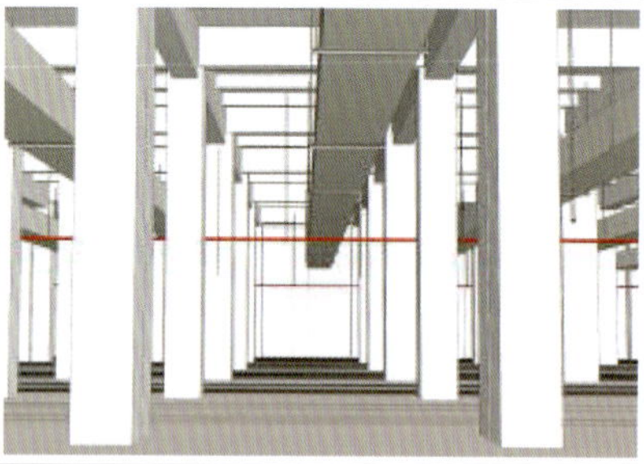

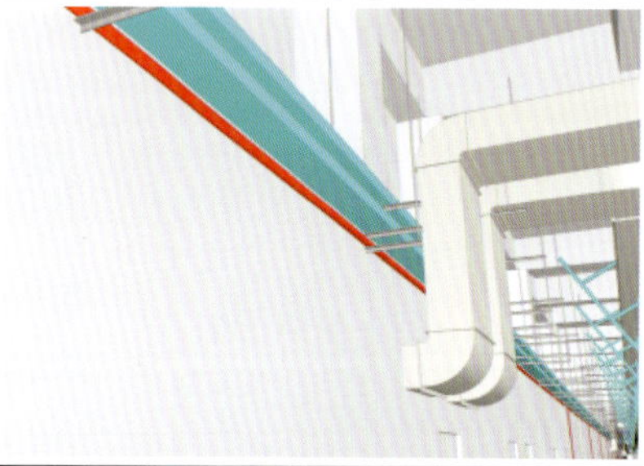

4.2 工艺设计理念创新

4.2.1 大架修设施的资源共享

1）研究思路及原则

（1）立足城市轨道交通总体技术特征，充分借鉴国内外地铁车辆基地规划与资源共享的经验。

(2) 综合分析研究建成线路、在建线路检修的设施能力。

(3) 综合分析线网检修设施总体需求,做到近远期结合,从线网层面体现综合经济效益。

(4) 需研究本地区轨道交通装备项目能力,避免重复建设,以充分利用社会资源。

(5) 对因车型调整而造成的已建车辆基地资源过剩,应结合后续线路车辆检修基地建设,提出整合与解决方案,体现节约型城市轨道交通理念。

2) 国内外主要城市轨道交通车辆检修设施规划状况

国内多种车型并存的典型城市代表莫过于北京、上海、广州,其中上海市轨道交通线网4种车型并存(A、B、C、磁悬浮),广州市轨道交通线网3种车型并存(A、B、Lb),北京市轨道交通线网也有B、A、Lb等多种制式。

(1) 北京市轨道交通新建线车辆基地布局规划概况

为了保证北京市轨道交通建设可持续发展,充分发挥城市轨道交通系统网络的综合经济效益,由北京市基础设施投资有限公司、北京市轨道交通建设管理公司、北京市轨道交通运营有限公司等相关单位发起组织规划、设计、研究、咨询,从网络建设与运营角度出发,开展了《北京市轨道交通车辆段与综合基地规划与资源共享专题研究》。

该专题根据北京城市轨道交通线网2020年规划及既有线路、车辆基地的布局,对北京市区轨道交通线网新建线路车辆综合基地功能定位、分工、资源共享、规模、用地规划、联络线设置进行了研究,确定了2020年线网规划中拟新建的市区(M线)、市域(L线)、市郊(S线)线路车辆基地的功能定位及用地规划。S线车辆制式与国铁一致,其配属车辆的维修委托铁路车辆工厂承担;而新建M线、L线车辆维修采用大、架修分修方案,车辆的大修由宋家庄车辆厂、平西府车辆厂承担。车辆的架修充分考虑资源共享,车辆的定修及其以下修程原则上采取本线设置。截至2014年12月28日,北京地铁共有18条运营线路(包括17条地铁线路和1条机场轨道),组成覆盖北京市11个市辖区、拥有318座运营车站(换乘车站重复计算,不重复计算换乘车站则为268座车站)、总长527km运营线路的轨道交通系统。

北京市2020年线网规划新建线车辆基地统计表如表4.2-1所示。

北京市2020年线网规划新建线车辆基地统计表　　　表4.2-1

线路	长度(km)	配属车数(列)	车辆段与综合基地数量	面积(hm²)			综合基地名称	架修基地
				车辆段(架修)	车辆段(定修)	停车场	合计		
M1	31	107	3	73	—	—	73	古城、四惠、土桥车辆段	古城、四惠、土桥车辆段
M2	23.1	50	1	14.4	—	—	14.4	太平湖车辆段	太平湖车辆段
M4	28.2	59	2	28	—	11.2	39.2	马家堡车辆段、龙背村停车场	马家堡车辆段
M5	27.6	57	2	24.5	—	6.4	30.9	太平庄车辆段、宋家庄停车场	太平庄车辆段
M6	42.8	67	3	24.3	25.7	25.5	41.7	五里桥重点修车辆段、五路停车场、东小营车辆段(二期)	通州东小营车辆段

续上表

线路	长度(km)	配属车数(列)	车辆段与综合基地数量	面积(hm²) 车辆段(架修)	车辆段(定修)	停车场	合计	综合基地名称	架修基地
M7	23.7	—	1	—	—	—	—	焦化厂车辆段	焦化厂车辆段
M8	26.6	47	2	30	0	14	44	平西府车辆段 南苑停车场(远景)	平西府车辆段
M9	16.5	35	1	0	19	0	19	郭公庄车辆段	郭公庄车辆段
M10	57.1	116	3	0	17.4	20.0	51.2	万柳车辆段 宋家庄停车场 五路停车场	太平庄车辆段
M13	40.9	61	1	39.5	0	0	39.5	回龙观车辆段	回龙观车辆段
M14	17.2	93	2	40	0	15	55	马泉营车辆段 张仪村停车场	马泉营车辆段
M15	41.4	68	2	40	0	14	54	马泉营车辆段 俸伯停车场	马泉营车辆段
L1	28.1	13	1	12	0	0	0	天竺车辆段	天竺车辆段
八通	19	—	1	—	—	—	—	土桥车辆段	土桥车辆段
昌平	21.3	—	2	—	—	—	—	定泗路停车场 十三陵车辆段	十三陵车辆段
大兴	22.6	47	1	0	26.0	0	26.0	南兆路车辆段	马家堡车辆段
房山	24.7	—	2	—	—	—	—	阎村车辆段 顾册停车场	阎村车辆段
亦庄	23.2	—	2	—	—	—	—	宋家庄停车场 台湖车辆段	台湖车辆段
合计	527.3	—	32	—	—	—	—		

(2) 上海轨道交通车辆基地布局规划概况

上海自1985年开始地铁的规划和研究，目前已有1、2、3、4、5、6、7、8、9、10、11、12、13、16号线共计14条线投入运营。截至2014年12月28日，上海轨道交通共开通线路14条（1～13号线、16号线），全网运营线路总长548km，车站337座。在2015—2020年规划中，有5条线路延伸规划、4条线路新建计划。

90年代上海城市轨道交通开始大力发展，经过10年左右的初始发展期，轨道交通建设在"十五"期间开始进入集中发展期，目前，上海轨道交通已进入网络化建设发展阶段。结合这一新特点，上海市交通管理局组织开展了《上海轨道交通车辆段、停车场布局规划》研究。该研究从降低运营成本、提高服务水平、节约建设投资、网络资源共享高效化等方面对上海市轨道交通车辆基地进行了分析，提出了上海城市轨道交通远景网络车辆基地整体布局和规划推荐方案（详见表4.2-2），以达到网络资源共享、高效优质、降低成本、控制用地的规划目的。

上海城市轨道交通远景网络规划车辆基地表　　　　　　表 4.2-2

序　号	项　目	服务线路	备　注
一、车辆段			
1	新龙华车辆段	R1 线	已建
2	宝钢车辆段	M3、M4 线	在建
3	北翟路车辆段	R2、M2、M5 线	已建
4	九亭车辆段	R4、M1、M7 线	已建
5	（嘉定）赛车场车辆段	M6 线	已建
6	港城路车辆段	L4、L5、M8 线	已建
7	闵行车辆组装厂	L1、L2、L3、莘闵线	已建
8	梅陇车辆段	M1、M2 号线	已建
9	治北车辆段	M16	已建
10	江杨北路车辆段	R3 线	已建
11	殷行车辆段	M8 线	已建
12	龙阳路车辆段	R2、(M7 线)	已建
二、停车场			
13	剑川路停车场	R1 线	已建
14	富锦路停车场	R1 线	已建
15	三林停车场	L4、R3 线（M7 线）	已建
16	金桥停车场	R4、M2、M6 线	已建
17	吴中路停车场	M10 线	已建
18	石龙路停车场	M3、M4 线	已建
19	浦汇塘停车场	M4 线	已建
20	川杨河停车场	M5、L5 线	已建
21	嘉定北停车场	M11	已建
22	川沙停车场	M2	已建
23	龙阳路停车场	R2、(M7 线)	已建
24	锦秋路停车场	M7、L2 线	已建
25	浦江镇停车场	M8 线	已建
26	真如停车场	L1 线	规划
27	翔殷路（嫩江路）停车场	L3 线	规划
28	何家湾停车场	L5 线	规划

（3）广州轨道交通车辆基地分布规划概况

广州市城市轨道交通 2020 年线网规划由 21 条线组成，总长度约 973km，共设车站 465 座，其中换乘站 104 座；远景年线网规划由 23 条线路组成，总长度约 1025km，共设车站 481 座，其中换乘站 108 座。广州市轨道交通线网中共有 A、B、直线电机三种车型，车辆基地布局详见图 4.2-1。

广州轨道交通 2020 年线网中共规划 37 处（共用选址重复计算个数）车辆基地，总用地规模约为 759.6hm^2。广州轨道交通 2020 年线网规划车辆基地表如表 4.2-3 所示。

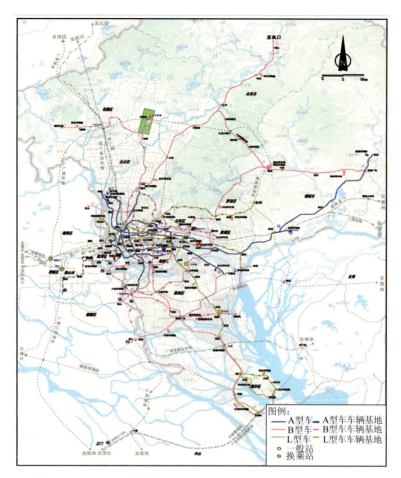

图 4.2-1　广州市轨道交通 2020 年线网车辆基地布局示意图

广州轨道交通 2020 年线网规划车辆基地表　　　　表 4.2-3

序　号	名　称	设　施　情　况
1	一号线	西朗车辆段（38hm²）
2	二号线	嘉禾车辆段（17hm²）、大洲停车场（10.7hm²）
3	三号线	嘉禾车辆段（18hm²）、厦滘车辆段（38hm²）、广州新城停车场（17hm²）
4	四号线	新造车辆段（28hm²）、南沙停车场（16hm²）
5	五号线	鱼珠车辆段（26hm²）
6	六号线	浔峰岗停车场（10hm²）、萝岗车辆段（30hm²）
7	七号线	大洲车辆段（25.5hm²）、竹岗停车场（12hm²）
8	八号线	白云湖车辆段（35.1hm²）化龙停车场（17hm²）
9	九号线	民主车辆段（24.1hm²）
10	十号线	东沙车辆段（14.8hm²）
11	十一号线	赤沙车辆段（35.3hm²）
12	十二号线	凰岗车辆段（15hm²）
13	十三号线	凰岗车辆段（15hm²）、官湖车辆段（43hm²）、鱼珠停车场（3hm²）
14	十四号线	太和停车场（14hm²）、邓村车辆段（37hm²）、养生谷停车场（14hm²）、镇龙停车场（14hm²）
15	十五号线	南沙车辆段（16hm²）
16	十六号线	新塘停车场（7.6hm²）、荔城车辆段（14.3hm²）

续上表

序　号	名　　称	设 施 情 况
17	十七号线	沙湾车辆段（10.5hm²）、莲花山停车场（10hm²）
18	十八号线	庆盛车辆段（40hm²）、万顷沙停车场（10hm²）
19	十九号线	奥体车辆段（20hm²）
20	二十号线	海珠车辆段（15hm²）
21	二十一号线	镇龙南车辆段（26hm²）、象岭停车场（13hm²）、水西停车场（9hm²）

（4）香港地铁车辆基地布局规划简介

香港现有11条铁路线，形成全长约211.6km、共153个车站的城市轨道交通系统网络（图4.2-2）。目前，香港铁路系统由国铁、地铁、轻轨三种制式构成。其中观塘线、荃湾线、港岛线、东涌线、将军澳线、机场快线、迪士尼线，共计7条线为地铁制式，形成总长约98km、共53个车站的香港地铁系统网络，原由香港地铁（Mass Transit Railway，简称MTR）有限公司运营；东铁线、马鞍山线、西铁线（不含屯门—元朗站的九广轻铁）均为国铁制式，另九广轻轨（屯门—元朗站，即西铁支线）为轻轨制式，共计4条线，形成总长约113km、共100个车站的九广铁路系统（Kowloon-Canton Railway，简称KCR），原由九广铁路公司运营。

为提高香港铁路运输系统的效率，香港政府计划把香港地铁有限公司与九广铁路公司合并。2007年12月，香港地铁有限公司与九龙铁路公司正式合并成为"香港铁路有限公司"，负责运营香港现有铁路系统。

香港轨道交通系统目前设有3处国铁车辆段、1处轻轨车辆段、5处地铁车辆段，共计9处车辆检修基地，以承担港铁车辆的维修保养工作。见图4.2-2。

图4.2-2　香港铁路系统车辆基地布局示意图

九广铁路车辆段中大围车辆段（Tai Wai Depot）承担马鞍山线车辆的一线、二线维修，河东楼车辆段（Ho Tung Lau Depot）承担马鞍山线车辆的三线维修（即大修）和东铁线车辆的三线维修（即大修）及以下修程，八乡车辆段（Pat Heung Depot）承担西铁线车辆的三线维修（即大修）及以下修程。屯门车辆段（Tuen Mun Depot）是九广轻铁的车辆检修基地，承担该线车辆的大修及以下各修程工作。地铁车辆段中荃湾（Tsuen Wan）、柴湾（Chai Wan）、将军澳（Tseung Kwan O）、小濠湾（Siu Ho Wan）维修基地是停车场性质，只承担车辆的日常小修、洗刷和停放任务；九龙湾维修基地（Kowloon Bay Depot）承担车辆的大修、架修、定修和月修任务，以及观塘线车辆的日常小修、清扫洗刷和停放任务，目前承担近1000辆车的定期修理任务。

（5）日本主要城市地铁车辆基地布局规划简介

日本国土狭小，人口密集，但城市轨道交通发达。1927年，日本地铁运输的开端东京银座线浅草—上野之间2.2km地铁开通后，东京、大阪、名古屋三大城市和众多中等城市积极推动地铁建设。至今，札幌、仙台、东京、横滨、名古屋、京都、大阪、神户、广岛和福冈10座城市拥有共约42条地铁线路。其中，首都（东京和横滨）、中京（名古屋）、京阪神（京都、大阪和神户）三大都市圈拥有地铁长约 626km，占全日本地铁总长约 89%。截至 2004 年，三大都市圈地铁日客运量分别约占各都市圈日客运量的 13%、8% 和 11%。

①地铁车辆修程

日本地铁车辆采用大修与段修合修制，车辆的全部修理任务一般均在车辆段内进行。

日本地铁车辆段一般分为两部分：修理车间和检修段。这两部分实行独立管理。修理车间承担车辆的重要部位检查和全面检查，检修段承担车辆的日检查、月检查、清扫洗刷、停放和运行管理。日本车辆检修的作业方式为以互换修为主、现车修为辅的作业方式，因为作业效率高、停修时间短，所以可加快车辆周转。

另外，为了实施大规模的车体修理（如装配新仪器、车辆的更新改造等），日本部分地铁车辆段中还设有若干条线车辆共用的 CR（Car Renewal）工厂。

日本地铁车辆的基本修程及有关指标，详见表 4.2-4。

日本地铁车辆修程表　　　　　　　　　　　　表 4.2-4

修　程	检修周期		修竣时间（d/列）
	东京营团地铁	东京都营地铁 名古屋市营地铁	
日检查	≤6 天	≤3 天	0.25
月检查	≤3 月	≤3 月	1.0
重要部门检查	60 万 km（或≤4 年）	40 万 km（或≤3 年）	12～15
全面检查	≤8 年	≤6 年	18～25

日检查：包括出段检查和列车检查。出段检查作业是指每天开始营运前所进行的检查，主要确认运转机械、车厢功能、车辆走行部轮对的情况；列车检查是从外部对列车主要部件（车底转向架、车厢内机器、车门、制动装置、控制装置等）所进行的检查。

月检查：对车辆主要部件的状态和功能进行检查，主要包括机械内部检查、车门开闭状态与车厢内仪器功能检查、综合检查。

重要部位检查：对列车重要部位分解后进行详细的检查，根据需要对重要部件进行更换和修理。

全面检查：对列车所有部位进行分解后进行详细的检查，根据需要对部件进行更换和修理。

②部分城市地铁车辆段布局规划

日本地铁车辆段布局紧凑，占地面积小，车辆段的占地面积一般在 6～14hm^2，详见日本部分地铁车辆段统计表 4.2-5。

日本部分地铁车辆段统计表　　　　　　　　　　　表 4.2-5

城市	车辆段	承担线路	占地面积（hm^2）	停车能力（辆）	每股道停车数	试运转线（m）	出入库线（条）
东京	绫濑	千代田线、有乐町线、南北线	14.2	410	1 列（10 辆）	550	2
	中野	银座线、丸之内线	5.6	190	1 列（6 辆）	不详	1
	深川	东西线	8.2	287	1 列（10 辆）	510	2
	志村	都营 6 号线	13.7	400	2 列（16 辆）	528	2
大阪	森之宫	2、4、5、6 号线	11.6	250	2 列（12 辆）	—	2
名古屋	日进	3、5、6 号线	14.1	320	2 列（16 辆）	1000	2
扎幌	西车辆段	东西线	3.4	170	2 列（18 辆）	335	2
横滨	上永谷	1、3 号线	4.8	174	2 列（12 辆）	410	2

从国内外车辆段大架修资源共享设置的型式来看，主要有以下三种：第一种为在线网的某几个车辆段集中设置大架修设施，第二种为在线网的某一个车辆段集中设置大架修基地，第三种为单独设置大部件检修基地。

3）国内外检修模式现状分析

经综合分析北京、上海、广州、香港、日本等地铁车辆大、架修的资源共享的布局情况，国内外检修模式归纳如下：

（1）大、架修除北京采用分修制外，其他各地（国）均为大、架修合修制，且均在车辆段内进行。

需要说明的是：北京地铁 1 号线 1965 年 7 月 1 日开工建设，1969 年 10 月 1 日建成通车，全长 23.6km，设有目前为架修车辆段的古城车辆段。北京地铁早期车辆大修周期为 80 万～90 万 km 或 9 年，即 1974 年就有大修车辆，而宋家庄车辆厂（北京地铁车辆装备有限公司）1987 年才进行了第一列 DK3 型车的大修，而车辆大、架修工装设备是一样的（关键差别大修具有技术更新任务），故不难理解，北京地铁早期的大、架修是在古城车辆段进行的。

（2）国内外地铁大架修承担线路里程及大架修列位一览表，见表 4.2-6。

国内外地铁大架修承担线路里程及大架修列位一览表　　　表 4.2-6

序号	地名	承担线路里程范围（km）	设计规模大、架修（列位）	备注
1	北京地铁公司	—		大、架修分修制
2	上海地铁公司	62～213.5	2～8	北翟路车辆段近期 6 列位、远期 8 列位（在建）
3	广州地铁公司	32.6～153.71	2～6	鱼珠车辆段 6 列位（建成）
4	香港地铁公司	56		168km 设有 3 个厂架修段
5	日本东京地铁	38.5～133.4	—	建成

从上表可以看出国、内外车辆大架修基地承担线路里程和大架修规模设置情况。

（3）上海地铁（上海申通地铁集团有限公司）很具代表性：车型多，车辆大架修资源共享按车型分组规划，且对 A 型车 10 大部件分别作了集中修规划。

（4）大、架修分修制、合修制特点。

①分修制

采用在线网中设置车辆厂，检修工厂承担整个线网所有车辆的大修工作、架修工作（或只承担大修任务，如北京地铁公司）、部件维修以及远期对旧车的翻新改造工作，车辆段则承担架修、定修及以下修程的检修工作以及列车日常维护工作。

分修制的设置使得车辆检修设施的集中程度提高，但分修制对线网的设置要求较高：一是要求整个线网各条线路均有联络线相连；二是要求各条线路的车辆供电制式相同，车辆限界相同。

分修制中，由于大量检修车辆需通过联络线进行取送，不但增加运营成本，还会因占用了线路天窗（运营空隙）时间，给线路养护、系统设备检修带来不便。

②合修制

由车辆段承担车辆包括大、架修在内的各级修程检修工作，在线网中建设几个具有大、架修功能车辆段，使车辆大、架修功能适当集中，实现车辆大、架修资源共享。

③检修模式比较

前一种方式，用于轨道线网规模较大的城市，具有一定的经济性；对于线网规模不大的城市，采用大修、架修合修制较经济。

从国内外情况来看，只有北京采用大修、架修分修制，其他城市均采用大、架修合修制。国内已建轨道交通的城市，如上海、广州、深圳和香港等城市也采用大、架修合修制。

采用大、架修分修制的优点是实行专业化生产，形成规模效益，有利于提高修车质量。其缺点是在工程建设起始阶段，须同时修建车辆大修厂和车辆段，由于形成有一定规模的轨道交通线网需经过几十年时间，因此大修厂在建成后相当时间内，因系统规模小，大修任务量不足，投资效益难以发挥。

采用大、架修合修可以避免上述问题。另外因车辆做大修所用的大部分机械设备与车辆做架修所用的机械设备基本相同，将大修与架修合并可减小机械设备的重复投资，提高设备利用率。

故车辆检修制式宜采用大、架修合修制，在轨道交通现网中规划一定数量的大架修基地，相对集中地进行车辆大、架修是合适的。

4.2.2 轨道交通车辆部件集中修

现在的轨道交通车辆已经与国际接轨，车辆的实用性、舒适性、耐久性、可靠性都有了很大的提高。由于轨道交通车辆制造技术的不断进步，轨道交通车辆的高自动化和高精密化的进一步提高，对轨道交通车辆的维修也提出了越来越高的要求。为了提高轨道交通车辆维修质量、保证运营安全、提高作业效率、改善劳动条件、节省投资、降低生产成本、获得最佳企业效益和社会综合效益，国内外城轨交通部门逐渐形成两种车辆检修资源共享的模式：整车检修资源共享与车辆部件集中修。

1）整车检修资源共享

整车检修资源共享是指在城市轨道交通线网设置车辆大架修基地，对整个线网配属车辆的大架修资源共享、专用设备资源共享、段场合建资源共享、综合维修基地资源共享以及培训中心资源共享等，通过这些内容的资源共享可显著减小车辆基地规模。国外许多城市如伦敦、巴黎、东京以及首尔等城市已经对此进行了实践，我国各个城市轨道交通车辆基地的规划设计中也已经实践了这一理念。

2）车辆部件集中修

车辆部件集中修是指在城市轨道交通线网成立几个车辆部件检修及配送中心，实现车辆部件的集中修理、分散配送。车辆部件集中修可以提高检修人员的专业化水平，全面提高维修效率，有效降低检修车辆取送对运营的影响。集中修其设备、人员、管理专业化程度高，资源利用效率大，不仅能提供较高的维修服务质量，且可提高其生产规模效益，降低生产成本、技术成本、管理成本。检修以换件修为主，在车辆基地检修库内仅做一些检测和换件作业，可缩短库停时间，提高检修效率；同时，可减小车辆基地建设规模，降低运营成本。目前上海、广州、南京等城市轨道的交通已开始采用这一模式。

城轨车辆主要由车体、转向架、连接装置、制动装置、受流装置、电气系统、内部设备及信息网络系统等八大部分组成。城轨车辆可采取集中修的部件有转向架、钩缓、制动、空调、电子电器等。其中转向架由于其体积与重量较大，转运不便，可拆解为轮轴、电机、制动等零部件。鉴于此，车辆部件集中修可分为五个检修中心，分别为空调检修中心、电子电器检修中心、轮轴检修中心、电机检修中心以及零部件检修中心。

（1）空调检修中心

城轨车辆的每节车配有两台独立的车顶一体式空调机组，用于客室、司机室的通风和空调。单元式空调机组具有结构紧凑、体积小、互换性好的特点。单元式空调机组外形尺寸一般不超过 3m×2m×0.5m，重量一般不超过 1t，具备集中修的条件。

空调检修间起重机轨顶高程不宜小于 6.3m。空调检修中心需要配备 2t 起重机、空调机组综合性能试验台、空调机组冲洗干燥设备、组装与分解升降台、各类风机试验台、淋雨试验装置等相关设备。

（2）电子电器检修中心

电子电器检修中心可分为电子检修分间、电器检修分间、控制检修分间、备品备件间等。城轨车辆的电子电器检修主要包括电子防滑器、灯具、旅客信息服务系统、控制箱、继电器、空调机组电器元件、仪器仪表等。线网电子电器检修中心不宜与空调集中检修中心相距过远。

（3）轮轴检修中心

轮轴检修工艺根据轮对、轴承等的检修工艺组合形式确定。轮轴检修中心可设置轮对检查、除锈、探伤等作业流水线，并设置轮对镟修间，轮轴组装间、轮轴存放间等检修分间。轮轴检修中心设 3t 单梁桥式起重机、轮对轴承故障诊断设备、轮对探伤设备、轮饼及车轴加工设备、轮对退卸压装设备、轮对镟修设备等相关工艺检修设备。

（4）电机检修中心

电机检修中心可分为电子电器检修分间、控制检修分间、电机检修间等，电机试验间等组成。电机检修中心可对牵引逆变器、牵引控制单元、牵引电机、制动电阻、辅助电机等进行全面检修。其中牵引电机由定子、转子、轴承、端盖、传感器等部件构成。电机检修完成后一般需进行空转试验与型式试验。牵引电机全检周期一般为 6 年左右，主要工艺为解体、清洁、部件探伤、更换轴承与 O 形圈、定子浸漆、转子除锈防锈、传感器检查更换、装配、试验等。

（5）零部件检修中心

城轨车辆的零部件品种较多，数量较大。对于可实现批量化检修作业的零部件可建设零部件检修中心，统一维修、清洗、测试，完成维护并通过线网统一配送，达到高效率的运营维护。

4.2.3 社会化维修

轨道交通系统中机电、建筑、给排水、供变电等系统设备需要定期保养维修和临时抢修。但若由地铁公司自营配备机电维修设备，存在着一次性投入大、维修设备利用率低及人力资源投入太多等问题，造成资源和能力的浪费，另外，较特殊和复杂的设备修理，轨道公司一般也无能力承接和修理，还得依靠生产厂家或专业厂家来完成。随着我国工业化进程的发展，机电设备维修也朝着专业化、社会化的趋势发展，随着从事轨道交通机电设备维修及集成服务的社会化公司的日趋成熟和壮大，他们完全具备为城市轨道交通机电、桥梁、建筑、给排水、供变电等系统提供快捷、优质维修服务的条件。

因此，建议对与行车关系不大的车站机电设备，尽可能采取"养修分离"的模式，委托相应专业厂承担，最大程度地推行"维修社会化"。

1）供电系统

城市轨道交通牵引供电和动力照明供电系统复杂，设备种类繁多，运营检修工作涉及的专业也很多。如果城市轨道交通每条线路都设置规模和功能大而全（或小而全）的检修机构，配备齐全的专业检修人员队伍和检修测试设备、机具车辆及相应的作业车间，不仅会增加投资，而且在城市轨道交通建成初期，会因运营线路里程较短、设备数量相对少、设备运行年限短、故障率低、检修工作量相对较少而增大运营成本。因此，科学地将供电设备检修工作分解，充分依靠城市机电工业及其他行业的社会力量，完成部分城市轨道交通供电设备的检修工作，既有利于社会，也可使城市轨道交通降低运营成本，增加其竞争活力。

电气设备检修分三大类：保养、维修和抢修。供电车间不负责所有供电设备的大修，只进行中、小两个修程。难度较大的、非经常性的、牵涉到设备及试验场所等条件限制的项目（如35kV及以上的高压试验、绝缘油的化验分析等）应委托当地电力试验部门进行。

2）轨道系统

城市轨道交通轨道系统的养护维修主要分日常维修和大修两种：其中日常维修是指为保持轨道的几何形位等而进行的日常作业，如扣件复拧、钢轨涂油等，根据需要在天窗时间进行；而大修则需根据轨道系统的总体状态确定，大修的主要任务是换轨和换枕，一般在运营后25年以后进行。运营公司应设置一定数量的工务维修人员，保障轨道系统的日常养护工作，而大修则应委托当地铁路工务段完成，由于大修周期一般在25年以上，大修委外模式可以大大地减少养修人员和费用。

3）机电系统

（1）环控通风

环控通风系统主要设备的运营管理由车站的综合控制室和控制中心的中央控制室监视和控制。环控通风系统设备平时的维护、保养等工作由设在车辆段维修中心的环控工区负责，而环控工区仅备有日常维修工具及配件，只负责全线各车站及区间环控通风设备的小修及中修，不负责环控设备的大修。

大修可委托相关的专业维修公司或服务公司负责，或由提供设备的生产厂家来负责。大修不应影响城市轨道交通的正常运营。一般由维修单位实行年检制度，在设备保修期和正常的使用寿命年限内，每年至少一次，需到设备运行现场进行正常的维护和保养工作，尽量减少设备故障率及大修次数。

（2）自动扶梯及电梯

城市轨道交通自动扶梯及电梯设备维修模式推荐采用全部外协方式，即将包括所有自动扶梯、电梯等设备的所有各级修程的维护、检修全部委托电梯生产厂或被电梯生产企业认可的安装、维修企业（专业维修公司）进行。为便于维修，仅考虑在个别车站设有综合维修室以储存部分电梯、自动扶梯的零配件。城市轨道交通车站内值班工作人员负责电梯与自动扶梯的正常运营与使用，当电梯与自动扶梯发生故障时，由值班人员通知电梯维修人员负责排除。

（3）给排水

给排水设备主要为给排水管网和各种泵组。给排水设备的运行管理主要由车站和控制中心的控制室监视和控制，其维修可由设备提供厂家来负责，车站及区间管线维修可委托市政相关部门。

4）通信信号系统

（1）通信

①维修方式采用日常维护和故障急修相结合的维修方式。维修人员定期对通信各子系统设备进行维护检查，当出现设备故障时，维修人员进行故障紧急处理，更换备板插件，随后由系统设备厂家对所更换的设备进行维修。

②利用社会化维护分析。随着电子技术的发展，通信各系统设备日益成熟稳定，使得日常的维护工作量大大减少，同时，维护工作性质也越来越简单，主要是对发生故障的板件进行更换，而对故障板件的维修工作只能交由生产厂商进行处理。因此，可以通过一人负责多个系统的维护工作来提高维护工作效率，减少定员设置，从而减少运营维护管理费用。

如全部利用社会化的维护资源，一方面，仍需支付相关维护费用，所能节省的投资有限；另一方面，故障处理响应时间以及维护管理质量等均不能得到保证。

（2）信号

信号系统设备维护采用日常维护、定期检修方式，所有涉及日常运行的信号设备都应实行预防维修方式。日常维修包括巡视、测试、清扫整理、外表上漆、故障抢修等；定期检修工作包括对检修期满的设备进行更换、性能测试，元器件更换及检修后的测试工作，检修工作按设备可靠性确定的检修周期进行。

信号系统的维修管理、检修机构设在车辆基地内，配备必要的设备、仪表、工具等以满足系统设备维护、检修的需要。将全线信号设备运行状态、重要事件、故障报警等信息汇集到综合维修中心，由主管人员根据情况，安排故障处理、临时检修，以保证系统正常运行。综合维修基地设通号车间，车间内部分为运行、巡检和修配等工区。

4.2.4 网络化物资配送

随着城市轨道交通线网规模的扩大，网络化运营及物资配送在国内部分城市兴起，如上海、广州等。网络化物资配送由轨道公司成立的物资分公司发起，根据物资种类的不同，通过网上公开招标或网上直接采购模式获取物资。

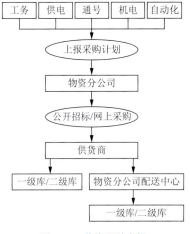

图4.2-3 物资配送流程

网络化物资配送的具体模式如图4.2-3所示。主要由两种模式，一是供货商直接送货至各场段一级库或二级库，二是供货商将物资送至物资分公司，再由配送中心统一配送至各场段一级库或二级库。

1）供货商直接配送

该模式下，物资分公司并不直接配送物资，只是承担采购计划接受、规划、物资招标、供货商联系、物资管理、盘点等职责，物资则由供货商直接配送至需求点。该模式无需设置配送中心，配送流程简单。

2）配送中心配送

该模式需要设置配送中心，供货商将物资送至配送中心后，由配送中心统一配送至需求点。

配送中心的设置有两种模式。一是选取已建成或已规划的维修基地作为物资分公司及配送中心，该中心为既有线网的最优选址，由于在同一城市内，到各需求点（需求点为已规划或已建成的物资总库）的单位运输成本与运输距离成正比，各需求点的需求量与分属的线路长度成正比，而其他因素都默认为各线路都一样，不作考虑，只需考虑各送货点与基地之间的距离以及各点的需求量，因此采用重心法建立模型即可得到。该模式可运用于已运营多条线路的城市轨道交通。

但对于只进行线网规划但未运营的城市轨道交通，则建议采用配送中心设置的第二种模式，即根据实际需求择址建设物资分公司及配送中心，并根据蜂群优化算法取最优数量和位置的物资总库。

4.3 工艺设备设施创新

4.3.1 工艺检修设施的创新

1）集成工艺的钢结构立体检修作业平台

车辆日常维护作业中最常使用的设备是检修作业平台，一般分为上、中、下三层；顶层平台用于空调、受电弓等部位的检修作业；中间层平台用于车体、门窗等部位检修和进入车体的检修作业；底层为架空式地沟，用于车体走行部及车下各部件的检修作业。

传统的检修作业平台为混凝土结构（图 4.3-1），存在施工精度难以保证、不便维护、安全性较差、作业记录无法追溯等问题。检修用风、水、电设备安装后还会影响其使用功能，制约了检修作业效率。

图 4.3-1　混凝土检修作业平台实物照片

集成工艺的钢结构检修作业平台采用模块化设计，集成了通风、动力、照明、滑触线、压缩空气管路等设备及管线，并配备有门禁及作业记录系统，可对检修作业及人员进行实时追踪。

（1）主要结构

集成工艺的钢结构检修作业平台（图 4.3-2、图 4.3-3），主要由顶层作业平台、中层作业平台、立柱、爬梯、固定式防护栏、链条式防护栏、对侧防护栏等组成，检修作业平台均为钢结构型式，顶层作业平台、中层作业平台采用模块化设计，便于安装。

钢结构检修作业平台设在作业线路外侧，架空式地沟方便检修人员对车辆走行部、车下设备进行观察及检修，检修人员在两侧地沟检修、地沟外侧高程满足人员通行，改善地沟作业环境。中层作业平台铺设防滑钢板，平台两侧均设防护栏，临近车体一侧采用可摘挂的活动链式，方便人员进入车厢内部，或在车厢外部进行相关的检修作业，库中两线之间的中层作业平台设连接通道。顶层作业平台主要用于车顶受电弓、空调等检修作业。另外，钢结构检修作业平台还集成了与检修相配套的供电、照明、供气、供水、通风、安全防护等设施，以便于检修人员观察及检修车辆走行部和车下设备，清洁、检查车辆门窗和进出车辆内部作业，以及进行车辆车顶空调机组的简单的清洁、检查、维护、零部件或空调机组更换等作业。

图 4.3-2　钢结构检修作业平台实物照片

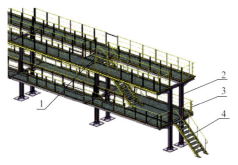

图 4.3-3　钢结构检修作业平台组成

1- 过道单元；2- 平台立柱单元；3- 平台护栏单元；
4- 扶梯单元

（2）立体检修作业平台主要特点及优势

①悬吊立体检修作业平台，库房通透、简洁、美观

双周三月检库内一般设置有双层作业平台，平台采用钢筋混凝土或钢结构型式，均在地沟中间设立柱进行支撑，这种设置型式将导致叉车或其他作业车辆进出线间受到立柱阻碍，作业不便。因此有必要对双层作业平台进行优化，考虑充分利用屋架结构承载，将整个作业平台采用钢结构型式并在屋架进行悬吊，这样可以取消作业平台的立柱支撑，使整个线间通道通畅，叉车进出通道作业方便，且整个库房显得通透、简洁、美观。图 4.3-4 为三层作业平台型式优化图。

图 4.3-4　三层作业平台型式优化图

②立体检修作业面，确保检修作业安全

对车辆的双周三月检的作业内容、检修工艺进行研究，对照常规检修设施，提出高度集成的检修设施，形成立体作业面，有效提高检修效率，确保检修作业安全，优化思路如图 4.3-5 所示。

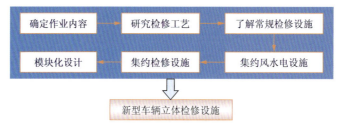

图 4.3-5　集成式立体检修工艺设施优化思路图

③集成风水电等辅助检修设施，提高检修效率

钢结构检修作业设备集成了一些辅助设施，如供电、照明、供气、供水、通风、安全防护等设施。各类动力管线与作业平台的有机集成，使得运用检修人员可以在各层平台上方便地使用各种动力插座，有效地避免了管线拖拽和人员的无效行走，大大提高了车辆检修效率，相较传统的地沟+混凝土平台，缩短了 50% 的日常检修作业时间。

压缩空气配气器：安装于平台上，由手动球阀、快插接头、配气器箱体组成，使用快速自闭接头作为终端接头提供气源。用于轨道车辆检修库内的车顶空调除尘，并可作为安装、拆卸车内设备和车顶设备时的风动工具。

供电设施：在中层、上层平台安装有配电箱，给检修人员使用电动工具及电器设施提供电源，配电箱内设有断路器、漏电保护器及多路电源插座等。

照明设施：照明灯安装在检修作业平台底部，上下两层平台底部均有安装。中间空出部位的钢结构平台具有良好的透光性，可以满足检修作业平台内各个角落的用光需要，同时解决了因为车辆进库产生的光线阻拦问题。

对侧防护装置：可防止人员在车顶作业时从另一侧坠落（与车体的间隙约 80mm）。

滑触线：滑触线设置在对侧防护栏支架下方，用于提供车辆动力源，保证车辆能够有滑触线提供的电力。

④节省空间，改善作业环境

各类动力管线的高度集成，不仅节约了安装与使用空间，同时避免了各类管线的拖拽对库内通道的不利影响，保证了库内整洁。通风照明设施的合理布置，不仅使结构轻巧，有利于双周三月检库内空间布置，同时有利于通风采光便利，为检修工作人员提供了人性化的工作环境。

⑤减少技术接口，缩短施工工期

作为一种集成化的检修设施，可以单独作为工艺装备供用户选用，从而有效地减少各类技术接口，确保设计施工质量。

作业平台采用钢结构型式和模块化设计。集成检修所需的附属设施、滑触线，具有拆装方便、长短组合便利的优点，采用工厂生产现场组装的方式，对施工场地要求较少，且可大大的缩短施工工期。该平台具有较强的适应性，能通过作业高程调整满足不同的作业需求等特点，便于在类似的工作场所推广使用。如图 4.3-6 为集成式立体检修作业平台实景。

2）双向全方位自动洗车机的应用

洗车机设备一般布置在车辆基地入段线上，采用贯通或往复式洗车方式和列车双向进库清洗技术，解决了列车外皮清洗作业只能从一端入库清洗的难题。

以往的洗车机只能从一个方向进行洗车作业，而研发的双向全方位自动洗车机（图 4.3-7、图 4.3-8）具备列车从另一个方向进入洗车机时，各刷组能反向工作、反向定位等特点。同时喷淋头的设计具有在列车反向进库时提供反向喷水的功能，达到了双向清洗的目的。双向全方位自动洗车机的研制开发，不仅提高了作业效率，将洗车作业时间由30min/辆降低至12min/辆，而且大大方便了总平面布置规划，使平面布置更加灵活，可调整余地更大。

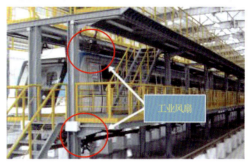

图 4.3-6　集成式立体检修作业平台实景

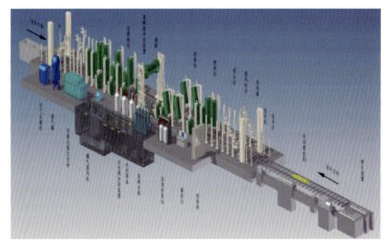

图 4.3-7　双向洗车机设备布置示意

图 4.3-8 双向洗车机实景图

3）带称重功能的新型兼容式整列固定式架车机

固定式架车机（图 4.3-9）可实现轨道交通列车的整列架车的检修，是车辆检修的关键设备之一。

图 4.3-9 整列固定式架车机

轨道交通列车实行高密度、小编组的开行方案，一般情况下采用固定编组，车辆之间采用半自动车钩和半永久牵引杆连接。当车辆转向架需要检修或车辆发生临时故障时，需要进行架车作业。

车辆大架修平均作业时间为 35d/辆，其中车辆架车作业耗时最长，原因是架车设备存在操作复杂、同步精度不高、架车耗时长等缺点。如果通过对列车解编的方式进行架车作业，那么由于车辆之间的电气连接、机械连接、风管连接十分复杂，解编作业和架车作业将消耗更长的时间。

整列式固定架车机在列车不解编的情况下可架起整列架车，也可单独架设任一节车辆，同时还能单独更换任一个转向架单元，方便且耗时短。设备在不使用时，设备整体落入地下，可保持车间整洁美观。

整列固定式架车机设备主要特点及优势如下：

（1）提供整车称重功能，节省设置专用称重线及配置设备等工程投资的费用。整列固定式架车机具有探测式称重托头（图 4.3-10），无需增加额外的称重设备，既降低了车辆设置维修场地需求，又减少了额外的称重设备配置需求，为用户降低了维修成本，提高了列车维修效率，缩短了维修时间，确保了轨道交通列车的安全运行。

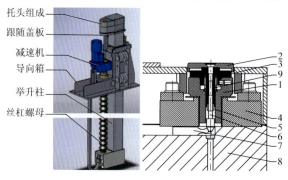

图 4.3-10 探测式称重托头结构

1- 连接块；2- 承压板；3- 弹簧托板；4- 称重传感器；5- 放松套；6- 顶杆；7- 载荷探测限位开关；8- 托头；9- 弹簧

（2）可以兼容国内 A、B 型地铁车辆及不同编组形式，为不同模式提供一种解决方案。

在充分分析国内 A、B 型地铁车辆结构参数的基础上，兼容式整列式固定架车机可以满足整列编组 A、B 型车辆及不同编组形式架车作业需要。架车机的机械主体部分安装在地坑内，每个地坑内包括 1 套转向架举升单元、2 套车体举升单元、1 套盖板装置。图 4.3-11 为兼容式整列固定式架车机平面布置示意图。

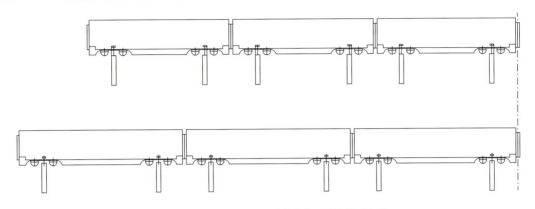

图 4.3-11　兼容式整列固定式架车机平面布置示意图

车体举升单元设计为地下移动式结构，可以沿列车纵向自动的移动及位置锁定，以适合不同车型架车时的纵向对位需求。车体举升单元主要由车体支撑柱、导向箱体部分、托头组成、丝杠/螺母传动系统、举升驱动装置、纵向走行及其驱动装置等组成。车体举升单元组成如图 4.3-12 所示。

兼容型托头是在基本型托头的基础上增加了伸缩调节丝杠，通过托头伸缩满足不同位置车辆架车需求。

（3）整列固定式架车机设备同步精度高。

转向架举升单元四根立柱由一个电机驱动控制，保证同一转向架的两个轮对同时升降。转向架同时通过装在某个丝杠顶端的脉冲传感器实时监测举升单元的升降高度，PLC 根据高度信息对举升单元进行调整，保证转向架举升单元高度差在允许误差范围内。同时，车体举升单元丝杠顶端也安装有脉冲传感器，实时获取高度信息，PLC 对举升单元的动作进行控制，保证同步精度满足要求。

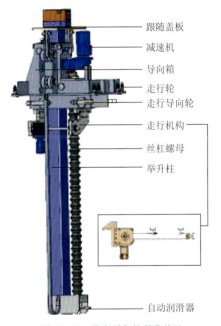

图 4.3-12　兼容型车体举升单元

4）全功能转向架静载试验台

车辆转向架检修流水线工艺复杂、耗时长、设备多、占地面积大，应尽可能对多项既有设备功能进行整合、优化。

大、架修作业流程为：列车由公铁两用车推送入库→车辆预检→列车架车→局部分解→落转向架→列车解钩、全部或局部解体→各零部件送检修间分解、检查、修理、更换、组装、试验→车体全面检查、除锈、刷漆、整修→车辆部件组装→列车联挂、落车→静调→试车线动调→交验→出库。如图 4.3-13 所示。

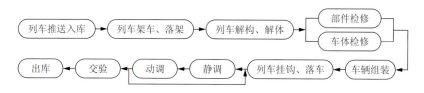

图 4.3-13　大、架修作业流程

从车辆修程和检修周期来看，大修检修时间 35d，架修检修时间 20d。转向架检修质量关系着列车正线运营是否安全，其检修质量是车辆检修的关键环节。转向架检修时间需 13d。

转向架检修作业工艺流程及节拍分析（图 4.3-14）：转向架清洗（1 d）→转向架分解（1.5 d）→轮对分解（1.5 d）→轮轴检修（1.5 d）→轮对存放（0.5 d）→轮对组装（1.5 d）→转向架组装（1.5 d）→转向架跑合试验（1 d）→转向架静载试验（3 d）。转向架检修时间长、检修任务重，因此如何缩短转向架检修的时间，是保证列车检修质量、节省检修作业时间的关键环节。

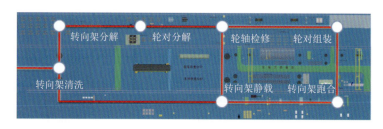

图 4.3-14　转向架检修流水线工艺流程及节拍分析图

从转向架流水线节拍分析可以看出，转向架静载试验是保证转向架检修质量的最后一道保护屏障。

传统的转向架静载试验设备功能单一、试验简易，只配备了垂向加载机构以实现垂向加载功能。在加载的工况下，通过人工测量待检项目，测量强度大，数据测量受人为因素影响大，因此为保证数据准确性，测量需重复测量求取平均值，导致测量时间长，且该设备数据保存记录手段落后，不具备自动分析功能。因此采用了全功能转向架静载试验台。图 4.3-15 为传统的静载试台与新型的全功能转向架静载试验台对比图。

图 4.3-15　传统的静载试台与新型的全功能转向架静载试验台

（1）主要结构

全功能转向架静载试验台主要由机座、举升引导轨、托轮测量台、龙门架、加载位置调整装置、加载装置、标定装置、液压系统、电气控制系统等组成，这些部分涵盖了垂向加载油缸、加载适配器、测重单元、长度测量单元、数据采集等内容。

设备主要组成，详见图 4.3-16 说明。

（2）设备主要特点、优势

①全自动测量，可对检修后的转向架进行全面诊断。

全功能转向架静载试验台设备配备了垂向加载机构、加载力测试单元、加载位移测试单元、承重机构、X\Y\Z 向位移测试机构等，可自动测量加载后的轮重、轴重，并计算轮重差、轴重差；可自动测量转向架四角高，并计算一系弹簧调整加垫厚度，实现一系弹簧的均载配平；可自动测量内侧距、轴距并计算车轴平行度和矩形度；试验台同时可完成二系弹簧气密性试验、转向架制动系统气密性试验、差压阀气密性试验等。

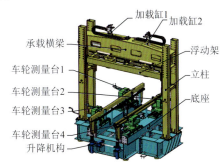

图 4.3-16　全功能转向架静载试验台组成

设备能够全自动测量，并根据设定自动判断转向架弹簧的加垫位置，计算加垫厚度，使轮重均衡达到 IEC61133 标准和国标 GB 7928—2003 的规定：车轴重偏差不超过平均轴重的 ±2%，偏差不超过该轴平均轮重的 ±4% 的要求。

②设备兼容性好，为多种车型转向架检修提供一种解决方案。

兼容 A、B 型地铁车辆，解决方案如下：

全功能转向架静载试验台设备，加载横梁与框架立柱之间为螺栓连接，框架立柱上均布安装孔，可以依据测试对象的要求调整横梁高度，从而实现不同高度的转向架兼容测试的目的。

全功能转向架静载试验台设备的加载油缸位置为可调机构，可通过一组螺母丝杠副进行调整，因而对于加载点不同的转向架可以实现兼容测试。图 4.3-17 所示为静载试验台可调龙门架结构。

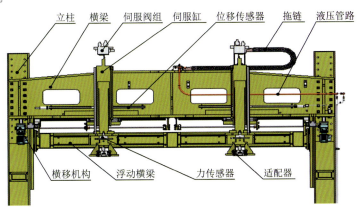

图 4.3-17　静载试验台可调龙门架结构

全功能转向架静载试验台配备 4 个托轮测量台（图 4.3-18、图 4.3-19），每个测量台都是二层结构。其下层与底座之间是 X 向直线导轨，测量台可在 X 向直线导轨上移动。上层装有托轮，工作时被试转向架的车轮就置于其上，测量台沿 X 方向可自由移动，从而调整轴距。每侧两个相邻测量台的中心距调整范围（即轴距调整范围）是 2100～2600mm，测量台的移动位置用磁致伸缩位移传感器检测。

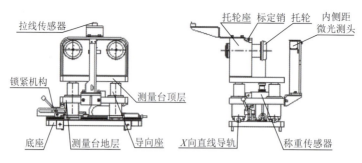

图 4.3-18 可调整托轮测量台

图 4.3-19 可调整托轮实物图

③对转向架加载情况实时监测（图 4.3-20），保障加载稳定可靠。

以往的转向架静载试验台设备，给转向架的加载力设计简单，采用的液压加载力不稳定，加载力随着加载时间的变化是一个变化值，影响转向架加载对转向架检修的质量。

全功能转向架静载试验台设备的横梁上垂直方向有两个液压加载装置，其加载油缸为油缸，内置有磁致伸缩位移传感器，通过供油回路上的液压伺服阀精确控制活塞杆行程，实现两缸同步加载，也能单独加载。油缸活塞杆头部装有加载力传感器，用于测量加载力。在供油回路中装有比例减压阀。试验时在测试程序中设置加载力，计算机按照设定的加载力和力传感器采集的加载力数据，通过运算形成闭环控制，自动调节比例减压阀，使每个油缸的加载力可在 0～150kN 范围内连续变动。加载力采用 PID 原理，实时监测转向架加载力的大小，实时调整，保证转向架加载力的稳定性，并把测试结果自动保存在计算机中。

图 4.3-20 转向架试验台控制系统界面

5）其他部件检修研究

远期线网随着车辆配置数量的逐渐增加，车辆检修数量也将相应增加，空调机组、制动系统、电子系统、牵引电机、车钩等车辆零部件的检修数量也随之增加。为了节省运营成本，使上述部件便于运输，故考虑零部件线网集中检修模式。可结合线网车辆大架修基地的建设，配套建设完成线网零部件检修中心，如：空调机组检修中心、制动系统检修中心、电子系统检修中心、牵引电机检修中心、车钩检修中心。相关房屋、设施等在初期并不建造及采购,但需提前做好用地规划控制及预留。

车辆基地的联合车库、运用库等单体内如通风空调、给水排水及消防给水、动力和照明、FAS、BAS、通信、信号、气体灭火、综合监控、导向等的设备管线众多且布局复杂,如何在有限的空间内,保证机电设备的正常使用功能,以及二次施工管线的前提下,如何最大程度地节省有效空间,是管线综合设计及机电安装施工过程所要考虑和重点对待的问题。

(1)综合支吊架优势

装配式管线支吊架系统可由专业厂家按标准工艺来组合完成,也可由设计单位根据每个支吊架条件和个性化要求完成综合支吊架的设计。综合支吊架由锚固件或预埋槽钢、型槽、转接件、管卡、可调式槽钢螺母及支托系统组成,并通过螺栓机械连接,连接件可以随意调节管道支架的尺寸、高度。

综合管线的吊架系统的框架是由一个或多个U形槽组成的刚性支架(图4.3-21)。该组合支吊架根据设计管线安装层数一般分为单层或多层系统,并具备现场调节和增改的功能,具有吊杆不重复、与结构连接点少、施工效率高、空间节约、后期管线维护、扩容方便等特点。北京、杭州、武汉等地铁车辆基地均已开始采用装配式管线支吊架系统技术,并取得了良好效果。

图4.3-21 库内综合支吊架实景图

(2)综合支吊架布置原则

布置原则为水管在下,强、弱电桥架在上,给排水专业的管道和采暖管道各占一侧布置。各专业管线之间的最小间距应按相关安装手册或规范执行。采暖管道如果做好了保温,那么与电力管线之间的最小间距可只考虑安装即可,不用考虑温度对电缆桥架的影响。有压管线具有一定的推力,因此尽量不要直接作用在某一结构柱上,考虑到安全性,可通过综合管架系统传导到多数的结构柱上共同来承受。

管道安装中支吊架的种类分为固定支架、导向及滑动支架、吊架三种。固定支架是固定管线一点不动的支架;导向及滑动支架是保证管线沿轴向方向滑动的支架;吊架是防止管线过长产生弯曲的支架,多用于无压力、对摆动和滑动无要求的管线。

(3) 综合支吊架布置注意项

①在设计时通常对风管、桥架、通信、信号线槽、水管等大管线要求较高，但对于如 FAS 等小线管仍需注意不要遗漏，在设计综合管线时亦有必要对此类管线进行统一布置，以确保功能完整。

②在综合支吊架设计时建议从车辆基地远期功能考虑，如部分管线在初期未实施，但综合支吊架设计应考虑远期总的管线荷载及排布，并做好相关预留，有条件时建议综合支吊架一次实施完成。

③无论是普通支架还是综合支架，均需要对管线进行综合和优化，方能使管线布置合理、整齐并能保证施工质量及美观性。在布置综合管线时，需要设计、施工单位及厂家等整体参与，设计单位从规范角度、施工单位从现场施工角度、厂家从产品安装工艺角度等多方面进行考虑，方可保证美观性及可操作性。

4.3.2 综合维修应用平台

1）综合维修应用平台软件设计

（1）软件需求分析

该软件组成分为流程管理、资源管理和其他辅助功能 3 大块。如图 4.3-22 所示。

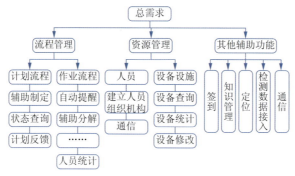

图 4.3-22　软件组成

（2）软件功能设计

PC 端功能包括：计划功能、人员管理、设备设施管理、签到、通信、知识库、设备分析模块。

手持端功能包括：工单功能、人员管理、签到、通讯、定位、知识库。

服务器集成包括：计划功能、工单功能、人员管理、设备设施管理、签到、通信、知识库、设备分析、定位模块。

具体如图 4.3-23 所示。

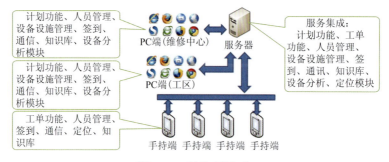

图 4.3-23　软件功能组成

(3) 软件硬件设计

硬件清单见表 4.3-1。

硬 件 清 单　　　　　　　　　表 4.3-1

名　称	设　备	配 置 要 求
综合管理服务器		CPU：4 核，主频 3.4GHz 内存：4G 硬盘：320G 操作系统：Windows7 64 位 显示屏：19 英寸液晶显示器
中心服务器		CPU：6 核，主频 2.5GHz 内存：16G 硬盘：320G 操作系统：Windows7 64 位 显示屏：19 英寸液晶显示器
PC 客户端		CPU：2 核，主频 2.5GHz 内存：4G 硬盘：320G 操作系统：Windows7 32 位 显示屏：19 英寸液晶显示器
平板电脑		CPU：4 核，主频 1.4GHz 内存：2G 系统：Android 显示屏：10.1 英寸
手持机	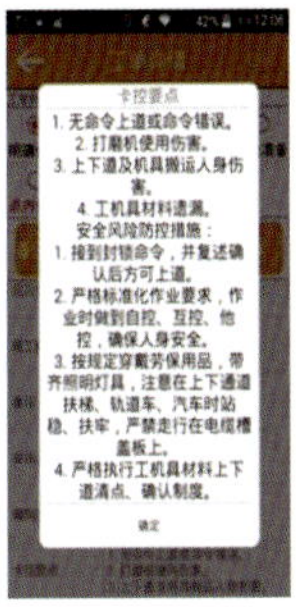	CPU：4 核，主频 1.4GHz 内存：2G 系统：Android 内置 GPS 芯片 摄像头：有

2) 综合维修应用平台的功能与特点

为了实现综合维修作业的高效性和实时性，在综合维修中心配置了工务维修作业辅助平台，该平台采用了"互联网＋多媒体"技术。

(1) 功能

①维修作业流程的制定、管理与反馈功能，如图 4.3-24 所示。

②维修全过程实时监控。如图 4.3-25 所示。

③维修作业过程的实时可视化通信功能。

④监测数据分析功能，如图 4.3-26 所示。

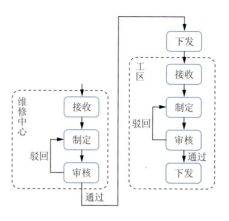

图 4.3-24 维修计划快速制定功能　　图 4.3-25 维修全过程实时监控

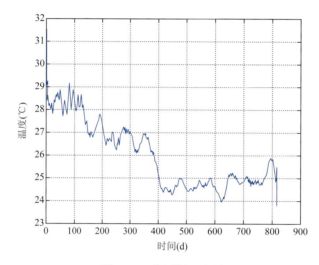

图 4.3-26 监测数据分析功能

具体内容如下：

a. 可以将监测系统传输回来的数据以 EXCEL 表格的形式输入到系统中。

b. 采用 Matlab 内核进行数据的挖掘以及显示。

c. 可以从海量数据中找出超出规范允许变化的量进行报警及提示。

d. 可以从海量数据中找出监测数据的变化规律，为钢轨状态提供参考。

（2）具体特点

①基于松散耦合机制的跨平台性接口技术建立了工务维修的应用云服务平台（图 4.3-27），实现了各级机构访问、管理、服务的统一，达到了管理机构扁平化、提升效率的目的，适应了地铁维修的需要。

②基于双向互推的实时通信技术，建立了各级机构之间的实时通信服务功能、签到功能、定位功能，为现场工作与指挥人员之间提供交流通道，能对维修工作进行实时跟踪，提高维修流程的把控性，满足地铁维修范围广、质量要求高、流程把握要求严的特点（图 4.3-28）。

③基于知识应用的智能服务技术，建立了工务维修作业辅助功能，为维修服务提供标准化的作业知识，对维修进行规范化、标准化，满足地铁维修规范化的需求。

图 4.3-27　应用层　　　　　　　　　图 4.3-28　网页通信端

④基于数据挖掘技术，建立了监测数据的分析服务，提供其他系统接入的接口，提高了平台的兼容性，为地铁维修作业的制定提供依据。

⑤采用企业资源管理理念，建立了维修人员、设备的管理功能，实现了对资源的最优化运用。

4.3.3　基于网络化运营条件轨道交通物资仓储及管理系统

随着我国城市的快速发展，越来越多的城市建设开通了轨道交通线路，以提高城市交通质量。而轨道交通物资是轨道交通正常、安全运营的重要保障。目前，北京、上海、广州轨道交通都已经进入了网络化运营时代，而很多二线城市（如武汉、郑州、南京、成都、长沙等）随着轨道交通线网的不断扩大，即将进入网络化运营时代。网络化运营条件下，研究物资管理及仓储系统，优化物资仓储管理模式及规模、优化线网级物资资源共享，可实现轨道交通物资的信息化、网络化、集约化设计和管理。轨道交通物资设备繁多，包括工建、机电、供电、通信、信号等系统运营、检修所需的各类材料、设备及其他物资如备品备件、劳保用品、生产生活用品等，因此物资的采购、储备、保管等任务十分重要。由于各城市运营管理模式不同，物资设备数量、规格在建设期间各不相同，物资存放管理的形式、规模、仓储设备、组织机构及定员也多种多样。为了使轨道交通物资管理的设计满足网络化运营需求，节约运营成本，基于网络化运营条件，一套适应社会发展的物资管理模式、物资信息系统、物资仓储规模的轨道交通物资管理系统出现了。

1）物资采购及周转流程典型案例

（1）上海地铁

①车辆、工务、供电、通号分公司上报采购计划（该计划包括需采购物资的规格、数量）给物资和后勤分公司。

②物资和后勤分公司将计划上传至轨道交通供应链平台进行公开招标，采购联盟内的厂家通过投标形式进行竞争。该平台由物资和后勤分公司与上海宝信软件股份有限公司联合开发，目前该平台已在无锡、天津、南昌等地铁公司推广。该平台的主界面如图 4.3-29 所示。

③中标厂家将物资配送至各个基地相应物资库，配送的仓库根据使用需求，可能是一级库（基地内的综合仓库），也可能是二级库（基地内的小仓库或者沿线设置的小仓库）。沿线小仓库并不是设计时预留的库，而是各个部门根据实际情况，将建设后无人使用的房间作为二级库，或是将车站工班室的房间一部分作为二级库，随机应变。

图 4.3-29　轨道交通供应链平台主界面

④物资到位后,物资和后勤分公司会对仓库货物的使用情况进行盘点,避免国有资产流失。物资和后勤分公司在货物整个的流转过程中扮演着虚拟仓库的角色,该公司并不存储和配送物资,但管理的效果通过 MSCP 平台及相应的管理制度得到保障。

⑤物资和后勤分公司与京东等物流公司签有协议,特定的劳保用品由京东公司直接供货。

(2) 北京地铁

北京地铁目前实行三级管理、三级核算的物资管理模式。北京地铁有限公司下设物资部,四个运营分公司和四个专业公司(供电公司、通号公司、机电公司、线路公司)也均下设物资分部。物资部监督管理各二级公司的物资使用及资金的使用,负责对各二级公司物资分部进行业务考核。各二级公司物资部门负责本公司各部门物资需求计划的制定,审批和分配。

北京地铁物资仓储模式实行三级库存管理模式,根据管理主体的不同,将存储不同车辆修程所需备品备件的物资仓库,划分为一级库、二级库和自备库。物资配送由北京地铁物资公司统一完成。

2) 网络化运营条件轨道交通物资仓储及管理系统的功能

(1) 针对不同城市轨道交通的特点,给出责权明晰、架构合理的物资仓储及管理机构。

(2) 研究轨道交通工建、机电、供电、通信、信号各系统设备物资的仓储特点,通过收集北京、上海等城市的物资信息管理台账完成上述系统维修资需求分析和仓储特点研究,对既有城市轨道交通提出优化的仓储方案,同时对新建线路给出合理的仓储方案。

(3) 通过对物资采购、储备、保管等信息集成管理,形成轨道交通物资管理系统的设计指导意见,建立线网级物资管理信息系统,最大程度上保证物资采购、储备的合理性。

(4) 给出网络化运营条件下物资管理及资源共享方案。采用网络化需求反馈式改革并优化传统业务流程,提高物资使用效率,降低物资管理成本,同时合理优化线网物资总库规模,降低建设成本。

3) 网络化运营条件轨道交通物资仓储及管理系统的关键技术及创新点

(1) 利用通信传输网络实现线网物资管理中心与库之间的信息沟通,完成物资仓储与物资管理之间的接口研究,达到"分库放、集中管理"的目标。

（2）运用物资编码、RFID自动识别等技术，实现物资的备信息化，解决分布存放、集中管理的难题。

（3）运用物资全寿命周期信息化管理技术，实现物资状态的实时监测，完成线网物资优化配置。

（4）通过线网物资总库分布格局研究，优化线网物资总规模，对物资总库单体规模进行合理设置。物资总库包括：仓储设备、立体仓储区、件物品存放区、恒温恒湿区等。

4.3.4 轨道桥

轨道桥作为车辆维护、检修必不可少的设备，在国铁动车段、动车运用所、轨道交通车辆基地、停车场等运用广泛。早期轨道桥多为混凝土结构，外形笨拙，后逐渐发展成钢结构形式。

钢结构轨道桥现广泛应用于CRH系列动车组车型的检修作业，提供车底检修工作面和检修人流和物流通道，并与其他检修设备进行协调配合，保证检修工作的安全，提高检修的质量和效率，满足检修、整备及调试等作业。

钢结构轨道桥与混凝土立柱相比，具有以下优点：

（1）轨道桥钢结构立柱与立柱基础预埋板之间采用调整垫铁结构形式，具有调整功能。当轨道桥使用一定时期后，由于基础沉降、紧固件松动或调整垫变形等原因，轨道桥精度会改变，此时钢结构立柱轨道桥可以很方便地进行再调整。

（2）钢结构立柱轨道桥比同等外形尺寸的混凝土立柱轨道桥承载力更大，且自重更轻。

（3）钢结构立柱轨道桥安装方便、施工工期短、施工成本低。

（4）钢结构立柱轨道桥外形美观大方、安全环保、工程材料回收利用率高，是一种高效率低成本的结构形式。

（5）混凝土结构轨道桥在施工时容易发生立柱配筋偏离轨道中心线的情况，且一旦混凝土浇筑完成，整改十分困难。而钢结构轨道桥与基础采用螺栓连接的方式，安装方便，整改简单。

1）轨道桥应用

（1）轨道桥在动车运用所中应用

动车运用所采用了大跨度的固定式钢结构轨道桥（图4.3-30），即将轨道半架空支撑在间距为1.786m的钢结构支柱上，大大拓展了底部作业空间，改善了工人的作业环境，同时极大地提高了作业效率。国铁动车段（所）轨道桥形式汇总见表4.3-2。

图 4.3-30

图 4.3-30 国铁动车段（所）内轨道桥

国铁动车段（所）轨道桥形式汇总表　　　　表 4.3-2

城　　市	段、所	运 用 范 围	轨道桥形式
武汉	武汉动车段	调试库、检查库、临修库	钢结构
	汉口动车所	检查库、临修库	钢结构
南昌	南昌动车所	检查库、临修库	钢结构
	南昌西动车所	检查库、临修库	钢结构
广州	广州动车段	调试库、检查库、临修库	钢结构
	广州东动车所	检查库、临修库	钢结构
上海	上海动车段	调试库、检查库、临修库	钢结构
	南翔动车所	检查库、临修库	钢结构
福州	福州动车所	检查库、临修库	钢结构
	福州南动车所	检查库、临修库	钢结构
厦门	厦门北动车所	检查库、临修库	钢结构
郑州	五里堡动车所	检查库、临修库	钢结构
	郑州东动车所	检查库、临修库	钢结构

（2）轨道桥在轨道交通车辆基地中应用

由于地铁车辆较长，若采用壁式地沟则作业条件极为不利，所以轨道桥在地铁车辆基地中也广泛应用，用于替代传统检修地沟进行车辆检修作业（图 4.3-31）。主要设置在运用库、定修库、双周三月检库、吹扫库和静调库处。我国所设计的地铁段场多采用混凝土结构轨道桥，而长沙 1 号线尚双塘车辆段使用了钢结构轨道桥。地铁段场轨道桥形式汇总见表 4.3-3。

图 4.3-31

图 4.3-31 地铁车辆基地内轨道桥

地铁段场轨道桥形式汇总表　　　　　表 4.3-3

城　市	段、场	对应线别	轨道桥形式
苏州	天平车辆段	1 号线	混凝土结构
	松陵车辆段	4 号线	混凝土结构
	元和停车场		混凝土结构
	浒墅关车辆段	3 号线	混凝土结构
	唯亭南停车场		混凝土结构
昆明	大梨园车辆段	1 号线	混凝土结构
	五腊村停车场		混凝土结构
	严家山车辆段	2 号线	混凝土结构
	大板桥车辆段	6 号线	混凝土结构
无锡	查桥车辆段	2 号线	混凝土结构
	青龙山停车场		混凝土结构
	西漳车辆段	1 号线	混凝土结构
杭州	湘湖停车场	1 号线	混凝土结构
	五常车辆段	5 号线	混凝土结构
	姑娘桥停车场		混凝土结构
宁波	姜山车辆段	3 号线	混凝土结构
长沙	尚双塘车辆段	1 号线	钢结构
	洋湖垸车辆段	3 号线	钢结构
	张公塘停车场		钢结构
	黄兴车辆段	2 号线	混凝土结构
南京	秣周车辆段	3 号线	混凝土结构
	大学城停车场	1 号线	混凝土结构
	城西路停车场	10 号线	混凝土结构
武汉	常青花园车辆段	2 号线	混凝土结构
	中山北路停车场		混凝土结构
	黄金口停车场	4 号线	混凝土结构
	三金潭车辆段	3、8 号线	混凝土结构
	野芷湖车辆段	7 号线	混凝土结构

2）轨道交通车辆基地钢结构轨道桥设计

（1）钢结构轨道桥结构形式

钢结构轨道桥的设计主要任务是确定立柱截面形状、给定立柱间距、控制尺寸、指定材质以及涂装、防腐等。

立柱截面形状在满足强度的前提下，要尽量做到美观、整齐，可选 H 型钢、H 型钢及钢板组焊成方形或者 2 块槽形钢组合的形式，也可选择其他更优的类型。如图 4.3-32 所示。

 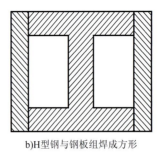 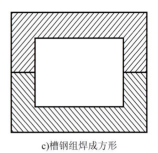

　　a)H 型钢　　　　　　　　b)H 型钢与钢板组焊成方形　　　　　　c)槽钢组焊成方形

图 4.3-32　钢结构轨道桥截面形状

主要技术规格详如表 4.3-4 所示。

轨道交通钢结构轨道桥主要技术参数　　　　　表 4.3-4

参数名称	技术规格
轨道桥轨顶面高程	0±0.002m
支墩底部高程	−1.000m
支墩纵向间距	1.563±0.004m
纵向直线度允差	±0.002 m
钢轨轨向距离	1.435（+0.003，−0.002）m
材质	Q235A 钢
使用寿命	不低于 30 年
涂装要求	防锈漆及底漆至少应涂三层，面漆至少二层，每层漆膜厚度不得而少于 20μm
说明	钢轨接缝位置须置于钢支墩上 （1）各金属零部件均作防锈处理； （2）各焊接构件进行抛丸处理，彻底防腐； （3）各钢板焊接坡口机械加工； （4）各受拉应力焊缝不得有任何缺陷，焊后应消除内应力； （5）顶层平台面和上下梯踏板采用防滑花纹钢板

（2）轨道交通车辆基地轨道桥布置要求

①架空轨道采用连续轨道桥结构，轨道桥由轨道支柱和钢轨组成，采用 TB/T 2344—2013 规定的 50kg/m 钢轨，轨长 25m，要求轨顶平直，不许有明显横向弯曲。

②轨道支柱底座用螺母固定在钢筋混凝土槽形梁预埋件上，支柱间距约为 1563mm。将各支柱分别用四组斜垫铁进行调整，用仪器测量找正，确定位置后紧固螺母，电焊固定垫铁并用细石混凝土填实抹平。

③轨道支柱上面设有弹条Ⅲ型扣件，采用标准橡胶垫板绝缘垫块及铁座弹条将钢轨固定，具有防松、减振、绝缘、防爬和保持轨距等功能。组成后的轨道及连接件涂刷沥青漆。

④钢轨采用 50kg/m 轨用接头夹板（TB/T 2344—2013），并采用专用高强度螺栓连接，铺轨时两侧轨道轨缝采用相对式布置，钢轨缝落在支柱中心位置上，内轨距 1435+3mm 采用不同厚度的尼龙垫块调整（轨中心距为 1508mm）。

图 4.3-33 为轨道交通车辆基地轨道桥布置尺寸示意图。

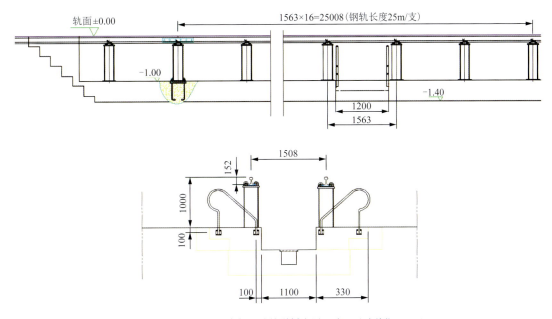

图 4.3-33 轨道交通车辆基地轨道桥布置尺寸（尺寸单位：mm）

⑤轨道桥过渡形式。

检查坑两端下坡处过渡段的布置形式有壁式和柱长渐变式两种。壁式过渡中检查坑侧壁与两侧坡底平齐，过渡段简单方便，但因凸起面积大，影响美观。而对于柱长渐变的形式来说，过渡段处理较为复杂，但美观度较壁式过渡好。如图 4.3-34 所示。

a) 柱长渐变式　　　　　　　　　　b) 壁式过渡

图 4.3-34 轨道交通车辆基地轨道桥过渡形式

4.4 土地资源集约利用

土地是民生之本，发展之基。随着我国城市化进程的加快，城市发展对土地的需求不断增加，城市土地资源变得越来越稀缺，城市土地作为一种稀缺而宝贵的自然资源和不可替代的重要资产，能否得到高效利用直接关系到人类的生活质量，关系到耕地资源的保护和社会经济的可持续发展等诸多重大问题。如何解决土地利用中存在的不合理现象、提高土地利用效率已经是一个迫在眉睫的任务。

轨道交通虽然是资源节约型、环境友好型的交通模式，但是车辆基地等静态交通设施占用了大量城市土地资源。根据我国城市轨道交通设计的基本标准，一条轨道交通线路须设一座车辆段，当一条线路长度超过 20km 时，一般需增设停车场。车辆基地一般包括车辆段（停车场）、综合维修中心、物资总库、培训中心和其他生产、生活、办公等配套设施，用地规模在 20～40hm² 之间，体量庞大而单一，常常与现代化城市环境不协调，给区域总体功能和交通布局带来阻隔和影响。此外，车辆基地本身和周边的土地利用强度均处在较低水平上。

车辆基地上盖物业综合开发是城市轨道交通用地集约利用的最有效方式。上盖物业开发与周边土地资源利用协调发展，将轨道交通与城市整体规划有机结合起来，在改善城市交通的基础上，显著提高土地资源的综合利用效率。同时，通过开发带动周边商业发展，获得的利润又可反哺城市轨道交通的建设、运营，形成良性循环。因上盖物业开发车辆基地在土地集约利用方面有着极大的意义，类似工程在国内外已得到了大量的应用。

部分国内城市实施上盖物业开发的车辆基地参见表 4.4-1。

部分国内已实施上盖物业开发车辆基地汇总表　　表 4.4-1

序号	城市	项目名称	备注
1	北京	北京地铁 1 号线四惠车辆段	约 34hm²
		北京地铁 8 号线平西府车辆段	约 39.3hm²
		北京地铁 9 号线郭公庄车辆段	约 23.32hm²
		北京地铁 10 号线二期五路停车场	约 22.36hm²
2	上海	上海轨道交通 10 号线吴中路停车场	约 23.4hm²
		上海轨道交通 12 号线金桥停车场	约 97.48hm²
		上海轨道交通 17 号线徐泾车辆段	约 46hm²
3	深圳	深圳地铁 1 号线前海湾车辆段	约 56hm²
		深圳地铁 3 号线横岗车辆段	约 28.28hm²
		深圳地铁 5 号线塘朗车辆段	约 37.82hm²
		深圳地铁蛇口线蛇口车辆段	约 18.4hm²
4	武汉	武汉市轨道交通 2 号线一期工程常青花园车辆段	约 41.16hm²
		武汉市轨道交通 2 号线中山北路停车场	约 5.6hm²
		武汉市轨道交通 3 号线升官渡停车场	约 23.71hm²
5	杭州	杭州地铁 1 号线七堡车辆段	约 50hm²
6	无锡	无锡轨道交通 1 号线雪浪停车场	约 16.46hm²
		无锡轨道交通 2 号线青龙山停车场	约 7.49hm²
7	昆明	昆明轨道交通 1 号线五蜡村停车场	约 16hm²
		昆明轨道交通 2 号线严家山车辆段	约 32.48hm²

4.4.1　政策导向

《国务院关于城市优先发展公共交通的指导意见》（国发〔2012〕64 号）提出加强公共交通用地综合开发，鼓励对新建公共交通设施用地的地上、地下空间按照市场化原则实施土地综合开发。对现有公共交通设施用地，支持原土地使用者在符合规划且不改变用途的前提下进行立体开发。公共交通用地综合开发的收益用于公共交通基础设施建设和弥补运营亏损。

2014 年 4 月，上海市发展和改革委员会、上海市规划和国土资源管理局联合发布了《关于推进上海市轨道交通场站及周边土地综合开发利用的实施意见》，《意见》中指出对轨道交通场站及周边土地进行综合开发利用，是进一步提高城市土地资源集约利用水平、实现绿色低碳发展的客观需要，是进一步提高城市公共交通运行效率、缓解公共交通基础设施建设投融资压力的有效途径，对优化城市空间布局，构建便捷、高效的交通出行环境，提升轨道交通网络整体服务水平具有重要意义。

2014年7月29日，国务院办公厅国办法〔2014〕37号印发《关于支持铁路建设实施土地综合开发的意见》。该《意见》包含土地综合开发的基本原则、支持盘活现有铁路用地推动土地综合开发、鼓励新建铁路站场实施土地综合开发、完善土地综合开发配套政策、加强土地综合开发建管和协调等内容。

4.4.2 国外物业开发车辆基地

国外上盖开发车辆基地的成功案例不少，如新加坡的金泉车厂（图4.4-1、图4.4-2、图4.4-3），英国伦敦的white city、日本的光丘车辆段、札幌车辆段等。其中位于巴耶利答路上段的新加坡金泉轨道交通车厂是轨道交通环线和滨海市区线（Downtown Line）列车的维修与中央指挥中心，整个车厂可停放77列车（3节车厢），车厂深入地下17m，占地11hm²，相等于17个足球场的面积，是世界上最大的地下列车维修中心，也是当地第一个地下轨道交通车厂。该车段同时也是第一个设置建筑和结构预留条件，进行日后上部物业开发的轨道交通地下车辆段。

图4.4-1　金泉车辆段地下部分总平面图

图4.4-2　金泉车辆段上盖物业

图4.4-3　金泉车辆段地下停车库

英国的怀特倶（White City）车辆段。这个老的车辆基地有100多年的历史，曾经被废弃。2007年的时候，伦敦地铁接收了这个基地和周边的土地，拆除了原先老的车辆基地，将新的车辆基地整体建设于地下，避免了整个厂区受英国多变而恶劣天气的影响。整个地铁车辆基地上面为地面商业开发，地下车辆基地通过贯穿商业四层的采光通风天井等设施实现了自然通风采光（图4.4-4）。车辆基地上面开发的商场是伦敦第一大的零售商业综合体，达到15万m²，具有4500个小汽车的停车位。

图 4.4-4 white city 车辆段地下库内现状及采光设计

4.4.3 香港物业开发车辆基地

香港地铁九龙湾车辆段（图 4.4-5）是国内最早实施"地铁＋物业"思路的工程，即在车辆段上方兴建商业中心和住宅。香港地铁九龙湾车辆段综合开发的德福花园及德福广场一期工程于 1980 年完成。德福花园拥有约 5000 个住宅单位，1981 年建成至今，已近 34 年历史。

香港将军澳线车辆段（图 4.4-6），是全香港最大的车辆段上开发的住宅小区。整个发展区共 34.8hm²（其中含车辆段约 11hm²），规划了 50 座 46～59 层高的住宅，提供约 21500 居住单位，容纳居民约 58000 人。小区设置 50000m² 的购物商场并按规划标准提供各项配套设施，包括中、小学校，社区会堂、老人及儿童中心、康乐场馆等及大量绿地（绿地率约 40%）。

图 4.4-5 香港九龙湾车辆段　　　　　　图 4.4-6 香港将军澳车辆段

香港轨道建设的突出特点是：一开始就放弃了政府财政补贴的道路，而选择了商业经营模式，这一模式的精髓在于轨道运营与物业产权并重。每开发一条线路，香港地铁公司都首先向政府取得发展车站上层空间的权利，之后找来地产商共同开发车站及上盖空间，根据不同条件兴建大型住宅、写字楼或商场。出租、出售物业所得的利润，由地铁公司与发展商共享。在开发形式上，地铁公司与地产商合作，建造费用和风险由地产商承担，而地铁一般可分享五成利润。此外，地铁公司其他收益来源包括商场租金、广告和物业管理等。这就是最初意义上的地铁上盖物业。随着地铁的不断发展，走廊效应不断扩大，很多商业和居住区都与地铁站点紧密结合在一起，成为地铁上盖的综合建筑体，地铁上盖物业的内涵也随之扩大——地铁沿线 500m 范围内的房地产、商业开发都称之为地铁上盖物业。综合建筑体的特征是：底层是地铁站或换乘公交车站，上面二至三层为商业建筑，在建筑的裙房上是环抱的高层居住建筑，中间是居住区中心花园。地铁上盖物业与地铁站都有良好的结合，这些站已经成为区域的交通枢纽。同时，地铁大大改善了沿线的交通状况，使沿线各站形成许多新的繁华地区，沿线的地产也不断增值。地铁公司充分运用这一优势，把发展地铁与发展房地产业结合起来，这给地铁公司带来了丰厚的利润，解决了工程建设部分资金来源。香港地铁通过上盖物业经营，使得香港地铁公司成了全球唯一盈利的地铁公司。

香港地铁车辆基地地铁区域与盖上开发和周边物业开发区域实现完全的物理分割，双方互不干扰，但总体感觉地下车辆基地的整体环境较差，段内昏暗的光线和闷热的空气给人以强烈的压抑感，对于行车和现场作业来说依然是个不利因素。另外，咽喉区封闭后一般采用碎石道床，盖下产生的灰尘较难挥散，引起盖下较差的空气环境。

香港地铁车辆基地上盖开发虽然存在一些问题，但总体是成功的，同时香港地铁规划、建设、运营、物业（含商业开发）管理一体化，为港铁的物业与运营无缝衔接与管理创造了条件。其在建设中非常注重轨道交通网络和社会的可持续发展，对地铁车辆基地进行上盖物业开发时，进行了总体的规划和统筹发展设计，这种理念非常值得我们学习。

4.4.4 北京物业开发车辆基地

北京的车辆基地综合利用起源于 20 世纪 80 年代，通过在地铁 2 号线太平湖车辆段出入段线进行地铁上盖建设的小型实验，对车辆段的上部建设在技术上形成了感性和实际应用的认识，但没有形成系统的开发模式。北京真正的上盖综合利用项目是在 20 世纪 90 年代开展的地铁复八线四惠车辆段（图 4.4-7）的上盖开发，该项目是北京城市轨道交通与住宅建设有机结合的一次尝试。该项目工程量大，总占地 34hm²。建筑规模 120 万 m²，总体三层，一层为地铁车辆段建筑层，二层为管线层及结构转换层，三层为居住小区建筑，平台东西长 1290m，南北宽 226m。

图 4.4-7　四惠车辆段

北京复八线四惠车辆段的上盖开发项目实施过程中由于时间紧以及参建各方对车辆段综合利用的认识不足和技术水平的局限性，在开发过程中虽然采用了各种措施，以尽量减少轨道交通对上盖物业开发的影响，但仍然存在交通设计不合理、配套不完善、缺少环境设计、市政管线混合等问题，使项目孤立于城市空间，无法与周边环境形成有机的融合，居住者上下平台很不方便；同时对首层车辆段工艺建筑的使用及内部工作人员的工作、生活造成了诸多不利影响；上盖平台的结构设计缺少针对性，为了安全，采用保守的"万能平台"设计，导致成本剧增，造成不必要的浪费；在后期的运营管理上也存在界面不清，互相干扰的问题。随着北京地铁建设管理及设计经验等积累，后续实施的上盖开发车辆基地设计方案的合理性均有了较大幅度的提升，相关项目的实施经验非常值得其他城市学习。

4.4.5 深圳物业开发车辆基地

深圳地铁 1 号线续建工程在南山月亮湾大道西侧前海湾设车辆段一处，定位为大架修车辆段。前海湾车辆段上盖综合体（图 4.4-8～图 4.4-10）已基本建成，是深圳地铁二期工程的重点建设项目，规模大、复杂度高、最具代表性。该项目总用地约 56hm^2，其中车辆段上盖用地约 35hm^2，建筑规模达 142.28 万 m^2，容积率 2.8，居住约 1.43 万户（其中 1.1 万户为保障性住房，0.33 万户为商品房），居住人口约 4 万，配建一所 36 班九年一贯制学校和一所 12 班小学及 3 所幼儿园。

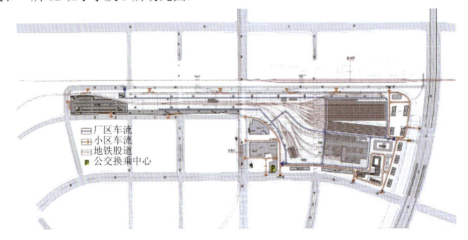

图 4.4-8　前海湾车辆段总平面布置示意图

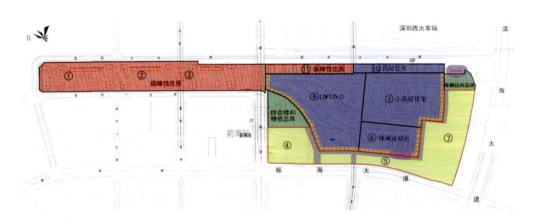

图 4.4-9　前海湾车辆段上盖综合体功能分区示意图

图 4.4-10　前海湾车辆段上盖综合体效果图

为了最大限度节约车辆基地用地，留出白地进行落地物业开发，提高车辆基地综合物业开发的经济效益，深圳地铁 3 号线横岗车辆段提出了双层车辆段的设计理念。由于深圳市的土地资源十分匮乏，因此这种理念得到了深圳市政府及地铁 3 号线公司的支持。在经过多次经济技术论证和评审后，该项目得以实施，并于 2010 年建成投运。实施后，该车辆段总用地面积为 28.28hm^2，供物业开发用地面积为 18.89 万 m^2，物业开发总建筑面积为 45 万 m^2，其中保障性住房及配套设施部分合计约为 25 万 m^2，物业开发部分为 20 万 m^2，容积率为 1.99。具体如图 4.4-11 ～图 4.4-14 所示。

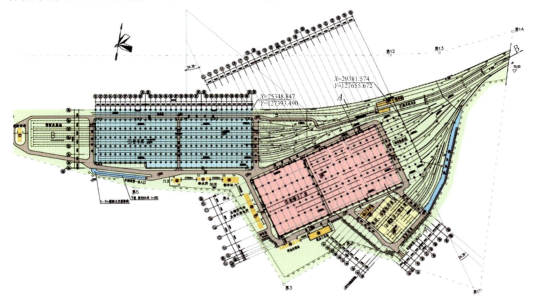

图 4.4-11　横岗车辆段一层平面布置示意图

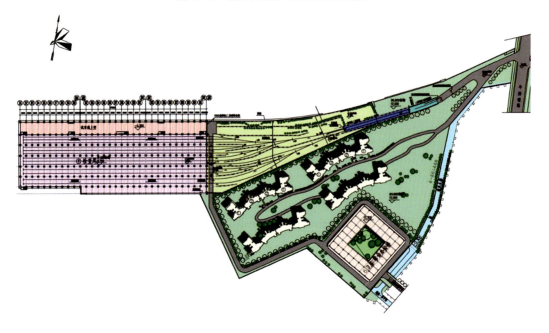

图 4.4-12　横岗车辆段二层平面布置示意图

图 4.4-13 横岗车辆段物业开发鸟瞰效果图

图 4.4-14 横岗车辆段实景

深圳是移民城市，住房需求量大，土地供应紧缺，房价较高。虽然国家进行了一系列调控措施，对房价有一定抑制作用，但供不应求的现状在短期内无法得到解决，房价仍居高不下。目前，深圳地铁各线车辆基地均考虑进行物业开发，形成了较大的开发规模，其开发设计方案有较好的借鉴意义。

4.4.6 武汉物业开发车辆基地

武汉市轨道交通 2 号线常青花园车辆段位于国家级示范社区——常青花园，北邻府河，南邻金银潭大道，东邻城际铁路，周边小区及配套成熟，总占地面积约 $35hm^2$。

常青花园车辆段利用运用库库区域规整柱网及出入段线线路（咽喉区）的上部空间（上盖区域）布置高层住宅和小区公建，并在库区以外有条件设置规整柱网的位置设置夹层小车库和设备用房。上盖区域内共分三个按车辆段功能和柱网布置划分的小区：B 区为直接落地的上盖区域，C 区为出入端线线路（咽喉区）的上盖区域，D 区为车辆段停车列检库区域。上盖区域平台总面积为 $158055m^2$。

常青花园车辆段利用其区位优势，在车辆段大尺度厂房上方进行上盖开发，并通过总平面优化,在用地红线内提供部分白地用于落地开发,结合2号线延伸线地铁车站设置,形成车辆段开发综合体。常青花园车辆段的成功设计及建设对于轨道交通发展是一种有益尝试,对轨道交开发起到开拓、创新的作用。本项目作为城市综合开发体不仅体现了城市建筑的品格,其形象更体现了轨道交通崛起腾飞的精神面貌。如图4.4-15～图4.4-17所示。

图4.4-15 常青花园车辆段总平面布置示意图

图4.4-16 常青花园车辆段物业开发鸟瞰效果图

图4.4-17 常青花园车辆段实景

4.4.7 苏州物业开发车辆基地

苏州轨道交通 2 号线太平车辆段段址距京沪高铁苏州站约 2km，是城市未来外拓的发展方向之一，同时也是城市未来对外交通的枢纽之一，其正处于该地区的黄金地带，且 2 号线北延轨道交通车站位于太平车辆段西侧，属于拥有轨道交通资源的上盖物业。进行车辆段综合开发，一方面可以规避车辆段单体建筑对该地区景观的干扰，另一方面必然产生可观的经济效益。

太平车辆段上盖物业综合开发方案，依据项目地块的不同特征，分为五个区：A 区位于地块南部，车辆段的出入段区，平台盖上为 25～27 层住宅；B 区位于地块中西部，为白地区，为后期物业开发用地；C 区位于地块中部，为车辆段的咽喉区，上部仅为小区中心景观和盖上 12 层的车辆段综合楼；D 区位于地块中北部，为上盖物业区，平台盖上是 18 层的住宅、配套商业和小区会所；E 区位于地块北部，为白地区，紧邻太东路和地铁站，为后期物业开发用地。上盖平台两层总投影面积为 35.36 万 m^2、总建筑面积为 141232.57m^2，其中一层平台结构高程 8.7m，面积 18.03 万 m^2，主要为机动车停车库；二层平台结构高程 14.2m，面积 17.33 万 m^2；主要为车辆段综合楼及后期物业开发用房（6 栋 18 层住宅、5 栋 25 层住宅、5 栋 27 层住宅、1 栋小商业、1 栋配套商业和 1 栋会所），二层平台结构板上考虑 1.5m 左右厚的覆土层，以满足绿化和住宅小区管线铺设要求。如图 4.4-18～图 4.4-20 所示。

图 4.4-18　太平车辆段地理位置示意图

图 4.4-19　太平车辆段上盖物业开发鸟瞰效果图

图 4.4-20　太平车辆段实景

本工程上盖开发平台及预留白地已完成拍卖，为建设单位取得了可观的经济效益。从实际建成效果看，本工程合理协调地解决了上盖物业开发与车辆基地功能需求、运营作业环境的矛盾，具备良好的使用条件，得到了运营使用部门的高度认可。

4.4.8　上盖物业开发车辆基地存在的问题及建议

目前国内外车辆基地开发的总体思路是在车辆基地上盖设置混凝土大平台，在平台上进行开发，使得物业开发工程与轨道交通形成完整的物理分隔，方便后期管理。车辆基地上盖物业综合开发在带来经济效益的同时，也带来了一些新的问题，在工程实施过程中需妥善加以考虑和解决。

（1）平台下车辆基地内的自然通风和采光条件差，完全依赖机械通风和人工照明，大大增加了能耗和运营成本，同时工作环境相对较差。建议上盖物业开发车辆基地总平面布置过程中充分考虑盖下的通风采光条件，合理设置通风采光井。

（2）受上部平台开发建筑物柱网的影响，生产厂房工艺路线调整较大，单位面积利用率下降。

（3）由于车辆基地作业频繁，上盖后段内立柱多、咽喉区曲线多，影响信号机显示效果及司机判断反应，存在行车安全隐患。建议咽喉区选用圆形平台立柱，并合理增加立柱距离轨道中心线的距离。

（4）平台设备层通常兼有上盖物业和车辆基地部分市政设备和系统，虽然可以采用分表计量，但由于管线共用，会带来维护难度大、矛盾难以协调的问题。建议盖下车辆基地部分的管线尽量不设置于平台设备层，相关设施与上盖部分完全物理分隔。

（5）由于上盖平台占地面积大，直接对外的空间有限，而平台以下各建筑单体之间防火间距及空间性质未有规范专门明确，需提请消防部门特别审批。

（6）目前国内上盖物业车辆基地已建成投产多座，普遍存在变形缝漏水、防火分隔不满足要求甚至变形缝掉落等问题。变形缝的实施质量直接影响到了车辆基地的运营安全和使用功能。建议上盖物业开发平台实施过程中对变形缝的选型、施工质量、施工时间等问题进行重点关注。

4.4.9 土地资源集约利用展望

随着城市用地日趋紧张，城轨交通车辆基地的选址异常困难，充分利用有限的城市地下空间设置车辆基地，并进行综合物业开发是地铁车辆基地设计的趋势。国内已实施如武汉2号线中山北路地下停车场、武汉3号线升官渡地下停车场、北京7号线焦化厂地下车辆段等多处地下车辆基地，也实施了如深圳3号线横岗双层车辆段的车辆基地，甚至有正在实施的成都7号线崔家店、川师地下双层停车场及车辆段等车辆基地。城市轨道交通车辆基地土地资源集约利用正向着集约程度越来越高的方向发展。但车辆基地的用地集约开发，特别是设置于地下总会带来功能实现、作业环境与高度开发之间难以协调的矛盾，这就需要在设计过程中充分理解和尊重业主及规划部门的意图，并合理表达运营的实际诉求，达到双赢的效果和目标。

4.5 综合技术运用

4.5.1 中水回用

1）中水的概念

中水是指将人们在生活和生产中使用过的水，经集流再生处理后，回用充当地面清洁、浇花、洗车、空调冷却、冲洗便器、消防、景观等不与人体直接接触的杂用水。

2）中水回用的特点

中水回用不得影响卫生方面，水质必须符合一定的水质标准，在利用时不得有嗅觉和视觉上的不快感，对管道、卫生设备等不能产生腐蚀和堵塞等影响，并要求有稳定、可靠的水处理技术。同时，要建立相应的考核指标，便于监督、管理和监测，在维持必要的水质条件下，要求处理成本经济、合理等。

3）中水的水源

（1）雨水：水质较好，是一个重要水资源，根据建筑物形状和规模可设置利用雨水的中水系统，但水量受到自然条件的限制。

（2）杂排水：采用盥洗排水、沐浴排水、洗衣排水等作为源水，污染负荷较低。

（3）建筑小区生活污水：将建筑小区的生活污水收集，经简单处理后在本小区回用于冲厕、浇洒绿地等。这种水源流量稳定，适合长期运行。

（4）污水处理厂的出水：水质好流量稳定，可以用于城市的绿化、洗车等多项用水。

4）回用水的基本要求

为达到中水回用安全可靠，回用水水质应满足以下基本要求：

（1）回用水的水质符合回用对象的水质控制指标。

（2）回用系统运行可靠，水质水量稳定。

（3）对人体健康、环境质量、生态保护不产生不良影响。

（4）回用于生产目的时，对产品质量无不良影响。
（5）对使用的管道、设备等不产生腐蚀、堵塞、结垢等损害。
（6）使用时没有嗅觉和视觉上的不快感。

5）中水回用的处理方式

中水因用途不同有两种处理方式：

一种是将其处理到饮用水的标准而直接回用到日常生活中，即实现水资源直接循环利用，这种处理方式适用于水资源极度缺乏的地区，但投资高，工艺复杂；另一种是将其处理到非饮用水的标准，主要用于不与人体直接接触的用水，如便器的冲洗、地面、汽车清洗、绿化浇洒、消防、工业普通用水等，这是通常的中水处理方式。

按处理方法和处理机理的不同可将中水处理分为物理化学处理法、生物处理法、膜处理法3大类。

（1）物理化学处理法

该方法以混凝沉淀（气浮）技术和活性炭吸附技术相结合的基本方式，主要用于处理优质杂排水，适用于处理规模较小的中水工程。主要特点是处理工艺流程短、运行管理简单方便、占地相对较小，但相对生物处理来讲，运行费用较大，并且出水水质受混凝剂种类和数量的影响，有一定的波动性。

（2）生物处理法

该方法适用于有机物含量较高的污水和较大处理规模的处理工程。一般采用活性污泥法、接触氧化法、生物转盘等生物处理方法，可单独使用或几种生物处理方法组合使用，如接触氧化+生物滤池、生物滤池+活性炭吸附、转盘+砂滤网等流程。这种流程具有适应水力负荷变动能力强、产生污泥量少、维护管理容易、出水水质较为稳定、运行费用相对较小等优点。

（3）膜处理法

该方法利用膜技术来处理水，使之符合一定的水质标准，常用形式为膜生物反应器，有效克服了与污泥沉降性能有关的限制，起到了取代二沉池的作用，同时还能达到澄清和防菌的目的。膜生物反应器工艺具有出水水质好、占地少、易于实现自动控制等许多常规工艺无法比拟的优势，其在污水处理与回用中所起的作用也越来越大，并具有非常广阔的应用前景。但该工程投资较大、处理成本较高。

6）中水回用的工艺选择

中水回用处理工艺应根据处理规模、回用水水源的水质、用途及当地等实际情况，经全面的技术经济比较，将各单元处理技术进行合理组合，集成为技术可行、经济合理的处理工艺。

在处理技术组合中，衡量的主要技术经济指标有：处理单位回用水量投资、电耗和成本、占地面积、运行可靠性、管理维护难易程度、总体经济与社会效益等。

4.5.2 光伏发电

1）光伏产业政策

为了促进可再生能源的开发利用，增加能源供应，改善能源结构，保障能源安全，保护环境，实现经济社会的可持续发展，我国制定了《中华人民共和国可再生能源法》，该法于2006年1月1日开始施行。国家将可再生能源的开发利用列为能源发展的优先领域，通过制定可再生能源开发利用总量目标和采取相应措施，推动可再生能源市场的建立和发展。国家鼓励各种所有制经济主体参与可再生能源的开发利用，依法保护可再生能源开发利用者的合法权益。

2013年7月，为规范和促进光伏产业健康发展，《国务院关于促进光伏产业健康发展的若干意见》（国发〔2013〕24号）发表，意见中提出发展光伏产业对调整能源结构、推进能源生产和消费革命、促进生态文明建设具有重要意义。

2013年11月，为推进分布式光伏发电应用，规范分布式光伏发电项目管理，中国国家能源局发布了《关于分布式光伏发电项目管理暂行办法的通知》，这份政策通知涉及总则、规模管理、项目备案、建设条件、电网接入和运行、计量与结算、产业信息监测及违规责任等细则。国家优先支持在用电价格较高的工商业企业、工业园区建设规模化的分布式光伏发电系统。

2) 分布式并网光伏发电系统

(1) 光伏发电系统原理

光伏发电系统是利用太阳能电池的光生电势效应，将太阳能转化为电能的系统。其核心设备为光伏组件和光伏逆变器，组件将太阳辐射能量转化为直流电能，逆变器将直流电能转化为可以直接应用于生产和生活的交流电能。光伏发电系统无转动部件，运行稳定可靠，不消耗燃料，无温室气体排放，无噪声，无污染，是一种最具可持续性的可再生能源发电技术。

(2) 分布式光伏发电系统构成

分布式光伏发电是指在用户所在场地或附近建设运行，以用户自发自用为主、多余电量上网且在配电网系统平衡调节为特征的光伏发电设施，实行"自发自用、余电上网、就近消纳、电网调节"的运营模式。

分布式光伏发电系统按主要功能分包括以下三类设备：

①光电转换和汇集系统：包括光伏组件、汇流箱等，其功能是将太阳辐射量转换为直流电能，并汇集、输送至直流配电柜。

②逆变、并网及其控制系统：包括直流配电、逆变、升压、交流配等设备。

③监控和通信系统：包括气象数据监控、电能数据监控、电能质量数据监控等设备。

(3) 分布式光伏发电系统应用形式

在眼下中国城市化的进程中，城市土地地源日趋紧张，一般难以提供用地来安装光伏发电系统，所以通常所说的分布式光伏发电系统应用主要是指光伏建筑一体化系统，是将光伏组件安装在建筑物的围护结构外表面来提供电力的系统。根据光伏组件与建筑物结合的方式不同，一般分为BIPV和BAPV两种应用形式：

①BIPV的主要特征：光伏组件作为建筑材料的形式，与建筑物集成在一起，是建筑物不可分割的一部分，如光伏幕墙等。

②BAPV的主要特征：光伏组件附着于建筑物表面，建筑物对光伏组件其支撑和固定作用。

其中BAPV是一种常用的形式，特别是与建筑屋面相结合的应用系统，是在我国中东部城市中的工业园区、商场等大型公共建筑中应用的最佳方式。

(4) 光伏组件的安装形式

根据不同的屋顶结构可采取组件平铺、倾斜铺设等方式。对于彩钢瓦屋面，一般采用组件平铺的形式，如图4.5-1。但也可采用组件倾斜安装形式，如图4.5-2。对于混凝土屋面屋顶，为了发电效益最大化，可采用组件倾斜安装，如图4.5-3。

图 4.5-1 光伏组件平铺安装于彩钢瓦屋面

图 4.5-2 光伏组件倾斜安装于彩钢瓦屋面

图 4.5-3 光伏组件倾斜安装于水泥板屋面

3）分布式光伏发电系统在城市轨道交通车辆基地的应用

（1）适应性分析

分布式光伏电站一般来说项目规模较小、占地分散，而且多以自发自用为主。分布式光伏电站较大型地面电站具有更多的灵活性且适应性强。由于多位于东部沿海发达缺电地区，用电就近消纳，对电网的冲击小，所以发电力利用率高，其白天所发之峰平电大幅降低了电网对火电的依赖，缓解了环保压力。另一方面，分布式光伏发电也有发电单体体量小、业主情况复杂、建设后长期运营不确定因素多等问题。但轨道交通工程作为市政公用产业，用电需求稳定，企业自身经营状况良好，且车辆基地的大面积屋面具备较好的光伏组件安装条件，因此总得来说，轨道交通工程有着较好的分布式光伏电站开发资源。根据轨道交通车辆基地的用电负荷情况，建议采用并网光伏发电系统。

（2）应用案例

长沙市轨道交通 1 号线尚双塘车辆段已实施屋顶安装分布式光伏发电系统。

①建设规模

综合考虑女儿墙阴影影响和屋面设备放置影响，取屋面面积的 80% 为利用面积 27000m^2。采用最佳倾角安装时，按照 80W/m^2 计算，总共可安装 2.1MWp。

②配电网络

牵引混合所：2 台 800kV·A 变压器，总容量 1600kV·A。

跟随所：2 台 1250kV·A 变压器，总容量 2500kV·A。

拟采用 400V 用户侧并网方式。

③技术方案

a. 组件安装方案。

本工程采用现浇混凝土承重式基础，光伏组件倾斜安装方案。依据《光伏发电站设计规范》（GB 50797—2012），湖南省长沙地区并网光伏发电系统光伏组件最佳安装倾角为20°，组件间距分析数学模型，如图4.5-4所示。本项目屋面系统为钢骨架轻型板，组件支撑系统拟采用屋面现浇矩形基础，如图4.5-5所示。适合屋面风荷载高、屋面承载小的屋面。

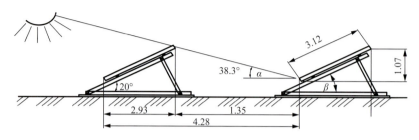

图4.5-4 组件间距分析数学模型（尺寸单位：m）

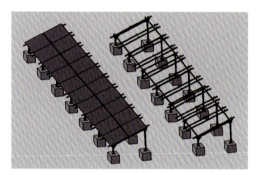

图4.5-5 组件支架及组件安装形式

b. 逆变器、交直流配电和升压设备安装方案。

地面设备有两种安装方案：户内、户外安装。户内安装设备通过螺栓或焊接方式，固定在室内设备基础上面，设备金属外壳和PE铜排与基础槽钢可靠连接。户外安装设备一般采用逆变房+箱式变压器的形式，固定在室外设备基础上面，设备金属外壳和PE铜排与基础槽钢可靠连接。

c. 交直流电缆布线方案。

汇流箱至直流柜的直流电缆、逆变器至并网点的交流电缆，均选用铜芯阻燃电力电缆。电缆户外部分，采用金属桥架集中布置，户内部分利用建筑物原有桥架、竖井或新设电缆桥架集中布置。

d. 电能质量保证。

当光伏发电系统接入电网后，所接入公共连接点电能质量必须满足相应国标等要求。对于通过380V电压等级接入电网以及通过10kV电压等级接入用户侧的新建、改建、扩建光伏发电系统，电能质量要求如下：

a）谐波电流。

光伏并网发电系统的主要谐波源为逆变器，德国、欧盟、我国等世界主要国家均设置了产品认证，对光伏并网逆变器的核心性能指标做了明文规定。在我国为金太阳认证，其依据《并网光伏发电专用逆变器技术要求和试验方法》（GB/T 30427—2013），要求逆变器在额定功率运行时，注入电网的电流谐波总畸变率≤5%，其中奇次、偶次电流谐波含有率限值分别见表4.5-1、表4.5-2。

奇次谐波电流含有率限值　　　　　　　　　　　　　　　表4.5-1

奇次谐波电流次数（次）	含有率限值（%）	奇次谐波电流次数（次）	含有率限值（%）
3～9	4.0	23～31	0.6
11～15	2.0	35以上	0.3
17～21	1.5		

偶次谐波电流含有率限值　　　　　表 4.5-2

奇次谐波电流次数（次）	含有率限值（%）	奇次谐波电流次数（次）	含有率限值（%）
2～10	1.0	24～34	0.15
12～16	0.5	36 以上	0.075
18～22	0.375		

此外，光伏发电系统向所接入的公共连接点的注入的谐波电流应满足《电能质量 公用电网间谐波》（GB/T 24337—2009），注入的谐波电流允许值按照光伏发电系统安装容量与公共连接点上具有谐波源的发／供电设备总容量之比进行分配。

b）电压偏差。

光伏发电系统接入后，所接入公共连接点的电压偏差应满足《电能质量 供电电压偏差》（GB/T 12325—2008）的要求，即 35kV 及以上供电电压正、负偏差绝对值之和不超过标称电压的 10%；（如供电电压上下偏差同正或同负时，按较大的偏差绝对值作为衡量依据。）20kV 及以下三相供电电压偏差为标称电压的 ±7%；220V 单相供电电压偏差为标称电压的 ＋7%，－10%。

c）电压波动和闪变。

光伏发电系统接入后，所接入公共连接点的电压波动和闪变值应满足《电能质量 电压波动和闪变》（GB/T 12326—2008）的要求。

d）电压不平衡度。

对于三相并网的光伏发电系统，光伏发电系统接入所引起的公共连接点的三相电压不平衡度应满足《电能质量三相电压不平衡》（GB/T 15543—2008）的规定，逆变器引起的负序电压不平衡度一般不超过 1.3%，短时不超过 2.6%。

e）直流分量。

光伏发电系统接入后，向所接入公共连接点注入的直流电流分量应满足《光伏发电系统接入配电网技术规定》（GB/T 29319—2012）的要求，不应超过其交流额定值的 0.5%。

e. 供电安全与保护。

对于通过 380V 电压等级接入电网，以及通过 10kV 电压等级接入用户侧的新建、改建、扩建光伏发电系统，应满足《光伏发电系统接入配电网技术规定》中安全与保护方面的要求。

a）基本要求。

在逆变器输出汇总点设置易操作、可闭锁、具有明显开断点的设备，以确保电力设施检修维护人员的安全。

b）低／高压保护。

当并网点电网额定电压在不同范围时，光伏发电系统应连续运行或在相应的时间内停止向电网线路送电。如表 4.5-3 所示。

电压波爱护动作时间要求　　　　　表 4.5-3

并网点电压	要　求
$U < 50\%U_N$	最大分闸时间不超过 0.2s
$50\%U_N \leq U < 85\%U_N$	最大分闸时间不超过 2s

续上表

并网点电压	要　求
85%U_N ≤ U < 110%U_N	连续运行
110%U_N ≤ U < 135%U_N	最大分闸时间不超过 2s
135%U_N ≤ U	最大分闸时间不超过 0.2s

注：1. 为并网点电网额定电压。
　　2. 最大分闸时间是指异常状态发生到光伏发电系统停止向电网送时间。

c）频率保护。

当光伏发电系统并网点频率超常 47.5～50.2Hz 范围时，应在 0.2s 内停止向电网线路送电。

d）防孤岛保护。

光伏发电系统应具备快速检测孤岛且立即断开与电网连接的能力，防孤岛保护动作时间不大于 2s。孤岛是指在电网失电情况下，作为孤立电源仍对负载供电的分布式发电电源；孤岛效应即是指该现象。孤岛效应对设备和人员的安全存在重大隐患，主要体现在：若孤岛不具备自身控制和调节功能，则孤岛内的供电电压和频率将失去参考而波动，因而损害用电设备。孤岛形成后，其存在性和供电范围都不可知，可能使已被切除脱离电源的线路依然带有危险电压，从而威胁电网检修人员人生安全。当故障消除，电网恢复供电时，孤岛作为有源系统并入电网可能非同期合闸，产生合闸冲击可损害开关设备，甚至造成合闸失败。

e）恢复并网功能。

电网发生故障或扰动后，在电压和频率恢复到正常范围之前光伏发电系统不应并网，且在电网电压、频率恢复正常后，光伏发电系统需要经过一个可调的延时时间后才能重新并网，延时时间可设置为 20s～5min，由当地电网调度机构设定。

f）组件清洁维护。

为减少组件效率损失，需保持组件表面玻璃清洁，可采取人工清洗的方式，应采用清水。一般在没有阳光的时候进行，避免在白天时，光伏组件在被阳光晒热的情况下用冷水清洗组件造成光伏组件玻璃盖板破碎。

4.5.3　海绵城市在车辆基地设计中的应用

1）海绵城市概念

海绵城市是指通过加强城市规划建设管理，充分发挥建筑、道路和绿地、水系等生态系统对雨水的吸纳、蓄渗和缓释作用，有效控制雨水径流，实现自然积存、自然渗透、自然净化的城市发展方式。对不同设施及其组合进行科学合理的平面与竖向设计，综合采取"渗、滞、蓄、净、用、排"等措施，最大限度地减少城市开发建设对生态环境的影响。统筹协调规划、排水、风景园林、道路、建筑、水文等专业，建设海绵型建筑与小区、海绵型道路与广场、海绵型公园绿地以及排水和调蓄等相关基础设施，统筹实施水系保护与生态修复，增强城市防涝能力。

2）海绵城市核心技术

海绵城市开发的核心技术——低影响开发（LID）技术（图 4.5-6），它是利用渗透、过滤以及滞留等基本原理，最大限度地保证建设项目长时间内水文特征的稳定性，对有效改善地面硬化所导致的径流总量、径流污染以及径流峰值增加等问题有积极的意义，同时对解决干旱地区水资源缺乏问题、避免洪涝灾害以及保护生态环境等也起到了一定的作用。

a) 下沉绿地及广场　　　　　b) 透水铺装　　　　　　c) 雨水花园

d) 植草沟　　　　　　　　e) 生态滞留区　　　　　　f) 绿色屋顶

g) 渗透管（井）　　　　　h) 地下渗透池　　　　i) 水景观与雨水调蓄相结合

图 4.5-6　低影响开发（LID）技术具体设施

低影响开发技术包括下沉式绿地（广场）、透水铺装、雨水花园、植草沟、滞留区、绿色屋顶、渗管（井）、蓄水池、调节池等。针对具体需求，进行不同功能的组合，多方位、立体化地发挥渗、蓄、滞、净、排的功能，有效发挥海绵城市的社会效益和经济效益。

3）海绵城市建设的内容

（1）对城市原有生态系统的保护

最大限度地保护原有的河流、湖泊、湿地、坑塘等水生态敏感区，留有足够涵养水源，维持城市开发前的自然水文特征，这是海绵城市建设的基本要求。

（2）生态恢复和修复

对传统粗放式城市建设模式下已经受到破坏的水体和其他自然环境，运用生态的手段进行恢复和修复，并维持一定比例的生态空间。

（3）低影响开发（Low Impact Development，LID）

在场地开发过程中采用源头、分散式措施维持场地开发前的水文特征。其核心是维持场地开发前后水文特征不变，包括径流总量、峰值流量、峰现时间等。

①在车辆基地建造 LID 设施治理面源污染和雨水利用。

②车辆基地建造 LID 设施营造绿色建筑、景观和生态城市建设要求。

③车辆基地建造 LID 设施减轻洪涝威胁。

④用于处理车辆基地建造过程中产生的生活污水。

4）海绵城市在车辆基地中的应用

车辆基地用水大致可以分为三类：①生活用水。用以饮用、盥洗等方面，水质必须达到饮用水标准才可投入使用。②杂用水。用以冲厕、洗车、消防、库内地面喷洒以及基地内区域绿化等，对水质要求较低。③生产用水。列车清洗等生产作业所需用水，在不同作业阶段，对水质要求有所不同。据调查，现阶段我国大多数轨道交通车辆基地还没有进行清污分流，无论是生活用水、生产用水、杂用水都由饮用水供应，且用水量较大，造成了很大的资源浪费。

据调查，在轨道交通车辆基地内的雨水径流主要是利用散排、排水沟、雨水管道等形式排至市政雨水管道、河流沟渠等处，这些设施不仅占地面积大，而且在雨季雨水径流量大时，这些问题一方面增加了市政雨水排水系统的排水压力，另一方面又造成了雨水资源的浪费，不符合当前的节约型社会基本要求。

因此，在车辆基地内实施低影响开发技术（LID），通过收集场站内的雨水，满足平时杂用水的用水需求，在一定程度上降低了净水的使用量，不但节省了用水成本，同时也有效缓解了雨季对市政雨水管道和河道的排水压力，从而节省了市政雨水工程、防涝排洪设施的资金投入，为整个区域低影响开发的实现奠定了坚实的基础，对提升水资源利用效率也具有积极的意义。

目前，我国正在大力推进建设自然积存、自然渗透、自然净化的"海绵城市"，节约水资源，保护和改善城市生态环境，促进生态文明建设。

车辆基地作为城市建设的一部分，由于其占地面积大、功能需求复杂、景观要求高等特点，在现代城市建设中扮演了重要的角色。充分利用好海绵城市的设计理念、采用低影响开发技术不仅是车辆基地雨水综合利用的有效策略，同时也会给我们的车辆基地的设计、建设和运营带来较好的社会和经济效益。

（1）场地设计

①在满足功能需求的前提下，充分结合现状地形地貌进行场地设计与建筑布局，保护并合理利用场地内原有的湿地、坑塘、沟渠等。

②优化不透水硬化面与绿地空间布局，在建筑、广场、道路周边布置可消纳径流雨水的绿地。建筑、道路、绿地等的竖向设计应有利于径流汇入低影响开发设施。

③低影响开发设施的选择除生物滞留设施、雨水罐、渗井等小型、分散的低影响开发设施外，还可结合集中绿地设计渗透塘、湿塘、雨水湿地等相对集中的低影响开发设施，并衔接整体场地进行竖向与排水设计。

④景观水体补水、循环冷却水补水及绿化灌溉、道路浇洒用水的非传统水源宜优先选择雨水。

⑤有景观水体的车辆基地，景观水体宜具备雨水调蓄功能。景观水体的规模应根据降雨规律、水面蒸发量、雨水回用量等，通过全年水量平衡分析确定。

⑥雨水进入景观水体之前应设置前置塘、植被缓冲带等预处理设施，同时可采用植草沟转输雨水，以降低径流污染负荷。景观水体宜采用非硬质池底及生态驳岸，为水生动植物提供栖息或生长条件，并通过水生动植物对水体进行净化。必要时可采取人工土壤渗滤等辅助手段对水体进行循环净化。

（2）建筑

①屋顶坡度较小的建筑可采用绿色屋顶，绿色屋顶的设计应符合《屋面工程技术规范》（GB 50345—2012）的规定。

②宜采取雨落管断接或设置集水井等方式将屋面雨水断接并引入周边绿地内小型、分

散的低影响开发设施，或通过植草沟、雨水管渠将雨水引入场地内的集中调蓄设施。

③建筑材料也是径流雨水水质的重要影响因素，应优先选择对径流雨水水质没有影响或影响较小的建筑屋面及外装饰材料。

④水资源紧缺地区可考虑优先将屋面雨水进行集蓄回用，净化工艺应根据回用水水质要求和径流雨水水质来确定。雨水储存设施可结合现场情况选用雨水罐、地上或地下蓄水池等设施。当建筑层高不同时，可将雨水集蓄设施设置在较低楼层的屋面上，收集较高楼层建筑屋面的径流雨水，从而借助重力供水而节省能量。

（3）车辆基地道路

①道路横断面设计应优化道路横坡坡向、路面与道路绿化带及周边绿地的竖向关系等，便于径流雨水汇入绿地内低影响开发设施。

②路面排水宜采用生态排水的方式。路面雨水首先汇入道路绿化带及周边绿地内的低影响开发设施，并通过设施内的溢流排放系统与其他低影响开发设施或城市雨水管渠系统、超标雨水径流排放系统相衔接。

③车辆基地的广场、人行道及车流量和荷载较小的道路，可采用透水铺装，透水铺装可补充地下水并具有一定的峰值流量消减作用和雨水净化作用。透水铺装路面设计应满足路基路面强度和稳定性等要求。

（4）地下雨水蓄水池

地下雨水蓄水池将雨水管道、生态植草沟、渗透排水沟、渗透管、渗透井等相关措施渗、排的雨水集中收集并储存，可以作为车辆基地内的绿化、洗车、地面喷洒等杂用水的使用，这样一方面可以有效降低车辆基地内在雨季产生的雨水径流量，另一方面也实现了对雨水的综合利用。

设计地下雨水蓄水池首先应以当地的暴雨强度、降雨持续时间等为依据，进行雨水力量的预计算，进一步确定地下雨水蓄水池的容积。另外，还应当综合分析雨水收集完成后的使用频率、用水量等因素来最终确定雨水蓄水池的最佳容积，避免由于蓄水池过小导致雨水涌出，或者是蓄水池过大造成资源浪费。值得注意的是，雨水进入大蓄水池之前应当对雨水进行预处理，例如在蓄水池前端增设沉砂池、过滤池等设施，然后才能进入地下雨水蓄水池储存和利用。

（5）车辆基地绿化

①绿地在满足改善生态环境、美化公共空间、为工作人员提供游憩场地等基本功能的前提下，应结合绿地规模与竖向设计，在绿地内设计可消纳屋面、路面、广场及停车场等径流雨水的低影响开发设施，并通过溢流排放系统与城市雨水管渠系统和超标雨水径流排放系统有效衔接。

②道路径流雨水进入绿地内的低影响开发设施前，应利用沉淀池、前置塘等对进入绿地内的径流雨水进行预处理，防止径流雨水对绿地环境造成破坏。

有降雪的城市还应采取措施对含融雪剂的融雪水进行弃流，弃流的融雪水宜经处理（如沉淀等）后排入市政污水管网。

③低影响开发设施内植物宜根据水分条件、径流雨水水质等进行选择，宜选耐盐、耐淹、耐污等能力较强的乡土植物。

④下沉式绿地

下沉式绿地又称为低势绿地、下凹式绿地。其典型结构为绿地高程低于周围硬化地面高 5~25cm，雨水溢流口设在绿地中或绿地和硬化地面交界处，雨水口高程高于绿地高程且低于硬化地面高程。下沉式绿地可汇集周围硬化地表产生的降雨径流，利用植被、土壤、微生物的作用，截留和净化小流量雨水径流。车辆基地内可以将下沉式绿地应用到景观绿化设计中。

⑤植草沟

植草沟是指种有植被的地表沟渠，可收集、输送和排放径流雨水，并具有一定的雨水净化作用，可用于衔接其他各单项设施、车辆基地雨水系统。

⑥植被缓冲带

车辆基地场坪高程与周边高程有一定的高差，需要设置边坡，在边坡上利用植草护坡防护或骨架植草护坡防护，可有效拦截地表径流。

⑦屋顶绿化

结合工程实际情况，在综合楼、联合库辅助用房等有条件的建筑屋面上设置屋顶绿化，在改善城市环境的同时，保温隔热，提高工作环境质量，减少空调的使用，节约能源。

5) LID 技术在车辆基地中的应用案例

现阶段，我国关于海绵城市（LID 技术）的研究和应用还处于起始阶段，由其是在轨道交通系统里的应用，相关的规范及标准仍处在不断的完善当中，但其相关的理念已经被越来越多的人所认可并接受。在深圳（图 4.5-7）、北京的一些轨道交通领域已经有些开发建设活动应用了该技术，成为了低影响开发模式示范工程。

a) 深圳地铁罗宝线竹子林车辆段（绿地改造）

b) 高铁光明站附近36号路（下沉式绿化带）

c) 福田站：高铁、地铁广场

d) 深圳北站(广场改造)

e) 深圳地铁塘朗车辆段(屋顶改造)

f) 深圳地铁罗宝线深大换气口（绿地改造）

图 4.5-7 深圳轨道交通 LID 技术应用案例

4.5.4 综合管廊在车辆基地设计中的应用

1) 综合管廊概念

综合管廊（日本称"共同沟"、台湾称"共同管道"），就是指"城市地下的市政管线综合走廊"，即在城市地下建造一种隧道空间，将市政、电力、通信、燃气、给排水、热力、垃圾输送等多种管线集约化地铺设在隧道空间中，并设有专门的人员出入口、管线出入口、检修口、吊装口及防灾监测监控等系统，形成一种新型的市政公用管线综合设施，实施统一规划、设计、建设与管理。

综合管廊相当于人体中的一条超级动脉通道。它的建设将给城市从内到外的活力。地下综合管廊可以有效地避免拉链马路的出现，建成之后，只需要在内部进行布线，不需将道路重复挖掘，一旦有新的线缆加入，只需从入口放入即可。

推进城市地下综合管廊建设，统筹各类市政管线规划、建设和管理，解决反复开挖路面、架空线网密集、管线事故频发等问题，有利于保障城市安全、完善城市功能、美化城市景观、促进城市集约高效和转型发展，有利于高效的利用有限地城市空间，有利于提高城市综合承载能力和城镇化发展质量，有利于增加公共产品有效投资、拉动社会资本投入、打造经济发展新动力。

2）综合管廊内纳入的管线种类

综合管廊内纳入的管线种类一般包括：

电力电缆、电信电缆（包括有线电视）、给水管线、供热管线、排水管线、燃气管线、其他管线。图 4.5-8 为综合管线排布示意图。

图 4.5-8　综合管线排布示意图

3）综合管廊的基本类型

综合管廊一般分为干线综合管廊、支线综合管廊及缆线综合管廊三种类型。如图 4.5-9 所示。

（1）干线综合管廊

干线综合管廊（图 4.5-10）一般设置于道路中央下方，负责向支线综合管廊提供配送服务，主要收容的管线为通信、有线电视、电力、燃气、自来水等，也有的干线综合管廊将雨、污水系统纳入。其特点为结构断面尺寸大，覆土深，系统稳定且输送量大，具有高度的安全性，维修及检测要求高。

（2）支线综合管廊

支线综合管廊（图 4.5-11）为干线综合管廊和终端用户之间相联系的通道，一般设于道路两旁的人行道下，主要收容的管线为通信、有线电视、电力、燃气、自来水等直接服务的管线，结构断面以矩形居多。其特

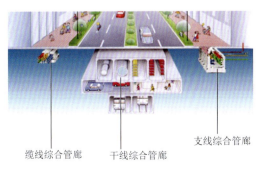

图 4.5-9　综合管廊分类示意图

点为有效断面较小，施工费用较少，系统稳定性和安全性较高。

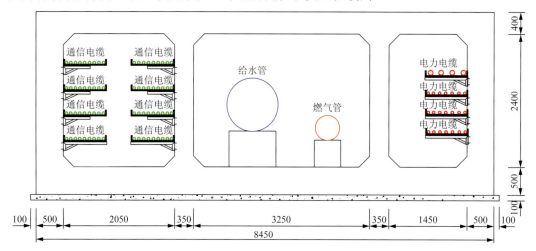

图 4.5-10　干线综合管廊布置示意图（尺寸单位：mm）

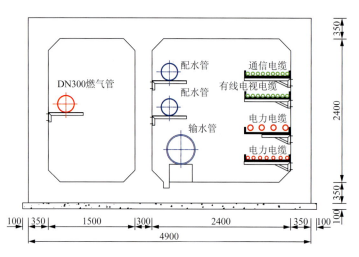

图 4.5-11　支线综合管廊布置示意图（尺寸单位：mm）

（3）缆线综合管廊

缆线综合管廊（图 4.5-12）一般埋设在人行道下，其纳入的管线有电力、通信、有线电视等，管线直接供应各终端用户。其特点为空间断面较小，埋深浅，建设施工费用较少，不设有通风、监控等设备，在维护及管理上较为简单。

4）综合管廊设计

（1）基本要求。

① 综合管廊为建于城市地下用于容纳两类及以上城市工程管线的构筑物及附属设施。按使用功能可分为干线综合管廊、支线综合管廊、缆线管廊和城市工程管线等。主体结构按施工方式可分为现浇和装配式综合管廊。

② 给水、雨水、污水、再生水、天燃

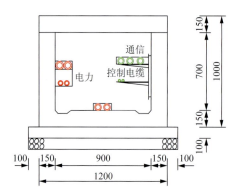

图 4.5-12　缆线综合管廊布置示意图（尺寸单位：mm）

气、热力、电力、通信等城市工程管线宜纳入综合管廊。

③综合管廊平面中心线宜与道路、铁路、轨道交通、公路中心线平行。

④综合管廊穿越城市快速路、主干路、铁路、轨道交通、公路时，宜垂直穿越；受条件限制时可斜向穿越，最小交叉角不宜小于60°。

⑤综合管廊的断面形式及尺寸应根据施工方法及容纳的管线种类、数量、分支等综合确定。

⑥综合管廊管线分支口应满足预留数量、管线进出、安装敷设作业的要求，相应的分支配套设施应同步设计。

⑦含天然气管道舱室的综合管廊不应与其他建（构）筑物合建。

⑧压力管道进出综合管廊时，应在综合管廊外部设置阀门。

⑨综合管廊设计时，应预留管道排气阀、补偿器、阀门等附件安装、运行、维护作业所需要的空间。

⑩管道的三通、弯头等部位应设置支撑或预埋件。

⑪综合管廊顶板处，应设置供管道及附件安装用的吊钩、拉环或导轨。吊钩、拉环相邻间距不宜大于10m。

⑫天然气管道舱室地面应采用撞击时不产生火花的材料。

（2）断面设计。

①综合管廊标准断面内部净高应根据容纳管线的种类、规格、数量、安装要求等综合确定，不宜小于2.4m。管廊结构示意如图4.5-13所示。

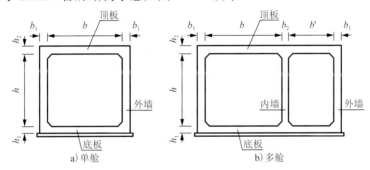

图4.5-13 管廊结构示意图

②综合管廊标准断面内部净宽应根据容纳的管线种类、数量、运输、安装、运行、维护等要求综合确定。

③综合管廊通道净宽应满足管道、配件及设备运输的要求，并应符合下列规定：

a. 综合管廊内两侧设置支架或管道时，检修通道净宽不宜小于1.0m；单侧设置支架或管道时，检修通道净宽不宜小于0.9m。

b. 配备检修车的综合管廊检修通道宽度不宜小于2.2m。

④电力电缆的支架间距应符合现行国家标准《电力工程电缆设计规范》（GB 50217—2007）的有关规定。

⑤通信线缆的桥架间距应符合现行国家标准《光缆进线室设计规范》（YD/T 5151—2007）的有关规定。

⑥综合管廊的管道安装净距（图4.5-14）不宜小于表4.5-4的规定。

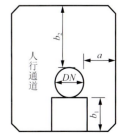

图4.5-14 管道安装净距

综合管廊的管道安装净距（cm） 表 4.5-4

DN	综合管廊的管道安装净距					
	铸铁管、螺栓连接钢管			焊接钢管、塑料管		
	A	b_1	b_2	a	b_1	b_2
DN<400			800			800
400≤DN<800	400	400		500	500	
800≤DN<1000	500	500		600	600	
1000≤DN<1500	600	600		700	700	
DN≥1500	700	700				

⑦综合管廊内的管线竖向排布原则：

a. 重介质管道在下，轻介质管道在上。

b. 小断面管道在上，大断面管道在下。

c. 出线多的配送管道在上，输送管道在下。

⑧天然气管道应在独立舱室内敷设，热力管道采用蒸汽介质时应在独立舱室内敷设。热力管道不应与电力电缆同舱敷设。110kV 及以上电力电缆，不应与通信电缆同侧布置。

⑨给水管道与热力管道同侧布置时，给水管道宜布置在热力管道下方。

⑩进入综合管廊的排水管道应采用分流制。雨水纳入综合管廊可利用结构本体或采用管道排水方式，污水纳入综合管廊应采用管道排水方式。

⑪特殊断面设计：在电力电缆接头处、给水阀门处、管廊交叉处、过河、过铁路处等部位，必须进行特殊的断面设计。特殊断面的空间应满足各类管道的分支口、进风口、出风口、吊装口（兼人员主进出口）等孔口以及集水井的断面尺寸要求。在道路交叉口处，原则上每个交叉口均需设置管道出线口。

（3）空间设计。

①管廊覆土深度。

a. 管廊竖向空间定位应依据地下空间规划，并结合地下轨道交通、人防建设、综合体建设等集约利用地下空间。还应考虑到管廊上部绿化种植覆土的要求、管廊与横穿道路各种管线的交叉关系、各种节点的要求，并在经经济技术论证后确定。

b. 综合管廊穿越河道时应选择在稳定河段，最小覆土深度应满足河道整治和管廊运行安全的要求，并应符合下列规定：

a）在Ⅰ～Ⅴ级航道下敷设时，顶部高程应在远期规划航道底高程 2m 以下。

b）在Ⅵ、Ⅶ级航道下敷设时，顶部高程应在远期规划航道底高程 1m 以下。

c）在其他河道下敷设时，顶部高程应在河道底设计高程 1.0m 以下。

c. 综合管廊与相邻地下管线及地下构筑物的最小净距应根据地质条件和相邻构筑物的性质确定，且不得小于表 4.5-5 的规定。

干线、支线城市综合管廊与相邻地下构筑物的最小净距 表 4.5-5

相邻情况	施工方法	
	明挖施工	非开挖施工
综合管廊与地下构筑物水平间距	1.0m	综合管廊外径
综合管廊与地下管线水平间距	1.0m	综合管廊外径
综合管廊与地下管线交叉垂直间距	0.5m	1.0m

d. 城市综合管廊最小转弯半径，应满足城市综合管廊内各种管线的转弯半径要求。

②综合管廊与其他方式敷设的管线连接处，应采取密封和防止差异沉降的措施。当管线进入综合管廊或从综合管廊引出时，由于敷设方式不同以及综合管廊与道路结构不同，容易产生不均匀沉降，进而对管线运行安全产生影响，设计时应采取措施避免差异沉降对管线的影响。同时，在管线进出综合管廊部位，应做好防水措施，避免地下水渗入综合管廊。

③综合管廊内纵向坡度超 10% 时，应在人员通道部位设置防滑地坪或台阶。

（4）位置设计。

①综合管廊位置应根据道路横断面、地下管线和地下空间利用情况等确定（图 4.5-15）。此外，在城市建成区尚应考虑与地下已有设施的位置关系。

②干线综合管廊宜设置在机动车道、道路绿化带下。

图 4.5-15　综合管廊与周边位置关系示意图

③支线综合管廊宜设置在道路绿化带、人行道或非机动车道下。

④缆线管廊宜设置在人行道下。

（5）口部设计。

①综合管廊的每个舱室应设置人员出入口、逃生口、吊装口、进风口、排风口、管线分支口等。

②综合管廊的人员出入口、逃生口、吊装口、进风口、排风口等露出地面的构筑物应满足城市防洪要求，并应采取防止地面水倒灌及小动物进入的措施。

③综合管廊人员出入口宜与逃生口、吊装口、进风口结合设置，宜根据管廊的长度和人员进出要求确定，且不应少于 2 个。

④综合管廊逃生口、吊装口、出线口的设置应符合国家标准的有关规定。

⑤综合管廊进、排风口的净尺寸应满足通风设备进出的最小尺寸要求。

⑥天然气管道舱室的排风口与其他舱室的排风口、进风口、人员出入口以及周边建（构）筑物口部距离不应小于 10m。

（6）露出地面的各类孔口盖板应设置一个在内部使用时易于人力开启、在外部使用时非专业人员难以开启的安全装置。

5）综合管廊在车辆基地设计中应用

海绵城市是相对传统城市建设而言的，其核心是维持场地开发前后水文特征不变，包括径流总量、峰值流量、峰现时间等，而不是万能的"包治百病"。当遇到特大降水或超出了"海绵体"雨水消化能力的情况下，就需要对过多的雨水进行有效的排除，避免出现内涝灾害的发生。超标雨水径流排放/调蓄系统是应对超出常规雨水管渠系统排水能力的强降雨径流的排水设施，其组成部分可能包括（大）明渠、（大）暗渠、隧道、排涝河道以及防涝调蓄设施等。综合管廊集传统排水沟渠、各种电力管道于一体，具有排量大、易于检修等诸多优点，在国内外的城市建设中被广泛应用。

车辆基地包含有给水、排水、高压电缆、弱电电缆等种类众多的管线和电缆。在传统的车辆基地室外综合管线设计中，各自管线或电缆仅要求其在规定的径路范围内分别设置管沟或直埋，因此管线碰撞现象时有发生，同时对施工和景观也造成较大影响。

车辆基地设计中，充分利用综合管廊理念，将车辆基地内各类管线综合布置在综合管廊内，统一而且美观。如图 4.5-16、图 4.5-17 所示。

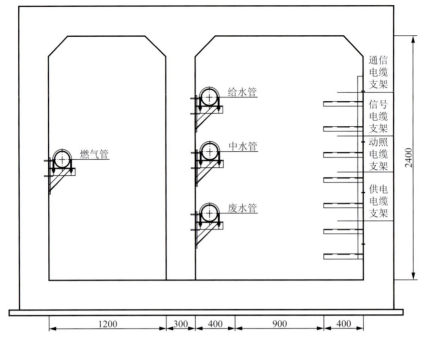

图 4.5-16 车辆基地内综合管廊示意图（尺寸单位：cm）

图 4.5-17 综合管廊

4.6 技术延伸及拓展创新

4.6.1 有轨电车车辆基地

有轨电车，在欧洲被称为 Tram，在北美被称为 Streetcar，目前，新型有轨电车作为一种中低运量的公共交通运输系统,在国内外得以广泛应用,它有路权共享、成本节约、绿色环保等特点,发展前景广阔。在国外,有轨电车已有100多年的历史。在国内,根据统计(截至2017年年底),全国已有长春、大连、天津、上海、沈阳、南京、苏州、广州、淮安、武汉、珠海、青岛、深圳及北京共14座城市建成和开通运营有轨电车,建设里程超220km。同时,沈阳、上海松江、苏州、北京、深圳、珠海、佛山、南京、武汉、成都、宁波、云南红河州及文山、郑州、兰州、天水、南孚、泉州及三亚等20多个城市和地区的有轨电车正处于建设阶段,建设中的里程长度约350km。

1)现代有轨电车车辆的技术特征

有轨电车车辆一般包括普通电车、铰接电车、双铰接电车(或多铰)。有轨电车的基本特点是地面敷设、双轨道、电力牵引,它与其他公共交通车辆共享路权,在穿越交叉路口时享有部分优先权,照顾到其他道路车辆的通行,一般来说其长度不能过大,从15~50m不等;宽度因受城市道路可容纳性限制通常为2.10~2.65m;载客量从160~300人不等。有轨电车的旅行速度取决于和道路车流隔离的程度。通常,当有轨电车线路与地面道路相交时,有轨电车必须遵守地面道路的交通规则,并无需复杂的专门的信号控制系统,也正是基于此,有轨电车线路的投资成本大大低于地铁系统。

现代有轨电车车辆为了适应在地面运行,通常车辆地板为低地板的形式,方便乘客上下的同时,也无需高站台。受传动系统和电气设备布置的限制,通常低地板有轨电车有10%~100%低地板之分,70%低地板较常见,近来100%低地板和超低地板应用也越来越多。所谓低地板,直观地以其客室内地板面距轨面的高度加以区分,通常地板面高度处于350~450mm间被称为部分低地板,处于200~350mm间被称为100%低地板,而200mm以下的则被称为超低地板。然而,低地板真正的定义是以低地板部分的面积和客室面积之比值而论的:如果小于1.0,被称为部分低地板(partial low floor),常见的是50%~70%低地板;如果等于1.0,则被称为100%低地板。

从世界范围的应用来看,有轨电车主要分为两类,一类是单导向轨式胶轮有轨电车(以法国translohr公司的单导向轨胶轮车辆为代表),一类是双走行轨式钢轮有轨电车。

(1)单导向轨式胶轮有轨电车

单导向轨胶轮有轨电车系统由类似道路的行车道和一条引导车辆运行的特殊导轨组成,车辆走行系统与汽车一样为橡胶轮胎,导向轮在导轨的限制下引导车辆运行。导向系统由导向轨、导向单元(V形导轮)等组成。导向轨采用特殊断面形状的钢轨固定在混凝土道床内;导向单元由两个倾斜的导轮组成,与导轨成45°角接触,而导轮的倾斜和导轮轮缘的特殊形状则能够保证车辆在行驶过程中不会脱轨。

法国劳尔公司的Translohr系列单导向轨胶轮有轨电车第1条线路于2006年在法国投入运营,目前法国克莱蒙费朗、圣德尼-撒塞雷,意大利帕多瓦、威尼斯-美斯特、拉蒂纳,我国天津、上海等数个城市也有胶轮有轨电车的投入使用。

(2)双走行轨式钢轮有轨电车

目前双走行轨式钢轮有轨电车已经在法国、西班牙、德国、意大利、瑞士、奥地利、澳大利亚、爱尔兰、突尼斯、阿根廷等国家的数十个城市投入运营,国内如长春、大连、香港也普遍被采用。双走行轨式钢轮有轨电车如图4.6-1所示。

图 4.6-1 双走行轨式钢轮有轨电车系统

(3) 国内外有轨电车车辆的主要技术特征

有轨电车车辆不同于地铁车辆主要在于：

①车辆地板面较低，一般约 200～450mm，而地铁车辆 B 型车的地板面的高度为 1100mm。

②列车自重较轻，单个模块的平均重量约 8.4t，远远小于单节地铁车辆的自重。

③有轨电车车辆的转弯半径较小，最小为 15～25m，而地铁车辆最小转弯半径为 110m。

④有轨电车车辆的爬坡能力较强，最大坡度可达 60‰，而地铁车辆最大坡度一般为 30‰。

⑤有轨电车车辆由于采用低地板的结构，车辆大型电气设备一般布置在车顶，而地铁车辆的主要电气设备布置在车下。

⑥有轨电车车辆采用模块化编组，分为带转向架的模块和悬浮模块。

⑦有轨电车供电制式多样，有接触网、超级电容、地面式供电等多种方式，而地铁一般为接触网和接触轨供电两种。

正因为有轨电车车辆具有上述不同于地铁车辆的特征，有轨电车车辆基地也有自身的特点。

2）现代有轨电车的修程修制

(1) 现代有轨电车车辆的检修制度

①检修制度介绍

车辆检修制度与地铁基本相同，分为预防性计划检修制度和技术状态检修制度两种。

②车辆检修作业方式

车辆的检修作业方式也与地铁基本类似，主要有现车修和互换修两种。

现车修是将待修车辆的零、部件，经过修理消除其缺陷后，仍安装在原车上。这种作业方式，除报废零部件需更换外，其他零部件均需等待修理后，装回原车。其优点是可以减少零部件储备的数量，缺点是常因等待零部件的检修而延长了库停时间。

互换修是指将待修车上需要修理或报废的零部件，用备用零部件或已修好的零部件更换，替换下来需要修理的零部件，经修理、测试合格后，作为备品再装在下批待修车辆上。对故障零部件采用专业化集中修，集中放在专业化维修工厂修理，再通过物流的方式运送到各车辆段，而不在各车辆段内进行修理。这样，在车辆段检修库内仅做一些检测和更换零部件的作业，可大大缩短检修的库停时间，提高检修效率。由于专业化维修工厂的设备、人员、管理专业化程度高，设备、场地、人力等资源利用效率大，它不仅能提供高于一般车辆段的维修服务质量，而且能提高生产规模效益，减少车辆段建议规模，使生产成本、技术成本、管理成本、运营成本相比由分散的车辆段承担大架修体制均大为降低。

从提高修车质量、提高列车运用率出发，车辆检修作业方式宜采用以零部件互换修为主、部分零部件现车修为辅的检修作业方式，在条件具备时，逐步扩大互换修的范围。

③维修制度的建议

a. 对车辆的运用维修采用均衡修能有效地降低检修系数，且有较大的潜力可挖，建议推广车辆的均衡修方式。

b.有轨电车车辆的检修制度是为有轨电车系统安全运营服务的，同时也与工程的建设投资、运营成本、运行质量等密切相关。通常，在实际设计中，车辆的检修制度和检修周期都是以车辆制造商提供的信息为依据，但车辆制造商所提供的检修周期通常偏保守，或与实际情况不完全相符。目前我国有轨电车车辆大多为进口车辆，因而对车辆各个部分的使用寿命、损耗规律等都有待深入的了解和认识，以便尽量避免出现车辆零部件不到使用期限就提前进行修理这种不经济现象。为此建议，有轨电车车辆的检修制度和检修周期，应在车辆制造商提供的要求基础上，按照过去长期的实践经验，以调查统计资料为依据，进行科学分析和计算后再制定。另外，对车辆零部件的损坏规律及使用期限进行调查分析和统计，也有助于改进车辆各部件，提高车辆质量、延长车辆部件的使用寿命，使车辆检修制度日趋完善。

（2）现代有轨电车车辆的检修指标

①修程介绍

a.大连有轨电车。

DL6W型现代有轨电车的检修修程分为日检、月检、一级定修、二级定修、架修、大修。

车辆日检，是对车辆主要部件进行一般性的技术检查。其主要检修内容如下：对受电弓、转向架、空气制动装置、铰接装置、车门、车灯等主要部件进行检查及维护，对危及行车安全的故障进行重点修理。

车辆月检，是在日检的基础上，对耐用周期短的部件进行检修和对主要部件进行检查。其主要检修内容如下：对受电弓、控制装置、各种电气装置、转向架、空气制动装置、铰接装置、车门、车灯、辅助电源、蓄电池等主要部件的技术状态和作用进行检查和必要的试验，对危及行车安全的部位进行全面检修。

车辆一级定修，是在月检的基础上，对车辆主要组成部件进行全面检修。其主要检修内容如下：架车，分解转向架检修，分解从动转向架轴桥，更换轮毂、橡胶环，对受电弓、控制装置、空气制动装置等部件的技术状态和作用进行检修，并进行必要的试验；对计量仪器仪表进行校验；对其余主要部件的技术状态和作用进行不拆卸的检查和修理；修竣车辆的静调和试车，使其达到一级定修标准。

车辆二级定修，是在一级定修的基础上，对车辆主要组成部件进行全面检修。其主要检修内容如下：架车，分解转向架检修，分解动车转向架轮对、从动转向架轴桥，更换轮毂、橡胶环，对受电弓、控制装置、空气制动装置等部件的技术状态和作用进行检修，并进行必要的试验；对计量仪器仪表进行校验；对其余主要部件的技术状态和作用进行不拆卸的检查和修理；修竣车辆的静调和试车，使其达到二级定修标准。

车辆架修，是在二级定修的基础上，对车辆的各项技术性能进行全面恢复的检修。其主要检修内容如下：架车，分解转向架检修，车辆铰接部位进行分解，更换各铰接装置的联结螺栓，对受电弓、控制装置、空气制动装置等部件进行恢复其技术状态和作用的检修，并进行必要的试验；对计量仪器仪表进行校验；修竣车辆的静调和试车，使其达到架修标准。

各级修程的周期，是以保证在两次修程间电车能安全运行为依据的。根据车辆技术状态，各修程的安排、检修周期及检修时间如表4.6-1所示。

有轨电车检修修程及周期指标 表 4.6-1

修　程	检修周期	走行里程（km）	检修时间	代　码
日检	每天	—	1h	A
月检	1 个月	7000	1 个工作日	B
一级定修	6 个月	45000	4 个工作日	C
二级定修	1 年	90000	7 个工作日	D
架修	5 年	450000	30 个工作日	E
大修	10 年	900000	36 个工作日	F

各级修程的间隔里程可根据实际运行情况，在 10% 的范围内进行调整。

各修程关系如下：

B—29A—B；

C—6B—C；

D—C—D；

E—5D—E。

库停检修时间自开工当天算起，累计（不包括节假日）至修复落成调试完毕并办理验交的时间。

b. 庞巴迪车辆检修指标。

基于年里程为 80000km 标准的检修指标如表 4.6-2 所示。

有轨电车检修修程及周期指标 表 4.6-2

间　隔		检修内容	举　例
3 个月	20.000km	与运营和安全相关的维修：目测和功能检查	大部分系统的目测检查以发现明显的损坏、矫正紧固件、更换过滤器（如需）等
6 个月	40.000km	仅与运营和安全相关的维修：目测和功能检查	油量检查、磨损的目测检查等
1 年	80.000km	第一次技术维修	部件的润滑、特殊部件的仔细目测检查等
6 年	480.000km	主要维修	转向架、电机、驱动联结轴的检修，更换空调系统的特殊部件和组件（如橡胶件、缓冲器、风扇等）
12 年	960.000km	额外的大修	转向架、电机、齿轮箱、客室门的检修，更换空调系统的特殊部件（如限制开关、轴承等）
基于状态的间隔		极大地取决于运营和基础设施的参数，会在一个很大的范围内变动	更换轮胎、更换制动闸片、更换受电弓滑动部件、填充不同的媒介质（挡风玻璃的清洗水、轮缘润滑脂、沙等）

c. 阿尔斯通车辆检修指标。

检修指标如表 4.6-3 所示。

有轨电车检修修程及周期指标 表 4.6-3

项　目		维护周期	
		里程（km）	时间
日常检查		385	每天
预防性检查	P1	15000	3 个月
	P2	30000	6 个月
	P3	60000	1 年

续上表

项 目		维护周期	
		里程（km）	时间
预防性检查	P4	120000	2年
	P5	180000	3年
	P6	300000	5年
总体检查	总体1	600000	10年
	总体2	900000	15年
	总体3	1200000	20年

注：表中维护周期分为公里数和时间两部分，以先到为准。

d. 根据企业标准《北京市现代有轨电车技术标准》，车辆检修指标仅给出了走行公里指标，如表4.6-4所示。

车辆检修指标　　　　　　　　　　　　　　　　表4.6-4

序　号	检修种类	定检周期（万km）	停修时间（d）	库修时间（d）
1	大修	90	45	38
2	架修	45	30	24
3	定修	15	18	14
4	月检	1.25	2	2

e. 小结。

由于目前国内尚无有轨电车系统制式的国家标准，有轨电车车辆种类繁多，而且各车辆供货商的维修制度均不相同，推荐现代有轨电车车辆的检修指标如表4.6-5所示。

现代有轨电车的检修指标　　　　　　　　　　　　　表4.6-5

修　程	检修周期	走行公里（万km）	检修时间	备　注
列检	每天	—	1h	
月检	3个月	1.5	1个工作日	三月检
一级定修	6个月	3	4个工作日	
二级定修	1年	6	7个工作日	
架修	5年	45	30个工作日	
大修	10年	90	36个工作日	

3）现代有轨电车车辆基地总平面布置

（1）国内有轨电车车辆基地的简介

国内有轨电车车辆基地建成或在建的有大连民主检修基地、长春3号线轻轨车场、沈阳浑南新城车辆段、苏州1号线大阳山车辆段、苏州2号线通安车辆段、淮安1号线板闸车辆段、南京1河西线、南京麒麟线、广州海珠线停车场、珠海1号线上冲车辆段、佛山南海新交通环岛车辆段等。

①大连有轨电车民主检修基地

民主车辆检修基地位于大连市民主广场东北角，长江路以北、发达路以东所夹地块内。详见图4.6-2。该基地主要承担大连市各型有轨电车的维护和保养。基地内主要设置运用库、检修库及辅跨、运用办公楼、维修班组、牵引变电所、调度室及综合办公楼。基地内共设置列检、月检4股道（每股道2列位），检修2股道（每股道2列位），停车2股道（每股道 4 列位）。运用库与检修库呈并列式假贯通布置。

图 4.6-2　民主车辆检修基地

②长春市 3 号线轻轨车场

图 4.6-3　长春 3 号线轻轨车场

长春轻轨车场位于电台街以北、湖光路以南、桦甸街以西所夹地块内。如图 4.6-3 所示。长春轻轨车场定位为定修段，车厂内主要设置停车列检库、联合车库、食堂、变电所、锅炉房及材料库。车辆段内设置了三角线，没有设置试车线。

车辆段设停车列检 12 股道，每股道 4 列位，共 48 列位，其中列检设 2 股道，共 8 列位，并在两股道中间设置车顶作业平台。在停车列检库的边设洗车线一条。联合车库共 5 股道，每股道 2 列位。

③沈阳浑南新城车辆段

车辆段占地面积约 $23hm^2$，建筑面积约 7 万 m^2，其中一期建筑面积 5 万 m^2。如图 4.6-4、图 4.6-5 所示，主要设置包括控制中心、综合办公楼、运用库、联合车库、维修中心、特种材料库、洗车库等。车辆段功能定位为大架修级车辆段，承担线网配属车辆的大架修任务，1 号线、2 号线配属车辆的定临修及以下修程的维修和保养任务。远期停车列检规模为 100 辆。

图 4.6-4　浑南新城车辆段鸟瞰图

图 4.6-5　浑南新城车辆段实景

④苏州有轨电车 2 号线通安车辆段

通安车辆段设于苏州市高新区，段址北侧紧邻 24m 宽规划道路和既有浒光运河，南侧靠近规划 8m 宽科胜路匝道。占地面积 12.42hm^2，总平面布置如图 4.6-6 所示，实景图如图 4.6-7 所示。车辆段设置停车列检 36 列位，月检 6 列位，定修 2 列位，临修 1 列位。

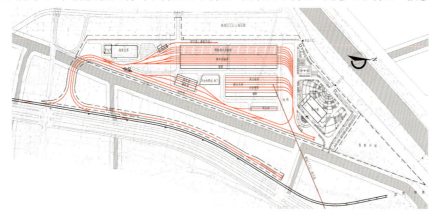

图 4.6-6　通安车辆段平面布置示意图

图 4.6-7　通安车辆段实景

⑤珠海有轨电车 1 号线上冲车辆段

上冲车辆段位于珠海 1 号线起点翠屏路西侧的地块内，从上冲站接轨。车辆段占地面积约 7.5hm^2，总平面布置图见图 4.6-8 所示。车辆段设置停车列检 28 列位，月检 4 列位，定修 2 列位，临修 1 列位。

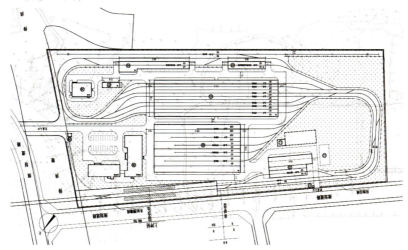

图 4.6-8　上冲车辆段平面布置示意图

⑥海珠线磨碟沙停车场

停车场位于琶洲新马路北侧、珠江南侧、会展东站东侧、琶洲大桥东侧的地块内，出入段线下穿琶洲大桥。车辆段设置停车列检 6 列位，1 列位检修、1 列位临修、1 列位镟轮、1 列位洗车兼吊装，并设置相关房间。总面积为 0.8hm^2，平面布置图如图 4.6-9 所示，实景图如图 4.6-10 所示。

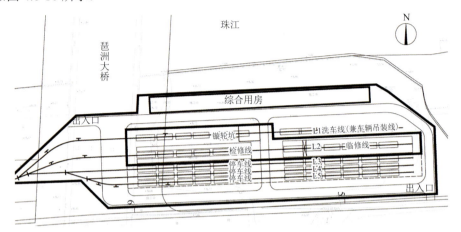

图 4.6-9　海珠线磨碟沙停车场平面布置图

图 4.6-10　海珠线磨碟沙停车场实景

⑦南海新交通环岛车辆段

南海新交通环岛车辆段位于环岛南路以北，武广、贵广、南广高铁以南，广珠西高速以东，规划泰山路以西的地块内。车辆段定位为大架修段，设置大架修 4 列位，定临修各 1 列位，静调吹扫各 1 列位，月检 6 列位，停车列检 34 列位。车辆段占地面积 20hm^2，总平面布置见图 4.6-11 所示，实景图如图 4.6-12 所示。

图 4.6-11　环岛车辆段总平面布置示意图

图 4.6-12　环岛车辆段综合楼实景

（2）国外车辆基地典型布局

国外车辆基地的典型布局如图 4.6-13 所示，车辆基地设置运用库、停车库、检修线及维修车间、洗车线、试车线。车辆基地段内各库大多采用了贯通式布置，以方便运用和检修。停车线一般采用 1 线 6 列位布置（车长 30m），运用库采用 1 线两列位布置，检修库主要包括主车间、移车台和主库。其他城市的有轨电车车辆基地见图 4.6-14～图 4.6-17。

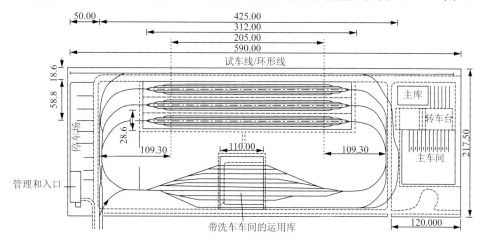

图 4.6-13　国外车辆基地典型布局（尺寸单位：m）

图 4.6-14　车辆基地鸟瞰图——德国柏林马灿

图 4.6-15　车辆基地鸟瞰图——德国开姆尼斯

图 4.6-16　车辆基地鸟瞰图——德国汉诺威

图 4.6-17　车辆基地鸟瞰图——德国爱尔福特

（3）有轨电车车辆基地总平面布局总结

通过上述国内外车辆基地的布局可以得出：由于有轨电车具有车辆长度短、小曲线通过能力强等特点，有轨电车车辆基地在总平面布置上更加灵活，并且首选停车列检库、洗车库、镟轮库贯通式布置形式。正是由于上述特点，有轨电车停车场在规模较小时，可以灵活选址。

有轨电车车辆长度较短，在停车列检列位设置上，尽量采用单股道多列位设置，如用地条件允许，可采用 4 列位、5 列位、6 列位的设置。

4）有轨电车车辆基地设计的基本要求

（1）总平面布置

有轨电车车辆长度较短，如 7 模块不等长车辆约 45m，车辆基地内最小曲线半径 25m，这样在总平面布置上更加灵活，一般采用贯通式布置形式。

（2）规模计算

由于有轨电车的检修周期短，因此在规模计算上，需要结合有轨电车的检修周期指标进行合理计算。

（3）检修设施配置

由于有轨电车车辆电器设备大部分布置在车顶，因此，结合日检的需要，列检库需设置作业平台。有轨电车车辆采用低地板的结构型式，在作业平台设置时，如设置中间平台，平台下方作业空间高度难以满足要求，因此，仅设置车顶作业平台。

由于有轨电车采用液压制动，在大架修设施配置时，需要配置液压制动的相关检修设施。

（4）检修设备配置

段内调车机车受曲线通过能力的限制，一般采用公铁两用车牵引。由于有轨电车采用模块化编组，模块采用铰接装置或铰接转向架连接，因此车辆在架修时，车体转线难以通过移车台实现，可采用天车吊装转线。

由于有轨电车一般采用独立轮式转向架，轮对采用轴桥连接，转向架检修线需要配置特殊的工装设备，如轮对压装设备、弯轴和轴承的拆装设备、轴承和轮饼的拆装设备等。

4.6.2 单轨系统车辆基地

1）单轨系统的技术特征

单轨系统是一种车辆与特制轨道梁组合成一体运行的中运量轨道运输系统。在单轨系统中，轨道梁不仅是车辆的承重结构，同时也是车辆运行的导向轨道。按车辆的走行模式和构造的不同，单轨系统可分为跨座式单轨和悬挂式单轨两种类型。其中跨座式单轨即骑在轨道梁上行驶的单轨车辆（图4.6-18）。

（1）车辆总体结构及尺寸

跨座式单轨是骑在轨道梁上行驶的单轨车辆，其车辆结构组成为车体、二次悬架、车辆走行部三部分。

（2）主要子系统

①车体及附属设备

a.车体结构组成

车体结构为轻型、整体承载铝合金模块化全焊接结构，车体由前后围、侧面、顶面、底面等组成，各大部件通过焊接的方式连接。

b.车体车厢内部布置

车厢内布置有客车室、空调机组等。客室内座椅采用阻燃材料制作，纵向排列布置。客室内站立区设置扶手杆、立柱，采用不锈钢或铝管材料制作。

车辆之间设置贯通道。头车和尾车根据人工驾驶需要可设置驾驶控制室。

②走形部分（转向架）

每辆车均配备两台转向架。跨坐式单轨车辆的转向架根据其轴的数量分为两种：单轴转向架（图4.6-19）和双轴转向架（图4.6-20）。

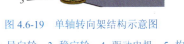

图4.6-18 跨座式单轨车辆结构示意图

1-车体；2-中部结构（二次悬架）；

3-走行部分（转向架、导向机构）

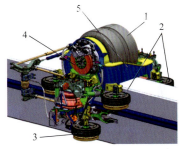

图4.6-19 单轴转向架结构示意图

1-走形轮；2-导向轮；3-稳定轮；4-驱动电机；5-构架

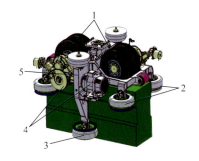

图4.6-20 双轴转向架结构示意图

1-走形轮；2-导向轮；3-稳定轮；4-驱动电机；5-构架

转向架上装有三种轮胎：走行轮、导向轮和稳定轮。走行轮系无内胎钢丝橡胶轮胎，内充氮气，并设轮胎内压检测装置；导向轮和稳定轮内充压缩空气或氮气。在列车运行过程中，走行轮始终与轨道梁顶面接触，轮胎的弹性主要缓冲车辆竖向振动；导向轮和稳定轮则起到缓冲车辆横向振动的作用。如果转向架在平衡位置没有位移，导向轮和稳定轮将以有效半径向前滚动；当转向架发生横向位移（横移、侧滚、摇头）时，导向轮和稳定轮随之产生偏移，这时单侧或双侧的水平轮胎会受到轨道梁侧面的径向压力，这种压力将迫使转向架回到平衡位置。

③二次悬挂装置

车体直接坐落在空气弹簧上，通过空气弹簧、油压减振器和横向制挡来缓和、衰减车体的震动，通过中心销、牵引橡胶堆和纵向止挡传递牵引力和制动力。由于乘客的数量会引起车体高度的变化，应设置由高度调整阀，以使客室地板面高度基本不变。当空气弹簧因内部压力不正常而上升时，防过充装置可控制车辆高度在限制范围内。图 4.6-21 为中央悬挂装置示意图。

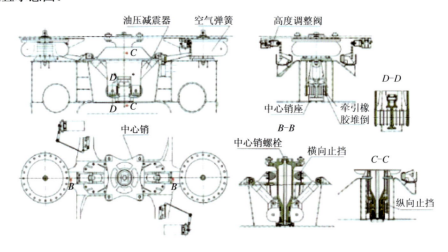

图 4.6-21　中央悬挂装置示意图

④牵引制动系统

a. 牵引系统

牵引系统由集电靴、主保护装置、线路接触器、输入滤波器、变频变压变流器、主牵引电动机等组成。全列动车，每个转向架一个电机。电机可采用 IGBT 元件的 VVVF 逆变器调速，可采用由三相异步交流牵引电动机驱动的电传动系统，或永磁牵引电机和逆变器驱动的电传动系统。电机为液体冷却。

牵引系统功能：通过受流器得电，在库用电源与第三轨供电之前实现供电转换，为列车提供牵引力与电制动力，对列车提供牵引控制和系统保护。

b. 制动系统

采用液压（或空气）盘式制动，应具有常用制动、紧急制动、停放制动、电制动功能。

制动系统组成：制动控制系统、基础制动设备、防滑系统及辅助液压（或供风）设备。

车辆制动时，牵引逆变器优先进行再生制动，最大限度地将能量反馈给其他车辆负载，当这些负载吸收不足时，由变电站的再生制动能量吸收装置吸收多余能量。

车辆制动系统如图 4.6-22 所示。

图 4.6-22　车辆制动系统

（3）跨座式单轨车辆主要技术参数

国内目前有两种形式跨座式单轨车辆，分别为中车长客厂生产的 CRM1 型车和中车浦镇庞巴迪厂生产的 CRM2 型车。

其具体参数如表 4.6-6 所示。

跨座式单轨系统信息及主要技术规格　　　　　表 4.6-6

比较项目	CMR$_1$ 型车	CMR$_2$ 型车
车体外宽（mm）	2980	3142
车内净宽（mm）	小于 2700	2900
车长（mm）： 头车 中间车	15500 13600	13210 11845
整车高度（m） （车顶至车底裙板）	5130	4053
轨面以上高度（mm）	4550	3019
地板面高度（mm） （地板面至走行面）	1117	450
空车质量（t）	约 28	平均 14
车门宽度（mm）	1300	1600
运营最高速度（km/h）	80	80
加速度（m/s^2）	1.0	≥ 1.10
最小曲线半径（m）	70	46
最大坡度（%）	6	10
驾驶台	传统的地铁列车驾驶操纵台	无人驾驶系统 人工驾驶的操作面板为触摸操纵屏（正常情况下不使用，锁在面板下）
转向架系统	双轴转向架重量超过 7t 承载轮数量 4 个 / 车	单轴转向架质量 2.4t 承载轮数量 2 个 / 车
牵引系统	传统型三相异步电机（效率略低、能耗略高） 四方改进型采用永磁同步电机（效率高）	永磁电机
供电制式	1500V DC 供电，需设置独立的车体接地轨，可改为 750V/3000V	标准平台是 DC+750V，轨旁自动接地系统（AGS），无需额外设置接地轨
电机驱动方式	传统齿轮箱、联轴节驱动（效率略低、能耗较高）	电机与齿轮箱高度集成，电机轴直接驱动承载轮
传动系统冷却方式	风机强迫风冷	均为液体冷却

续上表

比较项目	CMR$_1$型车	CMR$_2$型车
制动系统	空气/液压式制动系统	液压式制动系统
平均单车定员载客能力（6人/m²）	158人	141人
编组方式	2～8节灵活编组，可自动重联	2～8节灵活编组
设计运能	1万～4万（单向高峰小时）	1万～4万（单向高峰小时）
噪声指标[dB（A）]： 静态 动态	约73 约81	约66 约75.4
轨道梁： 断面（mm） 跨度（m）	850mm×1500mm 20～25m	690mm×（1600～2100mm） 平均30.5m，最大可达36.5m
道岔	可挠型、关节型结构转撤时间长，列车通过速度需限制在25km/h以下	换梁式或枢轴式通过速度40km/h
制动能吸收方式	无 需在变电所集中配置	有轨旁储能装置 能够吸收制动能

注：1. 每平方米有效空余地板面积站立的人数，CMR$_1$车定员按6人计，超员按9人计；CMR$_2$车定员按4人计，超员按6人计。

2. 有效空余地板面积，指客室地板总面积减去座椅垂向投影面积和投影面积前250mm内高度不低于1800mm的面积。

2）单轨车辆的检修制度

（1）检修制度介绍

车辆检修制度与地铁基本相同，分为预防性计划检修制度和技术状态检修制度两种。

（2）车辆检修作业方式

车辆的检修作业方式主要有现车修和互换修两种。

（3）单轨车辆的检修指标

根据《跨座式单轨交通设计规范》（GB 50458—2008），单轨车辆的检修修程分为列检、三月检、换轮、重点检修、全面检修。

列检：对车辆的走行部分、牵引传动系统、各种电气装置、制动控制装置的状态进行外观检查，更换损耗件，重点处理危及运行安全的故障，确保行车安全。

三月检：主要是对使用寿命期短的部件以及关键部件进行检查、测试和更换。

重点检修：主要是对大型部件进行解体细微检查和故障处理，以检查为主，根据需要做互换修。

全面检修：主要是对走行部、牵引电机和主要电器进行分解检查、更换配件及修理。

各级修程的周期，是以保证在两次修程间能安全运用为依据的，根据车辆技术状态，检修周期规定如表4.6-7所示。

车辆检修周期表　　　　表4.6-7

类别	检修种类	检修周期		检修时间
		里程（万km）	时间	
定期检修	全面检修	60	6年	40d/列
	重点检修	30	3年	30d/列

续上表

类　　别	检修种类	检修周期		检修时间
		里程（万km）	时间	
日常维修	换轮	10	1年	20d/列
	三月检	2.5	3月	3d/列
	列检	—	3天	4h/列

（4）小结

①对车辆的运用维修采用均衡修能有效地降低检修系数，且有较大的潜力可挖，建议推广。

②单轨车辆的检修制度是为单轨系统安全运营服务的，同时也与工程的建设投资、运营成本、运行质量等密切相关。通常，在实际设计中，车辆的检修制度和检修周期都是以车辆制造商提供的信息为依据，但车辆制造商所提供的检修周期通常偏保守，或与实际情况不完全相符。目前国内重庆单轨车辆是引进后国产化的日立大型车技术，该技术在国内外均具有较广泛的应用案例。中车浦镇厂生产的单轨车辆是引进的庞巴迪INNOVIA 300型跨座式单轨车技术。中车四方股份自主研发的跨座式单轨车辆采用永磁电机驱动的双轴转向架车辆，比亚迪自主研发的单轴转向架跨座式车辆采用蓄电池供电，两者具有完全的自主知识产权，但是由于目前国内外尚无应用案例，因而对车辆各个部分的使用寿命、损耗规律等都有待进一步深入了解和认识，以便尽量避免出现车辆零部件不到使用期限就提前进行修理这种不经济现象。因此，单轨车辆的检修制度和检修周期，应在车辆制造商提供的要求基础上，按照过去长期的实践经验，以调查统计资料为依据，进行科学分析和计算后再制定。同时，对车辆零部件的损坏规律及使用期限进行调查分析和统计，也有助于改进车辆各部件、提高车辆质量、延长车辆部件的使用寿命，使车辆检修制度日趋完善。

③由于目前国内虽有跨座式单轨系统制式的国家标准，但标准中的车辆日常维修和定期检修周期是根据重庆单轨线路和日立单轨交通的运营经验、车辆制造厂建议等综合因素考虑制定的。当线路中选用车辆厂家不同时，车辆供货商的维修制度可能存在差异，因此具体设计时还应综合考虑车辆制造厂建议的检修周期及指标。

3）车辆基地平面布置典型案例及布置原则

（1）跨座式车辆基地平面布置典型案例

①日本冲绳都市单轨

冲绳都市单轨线路（那霸机场～首里），线路全长12.9km，设站15座，2辆编组。

车辆段股道敷设长度约1km，道岔5组，其中2开道岔3组，4开道岔2组。设置6条1线2列位露天存放停车线，可满足12套车辆的停放。2线检修库上方并列设置通过式外皮清洗线和走行线各1条；咽喉区上方设工程车库，下方布置综合办公房屋。如图4.6-23所示。

②日本东京羽田机场单轨线

东京羽田机场线（单轨电车滨松町～羽田机场第2大楼），线路全长17.8km，设站11座，6辆编组。

车辆基地出入线及咽喉设于车辆基地中部，咽喉东侧设置多条1线2列位露天存放停车线，西侧设置2线检修库1座，检修库上方设1线1列位露天存放停车线。如图4.6-24所示。

③日本多摩都市单轨线

多摩都市单轨线（上北台站～多摩中心站），线路全长 16.0km，设站 11 座，4 辆编组。车辆基地采用尽端式布置，设道岔 7 组，其中 2 开道岔 3 组，3 开道岔 1 组，5 开道岔 3 组。停车列检库进行上盖综合开发。检修库和停车列检库对置布置，采用倒桩布置形式；工程车库与检修库并列布置；综合楼与停车列检库并列布置；出入段线位于综合楼与停车列检库之间，作业人员在停车列检库和综合楼之间行走可利用出入段线下方净空通行。如图 4.6-25 所示。

图 4.6-23　车辆基地鸟瞰图——日本冲绳都市单轨

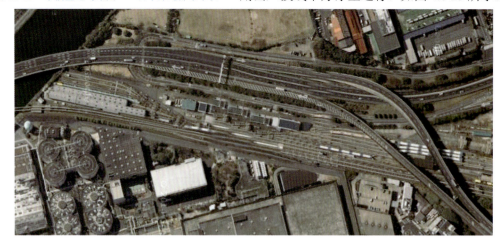

图 4.6-24　车辆基地鸟瞰图——日本东京羽电机场单轨线

④大阪高速铁道

大阪高速铁路主线（大阪空港～门真市），线路长度 21.2km；支线（万博纪念公园～彩都西），线路长度 6.8km。设站 11 座，4 辆编组。车辆基地采用尽端式布置，地块呈三角形，基地依地形而建，共设道岔 5 组，其中 2 开道岔 1 组，3 开道岔 1 组，4 开道岔 1 组，5 开道岔 2 组。设置 6 条 1 线 1 列位露天存放停车线，可满足 6 列车辆的停放。检修库和换轮库采用纵列式布置，检修库采用单线接入，库内采用移车台完成车辆换轨。如图 4.6-26 所示。

图 4.6-25　车辆基地鸟瞰图——日本多摩都市单轨线

图 4.6-26　车辆基地鸟瞰图——大阪高速铁道

⑤日本北九州高速铁道

北九州单轨小仓线（小仓企～救丘），线路全长 8.8km，设站 11 座，4 辆编组。车辆基地采用尽端式布置，采用单出入段线，出入段线绕车辆基地场地范围一圈后进入车辆基地。设置列车清洗棚及检修库，停车考虑露天停放。共设 4 组 3 开道岔。综合楼位于出入段线和检修库之间所夹地块内。如图 4.6-27 所示。

⑥美国拉斯维加斯单轨

拉斯维加斯的单轨铁路（米高梅大赌场～撒哈拉大赌场），设站 11 座，4 辆编组。车辆基地采用尽端式布置方案，该基地内主要用作车辆日常停放和维护，段内仅设一处 4 开道岔，用地十分紧凑。如图 4.6-28 所示。

图 4.6-27　车辆基地鸟瞰图——日本北九州高速铁道　　图 4.6-28　车辆基地鸟瞰图——美国拉斯维加斯单轨

⑦重庆童家院子车辆段

由于重庆轨道交通 3 号线童家院子为全重修级别车辆基地。车辆基地采用尽端式并列布置方案，段内主要设置运用库、检修库、牵引变电所、综合办公楼、综合维修中心等。总用地约 28 万 m^2，建筑面积约 14.4 万 m^2。停车规模 36 列位，列检 12 列位，月检 4 列位，换轮 2 列位，重点检修、全面检修 4 列位。贯通洗车线位于入段线南侧，长度约 1400m。如图 4.6-29、图 4.6-30 所示。

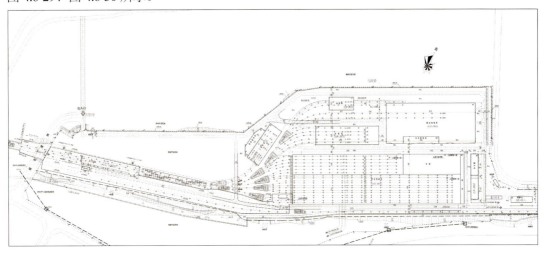

图 4.6-29　童家院子车辆段总平面布置示意图

图 4.6-30　童家院子车辆段总平面布置卫星图

与传统地铁车辆基地相比，单轨车辆基地的总平面布置主要特点如下：

（1）段内人车交通需借助下穿道路或天桥实现

由于轨道梁在车辆基地内一般采用地面敷设，轨道梁轨面距路基面高程为 2.3m，每一条轨道梁像一堵墙一样将段内分割成数个条形状区域，严重影响作业人员的通行以及地面交通。童家院子车辆段内主要通过在咽喉区设置下穿道路，实现平行交通需求和场内的环形道路需求，满足消防要求。主要作业人员进出咽喉区通过设置下穿人行通道实现。

（2）优先选用多开道岔，尽量减少道岔数量

单轨道岔结构较复杂，且价格较高，所以单轨车辆基地在满足运营要求的条件下，尽量减少轨道长度和道岔数量是总平面布置的关键。把有股道的车间尽量集中布置，优先采用多开道岔，以减少道岔数量。在用地不受限制的情况下，尽量采用尽端式布置，同时尽量避免采用倒装布置形式，从而减少道岔的数量。重庆单轨车辆基地在总平面设计中，采用了尽端式横列布置，库前咽喉区只用了 3 组五开道岔、1 组三开道岔和 1 组单开道岔，厂房布置非常紧凑。

（3）充分利用转弯半径小的优势可节省用地

童家院子车辆段的设计及运营经验，充分利用了单轨车辆转弯半径小的特点（单轨车辆最小转弯半径 50m、地铁车辆最小转弯半径 150m），大大缩短了库前轨道咽喉区的长度。童家院子车辆段轨道梁采用小曲线半径，库前轨道咽喉区长度约 150m，是一般同等规模地铁车辆基地库前咽喉区长度的一半左右。

（4）库内作业线路收轨道梁影响

库内轨道梁通长架设，导致无法在库内设置横向消防通道。因此在库内轨道梁过长时，为方便人员通行，需在轨道梁下方设置横向下穿通道。童家院子车辆段的停车库及检修库均设置有横向下穿人行通道。

（5）设置换轮库

由于采用胶轮系统，与地铁车辆基地设置镟轮库不同，单轨系统车辆基地需要设置换轮库，换轮设备由架车设备、换轮装置组成，可与检修库合并设置或单独设置，部分设备可考虑共享以提高设备利用率。换轮工作量较大时换轮库可单独设置，如童家院子车辆段的全重修车辆基地，规模较大，换轮库单独设置。

4.6.3　中低速磁悬浮系统车辆基地

随着轨道交通事业的发展，城市交通对轨道交通技术的发展提出了更新更高的要求。中低速磁浮列车是一种速度较快，超安静、高环保的城市轨道交通工具，具有环保、安全

性高、爬坡能力强、转弯半径小、能耗低、运行噪声小等优点,适用于城市市区、近距离城市间和旅游景区的交通连接。目前它正处于发展阶段,国际上仅有日本和韩国各开通了一条商业运营的磁浮列车线路,而国内长沙中低速磁浮线于2016年5月开通运营,是世界第三条商业运营的磁浮线路。北京磁悬浮S1线预计于2017年底开通试运营。

1)中低速磁浮车辆的技术特征

(1)中低速磁浮车辆技术原理

中低速磁浮车辆依靠在车辆上的电磁铁和导轨上的铁磁轨道相互吸引产生悬浮,悬浮的气隙较小,一般为10mm左右,属吸力悬浮系统。中低速磁浮列车速度可达每小时100～120km,目前主要应用于日本、韩国以及中国。

中低速磁浮车辆的运行主要依靠三种力:首先是上面介绍的悬浮力;第二是依靠直线电机产生的推进力;第三是车辆转弯所需要的导向力,当转向架电磁铁与F轨发生侧向偏离,它们会产生侧向回复力,具有自导功能。如图4.6-31所示。

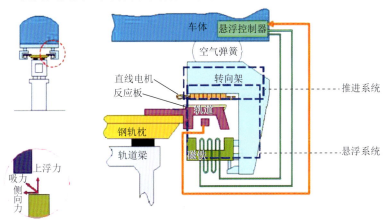

图4.6-31 中低速磁浮车辆技术原理

(2)车辆总体结构及尺寸

车辆结构由车体、二次悬架、车辆走行部三部分组成(图4.6-32)。

车辆结构功能如下。

①承载功能:车体承载乘客和工作人员、各类机械、电气和控制设备;走行部承载整车重量以及传递垂向和侧向力。

②运动功能:走行部跟踪轨道走行,使车体和走行部保持一定的位置关系,并与走行部联动(图4.6-33)。

目前成功运行的车辆结构大多适用于单轨道梁线路,其优点是成本较低,缺点是重心较高和车体下部设备空间受限。

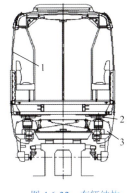

图4.6-32 车辆结构

1-车体;2-中部结构(二次悬架、导向机构);3-下部结构(走行部)

(3)主要子系统

①车体及附属设备

a.车体结构组成。

车体结构为轻型、整体承载铝合金模块化全焊接结构,车体由前后围、侧面、顶面、底面等组成,各大部件通过焊接的方式连接。

b. 车体车厢内部布置。

车厢内布置有驾驶控制室、客车室、空调机组等，根据需要可设置卫生间。

②悬浮架

车辆悬浮架由磁浮转向架组成，与铁道车辆的转向架相当。磁浮列车的悬浮单元转向架并非独立运动，一般两转向架通过转向机构连接形成走行部（图4.6-34）。

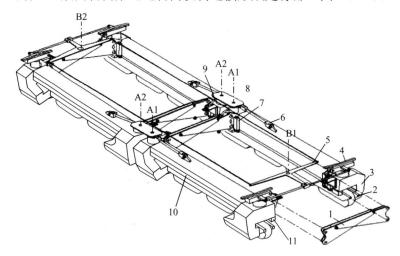

图4.6-33　车辆走行部

1-防滚梁；2-悬浮电磁铁；3-转向架单元；4-线形滚子导轨；5-转向机构；6-动力推杆；7-液压支撑轮；8-空气弹簧；9-空簧横拉杆；10-直线电机；11-着轨滑橇

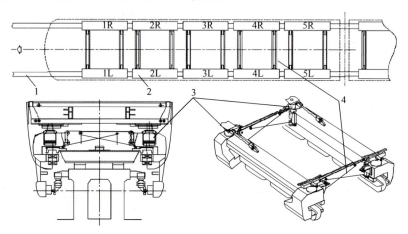

图4.6-34　磁浮转向架装置

1-磁浮轨道；2-转向架模块；3-空气弹簧；4-防滚梁

磁浮转向架装置采用模块化结构，左、右模块通过防滚梁连接形成一台磁浮转向架。转向架模块是集悬浮、导向、牵引、制动功能于一体的功能组件，模块在车辆运行方向的两侧各配置5台，形成与车辆几乎等长的车体支撑。

③二系悬挂结构

二次悬架系由空气弹簧、高度调节阀、纵横向拉杆、线性滚子滑台、转向机构组成。二次悬架的主要功能是：将转向架提供的悬浮力传递给负载钢架，缓冲电磁铁动态运动对负载的冲击，调整悬浮模块相对于轨道的位置偏差，传递转向架与负载钢架之间的纵向力。

④悬浮系统

悬浮控制系统的构成如图 4.6-35 所示。这里主要讨论一般车体悬浮控制的概念以及组成悬浮控制系统的各部件的特性。

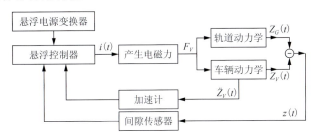

图 4.6-35 悬浮控制系统结构图

$Z_V(t)$- 车体上电磁铁极面相对惯性基准的高度；$Z_G(t)$- 轨道极面相对惯性基准的高度；

$Z(t)$- 电磁铁与轨道相对间隙，$Z(t)=Z_V(t)-Z_G(t)$

a. 间隙传感器。

间隙传感器通常采用电涡流式的传感器，它安装于电磁铁上，用来检测电磁铁极面与轨道极面之间的间隙，并将该间隙信号传递给悬浮控制器。为了提高系统的可靠性，间隙传感器一般是冗余配置的。

b. 加速度计。

加速度计测量到电磁铁运动的加速度信号后，经过处理产生电磁铁运动的速度信号，悬浮控制器利用该速度信号及前述的间隙信号，产生对电磁铁电流的控制信号，使电磁铁在各种负载和干扰状态下稳定悬浮于轨道下方。

c. 浮电源变换器。

悬浮电源是指车载的 DC/DC（直流电源变换器），并包含备用的蓄电池组。DC/DC 将来自供电系统的直流 1500V（或 750V）电源变换成悬浮系统需要的直流电源（如直流 330V），为各个悬浮控制器供电。为了防止 DC/DC 突然断电给悬浮系统造成的冲击，磁浮列车上配备了悬浮蓄电池组，蓄电池组的输出电压与 DC/DC 的电压匹配，并与 DC/DC 并联连接。当 DC/DC 突然断电时，蓄电池组能够维持悬浮系统工作 30s 以上。在这段时间内，悬浮系统可以完成无冲击的慢落，使车辆平稳落到轨道上。

d. 悬浮电磁铁。

悬浮电磁铁由铁芯、极板和绕组组成，绕组一般采用铝导线或铝箔，绕制完成后安装铁芯和极板，构成悬浮电磁铁。电磁铁在通电后产生磁场，吸引轨道产生电磁力。通电电流越大，产生的电磁力越大，当各电磁铁的电磁力合力与磁浮列车负载平衡时，磁浮列车就可以实现悬浮。

e. 悬浮控制器。

悬浮控制器是悬浮控制系统的核心，它根据传感器（包括间隙传感器、加速度计等）反馈的信息，将来自悬浮电源的能量变换成适当的电流施加到悬浮电磁铁绕组中。通电的电磁铁与轨道相互吸引，当电磁力与车辆重力平衡时，车辆就会悬浮于轨道上方。悬浮控制器由弱电和强电两部分构成，弱电部分由控制计算机和在其上运行的软件组成，该部分根据获得的传感器信息和列车控制系统的命令，产生对强电部分的控制信号；强电部分根据弱电部分的控制信号，把来自悬浮电源的能量进行变换，输出到悬浮电磁铁，实现对电磁铁电流的控制。在车辆和轨道结构确定的情况下，车辆悬浮系统性能直接决定于悬浮控制器性能的好坏。

⑤牵引制动系统

a. 牵引系统

牵引系统组成：采用DC1500V/DC750V供电，由高压柜、滤波电抗器、牵引逆变器、制动电阻、受流器、高压分线箱和直线感应电机组成。

牵引系统功能：通过受流器得电，在库用电源与第三轨供电之间实现供电转换，为列车提供牵引力与电制动力，以及牵引控制和系统保护。

b. 制动系统

制动系统组成：主要由制动控制装置、基础制动装置、空气悬挂装置、救援支撑装置、鸣笛装置等组成。

制动系统功能：具有常用制动、紧急制动、快速制动、载荷补偿、冲动极限限制、故障检测故障记录等功能。

（4）中低速磁浮车辆主要技术参数

国内目前有两种形式中低速磁浮车辆，分别为中车唐山厂生产的MA型车和中车株洲厂生产的MB型车。

其具体参数见表4.6-8。

车辆主要技术规格　　　　表4.6-8

技术项目		MA型车	MB型车
车辆基本长度（mm）	端车	15600	16355
	中车	14600	15600
车体基本宽度（mm）		3000	2800
车辆最大高度（mm）		≤3700	≤3800
车内净高（mm）		≥2100	
车体地板面高度（mm）		≤950	≤880
车辆悬浮能力（t）		≥35	≥33
悬浮架模块数量（个）		5	
悬浮架模块长度（mm）		2650	2800
轨距（mm）		2000	1860
额定悬浮间隙（mm）		8	
车钩中心线高度（mm）		688	600
车辆每侧车门数（对）		4	2
载员	座席 单司机室车辆	27	34
	无司机室车辆	33	36
载员	定员 单司机室车辆	146	102
	无司机室车辆	159	113
	超员 单司机室车辆	208	133
	无司机室车辆	224	150
车辆最高运行速度（km/h）		80、100	80、100

注：1. 每平方米有效空余地板面积站立的人数，MA车定员按6人计，超员按9人计；MB车定员按4人计，超员按6人计。

2. 有效空余地板面积，指客室地板总面积减去座椅垂向投影面积和投影面积前250mm内高度不低于1800mm的面积。

2）磁浮车辆基地总平面布置

（1）国内外中低速磁浮列车运用检修设施平面布置

①日本东部丘陵线

东部丘陵线（TKL）（图 4.6-36、图 4.6-37）是日本第一条商业运营的磁浮交通线，线路全长 8.9km，为复线结构，从名古屋地铁的藤丘站到爱知环形铁路的八草站，途经 9 个车站，其中隧道部分长 1.4km，高架部分为 7.5km，最高旅行速度 100km/h，最大坡度 70‰，最小曲线半径 50m。该段线路采用 3 辆固定编组列车，平常日及节假日发车间隔为 10min 一班，平常日早晨高峰时段发车间隔为 7min，运送能力为单向每小时约 5000 人次。

图 4.6-36　日本 HSST 东部丘陵线

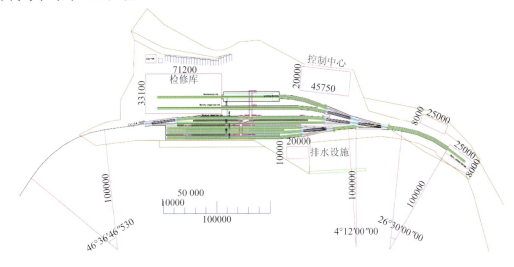

图 4.6-37　东部丘陵线车辆段总平面布置示意图（尺寸单位：mm）

东部丘陵线在爱地球纪念公园站接轨设置车辆段，占地面积 3.86hm^2，全线控制中心设置于车辆段内。

车辆段股道敷设长度约 1km，道岔 5 组，其中 2 开道岔 2 组，3 开道岔 3 组。设置 3 条 1 线 2 列位露天存放停车线，可满足 6 套车辆的停放。2 线检修库下方并列设置通过式外皮清洗线和走行线各 1 条。如图 4.6-38 所示。

图 4.6-38　东部丘陵线车辆段停车线、外皮清洗线及贯通式走行线

东部丘陵线车辆段设置 2 线检修库 1 座，面积约 2500 m²，东部丘陵线配属的所有 Linimo 磁悬浮列车检修均在该库内完成。其中 1 线设置三层作业平台，完成磁悬浮列车的低级修程作业；另一线设置天车，负责高级修程作业。

②国内北京中低速磁浮 S1 线

北京市中低速磁浮交通示范线（S1 线）西段工程线路全长 10.236km，其中高架段 9.953km，隧道段 0.283km。全线设站 8 座，全部为高架站，在石门营设车辆段 1 座，车辆段内各单体建筑包括：车辆运用联合库、车辆检修联合库、综合楼、轨道公安派出所、锅炉房、易燃品危险品间、试车线用房、门卫（4 个）等建筑单体。车辆段用地规模为 13.44hm²，其中主要建筑情况如下：综合楼为一类高层建筑，轨道公安派出所为多层建筑，车辆运用联合库、车辆检修联合库为丁戊类厂房。车辆基地段内设停车列检线 8 条、周检线 1 条、月检线 1 条、定临修线 2 条、大架修线 2 条、洗车线 1 条、吹扫线 1 条、基地段内配套设置了对应的车辆运用检修工装设备和设施，以及食堂、浴室、公寓等生产生活配套设施。车辆基地设计规模满足近期车辆运用检修、综合维修、物资仓储等功能需求。北京中低速磁浮 S1 线平面布置图如图 4.6-39 所示。

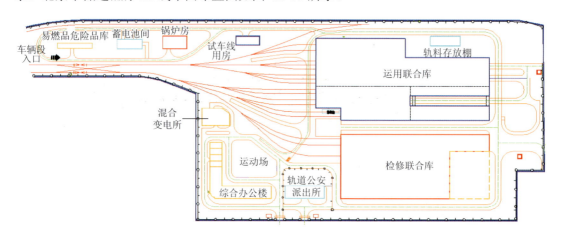

图 4.6-39　北京中低速磁浮 S1 线车辆基地平面布置图

a. 运用联合库。

运用联合库由吹扫库、洗车库、日检停车库、周月检库和电子检修车间等组成。它主要完成中低速磁浮的日检和周检，保证磁浮车辆的正常基本检查。

b. 检修联合库。

检修联合库由定临修主库、大架修主库、转向架检修区间和辅助检修车间等组成。定临修主库承担磁浮车辆的定修（年检）及临修作业；大架修主库主要承担车辆解体，对悬浮架和车体进行整形，对所有部件全部进行分解、检查和修理，完全恢复其性能。

c. 轨料存放棚。

北京磁浮单独设有轨料存放棚一座，材料棚长 70m，宽 18m，建筑面积 1256m²。轨料存放棚负责全线所需的各种物资的采购、储存、发放及管理等工作。

d. 试车机具房。

为测试中低速磁浮列车的性能，规划专门的试车线。试车线用房主要提供各种试车测试设备以及其他辅助设备，保证试车的顺利。

e. 综合办公楼。

车辆基地段北端出入口附近,主要由综合楼和楼前广场及运动场组成。其中综合楼由车辆基地段办公、综合维修办公、食堂、浴室及运行控制中心(OCC)、教育室等房屋组成。

③长沙中低速磁浮工程

长沙中低速磁浮列车全线长约18.55km,线路初设3站,即长沙南站、榔梨站、黄花机场站。磁浮车辆运用的检修设施主要是车辆基地。长沙磁浮车辆基地内设综合楼、综合库、材料棚、综合维修车间、洗车机棚及污水处理站、牵引降压混合变电所等房屋,新建房屋建筑面积19275.8m^2,车辆基地段内设停车列检线3条,另预留4条,每条可停放3辆编组磁浮列车2列,设检修线2条,每条1列位,其中1列位为定临修线,另一列位为月检线。基地段内配套设置了对应的车辆运用检修工装设备和设施,以及食堂、浴室、公寓等生产生活配套设施。设计规模满足近期车辆运用检修、综合维修、物资仓储等功能需求,并预留了远期发展条件。长沙车辆基地征地面积5.72hm^2,其中围墙内用地面积4.95hm^2。长沙中低速磁浮线平面布置如图4.6-40所示。

图4.6-40 长沙中低速磁浮线平面布置示意图

a. 综合检修库。

综合库由停车库、检修库和辅助检修车间等组成,布置于车辆基地的北端。停车库设停车线3条(另预留4条),每线可停放2列3辆编组的磁浮列车,近、远期停车能力分别为6、14列。检修库内设月检线及检修线各1条,按每线停放1列3辆编组的磁浮列车设计。综合库房屋建筑按近、远期规模分期实施,远期预留部分设于综合库西侧。

b. 综合维修车间。

综合维修中心由工建车间、机电车间、供电车间、通号车间、自动化车间、备品备件库、工程车队等组成。综合维修中心是中低速磁浮交通系统的重要组成部分,负责对长沙磁浮工程各系统,包括供电、通信、信号、防灾报警、自动售检票、环控、安全门、给排水、电梯及自动扶梯等机电设备和房屋建筑、轨道、桥涵、车站等建筑设施进行维护、保养和检修等。

c. 材料棚。

长沙磁浮单独设有材料棚一座,材料棚长60m,宽18m。材料棚负责全线所需的各种物资的采购、储存、发放及管理等工作。

d. 洗车机棚及控制室。

洗车机棚及控制室与污水处理站合设一处，便于生产废水的处理和回用，房屋建筑面积 514m²，配备列车外皮洗刷机 1 套，运用车洗刷周期按每列车 1-2 天洗刷 1 次。

e. 综合库附属楼。

厂前区设于车辆基地段北端出入口附近，主要由综合楼和楼前广场组成。其中综合楼由车辆基地段办公、食堂、运行控制中心（OCC）、模拟驾驶培训间等房屋组成。

（2）磁浮车辆基地总平面设计与轮轨车辆基地差异

①车辆特性决定的轨道参数

a. 车辆基地出入线的最小平面曲线半径一般不小于 100m，困难情况不小于 75m。圆曲线与直线间困难时可不设缓和曲线，最短圆曲线长度不得小于 1 节车辆长度。

b. 出入线路的最大坡度不应大于 70‰。

c. 两相邻坡段的坡度代数差大于或等于 2‰时应采用竖曲线连接，竖曲线半径不小于 1500m。竖曲线应避免与平曲线重叠，道岔范围内不允许设置竖曲线。

②道岔造成的影响

对于磁浮车辆基地总平面布置影响最大的因素为磁浮道岔，因道岔造价较高，且操作速度较慢（道岔行程时间 15s），不宜在段内使用复杂道岔配置，因此有以下建议：

a. 洗车线布置尽量采用贯通式布置方式。若受限于出入段线长度，可与运用库或检修库大库并列设置为尽端式布置方式或者将洗车机改为移动式洗车机。

b. 以大型段内移车台替代道岔，减少车辆基地面积及道岔的使用。

道岔的使用不仅造价高，且道岔的出岔条件较为苛刻，占用了大量的用地，岔区的大小制约了总平面的长度和宽度。结合车辆的形式及段内调车作业的特点，可研发大型移车台设备，用于段内股道转车作业，有利于节省用地面积，提高作业效率。

③磁浮轨道结构特点造成的影响

因中低速磁浮轨道需架设在特制的轨道梁上，因此与普通的轮轨交通不一样，中低速磁浮车辆基地无条件设置平交道。因此在规模较大的磁浮车辆基地中，需采用立体交通解决环形消防通道的问题。

④大架修布置建议

中低速磁浮列车与普通轮轨列车的主要区别在于走行部，因此维修的主要差异也在于走行部区别。因为没有类似于普通地铁使用的架车机，磁浮列车解体一般采用天车吊装分解，因此在大修解体线的侧边，需要留有足够的空间，用于车体吊装和运送。

对于悬浮架的临时拆解，目前国内研制有装设于库内磁浮轨道上的悬浮架拆装设备，可在不解体车辆的情况下更换单个悬浮架，因此在定临修及大架修线上，需每股道配置 2～3 套悬浮架拆装设备。

4.6.4 采用全自动驾驶车辆基地

1）概况

（1）全自动运行系统定义

全自动运行系统（Fully Automatic Operation，简称 FAO）：基于现代计算机、通信、控制和系统集成等技术实现列车运行全过程自动化的新一代城市轨道交通系统。国际公共交通协会（UITP）将列车运行的自动化等级（GOA）划分 5 级。如表 4.6-9 所示。

列车运行自化等级划分表　　　　表 4.6-9

自动化等级	列车运行方式	驾驶模式
GoA0	目视下列车运行（TOS）	无 ATP 防护
GoA1	非自动列车运行（NTO）	ATP
GoA2	半自动列车运行（STO）	ATO
GoA3	有人值守下列车自动运行（DTO）	FAO
GoA4	无人值守下的列车自动运行（UTO）	

全自动驾驶模式可定义为两种方式：无人驾驶但有人跟车的自动化运行方式（DTO）、全自动无人驾驶的自动化运行方式（UTO）。

区别与半自动列车运行（STO），DTO 等级下列车运行将可满足以下需求：

①乘务员无须在驾驶室，在车辆运行期间，可以为旅客提供相应的服务，如管理车门、屏蔽门的开启、关闭以及紧急情况的通告传送。

②列车在车站之间是自动行驶，并可自动折返。

③乘务员或控制中心能够实现与乘客交流的功能。

UTO 等级下，区别于有人跟车的自动化运行（DTO），UTO 等级下列车运行将可满足以下需求：

①列车运行期间，车上无须配备人员（包括司机、乘务员等）。

②列车在线路上能够自动行驶，并实现车门的自动开关。

③中心控制能够与乘客交流。

上述两种运行方式分别对应于 MODURBAN 标准中的 GOA3 和 GOA4。

GOA3："Driverless train operation"，无司机驾驶。

GOA4："Unmanned Train Operation"，全自动驾驶。

全自动驾驶系统指的是完全没有司机参与，车辆在控制中心的统一控制下实现全自动运营，自动实现列车休眠、唤醒、准备、自检、自动运行、停车和开关车门，故障情况下自动恢复，以及无人操作的情况下自动洗车等功能。

（2）必要性

全自动驾驶需要包括轨道交通列车在内的多项系统、设备进行升级改造，随着全自动驾驶技术在地铁的应用，势必会相关轨道交通产业技术的发展，并加速相关行业的快速发展。

①可提高安全性、可靠性

a. 全自动驾驶系统利用高效 ATC 系统和综合监控系统、智能运转的功能保障，结合人工监视、干预的机制，在落实高精度列车运行的同时，能减少不必要的误操作。用时，该系统还可建立应急预案，具备灾害情况下的快速反应能力，大大提高了安全性。

b. 全自动驾驶系统的车辆、信号以及车辆与控制中心的通信系统均采用冗余互备技术，以减少运行故障。系统完善的故障自诊断和自愈功能提高了整个系统的可用性和可靠性。

②可实现人力资源的综合利用，降低运营成本

a. 全自动驾驶系统能实现对列车的精确定位及实时跟踪，可以有效缩短行车间隔，提高旅行速度。全自动驾驶系统在与传统线路同等运力情况下，可加速车辆的周转，提高列车使用率。

b. 全自动驾驶可以弱化司机职能或取消司机，可通过人员的岗位综合减少定员。

传统轨道交通线路每条线至少有数百名司机,采用全自动驾驶系统由中心集中控制,可以大幅度减少人员配置数量,有效降低运营成本。

c. 全自动驾驶可根据客流量变化,动态调整列车运行计划,有效控制空车走行,节约牵引能耗,运营组织更加灵活。

③可提高乘客服务质量

a. 全自动驾驶能根据实时情况,控制列车的速度/时间,使其达到最佳性能曲线,大大提高车辆运行的平稳度和舒适性。

b. 全自动驾驶由于自动化程度高,较容易实现准点运行,提高乘客对轨道交通的信任度。

④可提高轨道交通的先进性,实现科学管理

a. 轨道交通技术发展已经证明,全自动驾驶是未来重要的技术发展方向和目标,各城市迫切需要这项新技术提高轨道交通路网建设的先进性。

b. 轨道交通现代化科学管理的落实,采用全自动驾驶系统,无论是在人员还是在管理运营模式上都能得到合理、有效的精简,是一次能有效提高管理效率的管理创新。

c. 全自动驾驶工程的成功实施将在设计、施工、系统集成以及项目管理等方面积累丰富的经验,为新一轮轨道交通的建设提供借鉴和参考。

(3)城市轨道交通全自动驾驶发展历程

城市轨道交通全自动驾驶的发展经历了三个发展阶段:探索阶段、推广阶段和成熟应用阶段。随着技术的发展和运营管理经验的提高,更加先进的技术手段和管理方法的成功运用使得各阶段全自动驾驶技术都产生了质的飞跃,实现了城市轨道交通系统的安全、可靠、高效、节能的最佳化运行。目前,全自动驾驶已成为城市轨道交通行业未来技术发展方向。

第一,探索阶段(1965—1990年),1962年世界上第一条全自动驾驶城市轨道交通线路在纽约投入运营,在时代广场和纽约大中央火车站之间运行。1965年西屋电气公司提出建设"无人驾驶的、高频率的、经济的公共交通系统",在匹兹堡附近的南区公园(South Park)建成了全自动化运输系统"SkyBus"。1975年美国西弗吉尼亚大学开通了40年后的今天仍在正常运营的全自动驾驶线路"Morgantown PRT"(图4.6-41)。全自动驾驶系统初期的应用主要集中在公园观光线、机场摆渡线等客流较小的专线当中。

图 4.6-41　美国西弗吉尼亚州 Morgantown PRT

第二,推广阶段(1990—2000年),开始突破在大客流轨道交通应用,这个阶段的典型代表是巴黎地铁14号线(图4.6-42)。14号线是巴黎地铁中第一条全自动化的线路,列车运行自动化系统为DIGISAFE,系统保证列车运行的安全,相关的数据处理由摩托罗拉 68020 三处理器计算机和马特拉实时内核（MRTK）完成。而集中化控制驾驶系统则为线路资讯和调节提供保障，相关的数据处理由 DEC Alpha 工作站和 Open VMS 系统完成，并由西门子公司设计。自动化系统可以使列车调度更加灵便，在班次延误或客流高峰时可以多插入一组列车运行，频率和运行车辆数根据高峰和非高峰时段自动调整，列车的运行速度和效率显著提高。但是，这个阶段内没有实现车辆基地的自动运行。

图 4.6-42　巴黎地铁 14 号线

第三，成熟应用阶段（2000 年至今）。从低密度低客流线路应用逐级发展到大客流高密度线路，能够实现全线的自动化运行（含车辆基地），其典型代表是新加坡东北线（图 4.6-43～图 4.6-45），该线为全世界第一条实现正线、车辆基地全自动运行的重型地铁线路。该线采用钢轮钢轨制式，信号为 ALSTOM 的 Urbalis 系统，最高运行速度 90km/h，高峰时间最小行车间隔为 2min，日间行车间隔为 5min，清晨和夜间行车间隔为 6min。车辆为 Alstom Metropolis C751A（后升级为 Alstom Metropolis C751AC），为六辆编组。2003 年 6 月开通运营。

图 4.6-43　新加坡东北线车站

图 4.6-44　新加坡东北线车内逃生门

图 4.6-45　新加坡东北线车内应急电话

近年来自动化地铁在全球轨道交通领域日渐升温，巴黎、新加坡、洛桑、迪拜、纽伦堡、哥本哈根等城市都已引入全自动驾驶地铁，目前运行情况良好。据统计全球多于 50% 的新建线路计划采用全自动驾驶设计。

更多的城市正在考虑或是正在将既有的轨道交通线改造成全自动驾驶线，如法国的巴黎、里昂、马赛，德国的纽伦堡、汉堡、法兰克福、柏林，芬兰首都赫尔辛基市等。其中的典型代表为法国巴黎地铁 1 号线（图 4.6-46）。2005 年，地铁营运单位巴黎大众运输公司（RATP）和西门子公司签订了一份合同，将斥资 3080 万欧元用于地铁巴黎地铁 1 号线自动化项目建设，其中包括完全自动驾驶、数据传输系统、中央控制调度等新技术设备。相关自动化工程于 2007 年开始逐步进行，RATP 先在 13 号线上测试过站台安全门，最终于 2007 年 3 月与 Kaba 集团签署关于站台安全门的合同。2008 年 12 月开始，全线各个车

图 4.6-46　法国巴黎地铁 1 号线

站陆续进行自动化翻新，加装站台安全门，全线各个车站加装站台安全门于 2011 年 4 月完成。2013 年 4 月开始，巴黎地铁 1 号线成为一条完全自动化的地铁线路，成为继德国纽伦堡 U2 线之后将传统地铁转变为全自动地铁的典范，车辆更新为自动驾驶的 MP 05 列车。

从 2003 年启动可行性研究到 2013 年全自动驾驶正式交付使用，巴黎地铁 1 号线改造工程历时十年，工程克服了众多技术难题。线路的安装、调试工作被安排在夜间进行，在不影响既有线路正常运营的情况下完成了安装站台安全门、升级信号系统、改造轨道、更新升级控制中心等任务，实现了自动驾驶列车和人工驾驶列车的混合运行以及由人工驾驶向自动驾驶的平滑过渡。该工程的成功实施使得 RATP 复制了巴黎地铁 14 号线全自动驾驶的成功经验，在提高运输效率的同时有效降低了运营成本和设备维护的工作量，并为后续旧线路改造积累了丰富的经验。该工程的成功标志着全自动驾驶技术的应用逐步走向成熟。

2011 年 1 月巴黎市政府宣布将投资不少于 324 亿欧元用于发展全自动驾驶地铁，对线网进行现代化改造，并制定了全网升级全自动驾驶的计划，其中大约 55 亿欧元将用于采购和升级现代化的地铁车辆。巴黎市政府于 2012 公布了线网升级计划，该计划对世界大城市轨道交通的现代化建设起到了示范和引领的作用。2013 年英国伦敦和中国香港紧随其后公布了全网升级全自动驾驶地铁的现代化发展计划。

《国际全自动驾驶标准铁路应用——城市轨道交通管理与控制系统》（IEC 62290）以及《铁路应用—城市轨道交通自动化安全需求》（IEC 62267）的颁布，也从一个侧面说明了全自动驾驶从理论到实践已经完全成熟且得到广泛认可。如图 4.6-47 所示为全球已运营全自动驾驶轨道交通线路的城市。

（4）国外应用情况

2008 年以前，全自动驾驶技术推广比较慢，且多用于小运量或机场线等特殊需求的线路。2008 年后，随着 CBTC 技术的迅猛发展，各地对地铁能力和运营需求的急剧增加。结合 2003 年第一条大运量全自动驾驶线路新加坡东北线成功建成运营，全自动驾驶技术开始在中、高量地铁存在的地方被广泛运用。其中，包括中国、新加坡、韩国在内的亚洲国家尤其重视该技术，可以预见在亚洲范围内，全自动驾驶技术的应用业绩将有一个较大的增长。

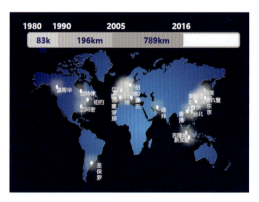

图 4.6-47　全球已运营全自动驾驶轨道交通线路的城市

国际公共交通协会 UIPT 调查数据显示，截至 2016 年 7 月，全球 37 个城市开通运营全自动驾驶线路共 55 条，约 800km，共 848 个车站。预计 2025 年全球将有超过 2300km 的全自动运行线路。

全球已开通的全自动驾驶线路主要如表 4.6-10 所示。

全球已开通的全自动驾驶线路表　　　　　　表 4.6-10

项目名称	开通时间	项目情况	运行等级	工程类型	车站数	备注
温哥华天车世博线	1986	26km	UTO	新建线	33	安全运行20年从无事故，每天运送20万人次
新加坡东北线	2003	20km，40辆车	UTO	新建线	16	车地传输媒介为裂缝波导管和正交频分复用OFDM
拉斯维加斯单轨线	2004	6.4km，36辆车	UTO	新建线	7	私人投资，每年运输2000万人次，最高速度80km/h；车地传输媒介为无线电台
香港迪士尼线	2005	3km，3辆车	UTO	新建线	2	采用轮轨系统，最高速度为70km/h，最小行车间隔为5.5min；车地传输媒介为无线电台
洛桑地铁2号线	2008	6km，17辆车	UTO	新建线	14	采用胶轮系统，双向共轨，2节车厢编组，最高速度为60km/h，最小行车间隔为3min；车地传输媒介为漏缆
北京机场线	2008	28km，10辆车	DTO	新建线	4	采用直线电机车辆制式；最小行车间隔为4min；车地传输媒介为裂缝波导管
巴塞罗那地铁9号线	2009	46km，50辆车	UTO	新建线	39	欧洲最长的自动化线路，采用双向共轨运行方式，与10号线共部分线路，最小行车间隔为3min；车地传输媒介为无线扩频电台
华盛顿杜勒国际机场线	2009	8km，29辆车	UTO	新建线		轮轨系统
台北内湖线	2009	26km，76辆车	UTO	新建加改造线	13	采用胶轮、钢轨系统，四节车厢编组；最高行车速度为80km/h，车地传输媒介为漏缆
上海10号线	2010	9.4km，41辆车	UTO	新线	5	最高速度为80km/h，最小行车间隔为3min
广州珠江新城APM线	2010	4km，19辆车	DTO	新建线	9	最高速度为80km/h，最小行车间隔为6.5min
韩国龙仁轻电铁	2011	19km，30辆车	UTO	新建线	15	最高速度为80km/h；传输媒介为漏缆
迪拜红、绿地铁	2011	70km，85辆车	UTO	新建线	43	最高速度为90km/h，最小行车间隔为3分
釜山金海轻轨地铁线	2011	23.5km，25辆车	UTO	新建线	21	2006年因噪声问题延期到11年开通
巴黎1号线	2011	16km，53辆车	DTO	改造线	25	环线，最小行车间隔为95s
新加坡铁环线	2009	35km，46辆车	UTO	新建线	31	最高速度为90km/h，3节车编组
圣地亚哥地铁1号线	2012	20km，42辆车	DTO	新建加改造线	27	采用胶轮系统
利雅得KAFD单轨铁路	2012	4km，12辆车	UTO	新建线	6	最高行车速度为80km/h，为双轨线路
香港南港线	2016	7.4km，10列车（3辆编组A型车）	UTO	新建线	5	最高行车速度为80km/h，整车为长客厂制造

（5）国内应用情况

根据 UITP 的统计和预测，结合目前国内全自动驾驶线路项目的快速发展，能看出全自动驾驶代表了技术发展的方向，也将是未来地铁建设的首选模式。有鉴于此，国内轨道交通领域对全自动驾驶技术方案也越来越重视，除了已建成运营的北京机场线、上海 10 号线、广州 ATM 线外，北京、上海、广州、深圳、南京、成都、武汉等主要地铁城市都在进行新建线路采用全自动驾驶技术的探讨与实践。具体如下：

①北京：北京地铁燕房线、新机场线、3 号线、12 号线、17 号线、19 号线均采用全自动驾驶方案，规划中的后续新建线路也拟采用全自动驾驶。

②上海：上海地铁新建线路大部分采用全自动驾驶方案，其他线路按自动化停车场设计，预留了升级为全自动驾驶的条件，目前在建的采用全自动驾驶技术的线路包括 5 号线、14 号线、17 号线、18 号线。

③南京：南京 7 号线确定采用全自动驾驶方案，并进行了相关专题研究以及专家评审等工作。

④成都：成都 9 号线确定采用全自动驾驶方案，目前正在进行初步设计。

⑤武汉：武汉 5 号线按全自动驾驶方案已经完成初步设计评审，全线全面开工，计划 2021 年通车。

⑥深圳：深圳地铁新建线路均在进行全自动驾驶技术方案的研究探讨，除 10 号线已确定采用全自动驾驶外，其余新建线目前处于方案讨论阶段。

⑦广州：广州计划在十三五规划（共 10 条线路，其中 6 条为延长线，2 条为快线，2 条为普通线路）的新线建设中考虑全自动驾驶技术方案。

目前，国内已建或在建的全自动驾驶（UTO）线路均采用 UTO 功能建设，运营由有人驾驶的模式（STO）或有人值守的模式（DTO）逐步过渡到无人值守的模式（UTO）。

2）全自动驾驶车辆与普通车辆差异

（1）概述

全自动驾驶车辆与传统有司机控制车辆相比主要增加设备、功能如表 4.6-11 所示。

普通车辆与全自动驾驶车辆功能对比表　　　　表 4.6-11

列车功能	普通车辆	全自动驾驶车辆
列车驾驶	司机	自动
唤醒/睡眠	司机	自动
开/关门	司机	自动
启动列车	司机	自动
停车控制	司机或 ATO	自动
与乘客的通信	司机	OCC
视频监控	自动	自动
救援疏导	司机	OCC
照明控制	司机	自动
空调控制	司机	自动
火灾检测	无	有
脱轨检测	无	有

①列车具备自动启动、休眠、唤醒等功能。

②列车前端配有机械障碍物探测装置，这种压力敏感装置可探测列车两端的障碍物，

一旦探测到障碍物，会立即触发紧急制动。

③列车具有火灾报警、脱轨检测功能。

④列车内安装360度全景摄像头，并通过通道上传OCC。

⑤与乘客相关的通信和信息系统、列车救援工作，以及紧急情况下引导乘客疏散等功能完全由OCC操控。

⑥车辆取消了司机室，但暂时保留司机门；设置了封闭式操纵台，紧急情况下（或段场检修车情况下）人员可手动操作。

⑦车辆具备全自动驾驶、人工驾驶功能，并可实现驾驶模式的切换。

⑧车辆具备故障检测、轻微故障修复或切除功能，并向控制中心报告检测结果。

⑨车辆具备自动开关车门、对位隔离车门的功能。

（2）全自动驾驶车辆主要功能

①列车驾驶控制功能

普通轨道交通模式下，司机根据提示按压ATO启动按钮后驾驶列车。UTO模式下，信号系统根据运行图时刻表控制列车运行。UTO系统控制传输路径为由OCC控制车载ATC（列车自动控制）设备，并通过MVB（多功能车辆总线）传输到TCMS（列车控制管理系统）、ICU（逆变器控制单元）、BCU（制动控制单元）。

②列车自动唤醒功能

每天运营前或有列车插入时，信号系统根据列车运行时刻表给每列车自动分配识别号。当列车两端驾驶室都选择为自动模式，在列车即将发车前OCC自动给列车发送唤醒指令，收到唤醒指令后列车车载各子系统执行启动、自检和静态测试等程序。ATC及各个子系统进行静态自检，TCMS汇总列车各子系统静态自检情况、列车唤醒工况等信息，并将结果发送给信号系统ATC及OCC。若唤醒不成功，OCC调度员将根据列车相关故障信息人工进行干预；如列车唤醒成功，则列车可随时运营，等待信号系统发送新指令。在任何时候，OCC调度员均可远程唤醒列车。

③列车自动休眠功能

列车运行服务结束后进入车辆基地或正线存车线停放。在列车停稳后，为节省能源，UTO系统将自动启动休眠程序。同时，为保养设备，列车在休眠前，信号系统ATC将会给地面列车维护系统发送是否需要下载列车维护信息的提示。在一定时间内，列车将关闭相应的车载子系统，进入列车休眠，休眠后须保证ATC系统中的唤醒模块一直带电。

④蠕动驾驶功能

在车辆网络出现故障，或车辆与车载信号设备通信故障时，将采用此模式应急运行方式。经OCC人工确认后，信号系统启动蠕动模式。列车以蠕动模式运行时，ATP监控列车以不超过25km/h（可设定）的速度全自动运行，当列车以蠕动模式进站自动停车后，ATP将输出紧急制动命令以防止列车移动，并打开车门等待人工处理。

⑤列车停车控制功能

雨雾天或轮缘喷油时，导致停站距离加大或不准，此时需要信号系统ATC重新进行调整停车：比如未到停车点区域（一般为±250mm）内，列车将采取缓慢跳跃式调整直至对准停车点；若列车越过了站台门区域，也可采取缓慢跳跃式调整退行，直至对准停车点；若列车越过站台超过5m或在给定次数的缓慢跳跃式调整后退仍未停准，则列车将直接自动启动行驶到下一车站而越过本站，并自动发送警告至OCC，同时通过车载PIS系统向列车乘客进行广播。

⑥火灾报警、脱轨检测功能

火灾是全自动驾驶系统的最大危险之一，全自动驾驶车厢内部及车辆底部设备区域均装设火灾探测器，可向乘客、OCC 发送相关报警信息，协助乘客快速逃生。如果火灾发生在行进中列车车厢内部，乘客可使用灭火器控制火势，待列车紧急制动后进行疏散；若火灾发生在车厢外部，则车体耐火材料应保证列车在不着火的前提下运行到下一站。

信号系统通过硬线接收来脱轨检测设备的信息，当列车脱轨发生时，应向车辆制动系统发出制动指令。

⑦障碍物检测功能

列车前端和末尾配有机械障碍物探测装置，这种压力敏感装置可探测列车两端的障碍物。一旦探测到障碍物，会立即触发紧急制动，同时将信息通过 TCMS 发送至 OCC。

⑧远程控制功能

列车在关键控制电路、设备中都有较多冗余设计，包括一些断路器跳开后可远程实现闭合和断开控制。在发生紧急事件后，若需要疏散，可远程将逃生门打开，让乘客紧急疏散。考虑到车上无司机，因此在一些重要电路中都应采用冗余控制，或并联继电器触点或增加设备，以保障单点故障不影响列车运行。

3) 全自动驾驶车辆基地场景分析

全自动驾驶系统是一种将列车司机执行的工作，完全由自动化的、高度集中的控制系统和调度人员所替代的列车运行模式。国内全自动驾驶车辆基地运营场景如图 4.6-48 所示。

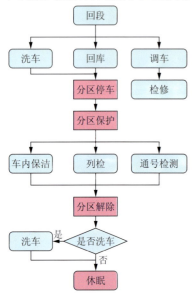

图 4.6-48 车辆基地运营场景示意图

(1) 回段

需要退出正线服务回段（场）的列车折返后进入最后半周运行时，在终到站为非线路终端站的情况下，应由折返站起的沿途各站站台广播提醒乘客本次列车终到站站名，同时车载广播也应提醒乘客。到达终到站，车载广播提醒车上乘客下车，TIAS 联动车站广播，提醒站台乘客不能上车。停站未清客完成期间，车载信号设备应保持车门打开，清客确认后，信号系统自动发送关闭列车车门、站台门的指令。在条件具备的情况下，列车应自动启动驶离终到站运行至转换轨（车辆基地接轨站一度停车处）。

TIAS 判断列车完全进入转换轨后，删除车次号并转换为车组号，同时自动向列车发送"停止正线服务"指令，车辆收到指令后，进行关闭照明、空调或电热等相关控制。

(2) 洗车（回库、调车）

列车从转换轨出来后，列车控制转交 DCC，根据洗车、调车等计划，选择洗车（洗车库空闲情况下）、回库（停车列检库）或调车（检修库、双周三月检库）。

洗车机设于车辆基地全自动运行区，洗车作业由行车综合自动化系统（TIAS）系统控制全自动完成。

(3）分区停车

列车根据列检计划，自动分区停车。

(4）分区保护

一个保护分区停满列车后，控制中心的行车调度应将该分区锁闭，电力调度应切断该分区牵引供电，并进行确认。激活门禁系统后，人员方可进入该保护分区进行作业。

(5）列检（车内保洁、通号检测）

人员（列检、保洁、通号人员）取得授权后，可进入该保护分区，打开 SPKS 锁（工作人员防护钥匙开关），之后进行联合平行作业。列检作业时间为 30～45min，车内保洁作业时间 45min，通号作业时间为 15min。综合考虑门禁授权、打开 SPKS 锁等辅助时间，联合平行作业时间取为 50min。

(6）分区解除

列检、车内保洁、通号检测等作业完成后，行车调度将该分区信号恢复，电力调度将该分区牵引供电恢复，并关闭 SPKS 锁，锁定门禁系统。

(7）休眠

车载设备收到"休眠"指令后，将该指令传送到车辆，由车辆控制断电。休眠期间，用于列车唤醒的设备持续工作。若休眠作业未能正确执行，列车将向中心 TIAS 报警；休眠成功后，列车将向 TIAS 发送休眠状态信息。

休眠指令的下达可通过中心 TIAS 自动下达、TIAS 手动下达和按压列车断电按钮下达三种方式触发。

4）全自动驾驶车辆基地与传统车辆基地差异分析

目前，国内包括北京、上海等城市都已经引入了全自动无人驾驶地铁，并且多条新线均按照该技术要求建设。全自动化的控制系统不仅可以提高列车的发车频率，减少两站间的等候时间，还能使列车始终保持最佳的安全性能，进而提高乘客的舒适感，降低人工成本，是今后城市轨道交通发展的方向。

全自动无人驾驶地铁车辆基地较传统车辆基地差异有：是否隔离列检作业区、分区是否明确（有人区、无人区）、是否增设有人/无人转换牵出线、是否增加安全距离等。

(1）列检作业区隔离（以及横向通道）

停车列检库内应设置安全保护分区（2 或 3 股道为一个分区为宜，车辆基地规模较大时可为 4～5 股道），各保护分区之间以金属栅栏进行物理隔离。停车列检库设置与信号联锁的电动入库门，停车列检库内设置横穿库区的横向通道（图 4.6-49、图 4.6-50），横向通道一般按地下通道或天桥设计，于各保护分区设置上地面楼梯及门禁，供库内作业人员进出。门禁系统须与供电和信号进行联锁保护，当人员要进入区域时，必须先取得行车调度与电力调度的许可才能进入。行车调度将该分区锁闭、电力调度切断该分区牵引供电后并进行确认，然后门禁才能够被激活打开。被信号锁闭的区域应禁止列车移动，同时也不能接、发车或调车。

(2）分区明确（有人区、无人区）

站场总平面布置按照全自动驾驶区和非自动驾驶区（有人区）布置。全自动驾驶区是指将车辆基地一束或几束与正线运营紧密相关的线群纳入正线全自动驾驶控制系统之中，将正线对列车的运营控制权由车站延伸至车辆基地的全自动运行区域。停车列检库和库外车场线路、洗车库、试车线、出入线一起组成全自动无人驾驶区域。

周月检跟定临修合设为联合检修库，调机、镟轮作业仍然采用常规的人工驾驶模式，其与联合检修库和库外车场线路一起组成了非自动驾驶区（有人区）。各分区功能应相对独立，不宜间隔设置，以防出现作业干扰的情况（图 4.6-51）。

图 4.6-49　停车列检库 I 库前横向地下通道

图 4.6-50　停车列检库横向地下通道入口

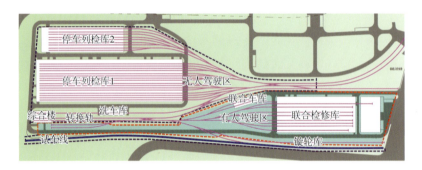
图 4.6-51　上海市轨道交通 10 号线全自动驾驶吴中路车辆基地总平面布置图

（3）增设有人／无人转换牵出线

在全自动无人驾驶区域设置洗车专用牵出线，同时需要考虑信号保护距离的长度。在全自动驾驶区域设置有人／无人转换牵出线，进而减少调车作业干扰，提高车辆的运行效率。

（4）增加安全距离

全自动驾驶车辆基地停车列检库内至车挡前安全距离不应小于 15m，同一线两列位停车安全间距不应小于 20m，室外牵出线至车挡安全距离应按 15m 控制。为此，全自动驾驶车辆基地停车列检库应按 100% 地沟设计，较常规停车列检库应长 27m 左右，用地上也应宽一些。

5）设计原则

（1）ATC 自动化停车场由自动运行区（ATC 区）、非自动运行区（非 ATC 区）、厂前办公生活区组成。

（2）ATC 区为停车列检库、洗车库。

（3）非 ATC 为包括双周月检库、材料线。

（4）车辆从 ATC 区至非 ATC 区流程：车辆从 ATC 区自动运行至 ATC 区／非 ATC 区转换轨处，司机在此处登车，驾驶至目标库。

（5）车辆从非 ATC 区至 ATC 区流程：司机驾驶车辆从非 ATC 区运行至 ATC 区／非 ATC 区转换轨处，给车载信号发送命令，车辆自动运行至自动运行区的目标股道。

（6）停车列检库内每 4 股道为一个分区，分区之间通过栏杆隔开。停车列检库中部设计地下走廊，并设置安全联锁系统。库后应设栏杆并在栏杆门处设置安全联锁系统。同时，停车列检库按100%检查地沟进行设计，方便列检作业。从正线退出运营的列车优先停放在一个分区，停满后，此分区切断列车供电后，工作人员才可以通过库内横向地下通道进入两股道间的防护分区进行列检作业。

（7）根据自动化停车场信号专业的要求，停车列检库内列车停车点至车挡（不含车挡长度距离）应大于等于15m，库内两列车间距应大于等于20m。

6）实例

武汉市轨道交通5号线线路南起南三环，北至武汉火车站，全长约35.2km，车站25座，其中高架段长约7.7km，车站4座，地下线长约27.5km，设站21座。全线换乘站10座，平均站间距1.4km（图4.6-52）。全线设车辆段和停车场各一处，其中工人村车辆段位于线路北端工人村路东侧地块，与都市工业园站接轨；青菱停车场位于线路南端青菱乡附近，与南三环站接轨。全线共设2座主变所，利用7号线徐家棚主变，新建张家湾主变。该线与4、8号线共用铁机路控制中心。

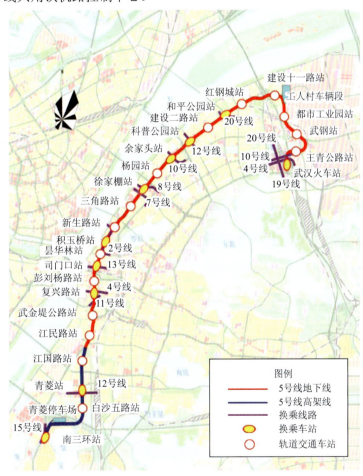

图4.6-52 武汉市轨道交通5号线线路示意图

武汉市轨道交通5号线主要特点如下：

①5号线为临长江走行的线路，与所有穿越长江的线路（2、4、7、8、10、11、12、13、20号线）均发生换乘，客流强度大，达3.59万人次/km，与地铁2号线相当。

②5号线工程环境复杂，线路下穿白沙洲大道高架桥、鹦鹉洲长江大桥、二七长江大桥、天兴洲公铁两用桥等多座市政桥梁，上穿武汉公路长江隧道。5号线同时还穿越白沙洲岩溶塌陷区，综合考虑工程实施难度及运营期风险，线路自武金堤公路站后转入高架敷设方式。

③5号线为武汉地铁首条全自动驾驶线路，采用GOA4最高等级标准，行车、车辆、通信、信号、站台门等众多专业增加了很多新的功能需求以及新的设备系统设计和接口。

根据武汉市线网检修设施设置与分工，工人村车辆段定位为5号线的定修段。青菱停车场隶属于工人村车辆段，承担本线部分列车的双周检、三月检、车辆运用和停放等工作。

（1）工人村车辆段

5号线工程采用全自动驾驶技术。ATC自动化车辆段由自动运行区（ATC区）、非自动运行区（非ATC区）、厂前办公生活区组成。ATC区为停车列检库、洗车库，非ATC则包括联合车库、镟轮库、双周/三月检库、调机工程车库、材料线等。车辆从ATC区至非ATC区的流程为：车辆从ATC区自动运行至ATC区/非ATC区转换轨处（利用检修库牵出线作为转换轨），司机在此处登车，驾驶至目标库。停车列检库内每2或3股道为一个分区，分区之间通过栏杆隔开（无柱子分区线间距按7.0m控制）。人员通过库前部及库中部的横向下穿通道到达各分区中进行作业，且为保证安全，于各出入口设置门禁系统，并与信号及牵引供电等系统形成互锁。同时，停车列检库按100%检查地沟进行设计，方便列检作业。根据自动化车辆段信号专业的要求，停车列检库内列车停车点至车挡（不含车挡长度距离）应大于等于15m，库内两列车间距应大于等于20m。

本方案运用库与联合车库采用顺向并列式布置，从西向东依次为联合车库、镟轮库、运用库、试车机具间和试车线。根据无人驾驶系统的需求，车辆段总平面布置需考虑无人区/有人区的物理隔离。

联合车库由定/临修库、静调库、周月检库、吹扫库及辅助检修车间等组成。库内设定修线1条、临修线1条、静调线1条、周月检线3条、吹扫线1条。

运用库由停车列检库组成。其中设停车列检线10条，按一线两列位共20列位。运转综合楼单独设置于停车列检库西侧，其中设检修调度室、设备车间、班组用房等房屋。

另外在停车列检库西侧预留远期停车列检库，设停车列检线10条，一线一列位，共10列位。

洗车机库采用八字式洗车线布置，位于咽喉区东侧；调机工程车库根据本方案的用地合并设置，位于咽喉区西侧；材料装卸线和材料堆场紧邻咽喉区西侧布置，以方便作业的流程顺畅。

新车装卸区考虑设置于试车线南端，靠近次入口附近；物资总库考虑设于咽喉区东侧，临近次入口，方便物资以公路运输形式转运；危险品储存间及蓄电池间应设于咽喉区西侧边缘地块；污水处理站应位于出入段线U形槽西侧，处于车辆段下风向。

试车线应设置在车辆段用地范围的东侧，与武汉石油化工厂专用线平行布置，长约856m。

车辆段征地面积约31.47hm^2（含预留用地），车辆段围墙内用地面积约22.70hm^2，新建房屋总建筑面积约70703m^2，车辆占地指标为1097m^2/辆，由于无人驾驶系统对线路长度要求增加，故高于《城市轨道交通工程项目建设标准》（建标104—2008）规定的900m^2/辆的占地标准。总图与普通车辆段主要差异在于综合楼和有人区（非自动运行区）

需集中布置，以方便运营管理；运用库、洗车库、试车线应布置在无人区（自动化运行区）；停车列检库 2 股道或 3 股道设置 1 处分区，分区的线间距为 7.0m（常规 5.0m）。如图 4.6-53、图 4.6-54 所示。

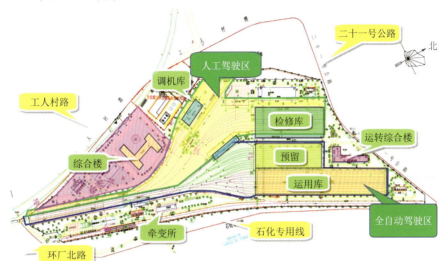

图 4.6-53　工人村车辆段总平面布置图

图 4.6-54　工人村车辆段效果图

（2）青菱停车场

5 号线工程采用无人驾驶技术，青菱停车场采用 ATC 自动化停车场技术。ATC 自动化停车场由自动运行区（停车列检）、非自动运行区（月检、材料）、厂前办公生活区组成。

本次设计停车列检 10 线 20 列位，预留 5 线 10 列位；双周三月检 2 线 2 列位。

根据场址地形条件和总体布局，停车场呈东西向布置。

停车场内设运用库及辅跨一座，按尽端式布置。

洗车库采用贯通式布置，设置在咽喉区南侧。

材料线（兼工程车存放线）设置在运用库咽喉区北侧，与出入场线连通，方便区间检修维护、救援等。

综合楼设于场址北侧，紧邻双周三月检库，整体为有人区。综合楼包括办公、后勤服务、综合维修等部分。综合楼各部分既集中又相对独立，与各系统连接方便，便于管理和生产调度指挥。

牵引降压变电所、污水处理站等布置于咽喉南侧。

场内主干道采用 7m 双车道，环形布置，场内设二处出入口。主出入口设于综合楼附近，与白沙洲大道衔接；次出口设于停车场咽喉南侧，与规划路相连，以满足消防通道要求和场内外运输的需要。

该方案总图布局合理，总平面布置紧凑，工艺流程顺畅。本方案停车场围墙内占地面积 20.54hm^2（含部分出入场线路基段，公安派出所等用地），房屋建筑面积为 37090m^2。总图与普通停车场主要差异在于综合楼和双周三月检库有人区（非自动运行区）需集中布置，以方便运营管理，并需增加牵出线作为有人区和无人区转换轨；停车列检库、洗车库应布置在无人区（自动化运行区）；停车列检库 2 股道或 3 股道设置 1 处分区，分区的线间距为 7.0m（常规 5.0m）。如图 4.6-55、图 4.6-56 所示。

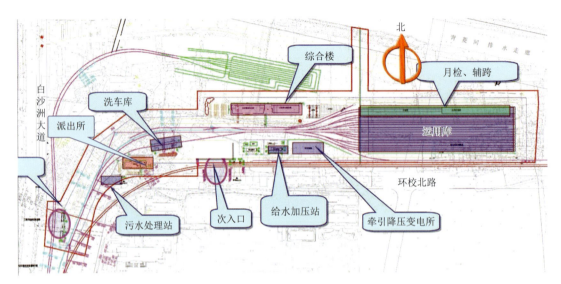

图 4.6-55 青菱停车场平面图

图 4.6-56 青菱停车场效果图

第 5 章
车辆基地工程常见问题分析

5.1 土建设计常见问题实例

1）轨行区隔离栏基础的高程确定

轨行区隔离栏的安装方式国内通常有两种：一种是隔离栏底部与路基面齐平（图 5.1-1），直接在路基面或者站场排水沟顶面生根；另一种方式是隔离栏底部高程与轨顶面高程相同（图 5.1-2），隔离栏下部与路基面之间采用砖砌。建议采用隔离栏底部高程与轨顶面高程相同的方式。该方式既遮挡了咽喉区不整洁的区域，又避免了绿化土流入站场排水沟。

图 5.1-1 隔离栏底部与路基面平

图 5.1-2 隔离栏底部与轨顶面平

2）车顶作业防护网的设置方式

车辆基地内进行车顶检修作业时需设置车顶作业平台，为保证运营检修人员的安全，在车辆两侧应设置防护网（图 5.1-3）防止人员跌落车下。目前防护网的安装方式多种多样，设计人员应根据设置地点选择合理的安装方案，为检修人员提供良好的检修作业条件。

图 5.1-3　车顶检修作业防护网形式

3）道路两侧高差较大地段遗漏安全设施

车辆基地内建构筑物为节省工程投资采用随地势而建，部分建构筑物基地高程采用不同高程设置，因此常常会出现局部地段相邻建构筑物有高差的问题，设计中也易遗忘安全防护栏的设置，造成安全隐患。图 5.1-4 为某车辆基地的施工现场，办公楼室外与道路之间存在较大的高差。

根据规范要求，当高差超过 75cm 时，均应设置安全防护栏杆（图 5.1-5），因此需要在高差大的区域安装防护栏。

图 5.1-4　室内外高差较大时未设置防护装置　　　图 5.1-5　室内外高差较大时设置防护装置

4）车辆基地库房高窗的选型

车辆基地运用库、联合车库、工程车与调机库等为了采光的需要，一般在各个库房侧墙设置有高窗，对于高窗的选型设计应注意。建议库房区域的高窗在满足排烟要求的情况下采用固定窗，如运营部门要求采用可开启的窗扇，可设置电动或机械开窗机。如图 5.1-6 所示。

5）综合楼楼梯间窗户的设置

图 5.1-6　机械开窗机窗扇

综合楼是车辆基地重要办公场所，也是车辆基地主要标示性建筑，因此各设计单位设计时对建筑立面非常重视，讲究主立面的协调统一。但是由于楼梯间位置需要设置休息平台，因此如果楼梯间窗户与办公房屋高度一致，就会出现楼梯间窗户开启高度不正确的问题，导致保洁人员作业困难。如图 5.1-7 所示。

为了安全性，楼梯休息平台低窗旁不但需增加护窗栏杆，而且会出现保洁不便的问题，因此综合楼立面设计时应考虑楼梯间休息平台窗、结构梁、楼梯平台梁、窗开启高度等之间关系的协调,以满足人员的使用需求。

图 5.1-7　楼梯休息平台开窗位置图

6)总平面布置与单体建筑的位置协调

车辆基地内单体众多,除了受股道控制的库房以外,还有混合变电所、污水处理站、给水增压泵房等,在确定总平面时需要合理确定各个单体的位置。国内某北方城市一处车辆基地设计时在综合楼南侧、正对着车辆基地大门设置了消防水池一处,但由于该车辆基地位于北方寒冷地区,消防水池需保温,加覆土后高出地面1.6m,且有两根黑色通气管,严重影响了主入口美观。

建设过程中使用部门认为严重影响了车辆基地的形象,后通过设计变更将该消防水池改为室内不锈钢水池,原区域调整为绿化用地。如图5.1-8、图5.1-9所示。

图 5.1-8　原设计消防水池实景图　　图 5.1-9　调整后消防水池区域实景图

车辆基地主办公楼厂前区及出入口位置作为车辆基地的门面工程,设计一定要引起关注,尽量少设置相关构筑物,增加广场的面积。

7)库内信号机基础设置

采用人工驾驶模式时,信号专业会在车辆基地停车列检库及周月检库内每列位的尾部设置信号机,但是由于设计时对信号机基础的要求交代的不细致,施工单位可能把信号机配套基础做得过大过高,影响车辆检修人员的通道。

建议设计过程中应与信号专业做好沟通,在进行库内综合管线设计时需与信号专业协调,将信号机及接线盒的基础置于地面以下(信号施工单位一般进行填沙,然后地面素混凝土抹平)。如图 5.1-10 所示。

图 5.1-10　库内信号设备基础

8）建筑单体外开门与道路的衔接

车辆基地建筑单体如库房及办公楼外开门一般较多，设计过程中建筑专业可能会调整外开门的数量及位置，因此如果建筑专业未将最终资料提交给道路或者景观专业，就会出现出门以后无道路相连接的情况。

图 5.1-11 所示为某车辆基地建设时，联合车库吹扫库侧门与出门后无法与段内道路连通的情况。图 5.1-12 为调整后连通方案。

图 5.1-11　库房外开门无法与道路连通　　　　图 5.1-12　调整后库房外开门与道路连通方案

建议道路设计时应核实各个建筑单体所有开门位置及数量，道路设计完成后由建筑专业和总体进行审查会签，注意核实连接处的平面和竖向关系。

9）围墙基础高程的确定

围墙是车辆基地工程重要组成部分，也直接关系到车辆基地的外部形象。通常车辆基地场坪高于周边的既有高程，且车辆基地用地含边坡底部的用地，因此车辆基地围墙设置有两种方式，一是设置在边坡底部，二是设置边坡顶部。如图 5.1-13 所示，围墙设置于边坡底部时景观效果较差。

因此，建议围墙采用设置边坡顶部形式（图 5.1-14），一般按放坡进行设计，如用地界设置有要求时，可采用挡墙护坡。

图 5.1-13　围墙设于边坡底部实景　　　　图 5.1-14　围墙设于边坡顶部实景

10）景观设计需与建筑排水协调

车辆基地建筑单体雨水排放一般采用散水坡明排，当采用散水坡明排时一定需要与景观设计做好协调。某车辆基地综合办公楼按雨水明排设计，景观设计时在办公楼四周设置了微地形（坡状），打破了原场地排水方案，造成建筑物周边散水处积水。

如图 5.1-15、图 5.1-16 所示。整改时只能在综合楼单体建筑周边微地形堆坡处与散水间增设雨水排水口及其管网。

图 5.1-15　单体房屋周边排水不畅　　　　　图 5.1-16　散水坡处增加雨水收集口

建议建筑单体雨水设计时尽量采用暗排方式，可直接将落水管接雨水井。如采用散排方式，应特别注意室外散水坡的设置高度，需协调好绿化带与散水坡高度的关系。

11）单体周边排水忌用明沟

车辆基地是人们直接进行生产活动的单位，设计中需结合自身特点，营造出自然鲜明的绿化景观和工作环境。某城市地铁车辆段运用库旁设置排水明沟，景观效果很差，引起了运营部门的反感，如图 5.1-17 所示。

建议车辆基地建筑单体设计时尽可能采用排水暗沟和雨水收集口形式，并在上部种进行植物绿化。

12）选择合理库房地面做法

车辆基地库房地面是库房里面使用频率最高的，因此也容易受损。库内地面做法通常采用水泥地面、金刚砂耐磨地坪、水磨石地坪、环氧树脂地坪等。

环氧树脂地坪（图 5.1-18）广泛用于有耐腐蚀、表面光洁、装饰性强、防尘要求的地方，但环氧地面耐磨性、抗压性、抗折性较差，使用 3～5 年后会出现不同程度的脱皮、起泡、磨损，且损坏后只能大面积修复，修复成本较高，影响正常生产营业。

图 5.1-17　运用库单体周边设置排水明沟　　　　图 5.1-18　环氧树脂地坪实景

金刚砂地面和水泥地面为普通耐磨地面，普通耐磨地坪提高了地坪的使用性能，延长了地坪的使用寿命，但使用一段时间后，易出现不同程度的起尘、翻砂、空鼓现象，且修复后效果不佳。随着使用年限的增长，加上碳化、水侵蚀和风化的作用，地坪表面会继续粉化，影响正常使用。

水磨石地面和地板砖地面虽能解决翻砂起尘问题，但其面层本身与混凝土基层是剥离的，在承受重力的作用下，很容易出现地面面层起壳、空鼓、碎裂、脱落现象，不但会影响地面的平整、整洁，而且随着使用，破坏区域会越来越大，使用寿命会缩短，并影响到正常的使用。

图 5.1-19　金属集料地面实景

金属集料地面有机材料和无机材料能较好地结合，面层和基层可以牢固地结合在一起，实施效果较好。如图 5.1-19 所示。

设计单位应在设计说明中强调地坪施工关键技术指标及施工注意事项，从而保证实施效果。

13）合理设置停车列检库登车作业设施

由于国内各地铁运营公司没有统一的检修作业规定，因此停车列检库内登车设施的设置形式也不尽相同。如某地铁公司要求在停车列检列位每辆车受电弓的位置均设置登车顶的工作平台（图 5.1-20），两侧加装了防护网。

图 5.1-20　独立的车顶登车平台

如某地铁公司要求在停车列检线设置车门检修作业的平台，如图 5.1-21 所示。

设计单位在设计时应提前与运营部门沟通，了解运营部门的使用需求，合理确定停车列检库的作业平台设置需求及具体形式。

14）生产用房门体选型应考虑工艺需求

某车辆基地联合车库辅跨与主库连通门门槛凸出地面，未考虑叉车等运输工具的进出问题，影响了运输车辆的通行。

建议对有车辆通行要求的段内出入口、库大门等位置，需考虑门槛设置形式，尽量做到与地面平齐，如确实存在困难，可设置坡道以满足运输车辆的通行。如图 5.1-22 所示。

图 5.1-21　连续的中间作业平台　　　　图 5.1-22　门槛凸出地面实景

15）应注意库内管沟（井）盖板的设计

运用库内为了满足电缆敷设的要求，通常需设置强弱电管沟（井）。如图 5.1-23 所示，某车辆基地运用库由于电缆沟盖板选型不合理，导致重车走行后盖边边缘出现破损。

如图 5.1-24 所示，某车辆基地运用库电源室前的电缆沟盖板与走道地面处理不当，平整度较差，颜色不协调，美观性较差。

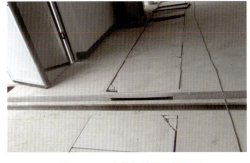 

图 5.1-23　电缆沟盖板破损实景　　　　图 5.1-24　电缆沟盖板与走道间平整度较差实景

应充分重视库内管沟（井）盖板的设计，一方面避免盖板承载力不足，另一方面盖板设计要与库内地面相协调。对于库内强弱电电缆沟盖板需要较大承重的建议采用钢筋混凝土盖板，其中盖板及电缆沟用角钢包边，盖板表面涂刷与地面颜色相同的耐磨油漆。如图 5.1-25 所示。

16）单体建筑屋顶造型方案应协调统一

车辆基地内建筑单体众多，建筑设计时应统一设计原则，各单体建筑屋顶造型方案相互协调。如图 5.1-26 所示。

图 5.1-25　盖板及电缆沟角钢包边实景

图 5.1-26　某车辆基地大件库部分单体屋顶实景

建议建筑方案在设计阶段对建筑造型、色彩、选材均应有统一性、整体性考虑，避免建筑风格杂乱无章。

17）外挂板材单体立面的审定需特别关注

车辆基地建筑单体外立面决定着建筑的外观效果。对于外挂石材或板材的立面，需重视板材颜色和大小的选择，同时应做好相关施工二次深化工作，施工单位的排样图需经设计单位的签字确认；对于涂料墙面，需注意分割条的设置，避免立面的呆板。如图 5.1-27 所示。

图 5.1-27　综合楼外立面实景

18）合理确定建筑单体的室内高程

车辆基地内建筑单体较多，各单体室外道路高程也不尽相同，因此建筑单体设计时应结合室外道路高程确定本单体室内建筑高程。

如图 5.1-28 所示，某车辆基地建筑专业在确定变电所室内地面高程时，仅按场坪高程，将变电所室内地面高程定为 4.30m，但由于该变电所位于检修库与运用库联络线的平交道附近，其道路高程实际为 4.63m，导致变电所周边道路比室内地面高，也引起了排水不畅等问题。

图 5.1-28　变电所室内高程低于周边道路实景

建议建筑专业设计时应充分考虑场坪、道路等多种因素，统筹确定建筑单体的室内高程，在进行车辆基地总图设计时应重点关注相关竖向高程等问题。

19）注意核查重要用房建筑结构图纸的一致性

某地铁公司运营公司需设置一个大会议室，兼做多功能厅。面积为 488m² 的多功能厅，由于是大空间，结构设计采用井字梁，梁高 1.5m，梁下净空仅为 3.3m，造成房间净空偏小。如图 5.1-29 所示。

图 5.1-29　主体结构施工实景

后期装修设计及风水电配合施工人员及时根据现场土建完成情况调整了设计方案：将照明的灯具调整至井字梁的井内，喷淋及低压线沿梁敷设，通风空调管全部布置在四周，采用侧出风的方式，多功能厅的梁下净空 3.1m，灯具下净空为 3.5m 左右。如图 5.1-30 所示。

建议车辆基地建筑设计时对重要房间的层高需重点关注，总体审核图纸时也要关注相对应房间的结构图纸，避免二者出现矛盾。

20）库房内检修设施设置应符合本地运营需求

某车辆基地静调库设计时仅在每辆车处设置独立的登车梯（图 5.1-31），移交后运营部门反映使用不便。

图 5.1-30　多功能厅整改完成后实景

按照运营要求该登车梯被调整为顶层作业平台。建议车辆段基地检修设施的设置时提前征求运营意见，按照当地运营部门的使用习惯及需求开展相关设计。

21）定临修库起重机司机室的位置

定临修库一般配置 10/3.2t 的起重机，用于吊运车辆部件。某地铁运营公司要求在定修线上增设三层作业平台（图5.1-32），但如果起重机的司机室设置在定修线一侧，定修线上设置的作业平台会阻挡司机的正常作业视野，易造成安全隐患。

建议设计时需提前与运营部门确定使用需求，如确需设置三层作业平台，应将起重机的司机室设置在临修线一侧，或者配置地面操控起重机。

图 5.1-31　独立登车梯实景　　　　图 5.1-32　定临修库设置三层作业平台实景

5.2　机电设计常见问题实例

1）运用库中部通道信号机的设置位置

车辆基地停车列检库一般设计为尽端式，采用一线两列位的布置方式。车辆基地内信号系统采用微机连锁控制，在停车列检库前后两个列位之间设置信号机防止尾端车辆冒进，地铁设计规范中规定了两列位之间的通道按照 8m 控制，条文解释中指明 8m 的长度包括了信号机和隔离开关的安装需求，但是在实际设计过程中由于信号机位置必须在绝缘节前后 1m 的范围内，信号、轨道专业为了方便施工安装，绝缘节及信号机均设置在检修通道的坡道上，影响了检修人员的通行。如图 5.2-1 所示。

但国内也有将停车列检库两列位之间的信号机设置中部平交道上的实例（图 5.2-2），中部通道信号绝缘节位置进行了处理，不设置橡胶压条，避免侵占通道区域，方便了检修人员。

图 5.2-1　信号机设置坡道上的实例

图 5.2-2　信号机设置在库中平交道的实例

2）室内强弱电的墙插高度不协调

车辆基地综合楼作为运营检修工作人员重要场所，办公房间内须配置电源插座、通信网络插座。如未对办公房屋进行二次精装修设计，且又分为多家施工单位进行施工时，就可能出现安装高低不一、间距不一致、不美观的情况。图 5.2-3 为某车辆基地办公楼办公房屋施工后的照片，插座布置非常随意。

建议设计及施工交底时应明确各类插座的安装原则及具体要求，如果是弱电系统和机电系统等多家施工单位分别施工时，应在施工例会等多种场合要求两家施工单位统一埋入墙体的墙插底盒和面板。

3）寒冷地区室内管道应做好保温措施

在我国北方寒冷地区的冬季给排水管道设备常因保温防冻措施不到位、不完善而造成管道设备冻裂、爆管的现象的出现，给生产、生活带来诸多不便，造成不必要的麻烦与经济损失。某北方城市车辆基地运用库内设置有供暖系统，大库室内靠近大门处虽设置了暖气片及采暖管，但未考虑保温措施，出现了管道冻裂的情况（图 5.2-4）。另外在有常通风设施的房间内的水管也常发生类似的情况。

图 5.2-3　各类插座高低不一实景　　　　图 5.2-4　暖气片及采暖管道冻裂

建议在寒冷地区要考虑室内水管的保温措施。

4）综合办公楼内机电设备箱体选型及安装

车辆基地综合楼是运营人员的重要的工作场所，办公环境的好坏直接影响运营人员的工作心情和工作效率，因此要对安装在办公楼内的各类机电设备的箱体（配电箱、FAS 模块箱、消火栓箱等）及其安装位置、方式引起足够的重视。

某车辆基地综合楼走廊上安装的 FAS 模块箱采用明装方式，但 FAS 模块箱体积大，又突出墙面，影响人员通行及美观，如图 5.2-5 所示。

设计过程中需与各机电及系统设计单位沟通好车辆基地内各类箱体的选型，建议办公场所选用暗装或半明装形式的模块箱。

5）合理确定检修地沟内插座箱的安装方式

车底检修作业时，为了使用电动工具的方便，一般需在检修地沟内均配置电源插座箱，不论是壁式检查坑还是柱式检查坑，对于插座箱的安装方式一定要以不侵占检修空间、安全方便的原则进行设计。

图 5.2-6 为某车辆基地检修地沟内插座箱的安装方式，明显侵占了检修人员的空间。

对于柱式检查坑电源插座箱建议安装在两个立柱之间（图 5.2-7），对于壁式检查坑电源插座箱采用嵌入式安装（图 5.2-8），并做好防水措施。

图 5.2-5　FAS 模块箱明装实景

图 5.2-6　壁式检查坑电源插座箱明装实景

图 5.2-7　电源插座装于两柱之间实景

图 5.2-8　电源插座箱暗装实景

6）合理确定车辆基地库房内架空综合管线的安装方式

车辆基地各类库房（检修库、运用库）是车辆基地检修人员重要的工作场地，各类系统的管道及支架种类多、数量大、材质不同、尺寸规格不一，如果设置不合理，就会显得库房内空中杂乱无章，因此各类管线的合理布置及安装非常重要。

图 5.2-9 为某车辆基地运用库强弱电桥架、消防水管等各专业管线的敷设实景。由于各施工单位均采用支吊架方式独立敷设，管线数量多且显得非常凌乱。

图 5.2-9　各专业管线独立敷设实景

建议采用成品综合吊支架方式进行管线综合设计，实现消防管线、强弱电、压缩空气管道等管线的分层布置，达到功能合理、整齐美观的效果。同时，在钢结构形式库房设计时应注意做好相关预留预埋，如图 5.2-10 所示。

图 5.2-10　采用综合支吊架敷设实景

7）优化检修地沟高压供电带电显示

车辆基地静调库及周月检库内一般需设置接触网（轨）的带电显示装置，采用接触轨供电的停车列检库每列位均设置了隔离开关柜（图 5.2-11），每个柜子都配置闪烁灯。

该设置方案在试运营评审时，评审组专家认为隔离开关柜只有在列车头部看得到，且隔离开关柜的灯是通过闸刀闭合而形成的电路，故可认为该方案没能反映接触轨的实际带电情况，安全性不足。后期整改时设计单位与供货商重新设计了方案，直接从接触轨上去电，而且在停车列检位上增加了四处 LED 显示屏。但该方案增加的供电电缆较多，覆盖面也不广，如图 5.2-12 所示。

国内某动车运用所轨道桥柱子上安装了灯带，该灯带与接触网系统联锁，当供电时灯带显示红色，无电时显示绿色，整个灯带布置在约 400m 的轨道桥上清楚地显示了股道带电情况。动车所的灯带设置方案对于地铁车辆基地是个很好的解决方案。如图 5.2-13 所示。

图 5.2-11　运用库中部的隔离开关柜

图 5.2-12　LED 带电显示

图 5.2-13　轨道桥柱子安装灯带

第6章
部分已设计建成车辆基地简介

6.1 武汉市轨道交通1号线一期工程硚口路停车场

1）工程概况

武汉市轨道交通1号线一期工程的建设是利用穿越汉口市区的京广铁路正线外迁后废弃的线位改做成的轨道交通线路。一期工程线路总长度10.177km，高架车站10个，设置控制中心和培训中心各一座。因沿线线路在繁华闹市穿越，无法选择大块用地建设车辆基地，该线利用废弃的原铁路玉带门货场位置建设轨道交通硚口路停车场。

硚口路停车场承担武汉市轨道交通1号线一期工程配属车辆的运用保养任务，同时利用有限的用地条件，设置有简易架修设施。硚口路停车场用地2.55hm²，房屋总建筑面积15543.65m²，包括综合楼、停车列检库、检修库及辅跨、牵引混合变电所、不落轮镟修库、通号楼、材料库、调机停放库、制动机检修间、钩缓检修间、压缩空气站、直流开闭所等11栋单体建筑。

图6.1-1 硚口路停车场实景

2）设计规模

硚口路停车场设计规模为：

简易架修1列位，定临修1列位，月检1列位，停车列检9列位。

图6.1-1为硚口路停车场实景，图6.1-2为硚口路停车场停车列检库部位的横剖面。

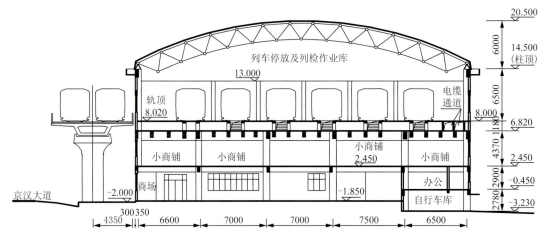

图6.1-2 硚口路停车场横剖面（尺寸单位：mm）

3）设计特点

（1）首创高架形式停车场

硚口路停车场位于汉口繁华闹市的硚口路与崇仁路之间，北临站邻街，南侧面对京汉大道，站临街北侧有大面积的民居和学校，轨道交通正线紧邻车场穿越而过。根据规划要求，允许拆迁少量民居以保证车场功能布置的最小要求，同时要求还建 6m 宽站临街。可用地范围是南北方向最大宽度 34.08m，东西长度 856m 的狭长条状地带，用地面积约 2.55hm^2，条件十分紧张和苛刻，同时由于高架正线与规划用地靠得太近，无法落坡。最终，该停车场首次在国内采用高架布置方案。

（2）顺应地势，利用平台下部空间进行商业开发

由于硚口路停车场平台为平坡，车场底层的地坪顺应地势的变化设计成跌落式。考虑到底层地面高程有变化，为了高效利用空间，建筑设计充分利用纵向坡度，巧妙利用地形条件。主体建筑层数为 2 层，局部三层。所形成的建筑体量，可以用于商业开发，并取得良好的经济效益。

（3）技术创新

硚口路停车场为国内首座高架城市轨道交通停车场，设计思路虽然体现了设计创新、因地制宜的做法，但正是由于停车场的高架，也给结构设计带来了极大的困难。列车荷载的取值问题、建筑结构中的设计计算问题、桥梁规范与建筑规范的协调统一问题、结构设计原则的制定问题在国内土建工程中均尚无先例。通过在设计过程中的不断摸索，将桥规中的列车轴重、列车竖向活载、列车活载加载长度、单线与多线荷载、列车离心力、列车制动力或牵引力及列车横向摇摆力的概念引入到结构设计中来，同时运用影响线进行计算，结合空间三维分析和平面杆件计算，较好地进行了解决。

钢纤维混凝土（Steel fiber reinforced concrete，简称 SFRC）是用一定量乱向分布的钢纤维增强的以水泥为黏结料的混凝土，是近年来迅速发展起来的一种新型复合材料，以其良好的抗裂性、弯曲韧性和抗冲击性能，广泛地应用于各类工程建设领域。硚口路停车场平台层屋面板采用了钢纤维混凝土，钢纤维散乱地分布于混凝土中，通过钢纤维对混凝土的拉结作用及其本身的抗拉作用，使得混凝土结构因此抗拉性能显著增强，有效地阻止了混凝土结构中微裂缝的开展与传播，消除了结构在使用过程中屋面板开裂渗水的隐患。

6.2 武汉市轨道交通 1 号线二期工程古田车辆段

1）工程概况

武汉市轨道交通 1 号线二期工程是一期工程的续建工程，西段线路由宗关至吴家山；东段线路由黄浦路至堤角，全长 19.176km。其中一期工程设有硚口路停车场，二期工程中新建有古田车辆段。古田车辆段为武汉市轨道交通线网中第一个大架修车辆段，承担 1 号线及延伸线车辆的大架修，及全线网职工培训任务。

古田车辆段地处汉口硚口区范围内，位于古田一路以西、长丰大道以北、汉宜铁路以南的地块内。该地块呈狭长三角形，最宽处约 390m，南北长约 1270m，规划用地 30.828hm^2，车辆段总建筑面积为 75286m^2，包括综合楼、联合车库、运用库、电机电子电器检修间、调机工程车库、动调试验间、物资总库、污水处理站、蓄电池间及汽车库、牵引混合变电所、油脂存放间等 11 栋单体，门卫 2 处。

2）设计规模

古田车辆段设计规模为：大/架修 2 列位（预留 2 列位），定/临修 2 列位，周月检 2 列位（预留 2 列位），停车列检 24 列位（预留 10 列位）。

3）设计特点

（1）优化总平面设计，节省用地规模

车辆段总平面布置（图 6.2-1）在满足车辆段功能的前提下，通过优化设计，尽可能地压缩了用地规模，节省出了综合开发用地条件。通过对古田车辆段总平面布置方案进行充分的优化，车辆段规划用地面积为 30.8hm^2，工程用地优化为 20hm^2。节约的用地用于综合开发，提升了土地使用价值。

图 6.2-1　古田车辆段总图布置方案

（2）设置新型立体检修设施

新型立体检修设施由检修地沟、供电滑触线、钢结构作业平台及附属设施组成，形成了车辆检修高集成立体检修面。

钢结构作业平台包括平台主体、对侧防护网。

作业平台附属设施：压缩气路设备、照明通风设备以及检修用电源。

供电滑触线与平台对侧防护网进行集成。

车辆立体检修工艺设施具备了安全、可靠、现代化的特点，同时，达到了改善工作环境实现文明生产的目标。

如图 6.2-2 所示为月检库立体检修设施实景。

图 6.2-2　月检库立体检修设施实景

6.3　武汉市轨道交通 1 号线延长段工程汉口北停车场

1）工程概况

武汉市堤角—汉口北地方铁路工程，由堤角至汉口北，在堤角站与轨道交通 1 号线对接。线路由堤角站向东延伸至汉口北站。线路全长约 5.695km，新增黄浦新城站、南湖村站、汉口北站 3 座车站，全部为高架车站。在巨龙大道北侧设汉口北停车场 1 处。

汉口北停车场工程位于地铁 1 号线东端终点，从汉口北大道站接轨，地处黄陂区范围内。场址内北端为后湖支流，西北端为后湖及规划道路，东南端为规划道路和汉口北信和农贸市场有限公司地块，西南侧为泵站河。场址地块呈狭长的长方形，东西长约 750m，南北宽仅 170m，总占地面积约 11hm^2，总建筑面积 29086.98m^2，设综合楼、牵引变电所、污水处理站、洗车库、及门卫（3 处）共 7 个单体建筑。

2）设计规模

汉口北停车场设计规模为：周月检 2 列位，停车列检 28 列位。

3）设计特点

（1）雨水综合利用。

在武汉地铁设计中首次将屋面雨水进行综合利用。运用库屋面的雨水统一收集后存储在地下的雨水储水池中，作为绿地灌溉、道路浇洒水源，经过雨水设备处理后与处理后的生产废水一起回用，节约水资源。

（2）良好解决室外综合管沟排水问题。

车辆基地设计中，室外综合管沟排水问题非常突出，要不就是常年积水，要不是用移动水泵临时抽升，给日常运营生产带来了很大不便。本工程中在此方面进行了分析和总结，良好地解决了管沟排水问题，主要从如下几方面来进行解决：

①利用该工程高填方特点，主要电缆干沟尽量靠路肩侧布局，对沟内排水采取局部放坡收集后，以预埋排水管方式就近引至场外排水沟。

②尽量减少管线明沟敷设方式：各种管线若都采用明沟方式，不仅存在积水问题，而且容易造成各沟竖向高程不协调，加上施工质量问题，会造成整体外观差。本工程中对除了重要的强电电缆沟、站场排水沟等采用明沟外，其余通信、信号、FAS 等弱电管线均采用了管槽集中后同路由直埋敷设，少量分支电缆采用加套管直埋敷设，良好解决了上述问题。

（3）库内设置纵向消防通道。

充分利用地形特点，第一次采用库内设置纵向消防通道，良好地解决了月检库与停车列检库并库设置引起的中间通道贯通问题。

（4）咽喉区采用人行天桥跨越。

由于该停车场地处边缘地带，周边均为规划道路，为此停车场按 3 个出入口设计。由此会造成近期从次出入口进出办公生活区需绕行约 700m 才能到达办公生活区的不便捷。因此，设计过程中考虑利用洗车库与综合楼的相互关系，将二个建筑单体以人行天桥（图 6.3-1）的

图 6.3-1　综合楼、洗车库间人行天桥实景

方式跨越咽喉区连接，良好地解决近期员工出入办公生活区的便捷问题。

（5）停车场照明光源采用了 LED 节能灯，大大降低了后期运营成本。

6.4　武汉市轨道交通 2 号线一期工程常青花园车辆段

1）工程概况

武汉市轨道交通 2 号线是武汉轨道交通网络中客流最大的骨干线路，一期工程线路全

长 127.735km，设置 21 座车站，全线均采用地下线路敷设方式。本线一期工程设常青花园车辆段，考虑到本线过江段线路条件复杂，为保证过江段长大坡道上出现车辆故障的应急救援，在靠近过江段设中山北路停车场一处。二期工程另预留流芳停车场一处。

常青花园车辆段位于汉口东西湖区常青花园住宅小区附近，与一期工程终点站金银潭站接轨。段址北侧紧邻府河（汉口与盘龙城开发区的分界线），南侧既有道路为马池路。段址具体位置在李家墩变电站以东、11 万 V 高压走廊以南、武汉市表面工程技术研究中心以北的长方形地块内，段址与高压走廊方向平行布置，距高压走廊 48m。总占地约 35hm^2，车辆段总建筑面积 121438m^2，包括综合楼、联合车库、运用库、调机工程车库、动调试验间、物资总库、污水处理站、牵引混合变电所、油脂存放间等 9 栋单体，门卫 2 处。其中运用库、调机工程车库、牵引混合变电所位于综合开发平台盖下。

2）功能定位与设计规模

常青花园车辆段为武汉市轨道交通 2 号线车辆段，是线网中的大、架修车辆段，除承担本线车辆的检修任务外，还承担 3、8 号线车辆的大、架修任务。设计规模为：大/架修 4 列位，定/临修 2 列位，周月检 4 列位（其中预留 2 列位），停车列检 33 列位（其中预留 11 列位）。

3）设计特点

常花青园车辆段采用"地铁＋物业"的模式进行车辆段上盖物业的开发和建设。

（1）车辆段结合综合开发进行设计，实现土地的集约利用

在城市可用土地日趋紧张的今天，充分、合理地利用宝贵的土地资源尤为重要。常青花园车辆段以"复合利用空间、集约用地"为指导思想进行设计，利用优越的区域位置和便利的长短途交通条件，进行大规模的上盖和落地综合物业开发。

常青花园车辆段位地块规划面积约 41.16hm^2。车辆段综合开发上盖平台面积 166648m^2，规划开发面积：538335m^2，总户数 5080 户，综合开发工程的上盖平台开发及周边落地开发已与常青花园车辆段工程同期建设完工。

常青花园车辆段开发总平面布置及鸟瞰图分别见图 6.4-1、图 6.4-2。

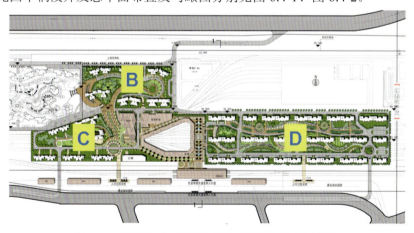

图 6.4-1　常青花园车辆段综合物业开发总平面布置示意图

常青花园车辆段摆脱了单一地铁车辆基地设计模式，利用其区位优势，在车辆段大尺度厂房上方进行上盖开发，并通过总平面优化，在用地红线内提供部分白地用于落地开发，结合机场线车辆段设置，形成车辆段开发综合体。

常青花园车辆段的成功设计及建设对于轨道交通发展是一种有益尝试,不仅对轨道交通开发起到开拓、创新的作用,在开发规模、形式上也将引领地铁车辆基地设计方向,起到了龙头示范作用。

(2)常青花园车辆段设计中首次采用 BIM 技术进行室外管线三维可视化设计

车辆段管线设计是车辆段设计的重难点,由于常青花园车辆段又进行了上盖综合开发,管线设计难度更高。本工程首次运用 BIM 技术,采用三维可视技术进行车辆段管线设计,对复杂管线的设计方案进行优化,做到管线与管线、管线与建构筑物之间零碰撞。

采用 BIM 设计的综合管线过程及检查实施效果分别见图 6.4-3～图 6.4-7。

图 6.4-2　常青花园车辆段综合物业开发鸟瞰图

图 6.4-3　咽喉区管线建模

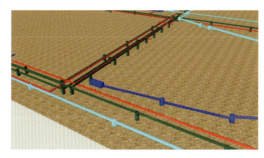

图 6.4-4　室外管线模型漫游

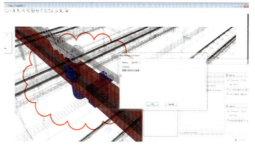

图 6.4-5　管线碰撞点确认

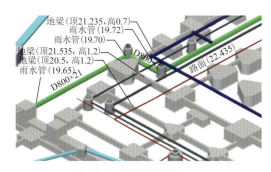

图 6.4-6　管线高程调整

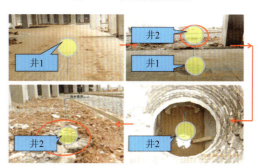

图 6.4-7　实施效果

6.5　武汉市轨道交通 2 号线一期工程中山北路停车场

1)工程概况

中山北路停车场位于武昌公正路以北,近邻沙湖,总占地面积 4.6hm^2,总建筑面 133013.48m^2。经过对停车场用地分析比较,结合工程条件,停车场按照一层地下结构设计，地面仅设置停车场综合楼。地下停车场上方为综合开发的中心绿地，地下停车场周边用于开发建设。停车场地面开发用地已通过武汉市土地交易中心挂牌售出。

2）设计规模

中山北路停车场设置为地下式，设计规模为：停车列检6列位，按照8辆编组B型车长度一次建成。地下车场还设置了一条工程车停放线，方便工程车下线维修、抢险救援。

3）设计特点

（1）选址合理、占地小，较好地解决了线路过江段长大坡道线路维护保养、救援，快速响应的问题。

（2）结合综合开发进行设计，实现了土地的集约利用。

中山北路车场设计摆脱了单一地铁车辆段设计模式，利用其区位优势及出入段线设置条件，将停车场设置于地下，保留了地块的开发价值。停车场周边用于综合开发。其成功设计及建设对于轨道交通发展是一种有益尝试，不仅对轨道交发开发起到开拓、创新的作用，在工程上也为停车场设计形式提供了新的设计思路。图6.5-1为中山北路车场综合物业开发总平面布置图。

图 6.5-1 中山北路车场综合物业开发总平面布置图

（3）中山北路停车场采用自动化停车场，信号设备纳入正线ATC系统，在停车场内能够实现与正线一致的ATO驾驶模式运行以及自动按照运行图运行。

6.6 武汉市轨道交通3号线、8号线工程三金潭车辆段

1）工程概况

三金潭车辆段是武汉市轨道交通3号线、8号线共址合建的车辆段，分别定位为3号线、8号线的定修车辆段，内设兼顾3号线、8号线的综合维修中心、物资总库。3号线、8号线车辆选型不同，3号线采用6辆编组B1型车，8号线采用6辆编组A型车。鉴于A型车与B1型车的接触轨限界冲突，故将三金潭车辆段内与3号线、8号线车辆运用、检修密切相关的设施分别设置，但段内主要办公、生活、辅助生产设施合建共用。

三金潭车辆段段址位于张公堤以北、东西湖大堤以西、金潭路以东、武汉材料保护研究所以北所围地块，考虑3号线、8号线站段关系、两线建设时序等多种控制因素，三金潭车辆段按照统一规划、分步实施的原则进行设计，先期实施的3号线三金潭车辆段位于段址用地北侧，8号线三金潭车辆段位于南侧，建成后两者将合为一个车辆段。图6.6-1和图6.6-2分别为三金潭车辆段地理位置示意图及效果图。

图 6.6-1 三金潭车辆段地理位置示意图

图 6.6-2 三金潭车辆段效果图

3号线车辆段围墙内占地面积约28.7hm²，总建筑面积8.4万m²，设检修库、运用库、综合楼、洗车库、调机及工程车库、公安派出所、消防站等16个建筑单体。段内主要生活、辅助生产设施合建共用，主要包括综合楼（含食堂、浴室、司机公寓、综合维修、给水加压）、物资总库、材料棚、特种物品库、蓄电池间、污水处理站等。合建共用部分的建筑单体均位于先期实施的3号线车辆段工程范围。

8号线三金潭车辆段围墙内占地面积约15.5hm²，总建筑面积约6.6万m²，设8号线运用库、8号线检修库、牵引变电所及调度楼、门卫2、咽喉区上盖（含洗车库）、联络线上盖等6个建筑单体。

8号线三金潭车辆段试车线联络线对物业开发地块形成了分割，为改善物业开发地块对外衔接的条件、提高开发的品质，对8号线三金潭车辆段站以东的8号线车辆段咽喉区、出入段线以及试车线联络线进行了上盖（图6.6-3）。

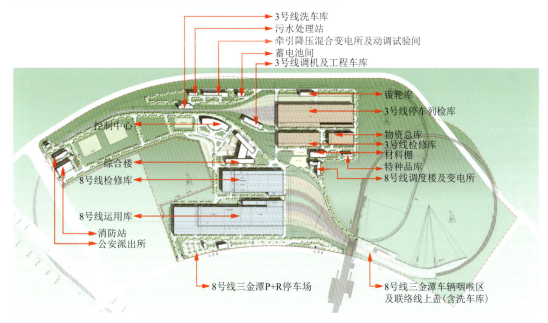

图 6.6-3 三金潭车辆段总平面布置图

2）设计规模

3号线三金潭车辆段设计规模为：停车列检24/36列位、月检2列位、定/临修2列位、静调、吹扫各1列位，试车线1条（图6.6-4）。

图 6.6-4 三金潭车辆段停车列检库

8号线车辆段设计规模为：停车列检 24/36 列位、月检 4 列位、定/临修 3 列位、静调 1 列位，试车线 1 条。

3）设计特点

三金潭车辆段是武汉地铁首个两线共址合建的车辆基地。3 号线采用 6 辆编组 B1 型车，8 号线采用 6 辆编组 A 型车，两者车辆尺寸不同、供电制式不同，本项目在设计中遵循资源集约利用、充分资源共享、有效降低工程投资的原则，对合建车辆段方案进行了深入研究。

（1）车辆检修资源共享

将段内 3、8 号线检修库就近设置，对于空调、蓄电池等部件按集中修设计，有效减少设备配置。

（2）线网维修资源共享

3、8 号线合建三金潭车辆段，在段内设置两线的地面联络线，方便工程实施代价减小，实现了线网工程车的跨线作业。

（3）设备设施资源共享

对于 3、8 号线车辆段功能相似的用房，按照整合并栋考虑。车辆段及综合维修办公、司机公寓、食堂、浴室、污水处理、物资总库等，均按合建共用考虑。如图 6.6-5、图 6.6-6 所示。与常规独立选址设置的两个车辆段相比，合建车辆段节省用地约 5 万 m^2，减少房屋面积约 $8000m^2$，节省设备设施工程投资约 6%。

图 6.6-5 综合楼实景

图 6.6-6 控制中心实景

6.7 武汉市轨道交通 4 号线二期工程黄金口停车场

1）工程概况

武汉地铁 4 号线全线分两期建设，设青山车辆段和黄金口停车场各一处。黄金口站为高架站，是二期工程的终点站，在车站南侧预留 11 号线站位，是与 11 号线的换乘站，正线预留向西延伸条件。黄金口停车场位于武汉市汉阳区黄金口工业园区西南区，处于三环线西侧、汉阳大道北侧、汉蔡高速南侧，用地范围为富源路、董家店路、永丰环路及快活岭路 4 条规划路所围闭区域，场区中部 110kV 高压线和农田灌溉水渠自东南朝西北穿过，因该区域规划为工业用地，场区内灌溉水渠被填埋废弃处理，将 110kV 高压铁塔迁移至快活岭路以西。停车场从高架站黄金口站接轨，出入场线纵向坡度受下部道路净空高度要求控制，结构下净空要求不小于4.5m。如图6.7-1所示。

2）设计规模

黄金口停车场（图6.7-2）承担4号线部分列车的运用停放及列检作业，及双周三月检作业，并设简易临修设施。黄金口停车场设计规模为停车列检近期设8线（16列位），预留9线（18列位）、2线临修月检库、1条洗车线，1条调机工程车线，1条材料线。

图6.7-1　黄金口停车场效果图

黄金口停车场总建筑面积24373.14m²，含综合楼、运用库（图6.7-3）、牵引降压混合变电所、洗车库、污水处理站、门卫等8个建筑单体。

图6.7-2　停车场鸟瞰实景

图6.7-3　运用库实景

3）设计特点

根据接轨条件及用地条件，将整个用地划分为3个主要区块：出入场线及车站区块、停车场工艺用地区块、落地综合开发地块。图6.7-4为黄金口停车场总平面布置示意图。

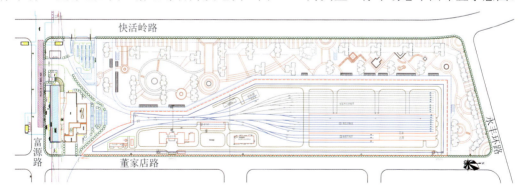

图6.7-4　黄金口停车场总平面布置示意图

（1）出入场线及车站区块：出入场线与正线"八"字接轨形式，车站与出入场线高架桥合围成三角地块，该地块设计为"商业＋配套物业"。商业部分由底层商场与高层经济型酒店组成，商场门口设置P+R停车场，以满足市政、地铁和商业物业需求；另外两角为地铁公安派出所和消防站，充分利用出入场线高架桥下部空间。该线与11号线采用地下通道换乘，三角地块物业地下设置为二层停车场及商业区，以发挥土地最大价值。

（2）停车场工艺用地区块：根据工艺需求，停车列检库沿出入场线南北顺向紧邻董家店路布置。咽喉区东侧布置综合楼、污水处理站、牵引降压混合变电所，洗车线采用往复式布置，并设置集中绿化小景；咽喉西侧布置调机工程车及材料线。食堂浴室、乘务员公寓及给水加压站整合进综合楼，停车列检库采用大跨度网架结构，尽量节省土地。停车列检近期设8线（16列位），预留9线（18列位）。最终，停车场工艺用地10.42hm², 占地指标为511m²/辆，远小于相关标准。

（3）落地综合开发地块：为落实武汉轨道交通"地铁+物业"发展理念，地块西侧用地全部用于落地物业开发。该物业紧邻城市主干道，出入口距离最近地铁口仅80m，同时拥有2条地铁线路的便捷交通，与即将建成的大型汽车整车厂一街之隔，具有较好的开发条件。

（4）开发现状：红线范围内，停车场工艺用地围墙外西侧和北侧用地作为开发用地，规划为商业住宅小区。随着周边市政配套越来越城市化，开发商业价值越来越凸显。

6.8 苏州轨道交通1号线工程天平车辆段

1）工程概况

天平车辆段位于苏州市吴中区木渎镇天平村行政辖区范围内，在向阳河以东、规划西施垂钓园以南、规划经二路（规划宽度13m）以西、竹园路以北的地块内，段址以北是规划的木渎景区（天平山）。该地块呈狭长方形，东西宽约300m，南北长约900m，占地约27.9hm², 总建筑面积80666m²，设置办公培训楼、联合车库、运用库、运用库综合楼、综合后勤楼、镟轮洗车库、动调试验间、吹扫库、工程车库、综合维修楼、抢修作业材料库、污水处理场、门卫等15栋单体。

2）设计规模

天平车辆段设计规模为：大/架修3列位，定/临修2列位，周月检5列位，停车列检48列位（其中预留24列位）。

3）设计特点

天平车辆段选址于天平山风景区边缘。如何解决传统工业厂房建筑与景区环境的矛盾，使车辆段与周边环境协调一致成为本工程设计最为棘手的难题。为此设计人员采用先进设计理念对车辆段的方案进行多次优化调整。

（1）优化大面积库房屋面

传统车辆段的大体量生产厂房对天平山风景区的整体景观效果造成较大影响，设计人员从建筑形态中吸取灵感，对于联合车库和运用库等建筑体量较大的单体将建筑屋面作为第二层平台，以大面积的平屋顶绿化结合局部升起的坡屋顶体块，使建筑造型最大限度地接近原基地自然村落的肌理效果，满足从天平山俯瞰的景观要求。如图6.8-1所示。

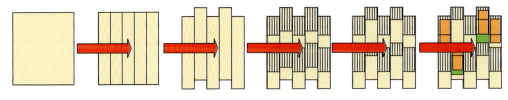

图6.8-1 屋面建筑形体优化示意

应用园林中尺度感不断转化的方法使空间感觉丰富、多变，从而打破以实体为核心的思维方式，转而关注建筑、自然和人等要素间的关系的处理手法。

应用建筑形体错落的方法使空间产生前后、远近、高低、进退的层次关系，通过不断变换的光影使整个空间产生了明暗的对比关系。

（2）控制单体层高

严格控制单体建筑层高，避免对风景区整体效果产生影响。在保证车辆段总建筑面积的前提下，优化房屋布置扩大单体建筑的基底面积，使车辆段所有建筑的层高都控制在20m以内。

（3）车辆段内部环境设计

①总体保持自然风格，以植物造景为主，与周边环境密切融合。

②车辆段分成生态休闲区、办公区、厂房区、轨道区四个区域进行园林景观设计。

③不仅重视基地内部景观，更强调来自外围不同视点的远观效果，用丛植的乔木树林形成大块面的绿化空间，形成鲜明的视觉形象。

④从地形塑造和树种选择两个方面体现本基地与天平山的联系，设计了多处地形起伏，并使用了枫香、红枫、青枫等特色树种。

⑤密林空间与开敞空间有机穿插，尤其在沿规划经二路一侧，形成了丰富的空间效果，内部环境与外部环境之间的渗透感得以增强。

⑥考虑到长期维护问题，主入口广场没有设计大型水景，而是通过灌木草花的流线型组合形成空间的流动感。

（4）景观实施效果

车辆段内建筑及景观具有苏州园林风格，车辆段与周边景区的环境高度协调统一，天平车辆段的景观实施效果见图6.8-2～图6.8-9所示。

图6.8-2 天平车辆段鸟瞰实景

图6.8-3 天平车辆段鸟瞰实景

图 6.8-4　综合后勤楼实景

图 6.8-5　景观连廊实景

图 6.8-6　运用库内实景

图 6.8-7　车辆段沿街透视图

图 6.8-8　车辆基地办公培训楼实景

图 6.8-9　车辆段办公培训楼门厅实景

6.9　苏州轨道交通 2 号线工程太平车辆段

1）工程概况

苏州市轨道交通 2 号线总体呈南北走向，线路全长 42.133km（其中北延伸线 1.842km，东延伸线 13.836km），全线设 34 座车站（其中北延伸线 1 座，东延伸线 11 座），全线车站中高架车站 5 座，地下车站 29 座。

2 号线考虑充分利用 1 号线天平车辆段的大架修资源，本线车辆段其功能定位定为定修段，大架修修程的车辆检修在 1 号线的天平车辆段进行。

苏州轨道交通 2 号线太平车辆段位于相城北部的元和镇常楼村行政辖区范围内，属于城市郊区，在 2 号线北延线以东、澄阳路以西、太东路以南、京沪高铁苏州站以北的区域，距京沪高铁苏州站约 2 公里，是城市未来外拓的发展方向之一，同时也是城市未来对外交通的枢纽之一。项目总用地面积为 29.4hm^2，地块呈"刀柄"形，南北狭长（约

1300m），东西较窄（最宽约340m）。车辆段地块周边东侧有既有澄阳路，北侧有规划太东路，南侧和西侧有规划道路，段址地块对外交通方便快捷。

太平车辆段占地面积约29.4hm²，总建筑面积90346m²，设置综合楼、联合车库、停车列检库、工程车库、洗车镟轮库、物资库一、机电车间、动调试验间、吹扫库、污水处理场、门卫等14栋单体。综合楼设置为14层，设置于上盖平台中部并突出平台。其余单体均设置于上盖物业平台下方。

2）设计规模

太平车辆段设计规模为：定/临修2列位，周月检5列位，停车列检48列位。

3）设计特点

(1) 江苏省首座上盖开发车辆段，土地集约化利用的典范

本工程从城市景观及城市发展的角度出发，利用车辆段上部空间进行上盖物业开发，使土地获得再利用，最终打造出江苏省首座上盖开发车辆段，完美解决了盖下柱网密集情况下的车辆段工艺布置和盖上开发柱网设置难题。同时，本工程统筹规划了上下独立、人车分流的交通体系，并通过采取一系列节能、环保、降噪措施，满足规范要求，响应了"环境友好型、资源节约型"两型社会的发展需要。综合开发后的土地复合利用率达60%以上，树立了城市轨道交通领域土地集约化利用的典范。

本工程分为三个空间层次：①地面层，车辆段作为全线车辆运营、检修场所，占地面积比较大，工艺功能需求在地面层实现；②二层为开发平台，盖上物业自成体系，与车辆段完全分开，形成一个自我融合的空间环境；③中间层，设置盖上物业的大型停车空间。三个层次形成了一个立体化的城市生活空间，形成了专业功能、居住、商业、商务等多种业态共存的多样性生活模式。

最大可能带来开发附加价值是本次设计的亮点。本工程利用车辆段上部空间进行上盖物业开发，使土地获得再利用。结合开发模式以及项目业态组合的定位，最大限度地挖掘地块潜在价值。与此同时，方案旨在将苏州的传统文化与相城区特有的地域特色赋予在设计之中，使本项目具有文化性、地域性与标志性。如图6.9-1所示。

(2) 物业开发平台与轨道交通、市政道路无缝对接，提供高品质开发用地

①物业开发平台与轨道交通车站无缝对接

苏州轨道交通2号线延伸线在太平车辆段西侧设置骑河站，本工程设计过程中预留了与轨道交通车站连接的3处通道，由北向南依次为：E区预留与车站站厅层的出入口；二层平台预留与车站地上三层的实施条件，人员可通过人行天桥直接到达上盖平台；平台西侧地面层紧邻骑河站南端设置交通井，人员可通过该交通井方便到达上盖平台。如图6.9-2所示。

图6.9-1 太平车辆段上盖物业开发效果图

②物业开发平台与市政道路无缝对接

本工程上盖平台南端车库层设置有与市政道路——富翔路的出入口，车辆可不通过侧向坡道直接到达物业开发车库层。如图6.9-3所示。

本工程物业开发地块与轨道交通车站、市政道路形成无缝对接，极大地提高了开发用地的品质，为本工程取得良好的经济效益创造了有益条件。

经过一系列创新与实践,最终打造出江苏省首座上盖物业车辆段,完美解决了传统工业厂房与周边城市景观协调一致的难题;统筹规划了上下独立、人车分流的交通体系,响应了"环境友好型、资源节约型"两型社会的发展需要。该车辆段上盖开发后土地复合利用率达60%,社会效益显著。2013年,太平车辆段上盖平台及预留白地已出售,销售额达116000万元。截至2017年10月,太平车辆段上盖平台共16栋住宅开发已建成出售,销售情况较好。如图6.9-4～图6.9-9所示。

图6.9-2 太平车辆段上盖物业与车站沟通示意图

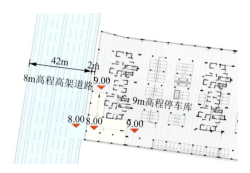

图6.9-3 上盖开发平台车库层与市政道路沟通示意图

图6.9-4 太平车辆段上盖物业开发实景

图6.9-5 太平车辆段上盖平台与综合楼实景

图6.9-6 太平车辆段综合楼盖上建筑及景观实景

图6.9-7 太平车辆段联合车库吹扫库及周月检库实景

图 6.9-8　太平车辆段物资库立体仓库及定/临修库实景

图 6.9-9　太平车辆段停车列检库实景

6.10　苏州轨道交通 2 号线延伸线工程桑田岛停车场

1）工程概况

2 号线延伸线在东延伸线终点园区设桑田岛停车场（图 6.10-1），形成全线"一段一场"的车辆检修运用布局。桑田岛停车场占地面积约 11hm²，总建筑面积约 27278m²，设置运用库、综合办公楼（图 6.10-2）、司机待修楼、洗车库、牵引变电所、污水处理间、门卫等 8 栋单体。

图 6.10-1　桑田岛停车场鸟瞰图

图 6.10-2　综合办公楼实景

2）设计规模

桑田岛停车场设计规模为周月检 2 列位，停车列检 36 列位（其中远期预留 18 列位）。

3）设计特点

桑田岛停车场布局合理，各种设施设备配备完善、使用便捷、作业环境友好，体现出轨道交通停车场的先进设计理念。本项目设计过程中结合规划等各部门要求，应用了大量的新技术、新工艺、新设备，成果丰硕。其主要特点如下：

（1）基于轨道交通停车场涉及专业多、设计接口繁杂的特点，完成停车场综合总图设计。通过一张总图集中表达工艺、站场、建筑、电力、给排水、通号等专业的主要图元。在综合总图的设计过程中通过优化、协调各专业的设备、设施、建构筑物的位置关系，有效地解决了常规设计方式中容易出现的冲突与矛盾，进一步提升了设计质量。

（2）坚持节能环保理念，打造绿色设计。综合楼按照绿色二星建筑标准设计、实施，采用屋顶绿化、室外透水铺装、雨水回收利用、节水喷灌、太阳能热水系统等多种绿色、节能、环保措施，将生产工艺设计、房屋建筑设计与绿色设计相结合的方式，打造自然和谐、环境友好型轨道交通停车场。

（3）以人为本，优化设计。通过优化运用库检修地沟的设置形式有效地改善地沟内照明及通风条件，提高检修质量及效率；采用集现代数字控制技术和网络技术于一身的智能低压系统，实现运用库库内照明及检修地沟照明的分区智能控制，达到使用便捷、节能减排的效果。如图6.10-3～图6.10-8所示。

图 6.10-3　综合办公楼门厅实景

图 6.10-4　运用库实景

图 6.10-5　运用库库内实景

图 6.10-6　司机待修楼实景

图 6.10-7　司机休息室实景

图 6.10-8　洗车库实景

6.11 苏州轨道交通 4 号线及支线工程松陵车辆段

1）工程概况

苏州市轨道交通 4 号线主线全长 42km，设车站 31 座，均为地下车站；支线长 10.8km，共设车站 7 座（不含接轨站），均为地下站。4 号线支线初、近期与 4 号线主线在红庄站接轨贯通运营，远期拆解为 7 号线独立运营。

4 号线主线在线路南端设松陵车辆段，总用地面积 29.9hm^2，总建筑面积为 101469m^2，设置联合车库、运用库、综合办公楼、食堂、司机待休楼、物资总库、工程车及调机库、洗车棚、牵引变电所、污水处理间、门卫、公安派出所等 9 栋单体。图 6.11-1 和图 6.11-2 分别为松陵车辆段总平面图和鸟瞰图。

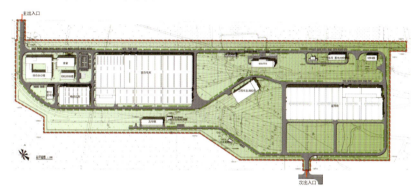

图 6.11-1　松陵车辆段总平面图

2）设计规模

松陵车辆段定位为线网性车辆大架修基地，承担 4、5、7 号线的车辆大架修。设计规模为大架修 2 列位（预留 3 列位），定修 2 列位，临修 1 列位，周月检线 4 列位，停车列检线 18 列位（另预留远期 26 列位）。

3）设计特点

松陵车辆段（图 6.11-3）是苏州轨道交通首座 6 辆编组的大架修基地，联合车库、运用库等大库（图 6.11-4）地面采用了水磨石地面，其耐久性、经济性较好。

图 6.11-2　松陵车辆段鸟瞰图

图 6.11-3　松陵车辆段实景

图 6.11-4　松陵车辆段工程车库实景

同时选用雨水收集利用系统，通过收集运用库、联合车库大型检修库房屋面的雨水，汇集到专门的收集池后，可代替自来水用于段、场内的道路冲洗及绿化浇灌，从而达到节约用水的目的。

6.12 苏州轨道交通4号线及支线工程元和停车场

1）工程概况

在4号线线路北端的相城区设元和停车场一处，场址位于线路北端，在苏虞张路站接轨。车场坐落在相城生态园农副产品批发市场以南，南面紧靠太阳路，西面以苏虞张公路为界，承担轨道4号线部分车辆的停放和日常检查等任务。元和停车场总用地面积约11hm^2，总建筑面积为35714.49m^2，设置运用库、综合办公楼、洗车棚、牵引变电所、污水处理间、门卫等9栋单体。如图6.12-1～图6.12-3所示。

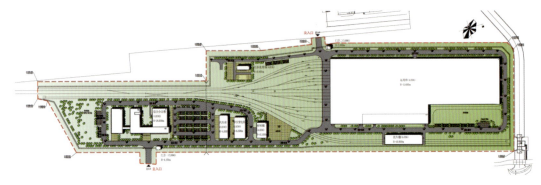

图6.12-1 元和停车场总平面布置示意图

图6.12-2 元和停车场鸟瞰

图6.12-3 元和停车场实景

2）设计规模

元和停车场设计规模为停车列检13线26列位，周月检2线2列位。

3）设计特点

运用库地面采用了水磨石地面，其耐久性、经济性较好。同时选用雨水收集利用系统，通过收集大型库房屋面的雨水，汇集到专门的收集池后，可代替自来水用于段、场内的道路冲洗及绿化浇灌，从而达到节约用水的目的。

6.13 无锡轨道交通 1 号线工程西漳车辆段

1）工程概况

无锡地铁 1 号线工程西漳车辆段位于无锡市惠山区，地块成梯形，西侧紧邻锡澄北路，东侧为新开河及闸站，北侧为锡北运河，南侧为沪宁高速公路，总征地面积 41.4hm²，围墙内总用地面积约 32.8hm²（扣除绿化带面积）。图 6.13-1 和图 6.13-2 分别为西漳车辆段总平面布置图和鸟瞰图。

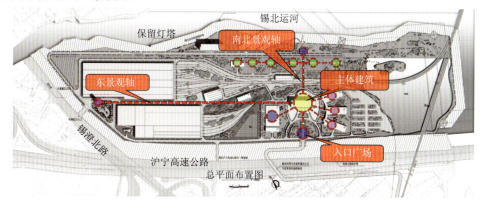

图 6.13-1 西漳车辆段总平面布置图

图 6.13-2 西漳车辆段鸟瞰图

2）设计规模

西漳车辆段主要设计规模如下：大/架修 4 列位（其中远期预留 3 列位），定临修 2 列位，周月检 2 列位，停车列检 32 列位（其中远期预留 8 列位）。

3）设计特点

（1）总平面图的特点

车辆段总平面将两个主要厂房（运用库、联合车库）并列布置，显得整体感强，布置紧凑。段内股道全部同向顺接，咽喉区集中设置，结构紧凑，运用库、联合车库、工程车库等均为顺接运营。办公生活区集中布置在出入段线与沪宁高速公路所夹的区域内，以方便相互联系。

设置了两条主景观轴：

①东西向景观主轴以两既定大库间道路为走向。

②南北向景观主轴以主入口广场、人行天桥为走向。

两景观主轴交点为主体建筑运营公司大楼。

（2）运用库、联合车库屋顶均预留了光伏发电条件

为建设节能社会，西漳车辆段两个大面积的库房屋面均预留光伏发电设备载荷。

（3）国内第一座车辆段运用库采用 DC1500V 接触轨

为方便运营，西漳车辆段运用库所有列位均采用地面接触轨方案，通过在接触轨侧边设置绝缘板来保证检修人员的安全。如图 6.13-3 所示。

图 6.13-3　停车列检库实景

（4）实现工业遗产与车辆段工业建筑有机协调

车辆段段址西侧原为江海木业有限公司用地，该公司在 1981 年由菲律宾维德集团香港维德行、无锡市家具总厂分别出资近 120 万美元，各占注册资本的 40%；中国轻工业品进出口公司江苏分公司出资近 60 万美元，占注册资本的 20%，合资成立。该公司是无锡市也是江苏省第一家外商投资企业，也是全国最早的外资企业之一。国家工商行政管理局给该公司颁发的营业执照为工商企合字"10001"号，该公司被无锡市确定为第三批工业遗产。

车辆段试车线穿过被确定为工业遗产的工业厂房的一角，经过专业装修单位和加固单位设计后改造成了地铁公司的运动场馆和会场。如图 6.13-4～图 6.13-8 所示。

图 6.13-4　改造后实景

图 6.13-5　西漳车辆段主大门　　　　　　　图 6.13-6　西漳车辆段办公区

图6.13-7 工程车库及运用库库前

图6.13-8 运用库与检修库景观轴

6.14 无锡轨道交通1号线工程雪浪停车场

1）工程概况

无锡地铁1号线雪浪停车场位于滨湖区雪浪街道区域，场址东侧规划道路为平湖路，北侧为规划清源路，西侧为已建的蠡湖大道，南侧为已建的具区路。雪浪停车场总占地面积7.2hm²，总建筑面积71504m²，雪浪停车场工程主要分为平台盖下区域和盖外区域，仅停车场综合楼位于盖外区域。平台盖下面积66798m²。雪浪停车场上部及周边用地进行住宅物业开发。图6.14-1为雪浪停车场鸟瞰图。

图6.14-1 雪浪停车场鸟瞰图

2）设计规模

雪浪停车场设计规模为：周月检2列位，停车列检28列位。

3）设计特点

（1）国内首座下沉式停车场

根据设计规范，雪浪停车场应按100年一遇洪水标准设防，满足百年洪水水位要求（3.45m+0.5m=3.95m）时，雪浪停车场场坪设计高程应取4.00m，但由于需结合上盖开发计，且受场地南侧出入段线下穿的规划清源路的高程控制，出入场线采用30‰的坡度时雪浪停车场的场坪高程仅能为2.00m，因此停车场周边挡墙高度按高于百年供水位设计。本项目±0.000为地铁轨顶高程，相当于绝对高程2.63m（国家85高程）。停车场±0.000比室外道路低约2m。

7.5m、8.5m平台：因停车场净高要求，上盖北、南区的结构高程分别为7.5m及8.5m，北区7.5m高程板面覆土0.8～1.0m，完成后与南区汽车库建筑完成面8.80m基本持平。

13.5m 平台：为第二层上盖的结构高程，板面覆土约 1.2m。竖向高程示意图如图 6.14-2 所示。

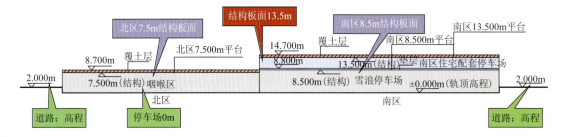

图 6.14-2　停车场竖向高程示意图

图 6.14-3　停车场盖下实景

（2）为国内为数不多的上盖开发小区住宅剪力墙直接在库房区域落地的段场

为降低上盖住宅物业的工程费用，业主与潜在开发商就上盖物业的户型进行了多次沟通，并经过政府相关部门的审查，决定上盖住宅的核心筒落地，从而减少了结构转换，大大降低了工程造价，但后期开发商只能按照设计的户型进行开发。如图 6.14-3 所示。

（3）停车场出入口位置设置反坡防止雨水倒灌

为避免雨水进入盖下停车场内，停车场主入口区域应设置成反坡，即室内高程高于室外道路高程。在停车场内设置坡道，并在出入口位置设置截水沟，并设置防倒灌设施。如图 6.14-4～图 6.14-9 所示。

图 6.14-4　雪浪停车场主大门

图 6.14-5　雪浪停车场综合楼区域

图 6.14-6　雪浪停车场盖下道路

图 6.14-7　雪浪停车场盖外道路

图 6.14-8　雪浪停车场咽喉区

图 6.14-9　雪浪停车场停车列检列位

6.15　无锡轨道交通 2 号线工程查桥车辆段

1）工程概况

无锡 2 号线线路全长 26.301km，其中高架线 6.734km，地下线 19.567km（含 U 形槽）。共设车站 22 座，其中高架站 4 座，地下站 18 座，在线路东端的查桥设查桥车辆段，在西端起点设青龙山停车场。查桥车辆段接轨于 2 号线查桥站，设于锡山区安镇街道的先锋村和新区梅村街道的南石园村、群力村范围内，位于锡山大道与新华路交叉路口的西南地块内，场地紧邻规划的轨道交通 4 号线线位，总用地面积 37.92hm²（包括 4 号线车辆段用地）。

查桥车辆段承担本线车辆的定修及以下检修任务，本线车辆的大架修在 1 号线西漳车辆段进行。车辆段围墙内用地 18.8hm²，房屋总建筑面积 6.4 万 m²，设置综合楼（A、B 楼）、联合车库、运用库、调机库、工程车库、物资总库、污水处理站、牵引混合变电所、跟随所动调试验间、门卫（2 处）等 12 栋单体建筑。图 6.15-1 和图 6.15-2 分别为查桥车辆段总平面布置图及鸟瞰效果图。

图 6.15-1　查桥车辆段总平面布置图

图 6.15-2　查桥车辆段鸟瞰效果图

2）设计规模

查桥车辆段计规模为：定/临修 2 列位，周月检 3 列位，停车列检近期 18 列位，远期32列位。

3）设计特点

（1）总平面布置特点

查桥车辆段地形条件差，且需与4号线车辆段合址建设，并需满足资源共享要求。因此给设计带来了很大难题，经认真研究、多方案比选，查桥车辆段设计很好地适应了地形条件，总图布置合理，工艺流程顺畅，与4号线车辆段资源共享条件较好，对线网其他车辆段的设计起到了很好的示范作用。

查桥车辆段地形为倒八字形，与常规的车辆段所需的正八字形相反，同时地块还需考虑4号线车辆段的预留，总平面布置极为困难。经多方案研究比选，总图布置适应地形条件设计为扁平式，方案新颖、独特，工艺设计先进。

（2）资源共享

查桥车辆段地块还需考虑轨道交通4号线车辆段的预留用地和接入条件，在较为苛刻的地形条件下，充分考虑到了与4号线车辆段的联络条件以及资源共享条件，预留了4号线车辆段运用库的用地条件和与2号线车辆段的联络条件，很好地解决了出入段线分别接入2、4号线问题。该车辆段的检修设施与2号线合用，两段生活用房、生活设施等共用，不但达到了高度的资源共享，还减少了两段的用地面积，节省了工程投资，减轻了对环境的影响。

（3）出入段线结构设计

出入段线同时接入2号线和4号线。出入段线在正线处有2号线正线、4号线正线、2号线出入段线、4号线出入段线，高程关系极为复杂，结构设计难度大。如图6.15-3所示。

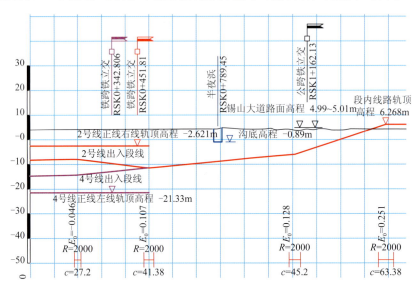

图6.15-3　出入段线纵断面图

经站场、线路、隧道等专业密切协调配合，较圆满地设计出特殊的出入段线接入两条线的方案，这在全国为首例。

（4）屋顶花园和球场

由于查桥车辆段用地紧张，为节约地面土地资源，为职工提供良好的工作环境，在联合车库屋面设置屋顶花园，在物资总库屋面设置屋顶灯光球场。两栋建筑靠近以后而产生的开发用地，也为以后白地商业开发创造有利的环境条件。如图6.15-4所示。

图 6.15-4 屋顶花园及豫东设施

同时将屋顶花园、屋顶球场与综合楼通过连廊连接起来。如图 6.15-5 所示。

图 6.15-5 连廊

（5）采用燃气进行采暖和制冷

由于华润燃气公司与无线地铁总公司有战略合作关系，查桥车辆段综合楼采用了燃气机为动力的采暖制冷系统。

（6）利用试车线进行新车吊卸

由于出入口及段内布置的原因，新车装卸只能在试车线进行。

在试车线吊卸新车需解决试车线安全围栏开口的问题和卸车段接触轨取消的问题。通过与运输公司的沟通，设计在安全围栏上按卸车要求开设了几处围栏门，与运营分公司、接触轨系统设计分析研究，减短试车线尾部接触轨安装长度，使得新车和工程车顺利完成了吊卸，也为以后增购新车创造了良好条件。如图 6.15-6～图 6.15-10 所示。

图 6.15-6 新车装卸

图 6.15-7 查桥车辆段主大门　　　　图 6.15-8 查桥车辆段办公区

图 6.15-9 查桥车辆段咽喉区

图 6.15-10 查桥车辆段综合楼高空连廊

6.16 无锡轨道交通 2 号线工程青龙山停车场

1）工程概况

无锡轨道交通 2 号线青龙山停车场设于线路西端，位于无锡滨湖区荣巷街道青龙山社区，在梅园站与正线接轨。车场场址位于既有青龙山路以西、既有青龙山二路以东、青龙山以南的区域内，停车场地块地势南低北高，用地范围地面高程有明显的差异。青龙山停车场总占地面积约 7.5hm^2，总建筑面积 3.09 万 m^2，设置综合楼、运用库、污水处理站、牵引混合变电所、门卫（2 处）等 6 栋单体建筑。青龙山停车场工程主要分为平台盖下区域和盖外区域，仅停车场运用库位于盖下区域。运用库上盖设置公交车停车场、停保场综合楼、公交车检修车间等，在挡土墙外设置加油站、洗车设施、配电间等。停保场场内共设 214 处公交停车位和 10 处小车停车位。

2）设计规模

青龙山停车场设计规模为：周月检 2 列位，停车列检近期 14 列位，远期 22 列位。

3）设计特点

（1）全国首座地下敞开式停车场

根据前述地形地貌特点和出入场线等限制条件，经认真分析研究、多方案比选，最终设计青龙山停车场的形式为地下敞开式，该形式很好地适应了地形地貌条件，方案新颖独特，提高了土地利用率，同时进行上盖设计，圆满地解决了公交停保场的设置，也为地铁消防站留出了位置。

青龙山停车场为地下敞开式，运用库（综合型）、牵引混合变电所、污水处理站等必要的建筑物设置在下凹区，其他建筑物如综合楼、公交加油站合洗车设施设置在原地面，同时运用库上盖设置公交车停车场、综合楼、检修车间，通过两座桥梁与外界市政道路连接。如图 6.16-1、图 6.16-2 所示。

图 6.16-1 青龙山停车场总平面布置

图 6.16-2 青龙山停车场鸟瞰

青龙山停车场设计较好地实现了地铁停车场和公交停保场的功能体现，创造性地设计出了全国首座地下敞开式停车场，这在全国是第一例，于2013年8月取得了国家实用新型专利：《一种地下敞开式轨道交通停车场》（专利号：ZL 2012 2 0546979.9，证书号：第3097627号）。

（2）停车场站场场坪高程确定

由于需设置上盖公交停保场，停车场场坪高程的设置既要满足地铁车辆的爬坡能力，又要尽可能地提高场坪高程以减少开挖量，同时要有利于盖上公交停保场与市政道路的连接，经过多方案比选和研究，最终确定的场坪高程较圆满地解决了以上问题。如图6.16-3所示。

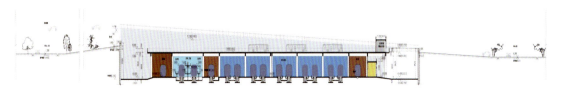

1-1 剖面图 1:200

图6.16-3　青龙山停车场断面示意

（3）道路的衔接

停车场的道路与场外市政道路的衔接需考虑地铁停车场内车流及人流的通行及对外交通，以及公交停保场与市政道路的合理衔接。

地铁停车场由于是下凹形式，场外道路与场内道路的连接需设置坡度，其坡度需满足汽车行驶所限定的坡度，需一定的场地长度，且需设置两处与不同市政道路连接的道路，这给总平面布置带来了极大的限制和难度，经过认真的研究，设置的出入场道路分别与青龙山路和青龙山二路分别连接，其道路坡度满足汽车道路设计规范的要求。

（4）停车场排水

地铁停车场为下凹形式，需确保地铁停车场场内不被水淹。停车场四周设置挡土墙，避免停车场受到地质灾害的影响，下凹区的雨水和污水排放采用抽身形式排至市政雨水和污水管网中。如图6.16-4所示。

为尽量减少雨水抽升量，减小抽身泵站的规模，设计将上盖公交停保场场地的雨水通过管桥直接排至地下停车场的挡土墙外，最大限度地减少了地下敞开式地铁停车场场内雨水抽升量，降低了停车场的水患发生概率，同时节省了抽升费用和能源。

图6.16-4　盖上公交停车场排水槽

（5）地下敞开式停车场火灾排烟、通风

由于青龙山停车场为全国第一个地下敞开式停车场，且运用库上盖设置公交停保场。根据公交集团的要求，运用库上盖上不允许设置排烟洞口，消防规范没有相应的规定，也无相关经验可借鉴，经过设计研究及与消防部门的沟通对接，停车场运用库界定为特殊的地上建筑，且为丁类建筑。因此，可将运用库与辅跨一层划分为一个防火分区，辅跨二层为一个防火分区，以满足消防要求。

停车场运用库库内通风采取自然进风、机械排风形式,排烟采取机械排烟、自然补风。并通过在库内设置移动蒸发冷气机进行局部降温,在办公区设置多联机,辅跨走道采取机械排烟,满足通风及排烟的需要。

(6)地下敞开式停车场人员疏散消防措施

由于停车场为地下敞开式,需有比地上更严格的人员疏散措施,经设计研究及与消防部门的沟通对接,运用库库内人员疏散措施与地上建筑相同,室外增加沿挡土墙设置钢楼梯,使人员可以直接从室外楼梯疏散至坑上自然地面,充分满足人员疏散的要求。如图 6.16-5 所示。

(7)减少工程量

地下敞开式停车场土石方挖方量巨大,且需设置挡土墙。为减少土石方开挖量,减少挡土墙工程量,设计将除运用库、牵引混合变电所、污水处理间等必须放置地下的建筑之外,其他的建筑如综合楼和附属设施、公交停保场的加油站、洗车设施等附属工程全部设置在原地面,极大地减少了工程量和投资,同时减轻了施工难度和施工周期。如图 6.16-6～图 6.16-10 所示。

图 6.16-5 疏散钢爬梯

图 6.16-6 青龙山停车场综合楼

图 6.16-7 青龙山停车场运用库

图 6.16-8 连接青龙山停车场运用库顶公交停保场与外部道路的桥梁

图 6.16-9 青龙山停车场运用库顶公交停保场

图 6.16-10 青龙山停车场挡土墙

6.17 南京地铁 3 号线工程秣周车辆段

1）工程概况

南京地铁 3 号线贯穿南京南北（图 6.17-1），途经南京八个主要行政区，线路全长为 44.869km，其中地下线 42.383km，高架线 2.424km，地面线 0.062km。全线共设车站 29 座，其中地下站 28 座，高架站 1 座，在线路的南北两端设车辆段、停车场各一处。

南京地铁 3 号线秣周车辆段位于线路的南端（图 6.17-2）。秣周车辆段段址位于绕越高速以南、前庄南路以西、双龙大道以东、南京协鑫生活污泥发电有限公司以北所夹地块范围内。地块范围内大部分为水田和菜地，只有少量的房屋和旱地。车辆段用地范围内有 50% 的地块属于规划的绿地范围，有三条 110kv 的高压线穿过，经与规划部门沟通需改移。车辆段总占地面积 35.38hm^2，总建筑面积 11.839 万 m^2，设置综合楼、检修主厂房、运用库、物资总库、工程车库、镟轮洗车库等 14 栋单体。图 6.17-3 和图 6.17-4 分别为秣周车辆段鸟瞰图和总平面示意图。

图 6.17-1　南京地铁 3 号线走向示意图

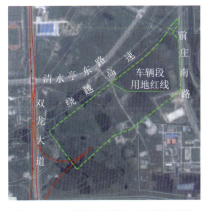

图 6.17-2　秣周车辆段地理位置示意图

图 6.17-3　秣周车辆段鸟瞰图

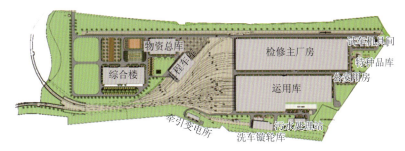

图 6.17-4　秣周车辆段总平面示意图

2）设计规模

秣周车辆段为南京地铁 3、5、10 号线的大架修基地，并设置全线网车辆转向架轮轴大修中心。

车辆段设计规模为：大/架修 3 列位，定/临修 3 列位，周月检 3 列位，停车列检 32 列位。

3）设计特点

（1）创新性的将"线网配件集中修"理念付诸实际，建立南京全线网轮轴大修中心

根据南京市建设规划（2014—2020年），南京市轨道交通总里程约775km，共设有7个车辆大架修基地。按一般设置要求，每个基地均应具备转向架及轮轴检修能力，配备相关检修设备，以满足每个基地承担的检修任务。

从优化线网检修资源考虑，在检修资源共享专题方案研究中，确定在南京地铁线网内首先针对轮轴检修新建一个大修中心，选址在南京地铁三号线秣周车辆段内，同大架修厂房结合布置，同期建设，实现南京地铁线网轮轴自主大修。

轮轴大修中心工艺设计及厂房布置特点：

①轮轴大修中心满足南京全线网内车辆轮轴的大修作业。

②为满足和方便段外轮对的运输需要，轮轴大修厂房应具备直接对外通道。

③轮轴检修工艺整合考虑，按定位修及流水修结合设计，提高检修效率及人员的综合利用。

线网轮轴中心的建立可为后续其他大架修基地共计减少厂房面积14000m²，减少设备投资约1.3亿元。如图6.17-5～图6.17-8所示。

图6.17-5　南京地铁检修基地分布情况

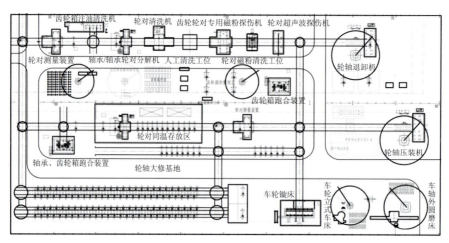

图6.17-6　秣周车辆段轮轴大修中心工艺平面布置示意图

（2）引入流水线设计，定位与流水修完美配合

在轮轴大修中心设计时，引入流水修设计理念，改变传统固定修单一台位检修作业内容多、检修时间长的问题。将复杂的检修过程分解成单个检修内容，并通过流水线输送实现工位间的快速流转，提高了检修效率。

在检修工艺布局上采用三个前后连接的U形布置，优化厂房布置，减少重复搬运路径，如图6.17-9所示。

图6.17-7　轮轴大修中心工程照片

在此基础上，创新性地通过引入可视化工艺过程仿真，模拟实际转向架、轮轴、电机检修等工艺流程，通过物流过程仿真，实现工艺方案量化比选，为设计方案决策提供依据；实现设计过程可视化、评价指标可量化，有效地评估和优化设计方案，降低建造风险。如图6.17-10所示。

图6.17-8　轮轴大修中心实景

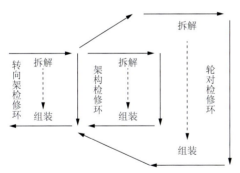
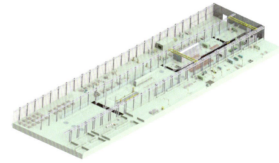

图6.17-9　轮轴检修中心工艺流水线示意图　　图6.17-10　轮轴检修中心工艺仿真效果图

轮轴大修中心流水线各工位换算节拍时间均能满足预期需求，日均轮对大修能力≥10条，设计能力满足近期建设（2020年）线网全部轮轴检修能力（1793.60条/年）。本轮轴大修中心的检修能力、设备配置规模均属全国前列。

（3）设计中采用BIM技术，解决了协同设计难题

在设计中采用BIM技术，在三维管线工作基础上，尝试在主要专业运用BIM技术，构建一个轨道交通检修基地工程BIM设计平台，全专业覆盖设计各环节，使设计工作能够在统一的设计平台开展，成果能够基于统一的信息架构以及统一的信息模型进行存储和展示。本次BIM协同设计主要有以下几方面创新。

①利用三维可视化协同设计，全方位展现设计成果（图6.7-11）。采用了《轨道交通车辆检修库三维设计软件》（"2014年度中国铁道建筑总公司优秀软件奖"一等奖），建立车辆段标准化数据库40余个，BIM模型1500余个。利用云平台使BIM数据在各专业间进行协同与共享，有效辅助业主、施工单位理解工程内容，了解设计意图。

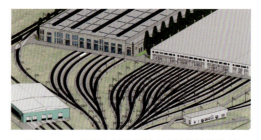

图6.17-11　秣周车辆段站场及室外构筑物模型

②开发三维管线设计系统，完成综合管线设计，实现自动碰撞检测（图6.7-12）。利用自主研发的《轨道交通车辆段室外综合管线设计系统》（软件著作权登记号：2014SR028152），完成室外综合管线设计，在设计中提前解决65处管线干涉碰撞点，工程实施时室外综合管线碰撞点为0。

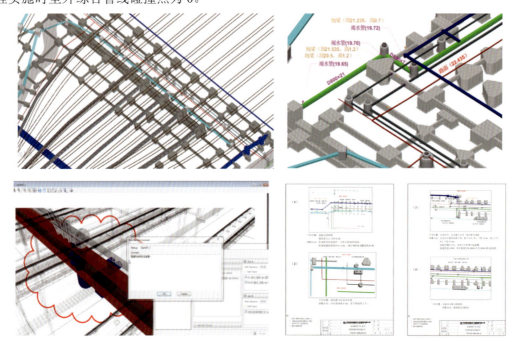

图6.17-12　秣周车辆段室外综合管线BIM设计

（4）创新性地提出并完成车辆段综合总图设计，解决专业总图设计常见问题

传统设计过程中，相关专业都各自设计专业总图，各种总图的侧重点不同，不可避免出现矛盾。

在秣周车辆段工程中创新性地提出并完成综合总图设计（图6.17-13），通过一张总图集中表达车辆工艺、站场、建筑、电力、暖通、信息等专业的主要图元、标注、表格以及说明，解决了诸如部分电缆明沟与室外构筑物基础冲突、局部道路雨水排水不畅等问题。同时，通过使用《限界设计软件》（软件著作权：2014SR1930），自动完成了构筑物侵限校核，室外柱网及库内构筑物侵限判断准确率达100%，获得"2014年度中国铁道建筑总公司优秀软件奖"二等奖。

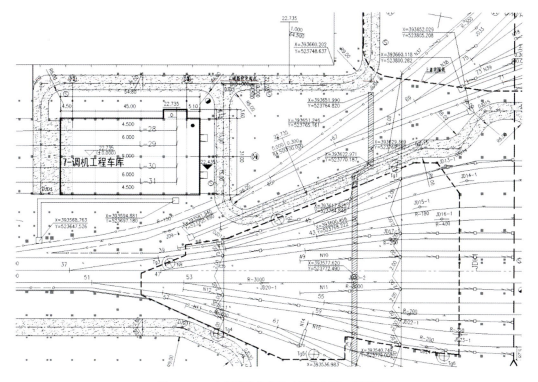

图 6.17-13　车辆段综合总图（局部截图）及图例

（5）分线设计、以线显特，建筑风格体现古城风貌

在车辆段建筑风格的设计过程中，设计人员秉承着"分线设计、以线显特、实用大气、功效两全"的宗旨，结合3号线沿途经过区域特点，提炼南京元素，提出3号线的车辆段及停车场采用"古韵"的建筑特点，以体现出3号线浓厚的文化底蕴。

采用中国传统建筑通常采用的"对称构图"，体现一种"稳定""庄严""均衡"感，以六层层数寓意"六朝古都"，以十段"长短韵律变化"的横向长窗寓意"十朝都会"，长度变化形成特殊的"韵律"变化，分别代表一段历史。

采用民国建筑常用的"青灰色转"为主要材质，体现历史感。通透玻璃幕墙与"青灰色面砖"形成"虚"与"实"、"传统"与"现代"的对比，体现建筑的时代感。如图6.17-11、图6.17-14所示。

（6）研发关键检修设备，提高地铁车辆段检修能力

研发新型多功能跑合试验台，实现轮轴跑合与齿轮箱跑合一机完成。

图 6.17-14　秣周车辆段综合楼效果图

根据轮轴检修流水线工艺设计，在轮轴检修过程中需要分别对轮轴和齿轮箱进行跑合试验。而要实现这两种功能，在设备驱动方式、部件支撑固定方式上都有差别，需要分别设置跑合试验台。

针对上述需求，提出了快速更换固定工装的设计思路，通过多次尝试、不断试验，直至确定最终方案。如图6.17-15所示。

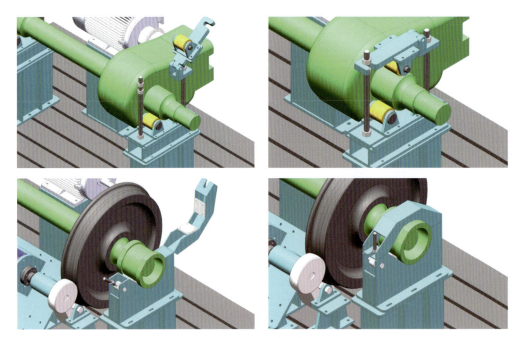

图 6.17-15　快速更换工装效果图

6.18　南京地铁 3 号线工程林场停车场

1）工程概况

南京地铁 3 号线林场停车场设于线路的北端，场址位于浦口区江浦镇，位于浦泗公路以南、浦六大道以西、护国路以东、国铁林场站以北所夹地块。该地块范围内有两大混凝土公司，即南京福荣混凝土有限公司和南京普迪混凝土有限公司，还有建材、肥料、设备等有限公司。场址范围内大部分为厂房用地，有少量的民房，在场址范围内有三条规划的宁通城际铁路穿过。停车场用地 12.4hm²，总建筑面积 34870.6m²，设置综合楼、停车列检库、运转综合楼、牵引混合变电所、调机工程车库、洗车库等 9 栋单体建筑。图 6.18-1 为林场停车场总平面示意图。

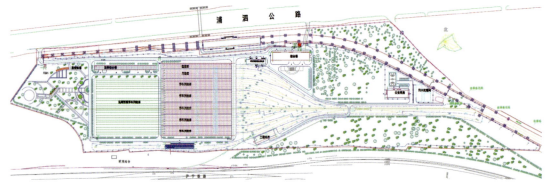

图 6.18-1　林场停车场总平面示意图

2）设计规模

林场停车场的设计规模为：临修 1 列位，月检 3 列位，停车列检 48 列位。

3）设计特点

（1）建筑特点

南京是座集古典、现代于一身的城市，地铁3号线途经南京古城区，设计主题为"古韵"，以"分线设计、以线选特"为设计原则，力图体现作为现代化工业高度成就代表的城市轨道交通工程在六朝古都南京完美融合的设计思路。

林场停车场综合楼方案（图6.18-2）吸收了南京古都风貌的特点，运用了中式元素：综合楼入口采用了中式拱形门，既具有传统的门洞形式，又类似于地铁的隧道形象；建筑下部材料采用青灰砖墙，既是传统材料也有一定现代感；上部材料为灰白色石材，呼应传统粉墙黛瓦的江南建筑的墙面颜色。建筑整体清爽大气，既有现代感又不失古都风韵，体现了3号线中国风的特色。

（2）工艺特点

①总平面布置

初步设计阶段林场停车场停车列检库规模为近期22列位，远期48列位，采用1线两列位横向预留方式。初步设计专家审查后，结合业主意见认为横向预留方式在将来扩建时会对已经投入运营的停车场咽喉区作业造成较大干扰，因此调整了停车列检库的预留形式，改为了近期1线一列位，纵向预留，远期在近期的停车场列检库库尾直接接长。方案调整后，停车列检库近期规模增加为24列位，远期48列位。

②设置临修线与架车机

因南京地铁3号线线路全长为44.869km，且穿越长江，为方便运营考虑，在林场停车场设置了临修线1条，并配置移动式架车机。临修库内可以储存1~2台备用转向架，一旦列车转向架出现故障可以立即进行更换，从而避免调车至车辆段，为将来投入运营带来了极大的便利。图6.18-3为林场停车场临修库。

图6.18-2 林场停车场综合楼

图6.18-3 林场停车场临修库

6.19 南京地铁10号线西延线工程城西路停车场

1）工程概况

城西路停车场（图6.19-1）接轨于10号线西端终点站雨山路站，位于宁合高速以北、华山路以东、光明西路以西所夹地块范围内，其中有用于泄洪的华山河横穿场址中部、规划的仰山路由场址中间纵向穿过。该停车场承担10号线配属停车场车辆临修、月检及以下修程任务，占地面积23.95hm²，房屋建筑总面积约50213m²，设有联合厂房（停车列检库、双周三月检库、临修库及工程车库）、综合楼、检修中心办公楼、洗车机库、特种物品库、轮对踏面诊断棚（预留）、不落镟轮库、牵引降压混合变电所、污水处理站、公安用房及门卫室等房屋。

图 6.19-1　城西路停车场卫星图

2）设计规模

城西路停车场设计规模为：简易架修 1 列位，定 / 临修 1 列位。城西路停车场设有 2 条临修线（预留 1 条），1 条镟轮线，3 条双周三月检线，21 条停车列检线（42 列位，预留 21 列位）。

3）设计特点

城西路停车场是保障南京地铁 10 号线安全可靠运营的重点及关键工程，从功能、环境、资源整合等方面做到了最优的方案，达成了设计为运营服务的理念。

（1）停车场的设计很好地贯彻了设计为运营服务之理念。除按常规设计停车列检库、周月检库、洗车及镟轮库外，还依需要在停车列检库中专门设置了塞拉门检查、临修平台，方便了作业，减少了调车，提高了效率。如图 6.19-2 所示。

（2）停车场综合楼设计采用玻璃幕墙加外贴面砖形式，美观大气。如图 6.19-3 所示。

图 6.19-2　停车列检库内门窗检修平台实景照片

图 6.19-3　综合楼的实景照片

（3）设计很好地考虑了道路与排水。其中，道路采用了沥青路面和雨水管排，大大提高了停车场的观感和品质。

（4）整个轨行区采用金属隔离网及绿化花坛进行围蔽，以保证工作人员安全，减少场区道路和轨行区间的高差突兀感，同时也美化了环境。

（5）照明采用了先进的 LED 光源，大大降低了后期运营成本。

（6）运用库采用了先进的自动开窗设备。

（7）生活热水部分采用太阳能加热。

图 6.19-4 为主干道实景照片，图 6.19-5 为篮球场照片。

图 6.19-4　主干道实景照片

图 6.19-5　篮球场

6.20　昆明市轨道交通首期工程大梨园车辆段

1）工程概况

大梨园车辆段位于昆明市轨道交通首期工程线路南端，与广电大学站接轨，地处月马路以东、前元路以南、广电大学以西的地块内。该地块呈狭长方形，东西宽约 167m，南北长约 1100m，总占地约 19.14hm²，总建筑面积 85395m²（含高架桥、高架平台 15622m²）。段址内地势起伏较大，高程为 1926.5～1948m。图 6.20-1 和图 6.20-2 分别为大梨园车辆段地理位置图和总平面布置鸟瞰图。

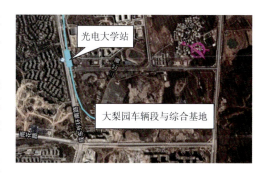

图 6.20-1　大梨园车辆段地理位置图

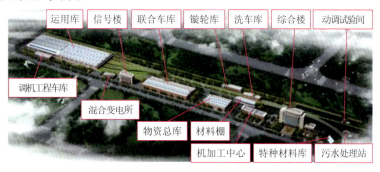

图 6.20-2　大梨园车辆段总平面布置鸟瞰图

2）设计规模

大梨园车辆段设计规模为：定/临修 3 列位，周月检 3 列位，停车列检 24 列位。

3）设计特点

大梨园车辆段是昆明市轨道交通线网中第一个车辆段，是昆明市轨道交通首期工程临时控制中心和昆明地铁运营公司所在地。

大梨园车辆段是国内首座高原地区地铁车辆段，海拔高度达 1935m，地震烈度为 8

级。该段地势起伏大、地质条件复杂，项目设计中顺应自然地形地貌，结合段址地质特点，因地制宜地统筹了功能、工艺、环境、投资等方面，采用地面、高架相结合的空间组合形式依山而建，形成了富于变化、高低错落的高原坡地半高架式景观车辆段。

（1）因势利导，最大程度地优化竖向设计

大梨园车辆段段址内地形起伏较大，高程从 1926.5～1948m 变化，根据当地洪水位计算要求，车辆段场坪设计高程定为 1935m，如图 6.20-3 所示。由于段址内地形高程为 1926.5m 的地块约占 30%，如采用统一场坪设计高程，30% 的地块内将有近 9m 高的填方工程，但段址内挖方地段部分土质不满足以挖做填的要求，填方用料需进行远程调配，这将导致巨大的土方量及地基加固工程量，大大增加工程投资。同时，地基加固的沉降要求及安全性，特别是进度方面，难以满足本工程工期要求。通过优化场坪竖向设计，使车辆段总图布局与地形密切配合，把不受高程限制的部分建筑物尽可能按原地形高程布置，在满足生产运营的前提下，使工程的合理性、节省投资及工期要求得到平衡成为本工程设计的最大创新点。

图 6.20-3　车辆段场坪高程示意图

① 根据相关要求确定车辆段主场坪高程后，通过对该工程功能、工艺、水文、地质等问题的深挖细掘，将段内有统一高程需求的轨行区统一高程，将非轨行区布置的办公、生活、物资等不必须统一高程的建筑根据段址地形依山而建，既大大减少了土方量，又使车辆段建筑景观形成富于变化、高低错落的高原坡地景观。

② 统一高程的轨行区有大挖填方和局部高架平台（桥）两种形式，通过综合比选发现，采用局部高架平台（桥）形式具有投资少、工期短等优势。如图 6.20-4 所示。

（2）发明新型三向防落梁装置，解决高地震区桥梁防落问题

传统的铁路桥防落梁装置只能限制梁部的横向位移，高地震烈度地区的桥梁在地震时由于剧烈的结构变形可能会发生梁部落梁。为避免地震时落梁导致的二次灾害，并减少灾后结构修复的费用，需要有一种三向防落梁装置解决高地震区桥梁防落问题。

传统的三向防落梁（图 6.20-5）一般是在墩梁上各设一个锚固点，在两个锚固点之间设置液压连杆，该种装置价格高昂、景观效果差。

图　6.20-4

图 6.20-4　高架平台（桥）实景照片

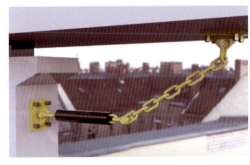 

图 6.20-5　传统的三向防落梁装置

大梨园车辆段试车线及牵出线中均各有一段设置为高架桥梁形式，为满足建设单位提出的"建设经济型轨道交通"及苛刻的景观要求，设计人员在传统的单向防落梁挡块基础上，成功地进行局部改动，设计出一款新型三向防落梁装置，解决了三向防落梁问题。如图 6.20-6 所示。

同时，该新型三向防落梁装置成功申请获得国家实用新型发明专利（专利号：ZL 2011 2 0321025.3）。

图 6.20-6　新型三向防落梁装置

（3）优化工艺布置，实现高架平台盖下空间的合理利用

①洗车机设于高架平台，而将洗车库水处理系统相关水池及设备设置在高架平台下。洗车机配套水处理系统管道布置更合理，工艺更顺畅。同时，减少洗车库辅助间建筑面积 143m²。如图 6.20-7、图 6.20-8 所示。

图 6.20-7 高架平台上洗车库实景

图 6.20-8 高架平台下水处理系统实景

该设计已成功申请为实用新型专利"城轨车辆段分层式洗车系统",已获国家实用新型专利证书(专利号:ZL 2014 2 0848225.8)。

②将车辆安全检测系统设备间设置在高架平台下,与设于高架平台上的轨边探测系统正对布置,缩短了信息传输电缆的长度,避免了轨旁设置设备间对景观产生的影响和安全管理问题。如图 6.20-9、图 6.20-10 所示。

图 6.20-9 高架平台上探测系统实景

图 6.20-10 高架平台下设备间实景

6.21 昆明市轨道交通首期工程五腊村停车场

1)工程概况

五腊村停车场选址于彩云路以东、南绕城线以北、昆洛路以西、规划一号路以南所夹范围内(图 6.21-1)。停车场范围内以温室花棚为主,有少量的菜地。场址尾部有大规模的园林苗圃及临时用房,场址中部北侧是一处军用通信站。段内小的沟渠较多,纵横交错的布置在场址范围内,主要为灌溉和排水使用,宽约 1m、深约 0.5m,其中有一条较大的排水明渠水龙沟,呈南北向布置,宽约 7m、深约 3m。

五腊村停车场占地面积 15.43hm^2,建筑面积 83031m^2,地理位置见下图。

2)设计规模

五腊村停车场设计规模为:周月检 2 列位,停车列检 30 列位。

3)设计特点

(1)"筑巢引凤"创造物业开发新模式,"借鸡生蛋"实现企业收益大丰收

五腊村停车场在设计、建设过程中,万科公司通过竞拍获得停车场旁的地块开发资格。停车场上盖开发的高架平台建成后,上盖平台约 7 万 m^2 的面积吸引了万科公司,通过协商,万科公司采用租的方式从轨道交通土地开发部门获得停车场上盖平台 10 年物业

开发的资格。万科公司在高架平台上建设了高尔夫练习场、售楼部及部分可供市民休闲娱乐健身的设施，在付出较小代价的前提下，提升了万科正开发的楼盘的关注度和品质，实现了楼盘的升值。对轨道建设的土地开发部门来说，该方案提供可供开发的场地，可吸引有实力的大腕，利用大腕的技术、经验等铸造精品，实现土地收益的最大化，不失为一种值得探索的新模式。如图6.21-2所示。

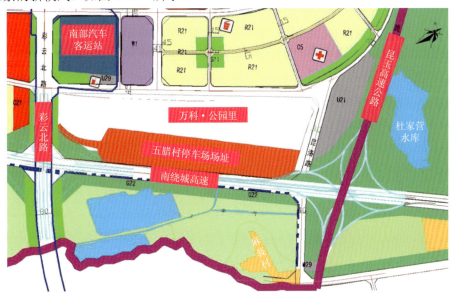

图6.21-1　五腊村停车场地理位置图

（2）兼具公益、服务的上盖开发型式，提供市民休闲娱乐的街心公园

五腊村停车场位于昆明市五大汽车客运站之一的南部客运站南侧，是较大的人流密集区和城市的核心地带，土地的开发利用价值较为可观。综合考虑各方面的因素，停车场设计时按上盖物业开发形式进行设计。考虑到轨道交

图6.21-2　五腊村停车场上盖物业开发效果图

通的公益属性及其服务社会的使命，上盖物业开发并未采用盈利性的高层商业和住宅开发形式，而是采用了兼具公益、服务社会的理念，上盖开发为可供市民健身休闲娱乐的街心公园，并建设有盈利性的高尔夫练习场和售楼部。平衡了社会公益和企业盈利，在实现企业盈利的同时，参与公益、回馈了社会。如图6.21-3所示。

图　6.21-3

图 6.21-3　五腊村停车场上盖平台的绿化休闲娱乐设施

（3）符合城市特点，切合城市规划

昆明作为国家旅游城市，城市规划建设时对景观、绿化等由较高的要求。五腊村停车场地块与规划的南绕城线相邻，且南绕城线先于五腊村停车场建设，五腊村停车场若按常规的轨道交通车辆厂房建设，则必须后退南绕城线100m。在与规划部门多次协商后，规划部门同意若五腊村停车场按上盖物业开发考虑，上盖开发为绿化为主的体育健身休闲娱乐公园，可认同为南绕城线侧的景观绿化带，停车场可在原地块建设，不再退让。

五腊村停车场采用上盖物业开发的设计，既保证了作为城市轨道交通检修停放的停车场功能，又满足了昆明地区城市景观、绿化的较高要求及绕城高速建筑退让的要求（图6.21-4）。作为处理城市建设与规划要求有矛盾时的一种思路，该方案可以借鉴。

图 6.21-4　五腊村停车场上盖平台与南绕城线相互关系

（4）优化停车场总平面布置

昆明市轨道交通首期工程车辆段、场功能调整后，五腊村停车场维持了原车辆段规划用地约44hm²。作为在该地块建设一处地铁停车场而言，用地面积已经足够大了。而五腊村停车场所在地块北侧邻近南部汽车站和西南地区最大的商贸城——螺蛳湾国际商贸城，土地开发价值极高。

为在满足停车场功能需求的前提下，充分利用该地块商业开发价值，经多方案比选，确定采用1线3列位贯通式布置运用库方案，尽可能压缩停车场用地，从而扩大了剩余地块用于商业开发的面积，使土地利用率和开发收益最大化。图6.21-5为五腊村停车场上盖组合平面图。

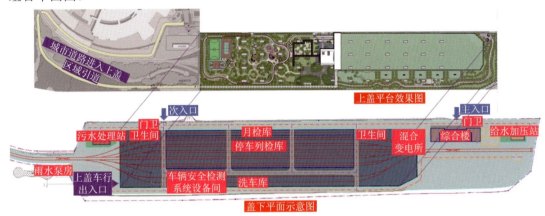

图 6.21-5　五腊村停车场上盖组合平面图

6.22　昆明市轨道交通首期工程严家山车辆段

1）工程概况

严家山车辆段位于昆明市轨道交通首期工程线路北端，与北部汽车站接轨，地处昆曲高速以北、7204公路以东的大波村范围内（图6.22-1）。规划用地面积34.02hm²，工程用地面积14.2hm²，车辆段总建筑面积84688m²。车辆段所处地块与昆曲高速的高差相差较大（1940～1964m），根据现场情况，遇到下雨的天气，低洼处全部积水，且排水较困难。

图 6.22-1　严家山车辆段地理位置图

2）设计规模

严家山车辆段设计规模为：定/临修2列位，静调库1列位，吹扫库1列位，周月检2列位，停车列检24列位。

3）设计特点

严家山车辆段是国内第一个高原上盖地铁车辆段，海拔高度达1945m、地震烈度为8级。考虑到车辆段地处洼地，周围为高速公路、成熟高档小区、在建和规划的高密度住宅区的实际情况，在满足车辆段生产工艺要求的前提下，将车辆段采用全上盖设计，上盖部分以绿化和运动场所为主，建设为市民运动、休闲中心。此设计拓展了城市空间，可作为城市的延续；融入城市生态，与城市规划建设一体；按生态河道要求改造后的马溺河沿车辆段南侧流过，与车辆段上盖绿化和运动休闲场所遥相呼应，将严家山地域特色自然风土人情及历史文脉相结合，打造严家山车辆段与周边环境融为一体和谐共生的发展态势，形成生态、环保型车辆段。

（1）拓展城市空间，作为城市的延续

传统地铁车辆段因占地规模较大，局部长度超高1km，墨守成规的设计造成生硬的大面积工业建筑打断了城市交通的脉络，工程建成后常常给城市带来负面影响。因此，通过对地铁车辆段的再开发，使其恢复应有的城市尺度与空间形态，为原本单一属性的土地富于更多的城市功能。

严家山车辆段段址位于低洼地带，周边的昆曲高速及住宅区均比车辆段场坪高约20m。因为采用上盖设计，段内进行了大面积绿化及环境美化设计，将昆曲高速、周边住宅区及周边物业开发用地有机结合，形成城市主干道、城市代征绿地、上盖景观公园及运动广场的无缝衔接，为段内及周边居住区营造了优美的休闲空间，弥补车辆段对城市空间产生的切割问题。上盖设计拓展了城市空间，作为城市的延续，将低洼地带进行有意识的填补，提升了整个片区的环境品质，为城市片区的整体性做出优化。

（2）担当社会责任，服务对象最大化

车辆段多位于城市近郊，土地集约化利用的需求不容忽视。利用车辆段上盖物业开发的形式提高土地利用效率，创造和谐宜居的城市环境，成为我们国家各大城市面临的重大课题。

严家山车辆段的设计，不能仅为自身功能考虑。上盖的形成使服务对象从单一的地铁车辆日常停车及维护转化为为周边服务的复合多元功能。上盖定义为体育休闲绿化广场，立足于周边社区，扩大到城市区域，将服务对象扩展到最大化。

（3）融入城市生态，与城市规划建设一体

严家山车辆段实施上盖绿化开发，是土地集约型发展的要求，同时也是城市规划建设一体化的需要。上盖的设计，不仅仅是地面上的拔地而起，不仅仅是一个独立的上盖景观，同时也融入了城市生态，成为了城市道路的一部分。

严家山上盖的设计，统筹考虑规划道路的延伸，利用地形的高差，将城市道路修建于上盖之上，连接周边道路及住宅用地。上盖采用不等高设计，将靠近区间隧道出口处咽喉区的屋面合理降低，使外部城市道路直接从咽喉区屋面延伸通过上盖，之后与车辆段另一端的城市规划道路相接，造就了城市建设的一体化。如图6.22-2～图6.22-8所示。

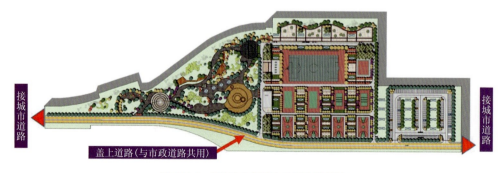

图6.22-2　严家山车辆段上盖平台效果图

图 6.22-3　严家山车辆段上盖组合平面图

图 6.22-4　夜幕下的严家山车辆段（一）

图 6.22-5　夜幕下的严家山车辆段（二）

图 6.22-6　夜幕下的严家山车辆段（三）

图 6.22-7　停车列检库实景

图 6.22-8 联合车库实景

6.23 昆明市机场轨道交通示范线工程大板桥车辆段

1）工程概况

大板桥车辆段选址于机场高速以北、规划宝象河大道以南、规划呈黄快速路以东所夹范围内，占地面积 22.5hm²，车辆段总建筑面积 133975m²。如图 6.23-1 所示。

图 6.23-1 昆明机场轨道交通示范线（6 号线）工程线路示意图

2）设计规模

大板桥车辆段设计规模为：定/临修 2 列位，静调库 1 列位，吹扫库 1 列位，周月检 3 列位，停车列检 32 列位。

3）设计特点

（1）优化竖向设计，合理确定场坪高程

大板桥车辆段地势起伏较大，高程从 1973～1995m 变化，中部高程最高达 1995m。场坪高程确定时，在满足洪水位要求的前提下，因地制宜，将运用库、检修库、信号楼、咽喉区等设置在 1983.685m 高程；综合楼根据地势设置在 1977.050m 高程处；设置了一段高架桥试车线，高程 1983.855m；并将出入段线段内部分设置为三层高架平台（图 6.23-2）。

通过优化场坪竖向设计，使车辆段总图布局与地形密切配合，富有层次感。在满足生产运营的前提下，使工程更合理，使工程投资节省及工期要求得到平衡为本工程设计的一大创新点。

（2）具有多重功能的出入段线高架平台

车辆段场坪高程及总图方案确定后（图6.23-3、图6.23-4），综合比选决定将出入段线段内部分设置为三层高架平台，一层设置为机动车停车场，地面高程1946.800m，二层为地铁出入段线桥面，高程1893.685m，三层为上盖绿化休闲娱乐平台。三层的高架平台，充分结合了地形和总图布置情况，既满足工艺要求，且又赋予了一些全新的功能。

图6.23-2 三层出入段线高架平台实景

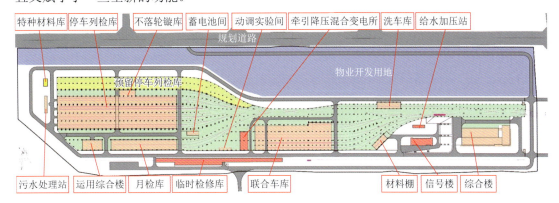

图6.23-3 大板桥车辆段总平面图

图6.23-4 大板桥车辆段总平面布置效果图

6.24 珠江三角洲城际快速轨道交通广佛线工程夏南车辆段

1）工程概况

广佛线线路全长32.16km，全部为地下线路。全线共设置21座车站，其中佛山境内线路长14.797km，设11座车站；广州市境内线路长17.363km，设10座车站。在线路中部佛山市南海区夏南地区设车辆段一处，全线设置控制中心一座，控制中心设在车辆段内。

329

夏南车辆段段址地处佛山市和广州市分界处佛山市南海区境内的夏南村范围，位于海八路五丫口大桥南侧，临近珠江。段址范围大致呈长方形，与广佛线正线约成450度角，段址地块最长处约960m，最宽处约240m。段址东北面靠珠江，从珠江内侧堤脚向内70m，规划为城市绿化隔离带，车辆段布置紧靠规划绿化隔离带的西侧布置。车辆段红线面积22.15hm^2，总建筑面积约7.9万m^2，设置控制中心、综合楼、运用库及洗车棚、联合车库、工程车库、调机库、变电所、污水处理站、气瓶站、动调试验间、安保配套用房、材料库、杂品间、机加工及辅助生产楼、门卫2处。

2）设计规模

夏南车辆段设计规模：大/架修2列位，定/临修2列位，月检6列位，停车列检42列位。

3）设计特点

（1）优化总图设计

夏南车辆段段址呈长条形，长约960m，最宽处约240m，围墙内面积仅为17hm^2，同时广佛轨道交通公司办公用房、全线控制中心均设置在车辆段内，用地极为紧凑。

夏南车辆段总平面布置充分结合段址狭长的用地条件，采用运用库三列位段内贯通式布置方案，形成两头作业模式：车辆段向正线收发车，通过头部咽喉直接进出，走行距离短，工艺流程顺畅。车辆段内线路股道集中布置于一侧，与办公生活管理用房等分开，段内各功能分区明确，生产和办公之间相对独立，减少了段内道路交通与列车运行间的交叉干扰，同时有效地控制了占地面积。

夏南车辆段总平面布置将维修综合楼与食堂、机加中心及辅助生产楼、联合车库等体量较大的建筑进行合理组合，形成"一"字形建筑群，既错落有致，新颖别致，又规整大气（图6.24-1）；另外，主要的生产、生活房屋高度集中，利于生产管理、物流管理和调度指挥，充分提高生产效率；同时，建筑的集中整合大大压缩了车辆段占地面积，又实现了水、电、气、线缆等资源共享，降低能耗，最终达到控制建筑规模、节省投资的目的。

图6.24-1 夏南车辆段鸟瞰图

本工程配属列车为52列，综合占地指标仅为819m^2/辆，远小于《城市轨道交通工程项目建设标准》（建标104—2008）控制的大架修车辆段用地指标（1000m^2/辆），且段内还设有全线控制中心，在土地资源日趋紧张的背景下，该方案在节约土地资源方面起到了很好的示范作用。

（2）采用先进的设备实现全线现代化监控与管理

控制中心（图6.24-2）是全线的运营管理指挥核心，负责对全线运营列车、区间、车站和乘客进行监视、控制、协调、指挥、调度和管理，保证线路安全、高效地运营。

为了实现对广佛线的统一指挥监控功能，在控制中心设计了中央控制室（图6.24-3）及与行车、乘客服务相关的信号、通信、主控系统（包含有电力监控、车站设备监控和火灾报警系统）和自动售检票系统。控制中心的调度和指挥人员通过使用信号、电力监控、防灾（火）自动报警、环境与设备监控、自动售检票、通信等中央级系统设备对全线的所有设施、设备及乘客进行监控，有效地调度和管理。

图6.24-2 控制中心　　　　　　　　　图6.24-3 控制中心中央控制室

中央控制室和相应机房分层分线设置，设备系统机房布置以中央控制室为中心，按各系统专业特点布置。在控制中心中央控制室设总调度台、行车调度台、维修调度台、电力调度台、环控调度台、信息操作台、系统工程师维护台、大屏幕投影设备等，可实现监视各系统设备的相关运行状态，在火灾/阻塞发生时，可根据现场的实际情况制定相关的应急处理措施，及时决策，并监督防灾指挥台完成各项程序，有效指挥。

（3）集约节能设计

夏南车辆段作为广佛线大架修车辆段，并设置有全线控制中心以及广佛公司的办公用房，在设计中优化了检修工艺，合理采用大开间办公室，并充分利用社会化资源等措施，使得夏南车辆段总建筑面积约为7.9万 m^2。而目前国内车辆段的总建筑面积一般在9～10万 m^2，个别段达到11万 m^2。

夏南车辆段的建筑结合地形条件均采用南北朝向，另维修综合楼采用了天井建筑形式，具有节约用地，外形简洁等优点，同时其外表面积较小，冷负荷较小，能耗较小，有利节能。工艺厂房大规模采用网架结构，网架结构具有刚度大、整体性好，抗震能力强的特点；同时其自重轻，节约钢材，并且下部承重结构要求较为简单，节省材料；建筑造型新颖、轻巧、壮观、大方。建筑外墙采用了环保、节能型建筑材料，采用热阻大、能耗低的节能材料制造的新型保温节能门窗，达到显著的节能效果。如图6.24-4～图6.24-7所示。

段内生产生活用水采用管网叠压给水装置，充分利用车辆段外网水压，同时水泵采用变频控制，通过给水装置内部控制系统实时调节水泵转速，满足建筑物水量水压要求，达到节能的目的。段内生产生活热水供应，均采用集团型太阳能集热板＋空气源热水机组形式，充分利用太阳能等可再生资源。段内大型用水设备均采用循环用水设施，实现节约用水的目的。

段内室外路灯设计选用了LED光源，应急照明增设了就地双控开关，可实现节约用电及延长灯具寿命。

图 6.24-4 维修综合楼

图 6.24-5 食堂

图 6.24-6 车辆段大门

图 6.24-7 室外道路及绿化

6.25 广州市轨道交通 2 号线、8 号线延长线工程大洲停车场

1）工程概况

根据广州市线网规划，将 2 号线首期工程在晓港—江南西拆解成 2 号线和 8 号线，拆解后的 2 号线为广州南站—嘉禾望岗站，线路全长约 31.41km。拆解后的 2 号线在线路北端嘉禾望岗站东北侧建嘉禾车辆段一处，在线路南端广州南站站西北侧设大洲停车场一处。

大洲停车场位于广州新客站西北约 2000m、石壁村西侧约 800m 处，为一长方形用地。西侧、南侧以宽约 20m 的石壁涌为界，东侧以国铁和规划钟三路为界，北侧邻规划南大干线。场址的选择尽量避免了对既有河涌的改移，并充分考虑为规划 7 号线车辆段用地的预留，用地范围长约 830m，宽约 300m，总用地面积 10.6737hm^2，总建筑面积 23014m^2。图 6.25-1、图 6.25-2、图 6.25-3 分别为大洲停车场的总平面图、卫星图和远视图。

图 6.25-1 大洲停车场总平面示意图

图 6.25-2　大洲停车场卫星图

2）设计规模

大洲停车场是广州市轨道交通 2 号线、8 号线拆解工程的组成部分,主要承担拆解后的 2 号线车辆（A 型车）提供列检、月检等任务。大洲停车场的设计规模为:停车列检 7 线 14 列位,月检 2 线 2 列位,工程车库 1 线 2 列位。

3）设计特点

大洲停车场（图 6.25-3）为广州市轨道交通线网的第一个停车场,规划给定的用地范围小而狭窄,且水网纵横交错,场址呈长条形,

图 6.25-3　大洲停车场远视图

长约 830m,宽约 300m。场址东侧设有武广、贵广、南广高速铁路,北侧设有南车基地,西南侧设广州轨道交通七号线车辆段,总图布置极为困难。在设计中大胆采用新的维修管理理念,各工艺用房进行合理整合,高度集中,形成联合运用库和综合楼两大建筑,有效地缩减了占地面积。该方案工艺布置顺畅,列车走行距离短,节省了运营费用,总体布局新颖实用。

大洲停车场总平面布置充分结合场址狭长的用地条件,停车列检库、月检库、工程车库合设为运用库,其中停车列检库按每线两列位尽端式布置。在东侧靠近咽喉区设置往复式洗车线,回场列车可以通过牵出线完成列车外皮清洗作业后,返回运用库。

停车场的行政办公、生活设施、职工食堂、汽车库、综合维护工区、公寓等合并设置为一幢综合楼,综合楼各部分既集中又相对独立,与各系统连接方便,便于管理和生产调度。

绿化景观设计结合周边环境现状,以绿色地铁为理念,充分考虑周边高铁、陈村水道及南车基地、七号线车辆段等外部条件,将停车场分为三个景观区块,以"敞""藏""线""点"为主旨,形成视线开阔、大气、季相不同、花序有致、空间效果不同的停车场绿化景观。如图 6.25-4～图 6.25-7 所示。

图 6.25-4　大洲停车场综合楼

图 6.25-5　大洲停车场咽喉区

图 6.25-6　大洲停车场运用库

图 6.25-7　大洲停车场员工乘降站台

6.26　北京地铁 6 号线一期工程五里桥车辆段

1）工程概况

北京地铁 6 号线线路全线长 42.86km。6 号线服务于中心市区，同时服务于外围新城，其兼顾交通疏解和发展引导两项功能。6 号线分两期建设：一期工程由海淀区五路站至朝阳区草房站，线路长约 30.690km，全部为地下线，车站 20 座，设五路停车场及五里桥车辆段各 1 座；二期工程由草房站往东，线路长约 12.17km，全部为地下线，车站 7 座，设东小营车辆段 1 座。

五里桥车辆段地处 6 号线一期工程终点草房站东北侧五里桥地区，位于朝阳北路、停车场东路、规划高安屯东路、规划航研所东路围成的地块内。车辆段整体呈东南—西北向布局，总用地面积 40.1hm², 其中车辆段占地 25.7hm², 总建筑面积 89874.6m², 主要设置检修库、运用库、综合办公楼、综合维修楼、物资总库、食堂公寓、锅炉房、调机工程车库、信号楼、混合变电所、污水处理站、危险品库、公安派出所、垃圾处理站、材料棚、动调实验间、门卫等 18 栋单体。图 6.26-1 为五里桥车辆段实景鸟瞰图。

图 6.26-1　五里桥车辆段实景鸟瞰

2）设计规模

五里桥车辆段设计规模为：定/临修 2 列位，月检 2 列位，停车列检 32 列位。

3）设计特点

（1）出入段线径路高程限制

规划部门给定的五里桥车辆段段址，场坪高程受百年水位限制已确定为 26.6m。车辆段邻近的接轨站为地下站，轨面高程为 12.34m，车站接轨点邻近段内接轨点，直线距离仅 360m 左右。出入段线初估坡度已接近规范限制的 40‰。出入段线路径上还受到朝阳北路南侧埋设的超高压天然气管道（管道高程 23.55m）、雨水管道、污水管道、给水管道等市政管道的限制。如何合理确定出入段线纵断面成为设计难点。

经与线路、隧道、工艺等相关专业协调，出入段线采取了出接轨站以 2‰ 下坡，然后以接近 35‰ 的坡度避让天然气管道。段内采用两种轨面高程，出入段线咽喉区地面段以 1.5‰ 坡度在运用库岔群前转为平坡。在不突破规范限制，满足工艺要求的前提下有效避让了超高压燃气管道。

（2）压缩用地和建筑物高度限制

车辆段总平面布置占地按规划部门给定的用地范围占地 25hm²，综合楼邻近于朝阳北路，8 层设计，楼高约 26m。因邻近段址 500m 处的国家安全电台相关部门提出，电台工作半径范围内所有建筑物必须限制楼高，车辆段所在地楼层高度不得超过 24m，为此重新调整了车辆段功能单体的组合，将最高建筑物——综合楼压缩至 5 层，楼高改为 23.25m，腾出预留用地 2.8hm²，满足了各方需要。

（3）立足改革轨道交通车辆修程修制，大幅节约用地资源

随着国内轨道交通建设发展、轨道交通车辆制造装备水平的提高、大量高新科技在车辆上的使用，当今的轨道交通车辆从材料使用、制造装备、制造工艺、系统自诊断、车辆总体性能、各种配套动态监测设备采用等方面均有了大幅提升，为适当延长各级修程创造了条件。结合北京地铁运营维护的实际经验，本工程采用车辆修程如表 6.26-1 所示。

本工程采用车辆修程表　　　表 6.26-1

修　程	检修周期		检修/库停时间（d）
	里程（万 km）	时间（年）	
大修	150	15	70/60
架修	75	7.5	24/17
定修	37.5	3.75	15/10
月修	2	1 月	1/1
列检	≤600	2d	2h

将规范建议的大、架、定修程由 120 万 km、60 万 km、15 万 km 分别提高至 150 万 km、75 万 km、37.5 万 km，减小车辆检修频次，大大缩减检修设施规模。同时，结合首都城区寸土寸金特点，对功能性建筑进行优化整合设置，节约用地约 2.86hm²（给定规划用地 25hm²）。

（4）锐意进取，革新工艺

传统地铁车辆定修模式主要对车辆各系统状态的检查、检测，各部件的全面检查、清洁、润滑，以及部分部件如空调机组或集电器的清洁、测试及修理以及列车的全面调试等作业。该模式未考虑新型车折棚无法通过小半径曲线、齿轮箱及齿轮更换、齿轮箱安装吊座裂纹、电机安装座裂纹等故障容易造成的批量修程外需要，无法满足运营需求。

通过对北京复八线、13号线、八通线等代表性定修段进行深入调查，发现运营存在计划外维修、提高检修库利用率、满足批量超修程计划外维修等关键需求，因此在五里桥车辆段首次引入"超修程"理念，探索定修新工艺，为提升专业水平和创新提供良好借鉴。

五里桥车辆段定修超修程工艺施工图详见图6.26-2。

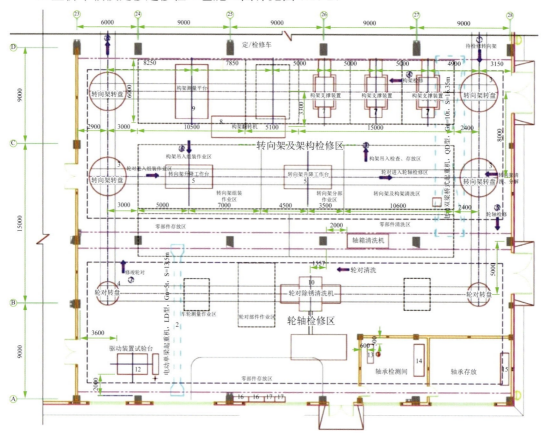

图6.26-2　定修车辆段超修程工艺施工图（尺寸单位：mm）

（5）采用高科技产品，有效提高生产效率

针对长大线路，于线路中部设置红外轴温监测系统，于接轨站站尾入段线上设置轮对尺寸动态监测装置，实施对列车走行部工况的监测，确保安全，实施在线监测，提高运营效率。如图6.26-3～图6.26-7所示。

图6.26-3　综合楼实景

图6.26-4　信号楼照片

图 6.26-5 综合维修楼实景

图 6.26-6 物资总库实景

图 6.26-7 主入口大门实景

6.27 杭州地铁 1 号线一期工程湘湖停车场

1）工程概况

杭州地铁 1 号线全程长 48km，设地下站 28 座，高架站 3 座。湘湖停车场工程位于地铁 1 号线南端终点，与湘湖站接轨，地处杭州市萧山区城厢街道范围内（图 6.27-1）。场址位于风情大道以西、湘西路以南、王家坞路以东、礼帽山以北的地铁内，场址地块呈狭长的长方形，东西长约 750m，南北宽仅 170m，总占地面积约 10.1hm^2，总建筑面积 62959.91m^2，设置运用库（含停车列检库、双周三月检库、洗车库、镟轮库）、大件库、大件库办公楼、汽车库与材料库、综合楼（含杭州地铁线网档案馆）、消防公安楼、调机工程车库、牵引混合变电所、跟随所、污水处理站、门卫 12 栋单体。

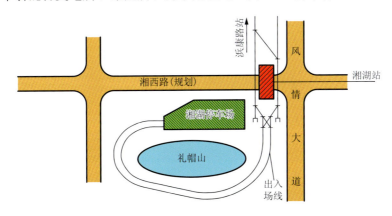
图 6.27-1 站段关系示意图

2）设计规模

湘湖停车场设计规模为：周月检3列位，停车列检28列位（图6.27-2）。

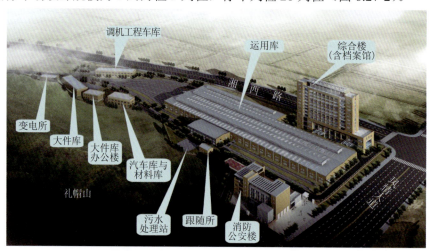

图6.27-2 湘湖停车场总平面布置鸟瞰图

图6.27-3 综合楼旁的地铁口实景

3）设计特点

（1）选址除符合规划外，还很好地契合了职工的交通需求——综合楼广场右侧为湘湖站的出入口，对侧为公汽首末站（图6.27-3）。

（2）停车场的设计很好地贯彻了设计为运营服务之理念。除按常规设计停车列检库、周月检库、洗车及镟轮库外，还需要在停车列检库中专门设置塞拉门检查、临修平台，不但方便了作业，减少了调车，还提高了效率。如图6.27-4所示。

（3）停车场设计完美地结合了资源共享与综合开发需求。停车场综合楼由三部分组成，一是停车场办公楼（主楼东侧），二是地铁线网档案馆（主楼西侧），三是商业物业开发楼（裙楼）。其中，物业部分已顺利完成招商入驻。另外，还很好地考虑了一级消防站和公安派出所的整合。如图6.27-5、图6.27-6所示。

图6.27-4 停车列检库内门窗检修平台实景

图6.27-5 综合楼的实景

（4）设计很好地考虑了道路与排水。其中，道路采用了沥青路面和雨水管排，大大改善了停车场的观感和品质。如图6.27-7所示。

图 6.27-6　消防公安楼西南角实景

图 6.27-7　停车场主干道实景

（5）出入场线采用了隧道形式穿越礼帽山，综合楼、消防楼采用了开放式的设计，很好的融入了周边环境，做到了美丽、大方。如图 6.27-8 所示。

（6）整个轨行区采用金属隔离网及绿化花坛进行围蔽，保证工作人员安全，减少场区道路和轨行区间的高差突兀感，同时也美化了环境。如图 6.27-9 所示。

图 6.27-8　综合楼湘西路侧开放式设计实景

图 6.27-9　金属隔离网及绿化花坛施工后的实景

（7）因地制宜进行设计。礼帽山侧采用了实体围墙遮挡礼帽山公墓，湘西路和风情大道侧采用通透性强的花格栏杆围墙。如图 6.27-10、图 6.27-11 所示。

图 6.27-10　礼帽山侧的实体围墙

图 6.27-11　风情大道侧的花格栏杆围墙

（8）美化环境，全地下设置的污水处理站，采用金属栅栏及绿化带进行围蔽。

6.28　长沙市轨道交通 1 号线一期工程尚双塘车辆段

1）工程概况

长沙市轨道交通 1 号线一期工程线路全长约 23.65km。地下线约 22.31km，高架线路长约 1.34km，共设 20 座车站（地下车站 19 座，高架车站 1 座），在线路南端设尚双塘车辆段。尚双塘车辆段在线网中功能定位为定修段。

车辆段位于长沙市天心区与长沙县暮云镇交界范围。段址地处芙蓉南路与规划万家丽路路口的西南象限，北面紧靠规划万家丽路，西距中意路（107国道）约470m，东距芙蓉南路约410m，段址地块最长处约1010m，最宽处约311m，用地范围大致呈一长条形（图6.28-1）。车辆段段址地形复杂，地势起伏很大，高差达46m，分布有小山丘、鱼塘、水库等。车辆段占地面积28.2hm^2，其中围墙内用地18.5hm^2，总建筑面积7.36万m^2（不含公安派出所面积），设有综合楼、后勤服务大楼、检修库、运用库、物资总库、调机及工程车库、洗车库、特种物品仓库、材料棚、污水处理场、垃圾收集站、牵引降压混合变电所、蓄电池间、主出入口门卫、次出入口门卫、公安派出所等16个单体。

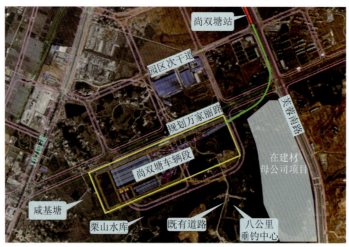

图6.28-1　车辆段选址示意图

2）设计规模

尚双塘车辆段在线网中功能定位为定修段。设计规模为定/临修2列位，双周三月检3列位，静调1列位，停车列检40列位（近期30列位）。

3）设计特点

（1）山顶上设置地铁车辆段，高大边坡采用桩板墙设计

尚双塘车辆段段址范围内有3座山丘，地势起伏较大，既有高程48～94m。车辆段北侧为规划万家丽路，其路面高程为53.173～50.719m。为节省工程投资，车辆段场坪高程按土方"填挖平衡"原则确定为68.5m。车辆段场坪与万家丽路路面最大处高差（西北角J1DK1170）为17.781m，最小处高差（J1DK973）为15.327m。高大边坡采取桩板墙（桩断面2.5m×2.25m）设计，以确保车辆段场坪稳定。高大边坡采用桩板墙设计为地铁车辆段选址开辟了一条新思路。如图6.28-2所示。

（2）车辆段检修库、运用库屋顶安装太阳能光伏发电设施

尚双塘车辆段利用检修主厂房、运用库屋顶面积，轨道公司以出租的形式，与湖南诚石智能科技有限公司、中车株洲变流技术国家工程研究中心有限公司联合，在尚双塘车辆检修

图6.28-2　车辆段北侧桩板墙及西侧边坡实景

主厂房、运用库屋顶实施了太阳能光伏发电项目。装机容量 2100KWp，总投资 1680 万元，预计 25 年发电量 4547 万度。

太阳能光伏发电在车辆段变电所并网，为车辆段提供了洁净能源，对于建设长沙"两型社会"构建长沙市"绿色地铁、绿色出行"具有重要的示范意义。如图 6.28-3～图 6.28-5 所示。

图 6.28-3　光伏发电系统组成示意图

图 6.28-4　车辆段运用库屋顶光伏发电太阳能板

图 6.28-5　车辆段运用库屋顶光伏发电太阳能系统地面设施安装位置

（3）总图布置工艺作业顺畅，调度灵活

总图布置吸取了以往车辆段的经验，对段内轨道径路进行了优化改进，使段内工艺作业更加顺畅，调度灵活。特别是夜间洗车作业，列车由停车列检库可直接进入洗车库，每列车可减少折返 2 次，节省了运营成本。图 6.28-6 为车辆段工艺设计段内轨道径路示意图。

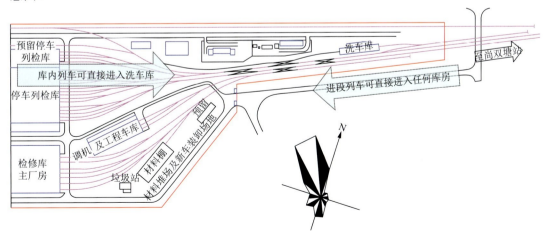

图 6.28-6　车辆段工艺设计段内轨道径路示意图

图 6.28-7 运用库钢制轨道桥柱式检查坑

（4）首次在地铁车辆段运用库采用钢制轨道桥柱式检查坑工艺设计

地铁车辆段运用库一般为一线两列位，库前为检查列位，库后为停车列位。目前，检查列位多采取壁式检查坑，个别车辆段有采用混凝土立柱柱式检查坑，混凝土立柱剖面尺寸400mm×400mm，间距≤1400mm。尚双塘车辆段总结了以往运用库检查坑形式，采用钢制轨道桥柱式检查坑（图 6.28-7）工艺设计。钢制轨道桥剖面 250～300mm，柱中心间距 1563mm，检查坑内高程为 -1.5m，坑外地面高程为 -1.0m，既美观、大方，安装方便，又增加了检查坑内有效作业空间，提高了坑内作业的通透性，有效地改善了工人作业条件。

（5）室外管线采用"管沟（或通行隧道）+套管"的敷设方式

车辆段室外管线复杂、繁多。如果采取直接埋地敷设，后期维修将十分困难。在设计之初就决定采取便于后期维修的先进理念，即室外管线除给排水管线外，其余电力、通信、信号、周防等管线均采取"管沟（或通行隧道）+套管"的敷设方式，对后期的维修创造了极大便利条件，深受运营欢迎。

6.29 长沙市磁浮快线长沙南车辆段

1）工程概况

长沙中低速磁浮交通项目，位于湖南省长沙市境内，西起长沙高铁南站，东至黄花机场。线路全长约 18.5km，线路初期设车站 3 座，即长沙南站、榔梨站和黄花机场站，预留会展中心、汽车城设站的条件，远期根据客流情况适时修建车站。全线在长沙高铁南站附近新建车辆基地（含控制中心）1 处。

长沙磁浮车辆基地位于长沙磁浮工程长沙南站北侧，与长沙磁浮工程长沙南站单线接轨。地块北侧为劳动东路、南侧为曲塘路，西侧为沪昆高铁，东侧为山丘及部分民房，段址所处地域地势平坦，地面高程为长沙市高程系统 39.1～39.4m。

2）设计规模

长沙磁浮工程车辆基地征地面积 5.87hm^2，新建房屋建筑面积 27805.4m^2。段内设停车列检线 3 条，另预留 4 条，每条可停放 3 辆编组磁浮列车 2 列，设检修线 2 条，每条 1 列位，其中 1 列位为定临修线，另一列位为月检线。磁浮车辆的大架修由临近的株洲机车厂承担。车辆基地段内配套设置了对应的车辆运用检修工装设备和设施、食堂及办公等生产生活配套设施。设计规模满足近期车辆运用检修、综合维修、物资仓储等功能需求，并预留了远期发展条件。图 6.29-1、图 6.29-2 分别为长沙磁浮工程车辆基地鸟瞰图和平面布置示意图。

3）设计特点

（1）国内首次使用中低速磁浮关节型三开道岔（图 6.29-3），结合运用检修能力计算仿真，优化磁浮车辆基地平面布局。

国内首次使用中低速磁浮三段定心式钢箱梁整体转动型道岔，模拟关节型直线箱梁拟合曲线，用1组三开道岔取代2组单开道岔，减少咽喉区长度50m，节约投资500余万元。根据磁浮车辆检修作业流程，通过综合运用检修能力计算仿真，计算出入段线能力，采用单出入段线形式及通过式洗车方案，减少列车折返次数（节省4副道岔，节省投资约2000万元）。设计使洗车工艺流程顺畅，作业时间缩减60%，实现了基地土木、机电、工艺一体化系统集成方案的交互设计、多种设备布局方案的校验比选、总体方案的优化。如图6.29-4、图6.29-5所示。

图6.29-1 长沙磁浮工程车辆基地鸟瞰图

图6.29-2 长沙磁浮工程车辆基地平面布置示意图

图6.29-3 关节型三开道岔

图 6.29-4　综合检修库　　　　　　　图 6.29-5　停车列检库

（2）首次设计研发了全自动悬浮架拆装设备（图 6.29-6），大幅提高了对中低速磁浮车辆的临时故障处理能力。

研发了具有自主知识产权的悬浮架拆装设备，磁浮车辆在临、架修中无须分解，起吊车体即可对车下单个悬浮架进行快速拆卸及安装作业，从而提高了中低速磁浮列车临时故障处理能力。通过升降及侧向行走等动作，完成车下悬浮架的单个拆装，并运输至轨道外侧进行下一工序的工作。单个故障悬浮架进行更换作业，由原来的 3 台天车，9 个人同时作业 3 小时，缩短为 1 台天车、3 个人同时作业 40～60min 完成，效率提升 60%，操作过程简单且不存在安全隐患。非工作状态下，悬浮架拆装设备作为线路轨道的一部分，以满足库内车辆运行需要。

（3）首创库内离散式轨道支撑系统，实现中低速磁浮车辆立体检修作业（图 6.29-7）。

对中低速磁浮车辆检修工艺流程进行分类和作业面统计，将磁浮车辆主要作业面分为车下、车侧、车中及车顶。提出了立体化检修作业理念，首次提出并设计了具有自主产权的中低速磁浮库内离散式轨道支撑结构，有利于车底及车侧检修作业，减少了人员走行距离，将检修效率提高了 50% 以上。具体如图 6.29-8～图 6.29-13 所示。

图 6.29-6　悬浮架拆装设备　　　　　　图 6.29-7　离散式轨道支撑系统

图 6.29-8　长沙磁浮车辆基地现场图　　　图 6.29-9　长沙磁浮车辆基地道路

图 6.29-10　长沙磁浮车辆基地综合库

图 6.29-11　长沙磁浮基地综合检修库

图 6.29-12　长沙磁浮基地停车列检库

图 6.29-13　长沙磁浮车辆基地综合楼

第7章
总结及展望

　　设计永远在路上。随着国内城市轨道交通系统从无到有、从小到大，经过几十年的发展，其工程建设、运营组织、设计管理都已形成了较为完善的体系。但时代在前进，建设经验、运营需求也在发生着精细化、标准化、规范化的变革，车辆检修及系统维护也朝着自动化、智能化的方向发展，车辆检修体制在各地的运营经验的实践下不断做着调整。同时建设标准的更加强化，也在提醒我们应当适应与时俱进的变化。

　　随着国家基本国策的确立，我们有理由相信，城市轨道交通的建设会迎来更大的发展机遇。习近平总书记在十九大报告中指出"增进民生福祉，是发展的根本目的"。"必须树立和践行绿水青山就是金山银山的理念，坚持节约资源和保护环境的基本国策，像对待生命一样对待生态环境"。这就对我们从事工程设计和建设提出了更高的目标和要求，成为了我们工作的行动指南。

　　车辆基地作为城市轨道交通系统的一个重要组成部分，所承担的功能对整个系统的安全运行有着举足轻重的作用。由于它涉及面广、内外接口较多、建设标准与需求较为复杂，从而设计与建设需经过一个较为漫长的过程。在新的形势下，海绵城市、综合管廊概念的引入、绿色建筑的兴起、综合物业开发的大力推进等都对车辆基地的设计和建设提出了更高的要求。

　　本书是在总结过去工程实际案列，分析和提炼了车辆基地设计工作流程，更多地是对设计和建设中的经验和教训进行了总结，以期今后的设计水平和建设质量得到进一步的提升。"不忘初心，继续前进"，我们相信，随着国内城市轨道交通建设的大力发展，在业内从业者的共同努力下，我们一定能够追求新的境界，达到新的目标，为实现中国梦，完成中华民族的伟大复兴作出我们应有的贡献。

参 考 文 献
REFERENCES

[1] 中华人民共和国国家标准.GB 50157—2013 地铁设计规范[S].北京：中国计划出版社，2013.

[2] 中华人民共和国建设部.建标 104—2008 城市轨道交通工程项目建设标准[S].北京：中国计划出版社，2008.

[3] 中华人民共和国国家标准.GB 50187—2012 工业企业总平面设计规范[S].北京：中国计划出版社，1993.

[4] 北京市地方标准.DB 11/995—2013 城市轨道交通工程设计规范[S].北京：中国计划出版社，2014.

[5] 上海市地方标准.DG J08-109—2004 城市轨道交通设计规范[S].上海：人民交通出版社，2003.

[6] 史明红.地铁车辆段的集约节能设计[J].都市快轨交通，2011，24（3）：40-42.

[7] 周小斌.广佛线夏南车辆段与综合基地设计体会[J].城市轨道交通研究，2012，15（7）：101-104.

[8] 周小斌.城轨车辆段及综合基地综合管线设计[J].铁道标准设计，2006（5）：92-93.

[9] 缪东.论城市轨道交通车辆段的设置规模和建设方式[J].铁道工程学报，2005，22（3）：35-38.

[10] 范永光.关于城市轨道交通车辆基地室外综合管线设计的再思考[J].铁道建筑技术，2016（10）：120-123.

[11] 缪东，肖俊.轨道交通车辆段的室外管线综合设计[J].现代城市轨道交通，2011（5）：50-52.

[12] 周小斌.武汉市轨道交通网络化条件下的车辆部件集中修[J].都市快轨交通，2015，28（5）：40-44.

[13] 韦苏来，周鸣语，王林.南京地铁线网轮轴大修中心设计研究[J].都市快轨交通，2013，26（3）：37-40.

[14] 廖永亮.城市轨道交通车辆轮轴检修资源共享方案[J].城市轨道交通研究，2015，18（5）：138-140.

[15] 肖俊.单轨交通应用性分析[J].电力机车与城轨车辆，2013，36（4）：20-23.

[16] 肖俊.浅谈夏南车辆段列检库检查坑优化设计[J].铁道勘测与设计，2009（2）：17-19.

[17] 张雄.论地铁车辆段总平面设计的特点及其优化[J].铁道工程学报，1999（9）.

[18] 邱鸣.地铁车辆段总平面布置方案设计探讨[J].铁道标准设计，2015（8）.

[19] 杨子亮.地铁设计新规范之车辆基地设计体会[J].铁道标准设计，2015（9）.

[20] 王栋，郭荣林. 地铁车辆段场坪高度的研究 [J]. 铁道工程学报，2011（12）.

[21] 曹萍. 城市轨道交通车辆基地场坪高程研究 [J]. 甘肃科技，2016（12）.

[22] 魏长竹，魏晨. 钢轨打磨车磨头数量及驱动方式分析 [J]. 城市轨道交通，2010（12），85-88.

[23] 郭荣林. 城市轨道交通车辆段与综合基地社会化分析 [J]. 世界轨道交通，2005（3），54-56.

[24] 岳桂贞. FRID 技术在物流仓储管理中的应用 [J]. 山东纺织经济，2013（6）：49-50.

[25] 罗小华. 城市轨道交通物资总库布点优化平台研究 [J]. 城市轨道交通，2015（3）：73-77.

[26] 佘晶晶. 网络化运营条件下的南京地铁物资配送方案研究 [J]. 物流工程与管理，2013，35（3）：131-132.

[27] 张琨，刘辉，连坤雷. 蜂群优化算法在轨道交通线网物资总库合理布局中的应用 [J]. 城市轨道交通，2011（1）：63-66.

[28] 黄登. 铁路站场计算机辅助设计系统 CASD[J]. 科技创业，2006（8）：180-181.

[29] 王焕东，李海鹰，等. 铁路站场平面辅助设计系统的设计与开发 [J]. 铁道标准设计，2014，58（12）：51-55.

[30] 姚应峰. 地铁车辆段数控不落轮镟床设计接口分析 [J]. 铁道标准设计，2013（6）：163-165.

[31] 姚应峰. 地铁车辆段车辆安全检测系统设计接口分析 [J]. 工程建设与设计，2013（4）：118-120.

[32] 李亚强. 地铁列车清洗机技术接口分析 [J]. 现代城市轨道交通，2013（5）：26-28.

[33] 邱海波. 地铁车辆段地下固定式架车机组设计接口与包容性分析 [J]. 铁道标准设计，2016，60（5）：149-151.

[34] 姚应峰. 新型有轨电车车辆选型研究 [C]. 中国土木工程学会会议论文集，2015 中国（天津）区域轨道交通发展及装备关键技术论坛暨第 24 届地铁学术交流会，2015.

[35] 中铁第四勘察设计院集团有限公司. 有轨电车车辆段关键技术研究 [R]. 2012.

[36] 缪东. 对城市地铁车辆段物业开发的思考 [J]. 铁道勘察，2010，36（4）：118-121.

[37] 邱绍峰，龙建兵. 基于 BIM 的地铁车辆基地 PLM 解决方案 [J]. 铁道标准设计，2016，60（9）：152-157.

[38] 刘奥. 武汉地铁 2 号线常青花园车辆段 BIM 设计 [J]. 铁路技术创新，2015（3）：81-84.

[39] 黄治华，曾建雄，林晨毓，等. 施工项目部 BIM 工作站建设实践——以某地铁车辆段项目为例 [J]. 四川建材，2016，42（1）：147-149.

[40] 冯涛，姬晨辉. 基于 BIM 的建筑协同设计研究 [J]. 工程经济，2016，26（1）：36-40.

[41] 马瑞. BIM 软件在地铁工程中的应用与发展 [J]. 天津建设科技，2015，25（a01）：44-45.

[42] 赵晓娜，严心军. BIM 技术在某地铁工程的拓展应用 [J]. 建筑技术开发，2015，42（4）：20-22.

[43] 刘卡丁，张永成，陈丽娟. 基于 BIM 技术的地铁车站管线综合安装碰撞分析研究 [J]. 土木工程与管理学报，2015（1）：53-58.

[44] 苏斌，苏艺，赵雪锋，等. BIM 在地铁站点工程中的应用探索 [J]. 土木建筑工程信息

技术，2013，5（6）：95-100.

[45] 陈沉. 数字化技术在工程设计中的应用 [J]. 中国建设信息化，2014（16）：52-55.

[46] 纪诚，卢源. 北京轨道交通车辆段综合利用模式的演进与创新 [J]. 都市快轨交通，2014，27（6）：25-30.

[47] 闫雪燕，崔屹，付勇. 城市轨道交通车辆段物业开发研究 [J]. 都市快轨交通，2014，27（6）：31-35.

[48] 秦战，杨心丽. 城市轨道交通停车场上盖开发模式初探——上海市吴中路停车场上盖开发项目 [J]. 上海城市规划，2009（3）：55-59.

[49] 钱霖霖，夏海山. 城市可持续视角下的轨道交通车辆段开发模式比较研究 [C]. 2011中国城市规划年会，2011.

[50] 喻祥，宋聚生. 地铁车辆段上盖综合体设计探索——以深圳市前海湾车辆段上盖综合体为例 [J]. 新建筑，2013（3）.

[51] 陈斌，谢伟平，姚春桥. 地铁车辆段上盖物业开发的关键工程问题 [J]. 土木工程与管理学报，2014，31（1）：57-63.

[52] 阮巍，李森林. 轨道交通区域快线车辆检修修程研究 [J]. 铁道标准设计，2017（11）.

[53] 楚柏青. 北京地铁古城车辆段维修基地改造工程研究 [D]. 成都：西南交通大学，2015.

[54] 叶霞飞，李君，霍建平. 国内外城市轨道交通车辆段对比研究 [J]. 城市轨道交通研究，2003，6（1）：72-77.